U0456576

陕西省高水平大学学科建设专项资金资助项目（2012SXTS09）

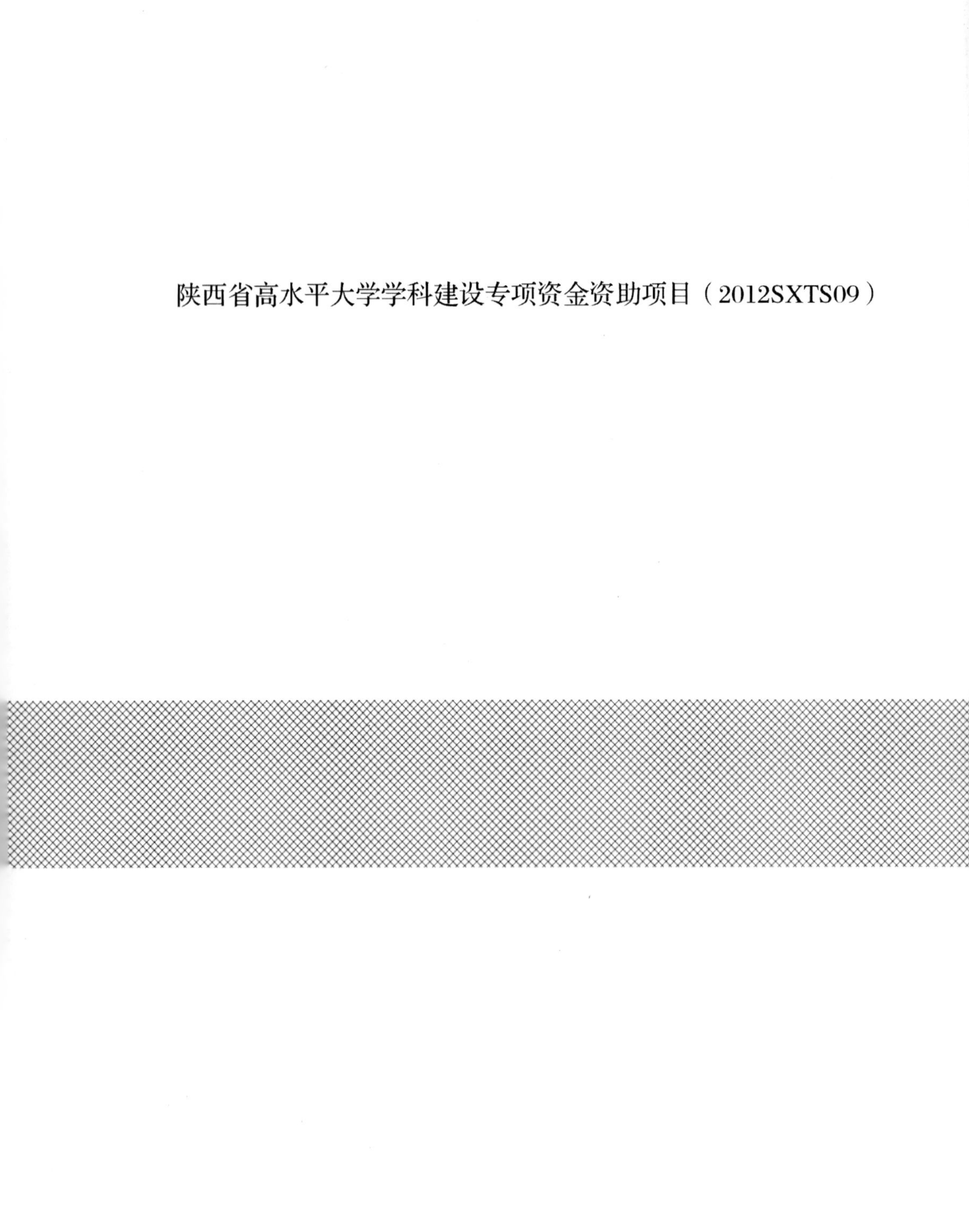

批判性思维初探

武宏志　张志敏　武晓蓓　著

中国社会科学出版社

图书在版编目(CIP)数据

批判性思维初探/武宏志，张志敏，武晓蓓著．—北京：中国社会科学出版社，2015.3

ISBN 978－7－5161－5741－1

Ⅰ.①批… Ⅱ.①武…②张…③武… Ⅲ.①思维科学—研究
Ⅳ.①B80

中国版本图书馆CIP数据核字（2015）第053024号

出 版 人　赵剑英
责任编辑　凌金良
责任校对　郝阳洋
责任印制　王　超

出　　版　中国社会科学出版社
社　　址　北京鼓楼西大街甲158号
邮　　编　100720
网　　址　http://www.csspw.cn
发 行 部　010－84083685
门 市 部　010－84029450
经　　销　新华书店及其他书店

印刷装订　北京君升印刷有限公司
版　　次　2015年3月第1版
印　　次　2015年3月第1次印刷

开　　本　710×1000　1/16
印　　张　24.75
插　　页　2
字　　数　408千字
定　　价　89.00元

目　　录

第一章

批判性思维概念辨析

在20世纪70—80年代美国兴起的“思维技能运动”（thinking-skills movement）中，大量倡议和方案纷纷出笼，有些集中于批判性思维，另一些强调推理或思维的其他形式，还有一些聚焦于问题解决等。结果，与批判性思维相关的一些概念大行其道，不同的标签令人眼花缭乱：批判性思维、元认知、高阶思维（高阶认知技能）、批判性推理、问题解决、理解（understanding）、非形式逻辑等。这就产生了约翰逊所说的“网络问题”（the network problem）或问题网。① 要把握批判性思维这个概念，就必须厘清它与上述一簇概念的关系。

第一节　批判性思维的语源学考察

即使在西方也有对批判性思维的误解。这种误解主要是大众媒体对批判性的人和创造性的人的描绘造成的一种文化现象。媒体时常将批判性的人错误地描写为喜欢吹毛求疵，怀疑、否定、挑剔、苛求，专注于琐碎的错误，过于严格要求或乖张而难以讨人喜欢，缺乏自发性、想象和情感。然而，“批判的”这一语词的准确用法并未确认这种文化的刻板印象。②《韦伯斯特同义词词典》指出critical具有苛评、挑剔、吹毛求疵、无端指摘等展示一个人发现和指出错误或缺陷的意思，此外，当应用于判断之人和其判断时，该词的含义可能意指清楚、真实和公平地看待一件事物，因而不仅可以区

---

① Ralph H. Johnson, *Manifest Rationality: A Pragrmatic Theory of Argument*, Mahwah, New Jersey: Lawrence Erlbaum Associates, Inc., 2000, p. 21.

② Richard Paul and Linda Elder, *The Thinker's Guide to The Nature and Functions of Critical & Creative Thinking*, Tomales, C. A.: The Foundation for Critical Thinking, 2004, p. 3.

别好与坏、完美和不完美，而且总的来说对事物做出公平判断和估价。① 在我国，由于“文革”曾盛行的“大批判”的影响，导致对批判一词的负面联想，使其几乎成为一个“敏感词”，因此才出现了“批评性思维”“评判性思维”等软性译法。香港的叶刘淑仪甚至在立法会提出“critical thinking 的翻译问题”的质询［立法会 CB（2）222/08—09（01）号文件］，要求政府带头修改对该词的通行翻译——批判性思考，因为这个翻译让学生误以为批评等同于思考；这种“在 critical thinking 翻译上的谬误，反映出有关当局对 critical thinking 欠缺认真的了解与深入的认知，及有关官员对此重要的教育概念掌握不足，间接导致教育工作者、学生，甚至是家长都对 critical thinking skills 作了错误的理解，及在教室中作错误的指导，妨碍学生学习高层次思维（higher-order thinking）和影响英语水平（误以为一个字只得一种意思）”。因此建议基于 critical 一词的词源考证和当代权威学者对 critical thinking 的描述，将其译为“明辨性思考”或“分辨性思考”，以汉语的“辨”字来传达古希腊文 *krinein*（分开、分辨）的意思。这样，无论是古义或今义，都更为贴近 critical thinking 的真正意思。除此以外，学者还建议其他译法，如“辨识性思考”（古德明）和“慎思明辨”（龙应台）等。那么，基本通行的译法是否需要改变呢？这得全面考察 critical 一词的来源、演变、语义及其用法。

《牛津英语词源词典》指出，critic 源于拉丁文 *criticus*，而 *criticus* 又源于希腊文 *kritikos*。*kritikos* 意指“有辨别或裁决能力的”。critic 的同源词有 critical、criticism、critique 等。学者们基本公认，critical 源自两个希腊词：*kritikos*（辨别，判断）和 *kriterion*（标准），从词源上讲，critical 意味着“基于标准的辨别性判断”的发展。② 另有学者认为，critical 源自希腊词 *kritikos*，而后者

---

① Philip B. Gove (Editor in Chief), *Webster's New Dictionary of Synonyms*, Springfield, MA: Merriam-Webster, Inc., 1984, p. 199.

② 例如，Richard Paul, Linda Elder and Ted Bartell, *California Teacher Preparation for Instruction in Critical Thinking: Research Findings and Policy Recommendations*, State of California, California Commission on Teacher Credentialing, 1997, p. 2。理查德·保罗、琳达·埃尔德：《批判性思维：思维、写作、沟通、应变、解决问题的根本技巧》，乔苒、徐笑春译，新星出版社 2006 年版，第 306 页。Sheila Cooper and Rosemary Patton, *Writing Logically, Thinking Critically*, New York: Pearson/Longman, 2007, p. 5. Marlys Mayfield, *Thinking for Yourself: Developing Critical Thinking Skills Through Reading and Writing*, 9th ed. Boston, MA: Wadsworth, 2014, p. 4.

源自 *krinein*（做决定，决策）。这样理解的 critical thinking 与决策相联系。[①]还有学者指出，critical 等相关词以及 criterion，都源于希腊词根 *krino*（to cut，因此 to judge），意为分开、分离、区别或决定。[②]

大致来说，和“批判”相关的 critical、criticism、critic、critique、criticize 等，都有相同的希腊词源，而与这些词相联系的一簇希腊词 *kritikos*（有辨别能力的，有辨别资质的，后来引申为尤其在语言方面能辨别的文法家、学者，文献鉴定人或文学评判家）、*krites*（法官，裁决者，尤其是诗歌比赛中的裁判）、*kriteon*（梦的解释者）、[③] *kriterion*（手段、位置或法官席）、*krinein*、*krino* 等包含相同或相近的语义：裁决、判断或决定。

kritikos 的使用和文学批评联系最为密切。文学批评起源于亚里士多德的诗学。亚里士多德在方法上将他的批判性判断和普通竞赛听众的欣赏性判断区别开来。批评是少数人的实践。批评者的工作不是评估特殊诗歌的道德或伦理价值，而是要考察所有诗歌形式和支配每一种诗歌的原则，决定其引起愉快是否正当。不过，亚里士多德使用 *kritikos* 描述一般的判断之人，这种人精通使文学批评成为伦理生活和公民之典范的判断。在某种程度上，在亚里士多德主义者的 *kritikos* 概念中可以看到批评和品尝（taste）的分离。[④] 公元前 4 世纪末，*kritikos* 有文学的评判人之意。在欧洲历史的发展中，criticism 最终取代了诗学和修辞学，该词的外延被扩大而包括了文学理论的整个系统，我们今天称作实践批评。[⑤] 同样源自 *kritikos* 的 critic 是指对任何涉及价值、真或正义（righteousness）之判断的问题表达有理由的意见的某个人，这种意见也可能是有关作品美、技巧或解释之鉴赏的。[⑥] 所

---

① Joel Rudinow and Vincent E. Barry, *Invitation to Critical Thinking*, 6th ed. Belmont: Cengage Learning, 2007, p. 12.

② Norman L. Geisler, *Inerrancy*, Grand Rapids: Zondervan, 1980, p. 85.

③ Christine Brooke-Rose, *A Rhetoric of the Unreal: Studies in Narrative and Structure, Especially of the Fantastic*, Cambridge: Cambridge University Press, 1983, p. 390.

④ Jane Gallo, *Polemic: Critical or Uncritical Essays from the English Institute*, New York: Routledge, 2004, pp. 25 – 26.

⑤ Philip Smallwood, *Reconstructing Criticism: Pope's Essay on Criticism and the Logic of Definition*, Cranbury: Bucknell University Press, 2003, pp. 183 – 184.

⑥ Constance A. Schrader, *A Sense of Dance: Exploring Your Movement Potential*, Champaign, IL: Human Kinetics, 2005, p. 189.

以，在文学批评事业和司法中法官的解释责任之间有强烈的相似性。[①] 从公元前3世纪到1世纪，职业文学专家宣称要成为诗歌的“法官”或批评家。和*philologus*即“学习的热爱者”（比现代的philologist——文献学者的意思更广）相比，*kritikos*即“批评家”（critic）一词更为一些人所喜爱，因为有学问的学者必定是一个文献的“裁决者”或“法官”（*krites*）。帕加马（Pergamum）的第一个图书馆馆长格拉底（Crates）自称是一个*kritikos*（批评家），而非*grammatikos*（学者）。[②] 之后，*kritikos*曾是文化大臣的另一个名称，他能鉴定版本，挑选出值得保存和研究的过往作品，按照标准排列那些文本。[③] 该术语总是有一个非常受尊敬的含义。但是，要成为一个“裁决者”，既要评价文学的质量，（尤其在希腊化时代）也要确定行、段落或整个作品的确实性以及对把某作品归于某作者的可疑性的研究，并非每一个文学学生都能声称拥有这样的专业技能。因此，*grammatikos*逐渐成为普遍接受的术语，意为广义的“man of letters”（学者，作家）或者“literary scholar”（文学学者）。[④] 后来，*kritikos*的地位被一个新词*criticus*取代，旨在关注文本和措辞的解释、希腊和拉丁文作者著作的改进。criticism和critic在伊丽莎白时代几乎没有在英语中出现。培根在《学术的进展》（1650）中使用了critic。现代研究者甚至认为培根给出了批判性思维（者）的定义：抓住相似，区别差异；渴望探索，耐心怀疑，嗜好沉思，持重断言，准备重新考虑，细心安排和建立秩序；不被酷爱新奇或崇拜古物所征服，憎恶每一种冒牌货；这是一种特别为真理的研究和追求而塑造的心灵。[⑤] 德赖登（John Dryden）在其《天真状态》（1677）的前言中，于现代意义上使用了criticism一词。他写道，批评就像被亚里士多德首次确定的意思，是良好判断的标准。而波普（Alexander Pope）论criticism的文章（1711），使

① Sanford Levinson and Steven Mailloux, *Interpreting Law and Literature: A Hermeneutic Reader*, Evanston: Northwestern University Press, 1988, p. 102.

② Kathryn J. Gutzwiller, *A Guide to Hellenistic Literature*, Oxford: Wiley-Blackwell, 2007, p. 14.

③ Andrew Ford, *The Origins of Criticism: Literary Culture and Poetic Theory in Classical Greece*, Princeton: Princeton University Press, 2002, pp. 272–273.

④ Stanley Frederick Bonner, *Education in Ancient Rome: From the Elder Cato to the Younger Pliny*, Berkeley: University of California Press, 1977, p. 49.

⑤ Francis Bacon, *The Works of Francis Bacon: Philosophical Works*, James Spedding, Robert Leslie Ellis, Douglas Denon Heath (eds.), London: Longmans, 1857, p. 510.

批评一词在英语中稳固地确立了。今天，文学批评一词被应用于文学著作的研究，强调对它们的评价。[①] 一般说来，criticism 指艺术或文学作品的透彻分析、解释和评估，其中主要考虑作品的基本性质（讯息），艺术家或作者的意图，该作品对其听众的影响，它与类似风格或内容的作品之关系，它对后续作品的影响以及它对批判理论的含意。[②] 与 criticism 同源的词和词组也有相近的含义。例如，critique 意为一个人打算决定论题、观念、事物或情景的基本性质，其优势和局限，以及对它在何种程度上符合已被接受的标准、盛行的信念或假设的批判性考察。有时被用作评论（review）的同义语。[③]

可以看出，与“批判”相关的同源词尽管其本初意思并没有突出质疑、找缺陷、否定之意，但是，分析、评估和判断必定内在包含这些方面。而且，这些与“批判”相关的同源词在使用中，尤其在是非技术性使用中，找缺陷或否定变成了占支配地位的含义。这个倾向甚至导致了有人打算将鉴赏（appreciation）作为文学评鉴的一个软性词。criticism 最为一般的意思向 censure（指责）发展，而专业性的意思向 taste（鉴赏）、cultivation（品质或技巧的培养）和后来的 culture（教养）、discrimination（辨别力）[④] 发展。这样 criticism 就变成了一个拥有多样内涵的词。[⑤] critical 等词逐渐具有寻找缺陷、诋毁（denigrate）或批驳（repudiate）的意思。[⑥] 熟人会话中使用的 critical 常常有否定的或审判的（judgmental）含义。[⑦] criticize 也常常被暗示是责备

---

① Mohammad Hanief, *The Dynamics of Criticism in T. S. Eliot*, New Delhi: Atlantic Publishers & Distributors, 2000, p. 81.

② Joan M. Reitz, *Dictionary for Library and Information Science*, Westport, C. T.: Libraries Unlimited, 2004, p. 193. 也可见 V. K. Suraj, *Encyclopaedic Dictionary of Library and Information Science*, New Delhi: Gyan Publishing House, 2005, p. 193。

③ P. P. Parmar and Javed Khan, *Encyclopaedic Dictionary of Computer and Library Science*, New Delhi: Anmol Publications PVT, LTD., 2003, p. 403. V. K. Suraj, *Encyclopaedic Dictionary of Library and Information Science*, New Delhi: Gyan Publishing House, 2005, p. 195.

④ 该词本身也是一个多义词：肯定的意思——好的或见多识广的判断；否定的意思——不合理地排除或不公正地对待某个外部集团即歧视。

⑤ Raymond Williams, *Keywords: A Vocabulary of Culture and Society*, Oxford: Oxford University Press, 1985, pp. 84－87.

⑥ Tyron Inbody, *The Faith of the Christian Church: An Introduction to Theology*, Grand Rapids, Michigan: William B. Eerdmans Publishing Company, 2005, p. 14.

⑦ Linda Dyer, *Critical Thinking for Business Students*, Concord, Ontario: Captus Press, 2006, p. 2.

(blame)、指责（censure)、斥责（denounce）或责难（reprehend）的同义词。[①] 这就是为什么使用 critical 的专业人士要反复解释和明确该词的专业用法的缘故。比如，在文学批评中，要指明批判的目标是准确地看一件作品，鉴赏它。批判不是喜欢找茬，发现缺陷，真正伟大的艺术并不害怕批判者，真诚的批判只是提升它的内在价值。[②] 在管理理论家看来，批评是你告诉别人，（在你看来）他在做的事情是错误的或给你带来麻烦，并帮助他们调节其行为。在肯定性方面，批评具有促进的力量，在历史上是变革的强大力量。建设性的批评集中于问题，帮助被批评的人改善，聚焦于行为而非个人，增强关系，建立信任，是双向的、减压的行为，可以避免冲突，帮助雇员发展和成长。[③] 《圣经》研究者对"批判"的解释也有异曲同工之妙。尚克尔（Randy Shankle）说，《圣经》中 discerner 的意思是批判一个人的真实动机、态度或内心。上帝通过表达关于任何事务（特别涉及其价值、真或正义的判断）的有理由的意见，来"批判"他的孩子们的内心。一个父亲的真正本质承载批判的正确精神。许多"自然"父亲和权威曾经为了伤害情感而非为了校正行为而批判。他们的动机是不合适的，他们的举止是不友善的。这并不是天国之父的本质。上帝有爱、慈善和耐心，他的"批判"动机是为了我们的利益而非他自己的愉悦。由于太多的人被错误地校正，或者根本就没有被校正，所以，对于接受任何形式的对抗或非难就变得困难了。[④]

对 critical 等相关语词的词源学考证和用法分析表明，critical 一词有质疑、理解、分析和评估之意。正是通过提问、理解和分析，人们审查自己的和他人的思维。[⑤] critical 意指心灵的一种评估活动。按其本来的意思，critical thinking 是基于某个标准（例如，清晰性、相干性、思想的深度）判断断言的合理性（reasonableness）和准确性，或者确定一个结论

---

① Andrzej Huczynski, *Influencing within Organizations*, London: Routledge, 2004, p. 211.

② Christine Brooke-Rose, *A Rhetoric of the Unreal: Studies in Narrative and Structure, Especially of the Fantastic*, Cambridge: Cambridge University Press, 1983, p. 390.

③ Andrzej Huczynski, *Influencing within Organizations*, London: Routledge, 2004, p. 211.

④ Randy Shankle, *The Rule of God: Shepherd / Bishop Rule*, Marshall: The Apostolic Campaign, 2002, pp. 59 – 60.

⑤ K. R. Ravi, *Thinking about Thinking*, Mumbai: Jaico Publishing House, 2006, p. 86.

在何种程度上被手头的证据所担保。[①] 批判的原初目标是一种对想法和行动的中立的、客观的评价。批判既要评价一个对象或情境的优点，也评价其缺点，因此做出判断。批判的目标是要交流、影响和激发。[②] 但是也应知道，critical 等词的用法有突出的否定性含义。

虽然杜威 1910 年的著作《我们如何思维》中阐述的“反省性思维”（reflective thinking）常被视为现代批判性思维兴起的标志，但需注意，杜威在其中同时使用了 critical thinking：“……这个步骤的存在或不存在形成了适当反省或得到保护的批判性推论与不受控思维的差异。……批判性思维（critical thinking）的本质是悬置判断；这种悬置的本质是在开始尝试解决问题之前确定问题本质的探究。”“归纳运动朝向一种约束原则的发现；演绎朝向它的检验——在把孤立的细节解释成统一经验的能力的基础上证实、反驳修正这种原则。到目前为止，我们参照另一过程来进行所有这些过程，我们获得有效的发现或验证批判性思维（critical thinking）。”[③] 杜威还使用了两个相反的语词：uncritical thinking 和 uncritical way：“假如发生的暗示立刻被接受，我们就有非批判性思维（uncritical thinking），反省的最小化。”“但是，这个从一个意义出发和移向一个意义的双重运动可能以偶然的、非批判的方式或者以谨慎的和受控的方式出现。”[④] 不过，

---

① James J. F. Forest and Kevin Kinser, *Higher Education in The United States: An encyclopedia*, Santa Barbara: ABC-CLIO Publishers, 2002, p. 136.

② Hendrie Weisinger, *The Power of Positive Criticism*, New York: AMACOM Div American Mgmt Assn, 2000, p. XV.

③ John Dewey, *The Middle Works of John Dewey, 1899 - 1924: Journal Articles, Book Reviews, Miscellany in the 1910 - 1911 Period, and How We Think*, Jo Ann Boydston (ed.). London: SIU Press, 1978, pp. 238, 244. 有人相信 critical thinking 短语是杜威《我们如何思维》(1910) 首先使用的。比如 Rush Cosgrove, *Improving Teaching and Learning of Critical Thinking Across the Curriculum at a Large Research University: An Empirical Study Using Qualitative Methods*, Dissertation. University of Cambridge, 2012, p. 54。其实之前已有人使用该短语。例如，舍费尔（Nathan C. Schaeffe）《思维与学会思维》(1900) 指出，对形成世界的批判性思维，没有任何人比康德做得更多。可是，有多少年轻人在康德的书页上浪费了时间，因为他们没有准备思考他的思想。Nathan C. Schaeffer, *Thinking and Learning to Think*, Philadelphia: J. B. Lippincott Company, 1900, p. 227.

④ John Dewey, *The Middle Works of John Dewey, 1899 - 1924: Journal Articles, Book Reviews, Miscellany in the 1910 - 1911 Period, and How We Think*, Jo Ann Boydston (ed.), London: SIU Press, 1978, pp. 191, 242. 杜威 *How We Think* 的中译本误导人们认为杜威没有使用过“批判性思维”一语。例如，把 critical thinking 翻译为：审慎思维，重要见解。参见伍中友译《我们如何思维》，新华出版社 2010 年版，第 61、67 页。

1933年的修订版再没有出现 critical thinking，杜威在一篇文章中对此有所解释：初版有实际教学的目标，特别关心在非批判性思维（un-critical thinking）与批判性思维（critical thinking）之间做出区别，而现在（修订版）所关心的劣思维（poor thinking）与好思维（good thinking）之间的最显著差异之一是，前者对所暗示意义的过早接受和断定。受控思维的标志之一是这种接受的延缓。① 其实，critical thinking 在之前就被杜威使用了。杜威在《心理学》（1887）中就说，可以理解，外部观察不是一个被动的过程，它要求积极注意和批判性思考（critical thought）……②之后还指出，我们仅仅必须把我们的眼光从任何科学的现存状态撤回来，或者从任何科学的任何特殊主题之状态收回来，去发现没有反省性思维或批判性思维为这个问题奔忙的时刻——那时事实和关系被当作理所当然……我们的意思不是坚持非反省的经验世界整体与批判性思考—情景（critical thought-situation）相反——这样一种对比整个蕴含着我努力要避免的对思考的众多考虑。③ 浏览杜威的著述可以发现，他在早期论著中还使用了一些与批判性思维相关的术语，比如（伦理学的）批判理论、（对主要现代伦理理论的）批判性考虑、批判逻辑、批判性判断、文献的批判性处理、④批判的和建设的、⑤ 批判性评估（critical valuation）。⑥ 1910年之后还使用了其他术语：批判性审查、（标志着一种真正的）批判性反省的态度、（对早期哲学采取一种）批判态度、（一种强烈的）批判精神（一直是主流）、⑦ 批判意

---

① John Dewey, "An Analysis of Reflective Thought", *Journal of Philosophy*, Vol. 19, No. 2 (1922), pp. 29 – 38.

② John Dewey, *The Early Works of John Dewey, 1882 – 1898: Psychology. 1887*, London: SIU Press, 1967, pp. 12 – 13.

③ John Dewey, *The Middle Works of John Dewey, 1899 – 1924: 1902 – 1903, Essays on Logical Theory*, Jo Ann Boydston (ed.), London: SIU Press, 1983, pp. 307, 332.

④ John Dewey, *The Early Works of John Dewey, 1882 – 1898: Essays and Outlines of a Critical Theory of Ethics, 1889 – 1892*, Jo Ann Boydston (ed.), London: SIU Press, 1969, pp. 91, 159, 141, 167, 202.

⑤ John Dewey, *The Early Works of John Dewey, 1882 – 1989: Early Essays, 1895 – 1989*, London: Jo Ann Boydston (ed.), London: SIU Press, 1972, p. 73.

⑥ John Dewey, *The Middle Works, 1899 – 1924: Journal Articles and Book Reviews in the 1907 – 1909 Period, and the Pragmatic Movement of Contemporary Thought and Moral Principles in Education. 1907 – 1909*, Jo Ann Boydston (ed.), London: SIU Press, 1977, p. 92.

⑦ John Dewey, *The Middle Works of John Dewey, 1899 – 1924: Essays, Books Reviews, Encyclopedia Articles in the 1912 – 1914 Period, and Interest and Effort in Education*, Jo Ann Boydston (ed.), London: SIU Press, 1979, pp. 51, 219, 138, 413.

识（批判感，critical sense）、[①] 批判的人（critical person）、批判性判断、批判性智能（critical intelligence）、批判性观察。[②]

在杜威看来，反省性思维和批判性思维的第一个核心要素是“悬置判断”，此时人们处于怀疑、踌躇、困惑的心理状态，这一状态引起思考，随之而来的第二个核心要素便是运用各种方法寻找新材料以证实或反驳出现的暗示。一句话，保持怀疑状态，进行系统而持久的探究，是反省性思维或批判性思维的本质。而批判性思维和非批判性思维的区别首先在于是否存在怀疑。这一包括并突出否定、质疑要素的反省性思维的概念与当今主流的批判性思维概念完全吻合，也与批判性思维的人格化身——苏格拉底的理念相一致。例如，费西万在概括批判性思维的核心时指出，“质疑，问为什么，以及勇敢且公正地去寻找每个可能问题的最佳答案，这种一贯的态度正是批判性思维的核心”。希腊哲学家“最为革命性的观念是他们把自己的怀疑方法应用于一切事物，包括权威所说的让人相信、让人去做的事情。他们提出，权威人士并不总是正确的，应该以论证的形式给出理由和证据以支持所做出的各种主张，某些理由和解释实际上比其他的理由和解释更值得被接受。这个传统中的核心人物苏格拉底是这种质疑精神的化身。他挑战各种权威，他揭示盛行的‘官方的事物观’中的不一致，作为偶像崇拜的反对者，他鼓励年轻人寻找更好的解释和更好的答案”。[③]

在苏格拉底方法里，批判、否定的意味十分浓厚，以致有人认为它是一种解构主义的形式。杜威也谈到批判的否定方面。《逻辑理论研究》的

---

① John Dewey, *The Middle Works of John Dewey*, *1899 – 1924*: *Journal Articles*, *Book Reviews*, *and Miscellany Published in the 1899 – 1901 Period*, *and The School and Society*, *and The Educational Situation*, Jo Ann Boydston (ed.), London: SIU Press, 1976, p. 155. *The Later Works of John Dewey*, *Volume 11*, *1925 – 1953*: *1935 – 1937*, *Essays and Liberalism and Social Action*, Jo Ann Boydston (ed.), London: SIU Press, 1987, p. 591.

② John Dewey, *John Dewey Later Works*, *1925 – 1953. 1942 – 1948. Essays*, *Reviews*, *and Miscellany*, Jo Ann Boydston (ed.), London: SIU Press, 1989, pp. 412, 436, 476, 533. “批判性智能”也有其他学者使用，例如 Sidney Hook, Paul Kurtz and Miro Todorovich (eds.), *The Philosophy of the Curriculum*: *The Need for General Education*, New York: Prometheus Books, 1973, pp. 22, 96, 202。

③ 彼得·费希万、诺琳·费希万、爱格尼丝·蒂瓦里、费利克斯·尤恩：《作为普遍人类现象的批判性思维——中国和美国的视角》，武宏志译，《北京大学学报》2009 年第 1 期。

研究目的之一就是要以否定的或批判的一面表明……[①]理论的历史价值是批判的；……教育工作是建设的，不是批判的。……通过其批判过程，真知识被修正和扩展，我们关于事物状态的信念被重组。……一种合理的智识个人主义即先前信念的批判性修正态度对进步是不可避免的。[②] 杜威在论述休谟怀疑论和洛克经验主义时说，在任何情况下，这个经验活动中的重要事情是其批判的、否定的一面。作为一种传统和教义的溶剂，它的力量比任何能给予建设的推动力都大得多……哲学应该是批判的常识主义（critical common-sensism），皮尔士这个术语中的形容词“批判的”非常重要。未经批判的常识太含混，不能起到新条件下行动之可靠向导的作用，而且又太固定，以致难以允许总是始于怀疑之探究的自由游戏。皮尔士说，理性的第一规则是不阻挡探究。未受批判的常识常常是探究的最大障碍。[③] 杜威曾写道，凭借尽可能准确和批判的手段摆脱陈腐的态度，这些态度阻碍进行哲学反省的人们抓住现在的机会，这是开始进行哲学当下任务的批判的或否定的方面。但它不只是否定的。它是哲学能够做和应该做的肯定性和建设性工作的一个方面。[④] 就此而言，将 critical thinking 译为“批判性思维”并无不妥。

兴盛于20世纪20—50年代的美国进步教育运动，接受和发展了杜威对反省性思维的强调，成为当时批判性思维的主要促进者。在30年代的进步教育协会（Progressive Education Association）的“8年研究”中，批判性思维和清晰的思维（clear thinking）替代了反省性思维。[⑤] 社会研究

---

① John Dewey, *The Middle Works, 1899 - 1924: Journal Articles and Book Reviews in the 1907 - 1909 Period, and the Pragmatic Movement of Contemporary Thought and Moral Principles in Education. 1907 - 1909*, Jo Ann Boydston (ed.), London: SIU Press, 1977, p. 92.

② John Dewey, *The Middle Works of John Dewey, 1899 - 1924: Democracy and Education. 1961*, Jo Ann Boydston (ed.), London: SIU Press, 1980, pp. 278, 304, 306.

③ John Dewey, *The Later Works of John Dewey, Volume* 11, *1925 - 1953: 1935 - 1937, Essays and Liberalism and Social Action*, Jo Ann Boydston (ed.), London: SIU Press, 1987, pp. 80, 480.

④ John Dewey, *John Dewey Later Works, 1925 - 1953. 1942 - 1948. Essays, Reviews, and Miscellany*, Jo Ann Boydston (ed.), London: SIU Press, 1989, pp. 155 - 156.

⑤ Robert Ennis, "Critical Thinking: Reflection and Perspective Part I", *Inquiry: Critical Thinking Across the Disciplines*, Vol. 26, No. 1 (2011), pp. 4 - 18. 恩尼斯关于批判性思维教学的首篇文章《批判性思维：再论其动机》就发表在《进步教育》杂志（1956）上。

全国理事会 1942 年年鉴的题目使用了 critical thinking。[①] 自此，critical thinking 这个词在美国文化中稳固确立。

汉语“批判”也有两个意思：批评，指出缺陷、缺点——对某种（错误的）思想言行进行系统分析，如批判“全盘西化”论；分析、评价——评论先代是非，批判未了公案。这可以从我们熟知的一些书名看出来：《纯粹理性批判》《实践理性批判》《判断力批判》[②]《黑格尔法哲学批判》《政治经济学批判大纲》《哥达纲领批判》《资本论——政治经济学批判》《十批判书》。追溯汉语“批判”一词的语源也能说明它与 critical thinking 有高度的语义一致性。

汉语中原来只有“批”和“判”。批，动词。形声字，从手，比声。本义为反手打。如批颊（打耳光）。引申为打、攻击，如批难（抗击仇敌）；批鳞（触犯君王和显贵）。《庄子·养生主》：“依乎天理，批大郤，导大窾，因其固然。”在骨头接合的地方劈开，没有骨头的地方则就势分解。比喻抓住关键，事情就能顺利解决。批也指批示、分析、评论，如“后人有《西江月》二词，批宝玉极恰”（《红楼梦》第三回）。作为名词的批，有评语的意思，如眉批、朱批、批本、批尾等。判，动词，形声兼会意。从刀，半声。从刀，表明其意义与刀有联系。“半”是把牛分开。本义为分，分开。判，分也。（《说文》）也用于表达区别、分辨、判决。“判天地之美，析万物之理。”（《庄子·天下》）“太尉判状辞甚巽。”（柳宗元《段太尉逸事状》）“故不战而强弱胜负已判矣。”（苏洵《六国论》）判作名词，意思是半。“卿大夫判县。”（《周礼·小胥》。按：宫县四面，判县两面）“天地判合。”（《汉书·翟义传》）也指判决狱讼的官，如州判、通判等。引申为界限、判决、判断、评论是非。“夫文之高下雅俗，判若黑白。”（方望溪《书祭裴太常文后》）“从此之后，中国文坛新旧的界限判若鸿沟。”（鲁迅《伪自由书》）[③]

---

① H. R. Anderson（ed.），*Teaching Critical Thinking in the Social Studies*，Washington：The National Council for the Social Studies，1942.

② 康德的“批判”意为“批判地考察”，比如，《纯粹理性批判》是对人类理性的条件和界限进行考察。康德曾解释说，纯粹理性批判的所谓批判，不是指对书籍和体系的批判，而是一般性地针对理性能力，针对它力图独立于一切经验而追求一切知识这方面的批判。批判本意包含有分析、探讨、评价、判断等多方面内容。

③ 2010 年 6 月 12 日，百度词典（http：//dict. baidu. com/s？wd = %C5%D0&tn = dict）。

批和判组合使用有两个基本意思。一是批示判断："所有都省常程文字，并只委左右丞一面批判，指挥施行。"（司马光《进呈上官均奏乞尚书省札子》）"手中批判，口中发落，耳内听词，曲直分明，并无分毫差错。"（《三国演义》第五七回）"遇到关着奸情案件的批判，你格外来得风趣横生，这是为着甚么来？"（《孽海花》第三五回）二是评论、评断："而今说天有箇人在那里批判罪恶，固不可；说道全无主之者，又不可。"（《朱子语类》卷一）"评论先代是非，批判未了公案。"（牛本寂《少林寺西堂法和塔铭》）"令诸生有心得或疑义，逐条札记，呈助教批判，按期呈堂。"（《清史稿·选举志一》）①

由此可知，批和判本来就有与 critical 的词源 *kritikos* 相同的意思。再和英语 critical 等相关词的词义联系起来看，不仅不能说"批判"一词翻译使用不当，反而应该说，选择汉语"批"和"判"组合来翻译 critical，可谓巧夺天工。因为，这个翻译完全抓住了汉语、英语和希腊词根相关语词的契合点。因此，企图根据 critical 的词源来说明将其译为"批判"不恰当，至少在语源学论证上不成立，因为"批判"的语源学考察恰好表明"批"和"判"与 critical 的词源意思的一致性。那么，现在的问题就变成了我们如何处理人们在特殊时代赋予"批判"一词的联想意义的问题。其实，问题没有某些人想得那么严重，好像一提起批判脑海里就只是浮现攻击、否定、批评甚至批斗的景象。近代以来，描述西方学说时所用的批判一词，早已为国人所熟知；想一想，对于今天司空见惯的包括"批判"一词的形形色色的书名，我们还会联想到它是"文革"的大批判吗？

当然，如何翻译 critical 等词，中国人也曾有一个摸索的过程。五四运动前后，critical，criticism（德语 Kritizimus），critique（德语 kpntnka）等传入我国。王国维在三篇为学自序（《静庵文集·自序》《三十自序（一）》《三十自序（二）》）中，自叙了其早年（1903）研修哲学（包括康德）的经过，把德文 Kritik der reinen Vernunft 译为《纯粹理性批评》《纯理批评》。胡适在评介杜威哲学方法之"历史的方法"时指出，历史的方法即"祖孙的方法"，这个方法一方面是很忠厚宽恕的，没有过分的

---

① 2010 年 6 月 12 日，百度百科（http：//baike. baidu. com/view/362395. htm）。

苛责；另一方面又是最严厉的，最带有革命性质的，因为“处处拿一个学说或制度所发生的结果来评判他本身的价值，故最公平，又最厉害。这种方法是一切带有评判（critical）精神的运动的一个重要武器”。[①] 此前，胡适《新思潮的意义》（《新青年》第7卷第1号，1919年12月1日）也指出，所谓“新思潮”，无论怎样不一致，根本上同有这公共的一点——评判的态度。这种评判的态度是新思潮运动的共同精神。该文提到康德的著作，称为《纯粹理性的评判》。而对于“做一部可靠的中国哲学史”，胡适也提出要用完全中立的眼光，历史的观念，寻求各家学说的效果和影响，再用这种效果和影响来批评各家学说的价值即“评判”。1935年，胡仁源译康德 *Kritikder reinen Vernunft* 为《纯粹理性批判》（商务印书馆），而贺麟则认为书名译作《纯理论衡》为好；[②] 1945年，郑昕称《纯理性批导》。但之后各种译本，均取“批判”。[③] 后来“批判”成为公认的定译。

从语义学观点来看，词的意义除了其外延（理性）意义而外，会因使用者或使用的环境而伴生其他的附加意义，如内蕴意义（附加在理性意义上的意义，它可以因人、年龄、社会、时代、国家的不同而不同）、风格意义（语言运用的社会环境所赋予的意义，即由于使用场合的不同，词语在交际中表达出的不同意义）、情感意义（讲话者、作者表达自己感情和态度的意义）、联想意义（能引起听众联想的意义，即一个语词的使用使人们联想到别的事情）等。在时兴批判旧世界，反帝制、反军阀，致力共和，建设新国家的革命时期，对于criticism等词，选“批判”二字译之，爱憎分明、铿锵有力、新鲜确当，众人视为当然。[④] 然而，“文革”十年，社会环境大变，“批判”一词沦为对错误或反动

---

① 胡适：《杜威先生与中国》，载《胡适文存》卷一，黄山书社1996年版，第278页。

② 冯友兰（《中国哲学史新编》上册）也认为，王充所用的“论衡”两个字就有康德所谓“批判”的意思，即一套对人类精神的反思，和英语critical的意思相近。但是，贺麟后来也直接称康德的著作为《纯粹理性批判》。比如《黑格尔哲学讲演集》，上海人民出版社1986年版，第14页。

③ 蓝公武译本（生活·读书·新知三联书店1957年版；商务印书馆1960年版）；牟宗三译本（台湾学生书局1983年版）；韦卓民译本（华中师范大学出版社1991年版，2000年版）；李秋零译本（中国人民大学出版社2004年版）；邓晓芒译本（人民出版社2004年版）。

④ 陈兆福：《一词之译七旬半世纪（之一）》，《博览群书》2001年第5期。

思想的批倒斗臭，道理不说，证据不举，辩驳不容，一旦和此词沾边，便有被示众批斗、打入牛棚之虞。之后拨乱反正，“批判”一词尚使人心生余悸，因其联想意义，着实叫人不敢轻言“批判”。不过，改革开放，世界思潮再次涌进我国，民主法治建设力防悲剧重演，这种新的环境很大程度上打消了人们对“批判”的害怕和警觉，至少在学术界，如今批倒斗臭的联想意义已经逐步淡化。这就消除了“批判”译法的社会障碍。所有批判都包含一个共同的核心意思：质疑思想或行为背后的假设，分析和评价其合理性。

我们认为，将 critical 译为“批判（性）的”是恰当的。其一，批判性思维和诸多概念相关联。英文中有大量用 critical 组成的语词，比如，critical reading（批判性阅读）、critical listening（批判性聆听）、critical writing（批判性写作），甚至 critical society（批判性社会）等；思想流派有 critical cognitivism（批判认知主义）、critical ethics（批判伦理学）、critical idealism（批判唯心主义）、critical realism（批判的实在论）、critical-rationalism（批判理性主义）、critical management theory（批判管理理论）、critical educational studies（批判教育研究）、critical legal theory（批判法律理论）、critical discourse analysis（批评话语分析或批判性语篇分析），当然最为著名的是 critical theory（批判理论）和 critical school（批判学派）。① 甚至在图书馆学和情报科学中，也出现了一系列由 critical 构成的语词，如 critical abstract（包括对被摘要的作品的内容和表述风格的简明评估，通常由某学科的专家撰写）、critical annotation（在参考文献列举或参考书目中，加上了对所引来源的注释的简要评估，不同于那种描述、阐释和综述作品内容的注释）、critical edition（以学术研究和精细考察早先手稿、文本、文档、信件等为基础的一个作品的版本，有时包括一个或更多有资质学者的分析和评论，他们曾研究和解释过其意义

---

① 批判理论的“批判的”一词也源于希腊语 *kritikos*。批判理论家不仅努力奠定对具体人的生活现实的社会理解之基础并评估它，也促进提升人类自由的社会变化。在霍克海默看来，批判（criticism）是一种不妥协的思考与实践的态度，即不会不经思考或习惯性地接受任何流行或主流的信念、行为和社会规范。可参见 Lindsay J. Thompson，*The Moral Compass：Leadership for a Free World*，Charlotte，NC：Information Age Publishing，Inc.，2009，p. 19。而这些是与对现有信念和行为的质疑、批评或寻找缺陷分不开的。

和重要性）等。[①] 如果 critical 的翻译改变，按照一致性原则，这些概念的翻译是否也要改变？可以设想将其中的 critical 改译为其他名称会出现怎样的后果？其二，正如思维教育家德波诺指出的，将 critical 只当作评判或评价，事实上弱化了 critical thinking 的主要价值——通过攻击和消除一切伪装来彰显事实与真。大多数教育者同意 critical thinking 的历史根基源于苏格拉底、柏拉图和亚里士多德从事教学和论述的古希腊时代。在那个时代，出现了对思维的不寻常的分析和苏格拉底式论证。[②] 在德波诺看来，critical thinking 这个术语使“希腊三人帮”的教学观点永垂不朽，它强调通过持续提问的对话来分析、判断和论证的技能。苏格拉底提问是一种问深刻问题的方法，为探究一个人的知识主张之合理性而进行的思维。2500 年前的苏格拉底证明，为了正确的知识和洞见，不能总是依赖哪怕是拥有代表权威的权力或身处高位的人，因此需要批判性思维。[③] 其三，critical thinking 改译后，也会产生望文生义的缺陷，看不出基于充分理由的怀疑、质疑和改善的含义。事实上，任何名称都不可能完全表达其代表的全部含义。如果从批判性思维和创造性思维的关系来看，创造性思维主要是生成新想法，批判性思维主要是检验这些想法的可行性、可用性，所以，critical thinking 翻译为“检核性思维”或“检验性思维”会更好。然而，这些可能的不同译法都有不同的代价。而且，另行翻译，会徒增学习者的负担，译名越来越多绝非好事。其四，那些说“批判性思维”一译是错译并提议别种翻译的人是否也反思过这样一个问题：中国大陆和港澳台地区的大多数学者或译者普遍采用的译法难道抵不上他们自己推荐的译法？

---

① 与这一组术语联系的自然是 critical thinking，其含义是：在学习和研究中，要求发展有效和充分的搜索策略、评价所获信息的相干性和准确性，评估对生产信息内容负有责任的作者或组织的权威性，分析假设、证据和有关资源中所表达的逻辑论证的技能。对于评估可利用的网络信息而言，critical thinking 是基本的。因此，图书馆专业指导者近年日益关注教授 critical thinking 技能。Joan M. Reitz, *Dictionary for Library and Information Science*, Libraries Unlimited, 2004, p. 192.

② Debra McGregor, *Developing Thinking*: *Developing Learning*: *A Guide to Thinking Skills in Education*, Maidenhead, Berkshire: Open University Press, 2007, p. 9.

③ Jill M. Black, Steven R. Furney and Helen M. Graf, *Philosophical Foundations of Health Education*, San Francisco, C. A.: John Wiley and Sons, 2009, pp. 110 - 111.

第二节　批判性思维和非批判性思维

按照斯滕伯格的思维三元理论，好思维是分析的、创造的和实用的信息加工过程三者的平衡。三元理论阐明了人类智能为了分析的、创造的或实用的等不同目标的用途，所以，这一理论可以应用在所有学科和领域。批判—分析性思维涉及分析、判断、评价、比较、对比、解释和检验等能力。创造—综合性思维包含创造、发现、生成、想象和设想等能力。实用—情境性思维涵盖实践、运用和实现等能力。思维有三种方式，但其背后的思维技巧却只有一套。分析性的人善于用这些技巧解决熟悉的问题，这些问题通常是学术性问题。创造性的人擅长把这些技巧应用于相对新奇的问题。实用性的人则愿意把这些技巧应用在日常问题上。三种思维方式背后的认知过程包括应用七种基本技能：问题的确定、程序的选择、信息的表征、策略的形成、资源的分配、问题解决的监控、问题解决的评价。①

从思维类型来看，批判性思维只是思维的一种，至少在某种程度上，它与创造性思维是相区别的。在这个对照关系中，创造性思维是一种非批判性思维。创造性思维是能引发新的和改进的解决问题的方法的思维方式。批判性思维是对所提供的问题的解决方法进检测，以保证它们是有效的思维方式。创造性思维引发新观点的产生，而批判性思维则检测这些观点的缺失。这两种思维方式对有效解决问题而言都是必要的，然而二者有时却是不相容的。创造性思维干扰批判性思维，反之亦然。我们在创造性地思考问题时必须放开思绪。这个思考过程越是处于自发状态，越有可能产生有效的解决问题的方法，源源不断的想法提供解决问题的原材料。在寻求解决办法的早期阶段，主要任务是想方设法激励产生新颖念头或创意，因此不设任何限制，允许提出任何想法，哪怕看起来是非常荒谬或不可能的想法，这便是“头脑风暴”的作用。头脑风暴是一种快速的非批判性思维技术，被用于获得大量的想法以供讨论，

---

① ［美］Robert J. Sternberg and Louise Spear-Swerling：《思维教学——培养聪明的学习者》，赵海燕译，中国轻工业出版社 2001 年版，第 33—42 页。

通常接下来的是审慎思维。[①] 如果在这个过程中，批判性思维过早介入，就会抑制创造性思维。在完成这个激励迸发创造性想法的过程之后，批判性思维把好的想法提取出来，在诸多可能性中选出或组合出解决问题的最佳方案。（非批判的）创造性思维，常常被指责为是浪费时间的空想。然而谁能担保这些空想肯定不会孕育创新的思想呢？当然，并不是所有空想或遐思都能产生有效的、可操作的想法，但一个有用的想法会在这千百个臆想中脱颖而出。当然，创造能力如果被过于强调，批判能力就会停滞不前；反过来，对批判性思维运用时机不当，也会束缚创造性思维。因此需要平衡发展创造性思维和批判性思维。[②] 沃尔特斯在批评传统批判性思维模型时，实际上把批判性思维和创造性思维的区别用“证明的演算”（calculus of justification）和“发现的模式”（pattern of discovery）来表达。逻辑—分析的功能构成一类认知功能，而同等重要的是所谓的“直觉—综合”的一组技能。前一组技能在给定的命题性论证的逻辑分析、评估和证明中是基本的，后一组构成非逻辑的运算，比如直觉、洞察和想象，它们在构建和发现新概念模型、新方法论和新问题的过程中是基本的。两组认知功能互补：证明演算技能能够使推理者逻辑地分析和评估命题性论证和问题，而发现的技能促进不同模型的创造性建构与新问题和新视角富于想象的发现。这两个认知功能一起构成与人的合理性相联系的思维技能集。[③] 按其本质，批判性思维关涉批判某种早已存在的东西，而创造性涉及生成某种新的、先前对批判不可利用的东西。[④] 不过，有学者进一步主张，批判性思维和创造性思维相互渗透。贝林和西格尔指出，创造性不仅包括新颖性的生成，更包括生成改进或革新的产品，而分析、逻辑和评估必然包括在这种创造性生产中。对于辨识难题、确认现有解决的不充分性、要求确认一个新方法、确定探究方向以及确认可能的解决，批判性判

① Alan Crawford, E. Wendy Saul, Samuel R. Mathews and Jim Makinster, *Teaching and Learning Strategies for the Thinking Classroom*, New York: The International Debate Education Association, 2005, p. 235.

② John Chaffee, *Thinking Critically*, 2nd ed. Boston: Houghton Mifflin, 1988, pp. 236 – 237.

③ Kerry S. Walters, "How Critical Is Critical Thinking?", *The Clearing House*, Vol. 64, No. 1 (1990), pp. 57 – 60.

④ Debra McGregor, *Developing Thinking*, *Developing Learning*: *A Guide to Thinking Skills in Education*, Maidenhead: Open University Press, 2007, p. 172.

断都是核心的。因此，导致创造性成就的思维，最好被看作是在对一个难题情境的合情理的和批判性回应的条件下，而不是在无限制生成的条件下。也不能把批判性思维刻画为严格分析的、选择的和规则决定的。对观念或产品进行评估或批评的思维不只是算法的，而是有创造的、想象的成分。标准的应用不是一个机械过程，而是包括某些环境的解释、关于不同语境中标准适用性以及是否标准被满足的想象性判断。同样，发明假说、生成反例、构建反论证和预想潜在的问题都是具有创造性维度的批判性思维的重要方面。在任何复杂环境中，得出一个总的评价要求基于提问、权衡、驳回、协调和整合各种分歧观点来构建一个观点，也许导致假设的质疑和问题的再定义。贝林和西格尔认为，在所有严肃思考的实例中，逻辑的约束和想象的独创性是明显的。所有批判性思维都有创造的维度。在某些情形中，批判性的深思熟虑导向假设的质疑、规则的突破、要素的重新安排，因此可以产生显著新颖性的产品。由此看来，批判性思维和创造性思维是交织的。① 没有创造性的批判性思维只不过是怀疑论和否定性，而没有批判性思考的创造性变成了仅仅是新颖性。② 英国批判性思维学者费舍尔用很多人使用的一个词 critico-creative thinking 来强调批判性思维与创造性思维的这种密切关系。即使是评估论证和观念也常常必须在其他可能性、替代考虑不同选择等方面富有想象和创造。要对一个议题做出好判断，看出别人话语的缺陷是不够的，需要在你设计的最佳论证的基础上做出判断，这往往要求思考相关意见，从不同视角考察议题，想象不同的情境，这些都是创造性的。使用这个词就是要强调批判性思维肯定的和想象的方面。③

根据心理学研究，人们在做决定时，有平行起作用的两个思维系统——系统 1 和系统 2。系统 1 做出快速的、整体的、联想的判断，是更为自动的、应激的。当做出一个不太重要的判断的时候，系统 1 负责对刺

① Sharon Bailin and Harvey Siegle, "Critical Thinking", Nigel Blake, Paul Smeyers, Richard D Smith, Paul Standish (eds.), *The Blackwell Guide to the Philosophy of Education*, Malden, MA: Blackwell Publishing, 2003, pp. 181 - 193.

② Richard Paul and Linda Elder, "Critical Thinking: The Nature of Critical and Creative Thought", *Journal of Developmental Education*, Vol. 30, No. 2 (2006), pp. 34 - 35.

③ Alec Fisher, *Critical Thinking: An Introduction*, Cambridge: Cambridge University Press, 2001, p. 13. 也有人用"creative critical thinking"一词。

激做出肯定的—否定的、赞成的—逃避的快速反应。系统 1 的快速的、联想性输出往往对于指导有效行动是充分的，但系统 1 的输出需要补充或校正。系统 2 做出的深思熟虑的、基于规则的、连续的判断，是更为反省的、逻辑的。它适用于有重要性的判断，负责高于系统 1 的东西，比如发现原来的自动评价的一个错误，或者发现系统 1 的输出看起来对于有效指导人们执行手头的任务并不充分。例如，大学可能遇到一个是否接受捐赠的决策问题。运用系统 2 的反省的和逻辑的方法，将要处理以下问题：以某种有条理的方式评估捐赠的潜在价值；确定也许要被遵循的规则和程序；预计接受（不接受）的代价；列举接受或不接受的可能后果；分析对学生、员工和社区等可能的积极和消极的影响。① 显然，系统 1 属于非批判性思维，而系统 2 属于批判性思维。

在批判性思维研究领域，还在另一个意义上使用非批判性思维，这时通常蕴含着这种思维是有害的、需要克服的、有缺陷的，与这个概念相联系的是“非批判的人”。如前所述，杜威使用了非批判性思维，并给出了简要定义。② 正如对批判性思维的理解呈现多样化一样，对非批判性思维的解释也有各种视角。

批判性思维的突出特征是质疑假设，重点放在问“为什么”的要求上。从这个角度出发，“非批判性思维是这样一种思维，即在没有系统地检核其有效性、否认或忽视影响信念和实践之语境的重要性、没有寻求和评估替代选项的情况下，而就表面价值接受常识假设，僵化而不质疑地依附教条和权威宣示”。③ 非批判性思维意味着，就其表面价值接受每一个命题，什么也不质疑，假设每一结论完全得到证明，即使证据是薄弱的或根本没有证据，它是由思维的坏习惯和懒惰滋生的。④ 在非批判性思维的

---

① Peter Facione and Noreen Facione, “How We Err in The Academy” (http: //www. aacu. org/meetings/annualmeeting/AM08/documents/Howweerr-FacioneFacione-AACU2008BW. pdf, 2010 - 06 - 16.). 关于两个系统的论述可参见［美］丹尼尔·卡尼曼《思考，快与慢》，胡晓姣、李爱民、何梦莹译，中信出版社 2012 年版，第 8—9 页。

② John Dewey, *How We Think*, Charleston, SC: BiblioBazaar, LLC, 2009, p. 13.

③ Alan Berkeley Thomas, *Controversies in Management: Issues, Debates, Answers*, London: Routledge, 2003, p. 6.

④ Jo Ray McCuen-Metherell and Anthony Winkler, *From Idea to Essay: A Rhetoric, Reader, and Handbook*, Mason, Ohio: Cengage Learning, 2008, p. 11.

条件下，永不存在审查一个人如何获得某个结论的思考或需要。非批判性思维包括鹦鹉学舌式的老生常谈，说“对的事情”。当不确定性真的出现时，许多人诉诸非批判性思维，希望给予他们的世界观一个稳定感，即使事实并不支持这一点。[①] 非批判性思维的另一个表现是偏爱一个理论模型或概念模型，非批判地接受建立概念、理论和公理的假设。[②] 非批判性思维从现存的思想和社会实践得到自己的信念、规范和价值，而批判思想根据它所生成的一个批判的观点来寻求不同的思想和行为模式，要求具有区分存在和本质、事实和潜能、表象和实在的能力。[③] 非批判性思维决意相信某事物，即使在面对相反证据的情况下。[④] 有学者在杜威对思维的分析的基础上，将非批判性思维看作是四种不同思维类型之一。在“以非批判信念形式进行的思维”中，我们只是相信或者非批判地接受常见观点。在成千上万接受这些观点的那些人中，很可能没有一个人能给出或者尝试给出他们观点的充分理由。并非我们所有人都因我们自己受过训练的思考力能给出由我们自己的思维所发现的好理由而引以为傲。为什么我们认为我们的政党、宗教或社会组织比别的更好？归根结底，很少有人真正了解自己的信条、加入一个教会或选择一个政党的理由！我们采取自己国家或集团的观点，并不因为我们通过思考它们是最佳的而相信它们，而是因为相信它们省事。[⑤] 这种形式的非批判性思维不仅与批判性思维相对立，而且对创造性思维也是有害的，它们最终危害任何社会。[⑥]

批判性思维和非批判性思维的另一个突出区别在于是否依赖好思维的某些标准。李普曼说，在学生们还不熟悉用来区别批判性思维和非批判性思维之标准的情况下，他们不可能被激励进行批判地思考。当然，非批判

---

① Michael J. Taleff, *Critical Thinking for Addiction Professionals*, New York: Springer, 2006, pp. 10, 22, 35, 37.

② Christopher E. Hackley, *Doing Research Projects in Marketing, Management and Consumer Research*, London: Routledge, 2003, p. 58.

③ Herbert Marcuse, *One-dimensional Man: Studies in the Ideology of Advanced Industrial Society*, London: Routledge, 2002, p. xiv.

④ Nigel Warburton, *Philosophy: The Basics*, London: Routledge, 2004, p. 52.

⑤ George Herbert Betts, *The Mind and Its Education*, Charleston, SC: BiblioBazaar, LLC, 2009, pp. 177 – 179.

⑥ Consuelo G. Sevilla, et al., *General Psychology: With Values Development Lessons*, Manila: Rex Bookstore, Inc., 2006, p. 206.

性思维暗示思维是缺乏坚实基础的、模糊的、主观的、似是而非的、无计划的和未经组织的，而批判性思维依赖标准这一事实，暗示它是有良好基础的、结构化的和可靠的思维。[①] 批判性思维主要是一个规范概念，它指的是好思维，具有不同于非批判性思维的品质，这种品质是由思维满足相关标准和规范的程度决定的。在科学教育文献中，常常按照一组程序来定义批判性思维的概念，这种方法用描述性的术语刻画批判性思维，描述行为或活动的一个范围。但是，简单完成一组程序对于确保批判性思维是不够的，因为人们可能粗心地或不反省地——以一种非批判的方式完成任何程序。[②] 有学者将非批判性思维的三个形式或特性勾勒如下："非全即无"（all or nothing）思维。这是一种儿童的思维形式，事物被绝对地认为非好即坏，非对即错。这种思维比批判地评估更容易。混淆巧合与原因，常常采取"跳跃到结论"的形式。这种非批判性思维最极端的例子是错觉。错觉是一种虚假信念，尽管证据支持相反的信念，非批判的人却依然坚持该信念。[③] 根据这些标准，非批判性思维和批判性思维形成一系列鲜明对照：[④]

批判性思维	非批判性思维
细致考虑所有可利用事实证据的广度和深度	很少或没有注意事实证据
对待事实证据的健康的怀疑主义	低水平的怀疑主义，扩展到无怀疑地接受事实证据
明白在欲接受的情况被证明之前要悬置判断	倾向于跳跃到结论
高度反省的取向	高度非反省的取向
小心思考和预先试验问题的解决方法	违背试错基础而执行一个解决方法
元认知出现（对一个人自己思维的批判性思考）	缺乏元认知

① Matthew Lipman, *Thinking in Education*, Cambridge: Cambridge University Press, 2003, pp. 69, 212.

② John K. Gilbert, *Science Education*, London: Taylor & Francis, 2006, p. 249.

③ T. L. Engle and L. Snellgrove, *Psychology: Its Principles and Applications*, New York: Harcourt Brace Jovanovich, Inc., 1979. 转引自 Consuelo G. Sevilla, et al., *General Psychology, with Values Development Lessons*, 4th ed. Rex Bookstore, Inc., 2006, pp. 206 – 208。

④ Lynn Basford and Oliver Slevin, *Theory and Practice of Nursing: An Integrated Approach to Caring Practice*, Cheltenham, Glos: Nelson Thornes, 2003, p. 454.

莫里塞特所引证的保罗关于批判性思维和非批判性思维的对比不仅突出了标准，而且也强调心智习性方面的差异。[①] 而且，保罗进一步从心智习性方面刻画了“非批判的人”拥有的种种特性及其思维和行为表现：人们的心灵是他们既不理解、控制，也不关心的社会的和个人的力量的产物。他们的个人信念往往基于先入之见。他们的思维很大程度上由陈规、夸张、过分简单化、粗率的概括、错觉、妄想、合理化、虚假二难和乞题构成。他们的动机往往可追溯到非理性的害怕和依附、个人的自负和嫉妒、理智的傲慢和头脑简单。这些构件变成了他们个性的一部分。这样的人注重直接影响他们的事物。他们通过种族和国家主义者之眼看世界。他们把其他文化的人们模式化。当他们的信念被质疑时（那些信念也许未被证明是正当合理的），他们感到自己受到了攻击。当他们感到威胁的时候，他们通常又回到幼稚的思维和情感的对抗攻击。当其先入之见被质疑时，他们常常感到被冒犯，把质疑者模式化为“心胸狭隘的”和“有成见的”。他们依靠粗率的概括支持自己的信念。当遇到“校正”、不同意或批评时，他们感到愤怒。他们想被过分夸奖，被人人觉得重要。他们想要一个呈现为简单的、黑白分明的世界。他们很少或不理解微妙之处、细小的特质或难以捉摸之点。他们想要被告知谁是恶人，谁是善人，把自己看作善人，把自己的敌人看作恶人。他们想要所有的问题都允许一个简单的解决，而且该解决是他们熟悉的那种解决，比如，用武力和暴力惩罚那些恶人。在他们心中，视觉形象比抽象语言远为有力。他们过度地被权威、权力和名人所影响。他们完全准备被指挥和控制，只要那些控制给予他们愉快的感觉，把他们引向相信他们的看法是正确的和富有洞见的方向。大众媒体为诉求这样的人而构建起来。微妙和复杂的问题被归约为简单的公式。有利于自己的描述便是一切，实质无关紧要。[②]

一些学者还讨论了具体学科中的非批判性思维的表现。例如，在处理

---

① Patrick J. Morrissette, *Self Supervision*: *A Primer for Counselors and Helping Professionals*, New York: Psychology Press, 2002, p. 102. 亦可见 Richard W. Paul, “Critical Thinking in North America: A New Theory of Knowledge, Learning and Literacy”, *Agumentation*, Vol. 3, No. 2 (1989), pp. 197 – 235。

② Richard Paul and Linda Elder, *The Thinker's Guide to Fallacies*: *The Art of Mental Trickery and Manipulation*, Tomales, C. A.: The Foundation for Critical Thinking, 2006, pp. 3 – 4.

数据表征时，学生被观察到的四个推理模式之一就是非批判性思维，即专业性能力（technological power）和统计方法被随意或非批判地使用，而不是有针对性地运用；[①] 从科学态度来看，区别日常思维过程和科学方法的基本事实是，后者抑制愿望，即任何科学地思考的人必须排除将其主观愿望之事混同于科学事实。“这个态度差异说明了批判的和非批判的思维所意味的东西。”[②]在领导科学理论中，人们也研究了领导者和下属（遵循者）之间的遵循关系可能有5种风格。这些遵循风格按两个向度归类。第一个向度就是独立的、批判性思维的品质和依赖的、非批判性思维的对照。独立的批判性思维者注意他们自己的行动和他人行动的重要性，能估量决策对领导者所提出的愿景的影响，提供建设性批评，创造和革新。非批判性思维没有考虑超越一个人被告知之物的可能性，没有对组织培育做出贡献，不加思考地接受领导者的想法。第二个向度是主动行为和被动行为的对照。主动的个体完全参与到组织中，实施超越工作限制的行为，表现出归属感，推动问题解决和决策。被动的个体需要有持续的监督管理，由高层促动这样的特征。一个人是主动还是被动，是批判的、独立的思维者还是依赖的、非批判的思维者的程度，决定他是一个不合群的、被动的遵循者、墨守成规者、务实的幸存者，还是一个有效力的遵循者。[③]

第三节 批判性思维的概念网络

《韦伯斯特新世界词典》指出，批判性思维“以仔细分析和判断为特征”。“critical”在严格的意义上，意味着试图形成确定优点和缺点的客观判断。因此，批判性思维就是使用恰当的评估标准，明确地形成旨在确定某物真实价值和优点的理由充分的判断。保罗认为，这是批判性思维的最低限度的概念，它既有其希腊根源，也是过去30—50年研究的内核。然而，由于批判性思维有多面向、多样化的性质，学者们在这个批判性思

① Dani Ben-Zvi and Joan B. Garfield, *The Challenge of Developing Statistical Lliteracy, Reasoning, and Thinking*, New York: Springer, 2004, p. 123.

② Ernest R. Groves, *An Introduction to Sociology*, Read Books, 2007, p. 415.

③ Richard L. Daft, *The Leadership Experience*, Mason, Ohio: Cengage Learning, 2007, p. 194.

维概念的最低纲领的前提下，使用了各种术语来指称批判性思维，在不同的语境中，突出其不同的特性。因此，准确理解批判性思维需要澄清各个相关概念之间的关系。

批判性思维的第一个概念是“苏格拉底方法”或“助产术”——苏格拉底所倡导的一种探究性质疑（probing questioning）。通过提问（或反驳、辩证法），人们被要求澄清他们思考或研究的目的，区分相干和不相干信息，然后检验其可靠性和来源，质疑他们自己和他人的言论所包含的假设，按照合作精神，从不同视角进行推理，探查所思考事物的后果或意涵，整理他们知道或以为知道之物的理由和证据，也对他们面前的证据和理由保持敏感。通过提问，揭示习以为常、理所当然的信念背后的假设所包含的不一致性，以探求新的可能答案。

杜威的“反省性思维”是批判性思维的探究模型。在杜威那里，认识（knowing）、探究、科学方法、反省性思维的过程都是或多或少可以互换的术语。它们都与杜威的批判性思维概念相近。[①] 杜威发现，日常解决问题的方法类似于科学探究方法：定义问题，把期望转变为可能的、合意的结果，形成达至所确认目标的可能方式的假说，想象地思考实施这些假说的可能后果，然后用它们试验，直到问题被解决。然而，杜威同时区别了日常思维和反省性思维。反省性思维是对任何信念或被假定的知识形式，根据其支持理由以及它所指向的进一步结论，予以能动、持续和细致地思考。[②] 反省意味着搜寻发展某个信念的其他证据、新事实，或者证实该信念，或者使它的荒谬和不相干愈加明显。简言之，反省性思维意味着，在进一步探究期间，判断被悬置，尽管悬而不决很可能有点痛苦。反省性思维本质上是假说的系统检验，有时也称为“科学方法”。它包括问题的定义、假说的提出、观察、测量、定性和定量分析、实验、解释、用进一步的实验检验暂时的结论。反省性思维关注思维的因和果。了解观念

---

① John Dewey, *John Dewey Later Works, 1925 – 1953. 1942 – 1948. Essays, Reviews, and Miscellany*, Jo Ann Boydston (ed.), London: SIU Press, 1989, p. 450. Appendix. 杜威认为，“科学的”意指控制有关某个主题的判断之形成的常规方法。从一种平常的态度向一种科学的态度转变，与停止把特定事物视为理所当然与假定一种批判的、探究的和检验的态度相一致。可参见 John Dewey, *The Middle Works of John Dewey, 1899 – 1924: Journal Articles, Book Reviews, and Miscellany in the 1903 – 1906 Period*, Jo Ann Boydston (ed.), London: SIU Press, 1977, p. 3。

② John Dewey, *How We Think*, Boston: D. C. Heath, 1910, p. 6.

的原因——它们被思考的条件——使我们自己从智力的刻板中解放出来，给予我们在智力自由之资源的不同选项中进行选择并据此行动的力量。反省性思维包括：（1）怀疑、踌躇、困惑的心理困难，思维由之而来；（2）搜索、追逐以发现将解决该怀疑和困惑状态之材料的行动。训练良好心理习惯的最重要因素在于获得悬置结论的态度，以及精通为证实或反驳出现的暗示或联想而寻找新材料的各种方法。保持怀疑状态，进行系统而持久的探究，这就是反省性思维的本质特征。[①] 杜威《我们如何思维》1933 年修订版的副题为“反省性思维对教育过程之关系的重述”，其中论证了“为什么反省性思维必须是一个教育目标”。[②] 一些学者曾认为，要训练青春期之前年轻人的批判性思维方法是不可能的。而杜威认为，虽然在青春期年龄之前有相对少的自发的批判感，非常少的怀疑和出于打消怀疑的缘故而完成研究的自然倾向，[③] 但思维始于幼年，伴随儿童首次努力管理他的身体，之后继续从事个体的和社会的游戏、工作和其他活动，学校内外所有年龄段的教育发展适用于所有生活关系中的问题解决的批判性思维类型。[④] 可以说，除了可用科学方法解释或替换而外，反省性思维与批判性思维几乎没有差别。

“元认知”（Metacognition）这个术语通常与弗拉维尔相联系，他指出，元认知由元认知的知识和元认知的体验或调整组成。前者指所获得的有关认知过程的知识和能用于控制认知过程的知识，可分为三类：个人变量、任务变量和策略变量的知识。他把批判性思维理解为元认知概念的要素：信息源、诉求质量（quality of appeal）和可能后果的批判性评价需要

① John Dewey, *The Middle Works of John Dewey, 1899 – 1924: Journal Articles, Book Reviews, Miscellany in the 1910 – 1911 Period, and How We Think*, Jo Ann Boydston (ed.), London: SIU Press, 1978, pp. 188, 191.

② John Dewey, *The Later Works of John Dewey. 1925 – 1953: 1933. Essays and How We Think, Revised Edition*, Jo Ann Boydston (ed.), London: SIU Press, 1987, p. 125.

③ John Dewey, *The Middle Works of John Dewey, 1899 – 1924: Journal Articles, Book Reviews, and Miscellany published in the 1899 – 1901 Period, and The School and Society, and The Educational Situation*, Jo Ann Boydston (ed.), London: SIU Press, 1976, pp. 155; 220.

④ John Dewey, *The Middle Works of John Dewey, 1899 – 1924: Journal Articles, Book Reviews, Miscellany in the 1910 – 1911 Period, and How We Think*, Jo Ann Boydston (ed.), London: SIU Press, 1978, pp. xxv – xxvii.

明智地处理这些输入，如此才能导致智慧的生活决断。[①] 亨尼西在考察20世纪70年代以来的一些定义后，将元认知的特性刻画为：意识到某人自己的思维，意识到某人概念的内容，对某人认知过程的一种主动监测，调节某人与进一步学习相关的认知过程的努力，应用作为帮助人们组织自己通常探索难题方法之有效手段的一套启发法。[②] 更简单的定义是“思考的检测与控制”，包括3个主要范畴：元记忆与元理解、问题解决和批判性思维。虽然这一简单分类并没有穷尽元认知的许多类型，但它传达了该过程在主要认知活动中的广泛作用。[③] 昆恩也把批判性思维看作元认知的一种形式，而元认知的认知（metacognitive knowing）——基于陈述性知识运作的思维、元策略认知（meta-strategic knowing）——基于程序性知识运作的思维和认识论认知（epistemological knowing）——包含知识如何被生成，这些二阶认知形式都是批判性思维的一部分。[④] 有学者把元认知归到批判性思维之下，因为批判性思维技能的一个构件是在合适的时间部署合适的策略和技能的能力，通常称为条件式知识或战略知识（被认为是元认知的一部分）。[⑤] 另一些则将元认知等同于监控批判性思维质量的能力。[⑥] 在美国哲学学会（1990）的批判性思维定义中，元认知（自我校正）是批判性思维的一个子技能。有人将自我调节学习（self-regulated learning）当作一个总的概念，它是我们理解和控制我们学习环境的能力，

---

① John H. Flavell, “Metacognition and Cognitive Monitoring: A New Area of Cognitive-developmental Inquiry”, *American Psychologist*, Vol. 34, No. 10 (1979), pp. 906 – 911.

② M. Gertrude Hennessey, “Probing The Dimensions of Metacognition: Implications for conceptual change teaching-learning”, *The Annual Meeting of the National Association for Research in Science Teaching*, Boston, MA. 1999, p. 3.

③ Michael E. Martinez, “What Is Metacognition?”, *Phi Delta Kappan*, Vol. 87, No. 9 (2006), pp. 696 – 699.

④ Deanna Kuhn, “A Developmental Model of Critical Thinking”, *Educational Researcher*, Vol. 28, No. 2 (1999), pp. 16 – 26.

⑤ Tim van Gelder, “Teaching Critical Thinking: Some Lessons from Cognitive Science”, *College Teaching*, Vol. 53, No. 1 (2005), pp. 41 – 48. Daniel T. Willingham, “Critical Thinking: Why is it so hard to Teach?”, *American Educator*, Summer, 2007, pp. 8 – 19.

⑥ Jane S. Halonen, “Demystifying Critical Thinking”, *Teaching of Psychology*, Vol. 22, No. 1 (1995), pp. 75 – 81. Diane F. Halpern, “Teaching Critical Thinking for Transfer Across Domains: Dispositions, Skills, Structure Training, and Metacognitive Monitoring”, *American Psychologist*, Vol. 53, No. 4 (1998), pp. 449 – 455.

有三大构成：认知、元认知和动机，而在认知要素中包括批判性思维即辨识、分析来源和得出结论。[①] 不过，李普曼认为，人们可以用非反省的方式思考自己的思维，因而元认知不一定是批判的。[②] 梅可派克指出，认识到何时一个特殊技能是相关的并部署那个技能的能力，不适合作为批判性思维的一部分，它实际上代表一般智能。[③] 2011 年的一个研究报告总结说，起码在监测一个人的思考使其更可能从事高质量思维方面，元认知能被看作是批判性思维的一个支持条件。[④]

“高阶思维”或“高阶认知（技能）”源自布隆姆的认知目标分类系统。这个著名的“金字塔”系统包括 6 个连续的层级：知识、领会（comprehension）、运用、分析、综合和评估。

“知识”包括通过识别或回忆强调那种概念、材料或现象的行为和测试情景。它包括从特殊和比较具体的行为到更为复杂和抽象的行为。特殊知识指能分别孤立和记忆的那类信息或知识，而普遍和抽象的知识强调组织和结构化信息的相互关系和模式。“领会”包括中学和大学强调的最为一般的那类理智能力和技能。布隆姆的“领会”定义比通常的阅读理解更为广泛，包括任何言语或书面交流中的字面讯息的表达和理解的目标、行为或回应。“运用”指学生把恰当的抽象应用于一个新情境。应用包括抽象的（以一般观念、规则、概括化的方法、概念和理论）使用，当然假设这些抽象已被记住。“分析”注重将材料分解为它的组成部分并探知各部分的关系以及它们被组织起来的方式。分析也可以在决定一个交流的结构或组织方面成为一个目标，或者帮助更完满地领会或评估材料，包括诸如形成假说、得出结论、概括和区别等技能。“综合”是将要素和部分拢在一起形成一个整体——为了发展之前并不存在的一个模式或结构而组合。包括把各部分和新材料重新组合为一个

---

① Gregory Schraw, Kent J. Crippen and Kendall Hartley, “Promoting Self-Regulation in Science Education: Metacognition as Part of a Broader Perspective on Learning”, *Research in Science Education*, Vol. 36, No. 1 – 2 (2006), pp. 111 – 139.

② Matthew Lipman, “Critical Thinking—What can it be?”, *Educational Leadership*, Vol. 46, No. 1 (1988), pp. 38 – 43.

③ John E. McPeck, “Critical Thinking and Subject Specificity: A Reply to Ennis”, *Educational Researcher*, Vol. 19, No. 4 (1990), pp. 10 – 12.

④ Emily R. Lai, “Critical Thinking: A Literature Review” (http://images.pearsonassessments.com/images/tmrs/CriticalThinkingReviewFINAL.pdf. 2014 – 05 – 15).

或多或少完整的整体。这是一个提供创造性行为的范畴，尽管学生必须在特殊问题、材料或框架确定的限制之内工作。但是，领会、分析和应用包括研究一个整体以更好地理解该整体，综合要求从许多来源获得要素，将它们放在一个新结构里。“评估”涉及做出对某一目标之价值的判断，包括使用规范和标准来评价标准被满足的程度。这个技能包含了层级系统中的所有其他技能。判断可以是定性的或定量的，标准可以是为学生确立的或是由学生确定的。判断包括考虑要被评估之现象的各方面，使用清晰的标准和参照系。它不同于仅仅是意见的那种快速的、冲动的决定。可以基于内部证据（逻辑的准确性、一致性等）或外部标准（用来做出判断的技术、规则或标准）做出判断。布隆姆的分类虽然并不是为进一步的批判性思维教学而设计的，但包括了大量对这种教学有用的信息。所描述的大多数认知过程对高阶问题是基本的，事实上预设批判性思维基本概念（如假设、事实、概念、价值、结论、前提、证据、相干性、不相干、一致性、蕴涵、谬误、论证、推论、视点、偏见、成见、权威、假说等）的使用。比如，分析可以是任何学习领域的目标。科学、社会研究、哲学和艺术教师常常将分析表述为自己的重要目标。他们希望发展学生这样的能力：在交流中区分事实与假说，辨识结论和支持性陈述，区别相干和不相干的材料，注意到一个观念如何与另一个相联系，看出表达的东西所牵涉的未陈述假设，区别诗歌或音乐中主要的和从属的思想和主题，发现作者的技术和目的的证据等。而且，“批判性分析”含有评估之意。[①] 那些在分析、综合和评估方面做到最好的学生，倾向于以一种对这些批判性思维构件的清晰感来审慎地完成这些认知活动，因此，假如在认真的分析、综合和评估中预设了批判性思维的概念，我们就能通过将这些构成性概念提升到有意识的水平来最佳地提高这种专注力。同样，在情感领域的目标分类中，许多高阶价值的例子是对教育的批判性思维模型之价值的说明。学生慎重考察关于争议问题的各种观点，形成关于这些议题的意见；发展对理性力量和试验讨论方法的信任；针对公共福利标准而不是特殊和狭隘利益集团的利益来估量不同社会政策和实践；按照证据迅速修正判断和改变行为；

---

① Benjamin Bloom, Max D. Engelhart, Edward J. Furst, Walker H. Hill and David R. Krathwohl, *Taxonomy of Educational Objectives: The Classification of Educational Goals. Handbook 1 Cognitive Domain*, New York: David McKay Company, 1956, p. 144.

按照相关的情景、议题、目的和后果而不是按照固定的、教条的戒律或主观愿望式思维来判断问题和议题；发展一种始终如一的生活哲学。[①] 由此看来，高阶认知活动和能力不仅包括批判性思维技能，也包括批判性思维倾向的元素。一般认为，最高 3 个范畴——综合、分析和评估构成了高阶思维，而且常常被等同于批判性思维。所以，高阶思维等相关说法就是布隆姆式的批判性思维。也有人将批判性思维仅仅看成是第 6 个层级即评估，因为正是这个层级“聚焦于在对一个陈述或命题之分析的基础上做出评价或判断”。[②] 也有学者从另外的角度分析高阶思维的性质，认为它是非算法的，即行动路径并没有完全预先指定；它倾向于是复杂的，整个路径从任何单个有利位置来看都不是（心理上讲）“可见的”；它常常生成多种各有利弊的解决办法而非唯一的解决办法；它包括有微妙区别的判断和解释；它涉及多重标准的应用，而这些标准又相互冲突；它往往涉及不确定性，并非知道影响手头任务的一切情况；它是思维过程的自我调节，那些每走一步都听命于别人的人不被认为有高阶思维；它涉及影响意义和发现表面混乱之下的结构。[③]

“批判性推理”也常见于文献。特别是作为一种考试题型，“批判性推理”频繁出现于美国为检测学生评估假设、推论或论证的能力而设计的 GMAT、GCT 等测试中。有学者假定批判性推理是批判性思维的同义语。[④] 不过，鉴于某些具体的原因，另一些学者更愿使用“批判性推理”。[⑤] 批判性推理要求识别与有效地使用合理批评或支持理由和推理的能力。对理由和推理

---

① Debbie Walsh and Richard W. Paul, *The Goal of Critical Thinking: from Educational Ideal to Educational Reality*, Washington, D. C.: American Federation of Teachers, Educational Issues Department, 1986, p. 29.

② W. Huitt, “Critical Thinking: An Overview” (http://chiron.valdosta.edu/whuitt/col/cogsys/critthnk.html 2010-06-18).

③ Barbara Z. Presseisen, *Critical Tinking and Thinking Skills: State of the Art Definitions and Practice in Public Schools*, Wasgington, D. C.: Office of Educational Research and Improvement, 1986, p. 31.

④ Ralph H. Johnson, “Critical Reasoning and Informal Logic”, Richard A. Talaska (ed.), *Critical Reasoning in Contemporary Culture*, New York: State University of New York Press, 1992, pp. 69-88.

⑤ 例如《当代文化中的批判性推理》的编者说，本书部分论文的作者对批判的、理性的思维之构成感兴趣，但并不与批判性思维运动相联系；主张教授和讨论批判性思维的教育者并非都是专家，况且许多有声望的学者开始忧心借批判性思维名义的改革方案；有人用苏格拉底的名字代表批判性思维易于引起误解，最好应予避免；等等，因为这些理由此书题目没有使用批判性思维一语。可参见 Richard A. Talaska (ed.), *Critical Reasoning in Contemporary Culture*, New York: State University of New York Press, 1992, p. XV。

等的鉴别、使用与评价引导这种推理。只是进行推理的人，并不见得就是批判性推理者。一个非批判的推理者盲目推理，没有鉴别理由的理由。[①] 批判性推理有两个要件：第一，从事批判性推理的人，必须要对所有当下通过合理推理尚未解决的议题持一种批判的态度。这种批判性态度意味着思想开放、允许可错性、承诺理智的完整性（Integrity，即承诺寻求证据并跟随它的导向——遵照指示正确结论的证据，取代按照预先构想的偏见或先入之见的工作）。第二，从事批判性推理的人，采纳思想的规范性标准。规范性标准是恰当思维的规则——不是描述我们实际上如何做的规则，而是我们应该如何思考的规则。这些标准一般被假定是学科独立的，即它们适用于任何学科的思维。[②] 相对来说，那些非自我反省的推理就不是批判性推理。批判性推理是批判性思维的一个重要的具体情形；方法论的反省（以理解与评估知识的目标、预设和程序为目标）或元认知也是批判性思维的另一种具体情形。这两种具体情形对应于批判性思维的两个主要含义：一个是批评、分析和评估的概念；另一个是反省意识（reflective awareness）。[③]

如果说批判性思维运动中的哲学家倾向于强调推理的话，那么，认知心理学家倾向于强调问题解决或决策。问题解决是从一个不满意的状态导向更为合意的“目标状态”的心理活动。在认知实验室中，研究问题解决所涉及的问题常常是复杂的，但通常存在一个正确的答案，而且仅有为数不多的几个解决方法会起作用（很可能只有一个）。这种问题常称作“良结构的”问题。和在批判性思维中一样，问题解决者构建和提炼问题情景的一个模型，分析当下状态，辨识限制，收集信息，生成一个或更多的假说，检验假说直到达到目标。批判性思维也是问题解决的一种形式，但它们之间的主要差异在于，批判性思维包括关于开放式问题或结构不良问题的推理（比如，归纳推理或关于那些没有唯一解决方法的不良结构问题的推理）。发展支持一个立场的过程最为明显地将批判性思维和问题

---

① Anthony O. Hear, *Current Issues in Philosophy of Mind*, Cambridge: Cambridge University Press, 1998, p. 61.

② Mark Holowchak, *Critical Reasoning and Science: Looking at Science with an Investigative Eye*, Lanham, Maryland: University Press of America, 2007, pp. 13 – 14.

③ Maurice A. Finocchiaro, *Galileo on the World Systems: A New Abridged Translation and Guide*, London: University of California Press, 1997, p. 335.

解决区别开来。不过，实际问题往往是开放式问题。在专业方面，如商业、工程、教学或建筑中的推理，结合了问题解决和批判性思维的特性。[①] 另外，与批判性思维或非形式逻辑不同的是，问题解决不容易从学科主题中孤立出来，因为“问题”通常处于一个知识构架之内，通晓解决方法很可能依赖背景知识。[②] 然而，加里森把批判性思维刻画为五步问题解决过程：问题辨识（学习者注意到一个问题，辨识其组成部分并将它们联系起来获得对问题的基本理解）、问题定义（学习者进行深入的澄清即为理解构造问题陈述的价值、信念和假设而分析问题）、问题探索——推论（学习者超越基本定义获得洞察和理解，一个包括使用推论如归纳和演绎，并得出将该问题和先前阐述清楚的命题联系起来的一个思想的过程）、问题评估（学习者估量不同的解决方法和新想法，一种要求判断的技能）和问题整合——战略形成（学习者搜索并尝试应用一个解决方法，同时做出一个决定）。[③]

不过，把问题解决看作一个综合过程时，批判性思维也只是其中的一个部分，因为解决问题需要创造性思维提出新颖的思路，批判性思维随后加以检验。作为解决问题过程的一部分并且和创造性思维相互关联的批判性思维主要是评估性的。从哲学视角来看，要把某种思维刻画成“批判的”就是要判断它满足可接受性的相关标准，批判性思维的哲学强调这样的标准。问题解决、决策或探究指的是需要思维发挥作用的不同语境；而批判性思维是规范术语，它指的是这种思维如何完成。问题解决强调需要处理一个特殊问题或问题情境；决策包括做出选择；探究指的是回答一个问题或探索一个难题的努力。这些活动都能用一种批判的或非批判的手段完成。当它们按照相关的规范被完成时，它们就都构成批判性思维的实

① Joanne Kurfiss, *Critical Thinking: Theory, Research, Practice, and Possibilities*, ASHE-ERIC Higher Education Report. No. 2, Washington, D. C.: Association for the Study of Higher Education, 1988, pp. 28 –30.

② Lauren G. Ruff, *The Development of Critical Thinking Skills and Dispositions in First-Year College Students: Infusing Critical Thinking Instruction into a First-year Transitions Course*, Dissertation, University of Maryland, 2005, pp. 24 –27.

③ D. R. Garrison, “Critical Thinking and Self-Directed Learning in Adult Education: An Analysis of Responsibility and Control Issues”, *Adult Education Quarterly*, Vol. 42, No. 3, 1992, pp. 136 –148.

例。因此，批判性思维是一个总的术语，指的是思维的质量。① 尽管批判性思维和创造性思维存在相互渗透和交织的关系，但是，批判性思维主要集中于评估证据和想法，而创造性思维（创造性问题解决）主要集中于找到问题（难题或挑战）的答案。当我们早已有将（当下状态和目标状态的）“漏洞”填补起来的答案或正确答案时，显然这是常规的问题解决。当不存在将这个“漏洞”填补起来的明显的方法时，就需要创造性的问题解决办法。例如，设计一个试验来检验一个新假说。批判性思维包括评估证据和推理，以决定信什么和做什么。所以，创造性问题解决和批判性思维都是高阶思维技能。在创造性问题解决过程中，当决定所提出的解决办法哪个是最佳的时候，需要批判性思维，即运用标准挑选一个解决方法。在批判地评估了信息之后随之决定做什么的过程中，个体可能需要从事问题解决。

当批判性思维、高阶思维和学习紧密联系起来时，有学者使用“理解”这个概念。和批判性思维一样，此概念所描绘的那种学习和思维，都激励学生将学会的东西应用于新情境，评估、分析、综合或质疑他们发现的信息，并考虑多种多样的可能性。不过，理解的概念要比批判性思维和高阶思维的概念更宽。珀金斯认为，在以理解为目的的教学中，理解比只是再造信息要求得更多，也比常规的、被很好自动化的技能要求得更多。简言之，理解是用一个人的所知灵活地思考和行动的能力，其重点在于灵活性。“我们赏识经由灵活执行的理解……当人们能够围绕他们的所知来灵活地思考和行动的时候，理解才显身了。相反，当一个学习者不能超越死记硬背和例行公事的思考和行动的时候，这便是缺乏理解的信号……理解意味着能够灵活地执行。”②

自20世纪70年代以来，美国和加拿大出现了批判性思维运动的三次浪潮。在第一次浪潮中，逻辑主义成为批判性思维运动的主流，获得构建和评估论证的技能成为一个受尊重的教育目标。基于非形式逻辑的批判性

---

① Sharon Bailin and Harvey Siegle, “Critical Thinking”, Nigel Blake, Paul Smeyers, Richard D. Smith, and Paul Standish (eds.), *The Blackwell Guide to the Philosophy of Education*, Malden, MA: Blackwell Publishing, 2003, pp. 181 – 193.

② David Perkins, “What Is Understanding?”, Martha Stone Wiske (ed.), *Teaching for Understanding: Linking Research with Practice*, San Francisco: Jossey-Bass Publishers, 1998, pp. 39 – 57.

思维（informal-logic-based critical thinking）在大学（比如加州 19 所大学）的教学中确立了和相关学科的联系——社会学家所教的一般化的方法论课程、心理学家所教的问题解决课程、历史学家所教的文本诠释学课程、英语中的论说文写作课程、新闻业提议的媒体分析课程等。[①] 关于通识教育的意义、本质和重要性的广泛讨论以及随之而来的培养方案的修订，为那些对非形式逻辑感兴趣的人提供了理想的条件。美国大学的批判性思维教学有基于学科的（discipline-based）和自立的（free-standing）两种主要形式。后者往往是和非形式逻辑紧密联系的批判性思维导论性课程。大学课程目录也显示，一年级导论性课程的描述经常互换使用"批判性思维"和"非形式逻辑"。因此，"至少在导论水平上，教授'批判性思维'已几乎变成了应用非形式逻辑方法的同义语"，[②] 非形式逻辑只不过是批判性思维的"技术性称谓"。有人干脆说，批判性思维和非形式逻辑是同一个东西的两个不同名称。[③] 批判性思维课程可能冠以各种名称，如批判性推理、批判性思维、非形式推理、非形式逻辑、理由与论证、实用推理、实用逻辑、论辩、逻辑与辩证法等，但其内容基本主要是非形式逻辑。[④]

---

① Linda Bomstad and Perry Weddle, " Editors' Introduction", *Argumentation*, Vol. 3, No. 2 (1989), pp. 111 - 114.

② Joanne Kurfiss, *Critical Thinking: Theory, Research, Practice, and Possibilities*, ASHE-ERIC Higher Education Report. No. 2., Washington, D. C.: Association for the Study of Higher Education, 1988, p. 14.

③ ［英］尼古拉斯·布宁、余纪元编著：《西方哲学英汉对照辞典》，人民出版社 2001 年版，第 281、503 页。

④ 开设以批判性思维为目标的非形式逻辑类课程的美国等国大学哲学系所占全部哲学系比例之大，超乎中国逻辑学家的想象，在 20 世纪末已有 40% 以上的哲学系开设此类课程。可参见武宏志《四国大学哲学系的逻辑课程》，《延安大学高等教育研究》1999 年第 1、2 期。布莱尔以常春藤大学（不含康奈尔）哲学系和加拿大有博士学位计划的 9 所大学哲学系为样本，考察了 2006—2007 年本科生逻辑、推理、论证、批判性推理等导论性课程，发现可把被考察对象分为两组。一组不提供非形式逻辑、论辩或批判性思维课程（哈佛、普林斯顿、耶鲁和麦基尔）；另一组（绝大多数系）在本科生层次上提供这样的教学内容。后一组有两种情况，一是将逻辑导论与论证分析和批判性思维组合成单一的导论课程（布朗、哥伦比亚、达特茅斯、卡尔加里和皇后大学）；二是将导论逻辑课程和批判性思维、批判性推理或论证分析课程分开来（英属哥伦比亚、西安大略、约克、多伦多和渥太华大学），当然，这些哲学系几乎都在二年级提供符号逻辑课程。可参见 J. Anthony Blair, "Informal Logic's Influence on Philosophy Instruction", *Informal Logic*, Vol. 26, No. 3 (2006), pp. 259 - 286。这说明，即使在著名大学哲学系，对应不同年级也开设不同类型的逻辑课程。那么，对世界一流大学哲学系只是开设符号逻辑课程的想象，是否只是一种幻象呢？

实际上，这个阶段的大多数批判性思维教科书的内容，都集中于作为批判性检验观念的一种方式的推理（论证），而关于论证的分析、评估、构建以及论证谬误的教材，被广告渲染为批判性思维教材销售。[①] 格拉顿曾考察过 138 种批判性思维教科书，发现其书名包括的关键词是：逻辑、非形式逻辑、推理、论证和批判性思维，或者这几个的组合，而且表明大多数作者取消了可能在非形式逻辑与批判性思维之间或者在论证与推理、逻辑、批判性思维之间的区别。[②] 范爱默伦也曾确认，在理论上，这种取消非形式逻辑和批判性思维之间区别的情况也存在。[③] 有学者论证，无论从思维技能还是从思维倾向的培养来看，非形式逻辑教学都起到了批判性思维教学的全部作用。在教学实践上，批判性思维和非形式逻辑没有明显的差异，而只是命名上的不同，非形式逻辑原则、概念和技能的某些应用体现批判性思维的倾向、态度或智力德性。[④] 沃尔特斯在批评这种逻辑主义时指出，眼下被普遍接受的教授批判性思维技能之方法的显著特征，就是逻辑主义者把批判性思维归约为逻辑分析。结果，批判性思维标准教科书和课程典型地以训练学生逻辑论辩的技巧（归纳和演绎推理、谬误识别、统计推理、证据评价和问题解决）为目标，而忽略或很少关注其他不同的思维模式。[⑤] 当然，也有一些非形式逻辑学家主张对二者做出某种区别，认为批判性思维比非形式逻辑的范围要宽，因为在没有论证的情况

① 戈维尔曾以一些教材为例：J. Cederblom and D. Paulsen, *Critical Reasoning*, Belmont: Wadsworth, 1982, 1985; M. Scriven, *Reasoning*, New York: McGraw-Hill, 1976; S. F. Thomas, *PracticalReasoning in Natural Language*, Englewood Cliffs, N. J.: Prentice Hall, 1974; Trudy Govier, *A Practical Study of Argument*, Belmont: Wadsworth, 1985, 1988。可参见 Trudy Govier, "Critical Thinking as Argument Analysis?", *Argumentation*, Vol. 3, No. 2 (1989), pp. 115 – 126。现在这类教材更是数不胜数。

② Jan Sobocan, "Teaching Informal Logic and Critical Thinking", (http: //venus. uwindsor. ca/faculty/arts/pilosophy/ILat25. 2003 – 10 – 22).

③ Fans H. van Eemeren, Rob Grootendorst and Francisca Snoeck Henkemans, *Foundamentals of Argumentation Theory: A Handbook of Historical Backgrounds and Contemporary Developments*, New Jersey: Lawrence Erlbaum Associates, Inc., 1996, p. 166.

④ D. R. Garrison, "Critical Thinking and Self-Directed Learning in Adult Education: An analysis of Responsibility and Control Issues", *Adult Education Quarterly*, Vol. 42, No. 3 (1992), pp. 136 – 148.

⑤ Kerry S. Walters (ed.), *Re-thinking Reason: New Perspectives in Critical Thinking*, Albany, New York: State University of New York Press, 1994, p. 4.

下，仍然可以有批判性思维，比如艺术作品的鉴赏和批评活动。[①]

“批判性”（criticality）、批判教育学（critical pedagogy）也与批判性思维有关。与批判性思维这一教育运动不同，批判性和批判教育学受弗莱雷和法兰克福学派对资本主义社会批判的影响，明显是一个教育者的政治运动。它的出发前提是，在社会中存在根本的不公正，教育是这种不公正施行和持续的关键因素。这些不公正并非来自个体缺少合理性，而是源自凌驾于别人之上的某些社会阶层压迫的结构和实践。因此，教育，这个使个体和集团强大起来并作为改变支撑压迫之社会的核心的社会、经济和政治结构的手段，必须要改造。在这里，对霸权的理解形成了与批判性思维的明显差异。由于传统教育传递一种特殊的社会理解，支持特殊的结构和关系，因而提供一种平衡力是必要的。这需要向学生表达特殊的知识形式，它能允许学生批判主流立场。批判性思维将其对公民的贡献看作是揭露错误论证并使得候选人和政策之间的理性选择成为可能的清晰思考的发展，由于其不关心政治的特性，批判性思维运动遭到批判教育学的批评。在注重理性思考发展的同时，它似乎忽视了社会中的权力关系和阻止某些即使确实批判地和理性地思考的个体和群体实现其目标的不公正结构和制度。两个运动之间的差异表明了在理解知识和社会方面的分水岭，凸显了有关公民教育的关键问题。大多数改革的公民教育者会支持批判性技能和倾向的发展，但在弗莱雷式的有明显政治承诺的“批判教育学”视界与超然的、论证的理性审查的“批判性思维”路向之间依然存在冲突。[②]

分析和比较表明，批判性思维首先是怀疑甚至否定，其次是用理由选定对问题的答案，最后是经过权衡比较确定最佳解决办法。其中怀疑或否定甚为关键，因为没有它就不会有随后的一切。而批判性思维这个词比任何其他语词都更好地传达了这一点。而从人类思考的一些负面倾向的危害来看，critical thinking 甚至不得不翻译成“批判性思维”。保罗批判性思维理论的出发点就是人类心智没有驱动质疑的内置，揭露人类

---

① Trudy Govier, “Critical Thinking as Argument Analysis?”, *Argumentation*, Vol. 3, No. 2 (1989), pp. 115 – 126.

② Tristan McCowan, *Rethinking Citizenship Education: A Curriculum for Participatory Democracy*, London: Continuum, 2009, pp. 59 – 60.

心智妨害优良思考的种种缺陷：生来倾向于相信使其舒适的、简单的而非复杂的、普遍相信的、社会上奖赏的东西；人的心智常常与其内化和创造的偏见、先入之见、虚假、真假混同的报道和扭曲和平共处。对于那些采用它们和选择性使用它们的人来说，各部分的矛盾也不会使他们的心灵感到不安。自我中心和社群中心的世界观都是人类心智的束缚。因此，如何发掘和培养只是潜在于人类思想中的自我批判性（self-criticalness），学会批判地思考，是一个非凡的过程。[①] 就此而言，不把 critical thinking 翻译成"批判性思维"根本就不能凸显人类思考的这些"劣根性"。著名科学哲学家菲欧切诺在讨论波普尔学派（批判理性主义）与批判性思维运动时指出，波普尔主义者是科学中批判性思维重要性和价值的最奋力的倡导者和辩护者。比如，正是他们领导和坚持对库恩科学哲学的批判，虽然这也是像西格尔（既关心批判性思维也关心科学）这类学者的目标。但是，在所谓的批判性思维运动中，很少知道和欣赏波普尔的理念。反过来也一样，波普尔主义者倾向于不了解、不关心批判性思维运动。一方面，这归因于波普尔主义者没有重视批判性思维最重要元素之一——推理活动；另一方面，人们可以说，虽然批判性思维运动也谈论批判性思维，但没有足够严肃地对待批判。[②] 后现代主义者和女性主义者等对传统批判性思维模型的不满之一也是感到它在"批判"方面不彻底、不猛烈。

对于不了解 critical thinking 起源及其在西方文化背景中演化的中国人来说，翻译该词时常常陷入迷茫之中，这不仅可以从杜威《我们如何思维》的译文中看出，更在联合国文件的中译文本中有突出显示。我们对联合国百余份文件的英文版本和中文译本进行对照发现，critical thinking 的译法竟有 20 余种：批判性思维（批判性思考，批评性思考，批判性地思考）、严谨思考、思辨性思考、判断思维（判断思考）、思考、有判断的思维、逆向思维、有鉴别力的思维、思考分析、关键性思考（关键思维）、重要的思维、辨别是非、思维能力、深入思考。包括 critical think-

---

① Richard W. Paul, "Critical Thinking in North America: A New of Knowledge, Learning and Literacy", *Agumentation*, Vol. 3, No. 2 (1989), pp. 197 - 235.

② Maurice A. Finocchiaro, *Arguments about Arguments: Systematic, Critical, and Historical Essays in Logical Theory*, New York: Cambridge University Press, 2005, p. 415.

ing 一词的联合国文件不止百余种，如果对照更多的文件，也许会发现更多我们料想不到的译法。我们希望，基于以上论证的种种理由，把“批判性思维”固定为标准翻译，至少在使用不同译法时将英文原文附上，以免混淆。[①]

① 甚至直接使用英文词组也要比其他汉译为好。据说，在史语所时，所长傅斯年在一次学术讨论中征询张政烺先生的意见，说“你是最 critical 的，你对这问题怎么看?”可参见周清澍《怀念张政烺先生》，《文史知识》2011 年第 1 期。亦可见周一良《郊叟曝言：周一良自选集》，新世界出版社 2001 年版，第 90 页。

第二章

批判性思维多视角定义及其共识

延续至今的批判性思维运动所关注的3个焦点问题是：批判性思维是什么？批判性思维如何教？批判性思维怎样检测？其中第一个问题最为基本，制约着另外两个问题。批判性思维概念决定培养学生怎样的思维技能和气质、什么样的课程能满足批判性思维的要求以及我们如何评估教和学的结果，所以在批判性思维盛行的国家，人们也感到一个清晰的批判性思维概念极为重要。早在西方批判性思维运动的高潮时期（20世纪80年代中后期），纷繁的批判性思维概念就引起了一些疑虑。梅可派克曾说，学校里赞同的批判性思维有点像赞成自由、正义和清洁的环境一样，一开始就获得一致喝彩。不过，就如其他概念一样，压根就不清楚人们用批判性思维是否意指同样的东西。在他看来，人们对批判性思维理念的广泛支持恰好是由于对它的多种解释。[①] 几乎一生都在研究和改进批判性思维定义的专家恩尼斯也曾问道："所有赞成批判性思维的教育家谈论的是同一个东西吗？"[②] 伦尼登等也指出，尽管对批判性思维的构成有一致意见，但这一图景并不完全。批判性思维如何被广义或狭义地定义？狭义定义的批判性思维完全与创造性思维不同吗？广义批判性思维定义多大程度上与创造性思维相交叠？批判性思维与问题解决、反省性思维和高阶思维的关系如何？那些共同的批判性思维词汇在各领域都富有成效吗？对"有效的""指称""假设""归纳"和"可信性"等术语的用法存在

---

① John E. McPecK, *Critical Thinking and Education*, Oxford: Martin Robertson, 1981, p. 1.

② Robert H. Ennis, "A Taxonomy of Critical Thinking Dispositions and Abilities", J. Baron & R. Sternberg (eds.), *Teaching Thinking Skills: Theory and Practice*, New York: W. H. Freeman and Company, 1987, pp. 9 – 26.

不一致吗?[①] 因此，20 世纪 90 年代以来，出现了大量整合批判性思维定义的各种尝试。

第一节 批判性思维定义发展的几个阶段

斯特赖布在其博士论文《批判性思维的历史和分析》（1992）中，通过考察 1910—1992 年的批判性思维文献，将批判性思维及其相关概念（主要是问题解决）的意义、定义和描述史划分为 4 个阶段。[②]

第一阶段：1910—1939 年。实用主义者皮尔士和杜威从民主社会与科学的视角看到了批判性思维的重要性。杜威指出，民主的参照框架能够激励行动以及指引批判性反省。哲学应该是批判的常识主义（critical common-sensism，引用皮尔士的一个术语）。皮尔士曾说，理性的第一规则是不阻挡探究，而未受批判的常识往往是探究的最大障碍。由于把理性的原则当作是一个公理系统或自明真理系统的概念遭到拒斥，因而常识的批判性审查是剩余的唯一方法，科学原则可以依靠它组织起来。[③] 杜威既使用批判性思维又使用反省性思维，但更偏爱后者。反省性思维是对任何信念或被假定的知识形式，根据其支持理由以及它所指向的进一步的结论，予以能动、持续和细致地思考……包括自觉自愿地尽力在证据和合理性的坚固基础上确立信念。……每一个反省运作都包括两个元素：一个困惑、踌躇、怀疑的状态；一种竭力揭示用来支持或取消被提议信念的更多事实的搜索或探究。[④] 在心中反复考虑、反省，意味着搜寻发展那个提议的另外的证据、新事实，或者证实它，或者使它的荒谬和不相干更为明显。而与之相反的（对所提议的东西立刻接受）是非批判性思维。反省

① Mellen Lennedy, Michelle B. Fisher and Robert H. Ennis, "Critical Thinking: Literature Review and Needed Research", Lorna Idol and Beau Fly Jones (eds.), *Educational Values and Cognitive Instruction: Implications for Reform*, Hillsdale, N. J.: Lawrence Erlbaum, 1991, pp. 11 - 40.

② James T. Streib, *History and Analysis of Critical Thinking*, Dissertation. The University of Memphis, 1992.

③ John Dewey, *The Later Works of John Dewey, Volume 11, 1925 - 1953: 1935 - 1937, Essays and Liberalism and Social Action*, Jo Ann Boydston (ed.), London: SIU Press, 1987, pp. 386, 480 - 481.

④ John Dewey, *How We Think*, New York: Cosimo, Inc., 2008, pp. 6 - 9.

性思维本质上也是假说的系统检验，有时也称为“科学方法”。在杜威看来，反省性思维也是组织课程的基本原则，教学过程应统一于形成好的思维习惯这个中心。

杜威在回应某学者对其思想的批评时强调，非批判的与批判的或科学的思维之间的主要区别是，后者努力尽可能整合成具有推论和检验功能的一个行动。杜威修改了传统上对演绎（一般到特殊）和归纳（特殊到一般）的理解，认为归纳是从事实到意义的运动，演绎是意义的发展，一种蕴涵的展现，事实和意义的联结只是由行动（act）这个词的日常物理意义上的一个行动造成的，即由包括身体运动和周遭情况变化的试验造成的。杜威在一个注释里说，他用推理（reasoning）这个词表达他所谓的批判的或反省的思维——“这些语词的褒义所说的思维”。好思维是受控的，延缓对所暗示意义的接受，因此在问题和一个暗示的表征之间插入“一个案件事实”的分析性审查的要件。但在批判性思维方面，这个“步骤”与一个暗示的试验的或假设的采纳步骤并无不同。它标志着努力控制一个假设的意义所采取的形式。在批判的或科学的探究中，最费心的是把精确的技术参数和观察到的数据资料的汇集当作控制的手段加以保护。这个“步骤”是科学归纳的特色。对观察到事件的分析性审查（广泛而集约的）提供了这种本来就可利用的控制。①

杜威辨识了好多思考模式，包括信念、想象和意识流，不过他最感兴趣的模式是反省。反省性思维按照一个信念或知识及其结果，由主动、持续和细心的信念或知识加工形成，简单来说，与其他类型的思维相比，反省性思维包括自觉自愿努力在知识和合理性的基础上形成信念。② 据罗杰斯的研究，杜威的反省性思维有 4 个标准：第一，反省是意义生成的过程。经验包括自我与他人、物质世界、自然界、观念等所有构成当下环境因素的互动。反省性思维将学生从一个经验带到另一个经验，并因而确保学习的连续性。反省的功能是要生成意义，即在一个经验的元素之间、这种经验和其他经验之间、这种经验与某人拥有的知识之间、那种知识与他

① John Dewey, “An Analysis of Reflective Thought”, *The Journal of Philosophy*, Vol. 19, No. 2 (1922), pp. 29 – 38.

② John Dewey, *How We Think. A Restatement of the Relation of Reflective Thinking to the Educative Process*, Buffalo, NY: Prometheus Books, 1933, p. 12.

自己之外的思考者生成的知识之间，制定“关系和连续性”。脱离经验的意义生成是人的核心所在，它使我们理解自己的生活事件并赋予它价值。教育是增添经验意义的经验重建或重组，它增强一个人指导后来经验进程的能力。反省是增添经验意义的经验重建和重组。经验具有意义是因为个体感知到关系。第二，反省是严格的思维方式。《我们如何思维》修订版详细探讨了反省的过程。在描述反省思维的过程中，杜威使用了至少30个不同的专门术语。反省是一种特别的思维方式，不可等同于未经规训的、仅仅偶然的对某事的“仔细考虑”。杜威提到与反省性思维不同的3种思维：意识流、发明和相信。意识流是“通过我们头脑的不受控制的思想奔驰”。与此相比，反省性思维包含“联结在一起的明确单元因而存在向一个共同目标的持续运动”。[①] 发明要求想象，与对事实的直接感知不同。不过，杜威虽然对比想象和反省的严格性，但也看到了想象在反省之内的重要性。反省需要思考者利用过去的经验，“想象”与要探究的经验的相似或不同的其他事件。因而想象是反省的一个子集。相信是预先判断（prejudgment），不是随着个人心理活动（比如观察、收集和审查证据）的结果所达到的结论。即使当它们碰巧是正确的时候，就关注拥有它们的人而言它们的正确性也是偶然事件。与惯例信念的接受相反，反省构成“对任何信念或被假定的知识形式，按照支持它们的根据以及它们导向的进一步结论，主动、持久和细致的进行考虑”。[②] 哥伦布被杜威视为一个反省性思想家。反省有6个阶段（当然以经验为核心可以归约为4个阶段）：一个经验；对经验的自发解释；命名该经验产生的难题或问题；生成对这些难题或问题的可能的说明；把该说明分化为若干成熟的假说；试行或检验选定的假说。第三，反省通过社会中的人际互动而发生。杜威认识到，思考若不表达一个人之所思就是一种不完全的行动，必须向别人表达自己，别人才能真正理解自己的思想，披露自己思维的力量和漏洞。老师和学生都需要共同体的支持，需要在更大的世界里独立行动的能力。共同体也起着检验个体理解之基础的作用，它从个人王国走向公众。

---

① John Dewey, *How We Think. A Restatement of the Relation of Reflective Thinking to the Educative Process*, Buffalo, NY: Prometheus Books, 1933, pp. 4 – 5.

② Ibid., p. 9.

反省的共同体也提供一个论坛。第四，反省是一组态度。反省的共同体要求特殊态度。当愿望、担心、需求或其他强烈情感指挥探究进程时，我们倾向于仅仅认识到加强前提的证据，导致学习变成彻底受局限的。相反，由专心致志或全心全意（whole-heartedness）、指向性（directness）、思想开放、责任心和乐意进行由反省指导的反省，虽然更为困难，但有更好的机会拓展一个人的知识领域和意识。反省不是一个结果而是从实践到理论和从理论到实践的前进式螺旋式上升。[①]

按照罗杰斯的这个阐释，杜威对批判性思维的论述已经包含了批判性思维技能和倾向这两个方面。杜威反省性思维的看法影响了之后许多批判性思维的定义。尤其是他关于如何“按其最佳意思，思维是考虑信念的基础和后果”的描述，被吸收进许多批判性思维定义，体现为阐明评估信息、想法或命题以及在判断是否行动或思想是合情理的或有用的之前，考虑行动或思想之后果的概念。在玛格丽格看来，不仅格拉泽，就连很久之后的费西万、费舍尔等的批判性思维概念都反映出杜威反省性思维概念的影响。[②]

在杜威《我们如何思维》修订版（1933）之前，已有学者较为系统地阐述了批判性思维。例如，波拉斯《为思考而教》（1922）指出，思考的效能需要宽广的胸怀和进行批判的能力。批判是选择过程的一种运作，该过程被提升到有意识的水平并成为一种理智分析和判断的行动。个人在任何职业上的成功显然取决于他践行批判性选择的能力，即选择“更好的”而不仅仅是“好的”。真正的危险不在于理智心灵的批判性态度的发展，而是缺少这样的发展。学生在批判性思维方面的练习凭借提问、提供信息、建议方法和获得更多信息的手段、提出异议或要求注意遇到的困难、为表达意见一致提供解决，等等。训练学生成为好的判断者可以通过要求他们批判地思考在学校里所做的一切。训练儿童对他们的工作方法、计划或制度进行批判地思考没有什么神秘或不可思议。所有要发展的批判性思维方面的技能都自然依靠科目

---

① Carol Rodgers, "Defining Reflection: Another Look at John Dewey and Reflective Thinking", *Teacher College Record*, Vol. 104, No. 4 (2002), pp. 842 – 866. 罗杰斯解释说，《我们如何思维》初版没有明确提到态度。6 年之后的《民主和教育》论述了 4 种态度即指向性、专心致志、思想开放和责任心。《我们如何思维》修订版有对态度的讨论，但只有原来 4 种里的 3 种（没有指向性），也许是因为指向性与专心致志类似而放弃了它。

② Debra McGregor, *Developing Thinking: Developing learning: A Guide to Thinking Skills in Education*, Maidenhead, Berkshire: Open University Press, 2007, pp. 191, 193.

学习。算术要求问题的批判性解释，工作方法和解决办法的评估；地理学为比较不同聚居地的生活条件、不同职业的评估、各种族和人民对人类相对贡献的批判性评价提供了机会；历史号召查证陈述、比较人和事、把过去的运动解释为与当今问题相关；文学提供了对形式和思想进行批判的机会。进行自我批判的能力也有必要。应该训练学生严肃和真诚地思考自己，把他允许自己的判断纯粹受个人情感影响的倾向看作是弱点。批判性思维要求考虑问题时坚持清晰性、坚持性和有效性（effective）。①

在20世纪30年代，已经有对批判性思维的不同声音。伍德和比尔斯（1939）坚持教会学生思考是不可能的，因而批判性思维能力的发展不是中学的一个正当合理的目标。② 但多数人还是认为批判性思维是教育的目标之一，更有一些学者对批判性思维概念加以展开。例如福希特（1938）就一个人对印刷材料进行批判性思维列举了7个步骤：（1）选定对自己重要的任何陈述中的重要单词和短语，要求对它们仔细地定义；（2）要求支持迫使自己接受的任何结论的证据；（3）分析证据并区别事实与假设；（4）辨识对结论必不可少的表达出来的和未陈述的假设；（5）评估这些假设，接受某个而拒斥别的；（6）评估论证，接受或拒斥结论；（7）不断再检验自己信念背后的、引导自己行动的假设。③ 麦克伯尼和汉斯（1939）分析了引起非批判性思维的个人的和社会的原因。与个人相关的无意识原因有无能观察，记忆力不足，无能组织或形成假说，轻信，刻板行为和过度的情绪；蓄意的原因包括伴随偏见影响的维持自尊，模仿和皈依的欲望以及合理化的倾向。非批判思维的社会原因是诸如传统、信仰、教条和党派的群体压力。④

第二个阶段：1940—1961年。这个阶段的批判性思维定义受到杜威

---

① Julius Boraas, *Teaching to Think*, New York: The Macmillan Company, 1922, pp. 15, 19, 200.

② Benjamin D. Wood and F. S. Beers, "Knowledge versus Thinking?", *Teachers College Record*, Vol. 37 (1939), pp. 487 - 499.

③ Harold P. Fawcett, *The Nature of Proof. Thirteenth Yearbook of National Council of Teachers of Mathematics*, New York: Bureau of Publications, Teachers College, Columbia University, 1938, pp. 11 - 12.

④ H. McBurney and K. G. Hance, *Principles and Methods of Discussion*, New York: Harper and Brothers, 1939. 转引自 Juet Carl Bass, *An Analysis of Critical Thinking in A College General Zoology Class*, Dissertation. Norman, Oklahoma: The University of Oklahoma, 1959, p. 12。

明显影响，扩展了杜威的反省性思维概念。格拉泽（Edward M. Glaser）、拉塞尔（David H. Russell）和史密斯（B. Othanel Smith）将“陈述的审查”包含于其中，拓展了批判性思维一词的意义。

格拉泽的《批判性思维发展的实验》（1941）通过列举包括在系统问题解决中的那些技能，具体化了批判性思维的概念。格拉泽指出一个批判地思考的人具有3个属性：（1）倾向于以深思的方式考虑一个人经验范围内的难题和主题的态度；（2）逻辑探究和推理方法的知识；（3）应用那些方法的某种技能。批判性思维要求，根据支持任何信念或被假定的知识形式的证据与它们指向的进一步结论来不断努力审查这些信念和知识形式。良好的批判性思维者具有这样一些基本技能：识别问题，知道解决那些问题的可行手段，收集和整理相关信息，辨认未陈述的假设和价值，理解和运用具有准确性、清晰性和分辨性的语言，解释数据资料，评价证据和评估论证，认识到命题之间存在或不存在的逻辑关系，得出有正当理由的结论和概括，检验所得出的结论和概括，在广泛经验的基础上重建一个人的信念模式，对日常生活中的具体事物和品质做出准确判断。[①]

拉塞尔是美国教育研究协会会长（1958—1959），全国英语教师理事会会长（1963—1964），研究阅读过程和批判性思维心理学。拉塞尔提出（1945），批判性思维通常包括4个条件：（1）一个知识域或思维在其中正在进行的领域。（2）一种质疑和悬置判断的一般态度；在接受之前审查的一种习惯。（3）逻辑分析或科学探究方法的某种应用。（4）根据这种分析或推理采取行动。[②] 他说：“批判性思维……是按照某些在先接受

---

① Edward M. Glaser, *An Experiment in the Development of Critical Thinking*, NewYork: Advanced School of Education at Teacher's College, Columbia University, 1941, pp. 5 –6. 1991年《沃森–格拉泽批判性思维评价手册》指出，批判性思维由态度、知识和技能构成：（1）探究的态度，包括识别存在的问题，接受对支持所断定为真事物的证据的要求；（2）有效抽象和概括之本质的知识，包括对各种不同证据精确性的分量予以合乎逻辑地决定；（3）运用上述态度和知识的技能。Goodwin Watson and Edward M. Glaser, *Watson-Glaser Critical Thinking Appraisal Manual*, Kent, OH: The Psychological Corporation, 1991, p. 29. 最新的《沃森–格拉泽批判性思维评价手册》（2012）仍采用上述定义，所提出的RED模型包括了批判性思维的3个关键要素：辨识假设、评估论证和得出结论（子测试是推论、解释和演绎）。*Watson-Glaser™ Critical Thinking Appraisal User-Guide and Technical Manual*: *UK Supervised and Unsupervised Versions*, 2012, Pearson Education Ltd., 2012, pp. 6 –7.

② 转引自 Juet Carl Bass, *An Analysis of Critical Thinking in A College General Zoology Class*, Dissertation, Norman, Oklahoma: The University of Oklahoma, 1959, pp. 10 –11。

的标准评估或归类的过程。它是一种对数据资料的逻辑审查，避免谬误和仅仅基于情感的判断。"① 他把批判性思维列为对问题解决不可缺少的活动之一，作为创造性思维的一个方面，认为大多数儿童并没有靠自己独立学会批判地思考，他们需要通过帮助而成为批判性思维者。②拉塞尔还在对思维过程的评论中注意到对批判性思维的不同解释：批判性思维被看成是下述说法的同义语：抽象和组织信息的能力、得出结论的能力、搜寻相关材料的能力、评估数据资料的能力、比较来源的能力、具有不轻信的态度（from-Missouri attitude）、区分事实与意见、察觉宣传和应用逻辑推理的规则。③

说到 20 世纪 40 年代的批判性思维不能不提及进步教育协会的 8 年研究。进步教育协会 1930 年建立的一个部门——"学校和高校关系委员会"（Commission on the Relation of School and College）是首批关注学生批判性思维能力的主要研究团体之一。它实施了众所周知但后来被严重忽视的 8 年研究（1933—1941）。④ 研究结果报告是 1942 年发布的《美国教育冒险》（*Adventures in American Education*）5 卷系列。各卷讨论中所使用的术语并不一致，比如反省性思维、批判性思维、清晰思维、问题解决，但无论使用什么术语，"在参与 8 年研究的学校所提交给评估员的目标陈述中发现了对这个目标（清晰思维）的突出强调"。⑤ 第三卷《评价和记录学生进步》的考察项目和标准涉及批判性思维。作者指出："在分析过程中，将一般目标分解为有限数量的组成部分然后细致分析每一个是方便

---

① David H. Russell, "Higher Mental Processes", Chester W. Harris (ed.), *Encyclopedia of Educational Research*, 3rd ed. New York: The MacMillan Company, 1960, pp. 645 - 661.

② David H. Russell, *Children's Thinking*, Boston: Ginn and Company, 1956, pp. 285, 287.

③ David H. Russell, "Research on the Processes of Thinking with Some Applications to Reading", R. G. Stauffer (ed.), *Language and the Hilher Thought Processes*, Champaign, Illinois: National Council of Teachers of English, 1965, p. 14.

④ 艾伦和罗特在与罗斯尼（John W. M. Rothney，曾在"评估和记录委员会"的四个分委员会工作过）1968 年 4 月的个人沟通中被告知，被忽视的原因之一是"二战"的爆发。参见 R. R. Allen and Robert K. Rot, *The Nature of Critical Thinking Report from the Concepts in Verbal Argument Project*, Madison: Wisconsin Research and Development Center for Cognitive Learning, The University of Wisconsin, 1969, p. 7。

⑤ E. R. Smith and R. W. Tyler (eds.), *Appraising and Recording Student Progress Adventures in American Education*, Vol. Ⅲ, New York: Harper & Brothers, 1942, p. 35.

的。清晰的或‘批判的’思维的诸方面选择处理解释数据资料的能力、应用科学的、社会研究的以及一般逻辑推理的原则的能力，以及与证明本质之理解相联系的某些能力。”① 因此，令人满意的学生行为被重新归类在四个基本题目之下：数据资料的解释、科学原则的应用、逻辑推理原则的应用以及证明的本质。数据资料的解释（Interpretation of Data）包括“判断数据资料的准确性和相干性，认识到数据资料中的关系，认识到它的局限和在它们基础上形成的假说”。委员会尤其强调，认识数据资料中的关系的能力（例如进行比较、看出共同要素、认识主要趋势和动态）以及认识数据资料的限制（例如给定的数据可以或不可以建立的东西，认识到一些概括也许没有资格形成）。科学原则的应用（Application of Principles of Science）是在这样的假设下操作的：“学生应学会将科学课堂和实验室获得的知识应用于解决日常生活中出现的问题”，这种应用包括对与给定情景相关的可能说明或预见做出决定的能力；通过使用科学原则和正确推理原则证明所做出的说明或预见。逻辑推理原则的应用（Application of Principles of Logical Reasoning）表达了这样一个信念：“中学生应该获得将逻辑推理的原则应用于处理他们的日常经验的能力和倾向”，选择刻画学生进步之特征的具体行为要达到的目标是：在论证研究中，审查论证的逻辑结构和应用逻辑推理原则的倾向；区分从给定假设集得出结论与不能合乎逻辑地得出结论的能力；析出逻辑结构中重要元素的能力；认识到一个逻辑原则应用于阐明为什么一个结论合乎逻辑地从给定假设得出的能力。证明的本质（The Nature of Proof）要求认识到，“中学生应该对他们在日常经验中遇到的证明做出反应”，尽管某些基本定义的问题与这个概念相关，比如证明、论证等，但从未完善解决。委员会提出刻画向这个一般目标进步的行为特征是：“批判地分析证明的倾向”，“辨认结论所依赖的基本假设的能力，看出这些假设与结论之间的逻辑关系的能力”，“承认对进一步要证实、限制、否定可利用证据的需要”，“区别能够通过收集更多数据而加以检核其站得住脚的假设与那种不能以这种方式检核的假设”，“承认进一步研究一个问题的可能方式，区别进一步研究的富有

① E. R. Smith and R. W. Tyler (eds.), *Appraising and Recording Student Progress Adventures in American Education*, Vol. Ⅲ, New York: Harper & Brothers, 1942, p. 36.

成效的和无效方法的能力”，“试验性地接受或拒斥假设，检验从这些假设得出的结论的意愿”，“承认基于一个或多个假设之正确性的新证据可以使得重新考虑论证或者限制暂时得到的结论是值得的”。[①] 此外，从40年代开始，人们注意到智力包含许多因素，比如吉尔福特按照运算（智能过程）、内容（表征信息的模型）和基于这些内容之操作形成的产品这3个主要维度分离出120个不同的能力。在其“智能结构”中描述和区分了五类思维——记忆、认知、收敛式生成、发散式生成和评估。“第五类必须处理评估，用更为熟悉的方式讲，就是批判性思维。我们不断以得出结论的方式评估我们之所知、回忆和生成之物。”[②]

早在20世纪20年代，史密斯就受到杜威逻辑研究的影响，1937—1938年他曾准备了论思维教学的书稿（未出版）。[③] 史密斯是伊利诺伊批判性思维计划（The Illinois Project on Critical Thinking）负责人（恩尼斯曾是主要参与者），该计划的研究者经过密切考察发现，批判性思维这个术语是表达含混而歧义的概念。比如，我们许多人倾向于将批判性思维等同于所谓的宣传分析、大规模怀疑或叛逆青春期的青少年否定主义。[④] 史密斯写道，现在，假如我们开始查明一个陈述的意思是什么并确定是否接受或拒斥它，我们就是在从事我们所谓的批判性思维，因为没有一个更好的术语。[⑤] 史密斯主持的伊利诺伊批判性思维计划开始于1954年，是最早的大规模与批判性思维概念相关的研究，属于伊利诺伊课程方案委员会的计划，与三所高中合作。该研究的总体目标是“为改善学生健全地（soundly）思考能力制定有效的教授方法和教学材料，阐述包括在推理评价和控制中的逻辑的、语义学的和科学方法的概念和原则”。它所定义的

---

① E. R. Smith and R. W. Tyler (eds.), *Appraising and Recording Student Progress: Adventures in American Education*, Vol. Ⅲ, New York: Harper & Brothers, 1942, pp. 33, 77, 113, 126.

② Joy Paul Guilford, "The Structure of Intellect", *Psychological Bulletin*, Vol. 53, No. 4 (1956), pp. 267 - 293.

③ Ron Brandt, "On Teaching Thinking Skills: A Conversation with B. Othanel Smith", *Education Leadership*, Vol. 45, No. 2 (1987), pp. 35 - 39.

④ R. R. Allen and Robert K. Rot, *The Nature of Critical Thinking: Report from the Concepts in Verbal Argument Project*, Madison: Wisconsin Research and Development Center for Cognitive Learning, The University of Wisconsin, 1969, p. 2.

⑤ B. Othanel Smith, "The Improvement of Critical Thinking", *Progressive Education*, Vol. 30 (1953), pp. 129 - 134.

批判性思维是：批判性思维是满足遵守逻辑的规范和既定方法，以及对在课程和整个经验范围内所遇到的判断和推理的各种要求的能力。如果涉及推理的具体问题，那么就要求具体思维能力由行为人显示出来，因此该计划的批判性思维定义包括具体推理和判断能力的清单。这一清单依据三个问题：（1）什么能力应被选出来构成批判性思维？什么原则和理解对于这些能力的发展是合适的？（2）这些原则和理解应该在哪一年级层次介绍？即不同年级应该发展不同的能力吗？（3）在什么科目中，发展这些能力的课程适合教这些原则和理解？可以辨识出16种能力：（1）能辨别何时一个术语被恰当地定义了；（2）能辨识某些语言误用的常见类型；（3）能区别论证和描述；（4）能区别真值问题和有效性问题；（5）能辨认在得出有关事实问题之结论的过程中某些常见的错误类型；（6）能发现是否一个归纳结论按照证据是正当合理的；（7）能辨识假说；（8）能辨识是否给出的陈述是根据假说的一个有用预见；（9）能分辨是否试验中的变量被充分控制；（10）能辨识何时一个变量是相关的；（11）能区别断定一个事件发生的必要条件假说和充分条件假说；（12）能评估信息的可靠性；（13）能判别是否一个演绎论证是有效的；（14）能辨识和评估不同类型的说明并说出哪类说明适合给定情景；（15）能定位和确认假设；（16）能识别一个价值陈述，并决定何时得到辩护。①

第三个阶段：1962—1979年。恩尼斯（Robert H. Ennis）、布德门（Karl O. Budmen）、艾伦（R. R Allen）和罗蒂（Robert K. Rott）以及丹吉洛（Edward D'Angelo）狭化了批判性思维的意思，将问题解决和科学方法排除在外，只包括陈述的评价。

恩尼斯是史密斯的学生。恩尼斯认为，史密斯的定义没有使用像“正确的”这样的语词因而“稍有不同”。不过，史密斯的批判性思维概念允许我们在没有多余或矛盾的前提下谈论“好批判性思维”和“劣批判性思维”。虽然这是一个被接受的谈论方式，但大体上主流的谈论方式把正确思维的概念当作批判性思维概念的组成部分。恩尼斯使用的概念容

---

① R. R. Allen and Robert K. Rot, *The Nature of Critical Thinking. Report from the Concepts in Verbal Argument Project.* Madison: Research and Development Center for Cognitive Learning, The University of Wisconsin, 1969, pp. 11 -12.

易用史密斯的概念重建起来。史密斯意义上的“好批判性思维”等于恩尼斯的批判性思维概念。由于存在各种各样的陈述，陈述与其理由之间有形形色色的关系，评价过程包括各个阶段，因而可以预料，人们在尝试批判地思考的时候会有五花八门的出错方式。有鉴于此，所提出的批判性思维的诸方面可以理解为避免评价陷阱的具体方式，因而必须形成一个颇为丰富多样的清单。这个清单以及对陈述做出判断的相应标准很大程度上基于对教育、哲学和心理学文献的研究。批判性思维诸方面的清单也基于对所谓陈述证明（justifications）以及这些证明可能出错之处的真实应验的大量标本的分析。在教学生的时候，人们可以把这个清单看作是许多项目的陈述，它们将为学生成为批判性思维者提供更大的可能性。这个清单的更加完善是一个持久的任务，当然有许多工作要做。①

1962 年恩尼斯在一篇对发展思维教育概念产生广泛影响的文章中，将批判性思维定义为“陈述的正确评价”。② 这个定义是针对当时心理学和教育学领域没有认真注意批判性思维这个概念而提出的。心理学关注联想思维、概念形成、问题解决和创造性思维，并没有深化杜威对反省性思维的分析，没有感到对做出判断所涉及的知识和心理技能认真研究的必要。大多数教育研究者以心理学学科为基础，常常跟随心理学研究的关注点，当然也为批判性思维教学付出很多努力，但在一个重要的方面存在不足：没有把对做出判断（关于陈述或问题答案的价值）所涉及因素的规范而细致的考察作为基础，某些陈述（甚至杜威的看法）暗示，当解决者认为问题解决了那么问题就解决了，提供的是问题解决的一种心理标准

---

① Robert H. Ennis, “A Definition of Critical Thinking”, *The Reading Teacher*, Vol. 17, No. 8 (1964), pp. 599 – 612.

② Robert H. Ennis, “A Concept of Critical Thinking: A proposed basis for research in the teaching and evaluation of critical thinking ability”, *Harvard Educational Review*, Vol. 32 (1962), pp. 81 – 111. 1967 年收入柯米萨和麦克米伦主编的《教育中的心理学概念》，可参见 B. Paul Komisar and C. J. B. Macmillan (eds.), *Psychological Concepts in Education*, Chicago: Rand McNally and Company, 1967, pp. 114 – 148。此文的绝大部分 1995 年再次发表于李普曼在《探究》杂志上主持的“批判性思维里程碑系列”栏目，并配以霍格伦德的评介文章。可参见 Robert H. Ennis, “A Concept of Critical Thinking: A Proposed Basis for Research in the Teaching and Evaluation of Critical Thinking Ability”, *Inquiry: Critical Thinking Across the Disciplines*, Vol. 15, No. 2 (1995), pp. 4 – 19; John Hoaglund, “Ennis on the Concept of Critical Thinking”, *Inquiry: Critical Thinking Across the Disciplines*, Vol. 15, No. 2 (1995), pp. 1 – 4。

而非逻辑标准。而哲学领域的一些工作虽然成功地处理了相关具体部分，但没有一个达到现在所需要的广泛性。尚无逻辑书试图去做批判性思维概念维度的简化工作，而这种简化是研究的合意基础。恩尼斯要对发展批判性思维概念做的工作是，考察关于学校目标的文献以及好思维标准的文献；从这些文献中选择出批判性思维基本概念（陈述的正确评价）包含的那些方面；详尽阐述在做出这种评价时适用的标准；通过归类在逻辑上更为基本的那些方面来简化前述详尽阐述；然后通过在逻辑上把它们分析为批判性思维的基本因素或维度做进一步简化。恩尼斯将这样一个计划的结果从三个方面加以描述：第一，有一个作为陈述之正确评价的批判性思维基本概念的 12 个方面的清单（12 个方面不见得完全互斥）；第二，在由逻辑的、规范的（criterial）和语用的（pragmatic）构成的一个三维框架中分析批判性思维；第三，细致考虑表明展示这些规范的每一方面，足够详细而能起到教学和评估指南的作用，这些规范适用于它所涵盖的那类判断性陈述，阐明其维度分析，显示诸方面之间的相互关系。这一说明企图成为批判性思维能力教学和检测之研究的一个基础。①

“作为一个根概念（root notion）的批判性思维被看作是陈述的正确评价。”因为有各类陈述，陈述之间、陈述与其根据之间有形形色色的关系，评价过程有不同阶段，因而可以预想，在尝试批判地思考时会有五花八门的出错方式。12 个方面的清单可以被看成是避免评价陷阱具体方式的一览表。当然，清单并不企图提供互斥的范畴，只是表明常见陷阱和人们关心的事项。归类的标准对似真性和可懂性有所牺牲。12 个方面是：（1）领会一个陈述的意义；（2）判断是否推理路线有模糊之处；（3）判断是否某些陈述互相矛盾；（4）判断是否一个结论必然推出；（5）判断是否一个陈述足够具体；（6）判断是否一个陈述实际上是某一原则的应用；（7）判断是否一个观察陈述是可靠的；（8）判断是否一个归纳结论是得到担保的（warranted）；（9）判断是否问题被确认；（10）判断是否某东西是一个假设；（11）判断是否一个定义是妥当的；（12）判断一个由所谓的权威做出

① Robert H. Ennis, “A Concept of Critical Thinking: A Proposed Basis for Research in the Teaching and Evaluation of Critical Thinking Ability”, *Harvard Educational Review*, Vol. 32 (1962), pp. 81 – 111.

的陈述是否可接受。[1] 不过，为了聚焦于一种重要的思维类型以及该清单更易于管理，价值判断的陈述被排除在外，当然，其他重要类型的思维，比如创造性思维也从这个批判性思维的基本概念中排除了，但并不意味着其他类型的思维不重要，或者在实践中是与批判性思维分离的。

在分析方面，这一批判性思维概念有3个基本的、可区别的维度。逻辑的维度大致包含判断语词的意义之间和陈述的意义之间的关系。规范的维度除了逻辑维度所包含的逻辑规范而外，还包括判断陈述之规范的知识。语用的维度涉及关于判断的背景目的，包括决定是否陈述对于目标足够好。将这个维度包括在内并不构成对所谓实用主义学说的认可（一个陈述为真，如果它满足言说者的目标），但包含这个维度意味着承认决定陈述可接受性时背景目标所起的正当作用，承认判断之前平衡各种因素的必要性。背景目标帮助我们判断评价标准的严格性程度，判断一个陈述必须达到怎样的精确性，等等。霍格伦德指出，某些方面，比如判断是否一个观察陈述是

---

① 恩尼斯批判性思维定义包含的这12个方面与康奈尔批判性思维计划（The Cornell Project on Critical Thinking）中列举的完全相同。1962年5月，康奈尔1—12年级批判性思维预备计划（Cornell Project on Critical Thinking Readiness in Grades 1 - 12）的阶段Ⅰ——青少年演绎推理（Deductive Reasoning in Adolescence）启动，整体目标是"批判性思维是什么以及知道何时教它"，6个具体目标中的第一个是"让应用于日常推理的演绎逻辑的本质变得更清楚，比较演绎逻辑的这一分析与皮亚杰的分析，看看是否我们与他谈论的是相同东西"。这个研究的主要学科内容是逻辑，即"处理是否一个结论从用以支持它的前提必然得出的批判性思维部分"。在这个预编程序中，恩尼斯得出一个扩展的定义，包括批判性思维12个方面的清单——相当于其他研究者所指的批判性思维能力因素。Robert H. Ennis, *Critical Thinking Readiness in Grades* 1 - 12: *Phase I. Deductive Reasoning in Adolescence*, *Project No.* 1680, School of Education, Cornell University, May 15, 1962 to September 15, 1964, pp. 2, 10, 77, 84. 之后，恩尼斯又把这个清单简化为10个方面：（1）演绎；（2）假设发现；（3）定义；（4）说明（explanation）；（5）证据和权威的可靠性；（6）概括；（7）假说检验；（8）评估理论；（9）发现歧义；（10）发现过于含混和过于特殊的陈述。Robert H. Ennis, "Needed: Research in Critical Thinking", *Educational Leadership*, Vol. 21, No. 1（1963）, pp. 17 - 20, 39. 在1964年的文章里又微调成对以下9个方面进行判断：（1）从前提推出一个陈述；（2）某事物是个假设；（3）一个观察陈述是可靠的；（4）一个简单概括是有正当理由的；（5）一个假说是得到担保的；（6）一个理论是得到担保的；（7）一个论证依赖歧义；（8）一个陈述过于含混或过于特殊；（9）一个所谓的权威是可靠的。Robert H. Ennis, "A Definition of Critical Thinking" *The Reading Teacher*, Vol. 17, No. 8（1964）, pp. 599 - 612. 恩尼斯认为自己的第一个批判性思维定义有4个特征：把批判性思维不仅当作一个描述性术语，也当作一个赞许性语词（因为含有"正确……"）；强调精细的标准；强调不精确环境下（因为标准并不机械地生成批判性思维决断）的好判断；注意来源的可信性。Robert H. Ennis, "Critical Thinking: Reflection and Perspective—Part Ⅰ", *Inquiry: Critical Thinking Across the Disciplines*, Vol. 26, No. 1（2011）, pp. 4 - 18.

可靠的，延伸到所有三个维度；判断一个陈述是否具体涉及逻辑的和语用的维度；而判断矛盾几乎只属于逻辑维度。《康奈尔批判性思维测试（水平X和Z)》（*Cornell Critical Thinking Tests*, *Level X* , *Level Z*）以及《恩尼斯－维尔批判性思维申论测试》（*Ennis-Weir Critical Thinking Essay Test*）都基于恩尼斯的批判性思维概念。恩尼斯的这个定义受到20世纪50年代英美语言哲学家赖尔、维特根斯坦、奥斯汀、厄姆森、韦尔登、史蒂文森等的影响。当时人们普遍相信，哲学要么是关于语词、陈述和语言的，要么什么都不是。恩尼斯本人是极端倾向于分析哲学的康奈尔大学哲学系的教师，把批判性思维的焦点置于陈述的正确评价完全适合这个环境。而省略价值陈述的判断，恐怕也有分析哲学的先驱实证主义的影响。[1]

布德门说，我们的学生需要也能够教会懂得，存在一些并没有单一解决办法的问题，只有判断和可选方案。达到那些判断要考虑什么，如何确认可选方案并做出选择，是关于批判性思维过程的全部。这个过程的核心以及第一步在于辨识基本的假设、情感、信念和价值。我们的看法取决于我们的观点或视角，意识到这种视角，清晰识别参照系，是批判性思维过程的标志。第二步包括审查议题的所有方面。亚里士多德主义式的二分并不够，只有仔细研究议题，考察议题的所有方面，才能知道我们站在什么立场上。学生常常没有认识到，老师作为成人可能看到的方向，或者拒斥需要考虑的无法控制的可能性。老师的作用就是要使他们意识到这样的处境。第三步要求审查所有可能的行为及其可能后果，而且学生们必须理解所有行为都有后果，必须能预测他们已经找到的可能解决办法的后果。最后，该过程要求一种决定，一种对可选方案的选择。给定一个问题，在辨识了视角、审查了议题、各种可选的可能性及其后果之后，学生将能挑选出他的解决方法……在任何情况下，最适用于批判性思维过程的那种问题不允许一个正确的答案。一旦学生理解他们敢于问教师的看法，我们告知他们，并允许他们挑战和持异议而不受惩罚，那么教师和学生就会发现教学的一个新维度，一种学习的合伙制。老师的作用就是要让他们思考，就是要允许他们观察老师的思维，旨在激励他们自己的思考，而不是塑造、

---

① John Hoaglund, "Ennis on the Concept of Critical Thinking", *Inquiry*: *Critical Thinking Across the Disciplines*, Vol. 15, No. 2 (1995), pp. 1 –4.

约束或禁止它。批判性思维既不容易也不舒坦。[①]

艾伦和罗蒂把批判性能力（critical ability）与图尔敏模型结合起来，在威斯康星“言语论证中的概念”这一计划中（The Wisconsin Concepts in Verbal Argument Project）确认了 17 种批判性能力。该计划 1964 年作为威斯康星研究与发展中心（Wisconsin R & D Center）的初始计划之一，特别集中于与日常论证评估相关的概念。批判能力是包括将概念（原则或标准）应用于新遇到情境的一种技能或熟巧。批判性能力有别于关于建构、组织或合成一个独特实体的创造性能力。批判性能力也不同于定位、定义或提出有关所感知到的困难之假说这样的问题解决的能力。批判性能力与特殊概念群组的具体说明相关。这些词组代表一般化的技能，学生可以通过反复将这些概念应用于论辩实例而熟练精通。与先前广泛吸收形式逻辑的批判性思维计划不同，它基于一组来自图尔敏思想的概念。艾伦等认为，图尔敏模型更适合日常论证的世界，更适合高中生的头脑。在他们的分类中所确认的批判性能力的术语特别反映了图尔敏系统的专门术语，批判性能力包括：（1）区别陈述句和实施行为（performatives）的能力；（2）区别论证与其他言语论说形式的能力；（3）识别与陈述相关的那些成分的能力；（4）辨识论证中主张类型的能力；（5）辨识辩护中所提供的证言的能力；（6）按照内在标准（观察的位置、观察能力、没有偏见、有判断资质）评价证言的能力；（7）按照外在标准（内部来源的一致性、来源之间的一致性、新近、邻近）评价证言的能力；（8）辨识由推理所发展的论证的能力；（9）依论辩的功能归类理由的能力；（10）发现省略了关系陈述的论证的能力；（11）辨识各种推理模式的能力；（12）提供涉及数据资料到主张的恰当担保的能力；（13）按照相关推理规则评价理由的能力；（14）辨识一个由论证中的各种元素所决定的一个主张的可接受性程度的能力；（15）分析相互联系的论证复杂体中的陈述之作用的能力；（16）发现劝阻（dissuasions）和改道（diversions）的能力；（17）觉察语言误用的能力。[②]

丹吉洛在中学文学经典（比如《小王子》《王子与乞丐》等）教学

① Karl O. Budmen, “What Do You Think, Teacher? . . . Critical Thinking a Partnership in Learning”, *Peabody Journal of Education*, Vol. 45, No. 1 (1967), pp. 2 – 5.

② R. R. Allen, Jerry D. Feezel and Fred J. Kauffeld, *A Taxonomy of Concepts and Critical Abilities Related to the Evaluation of Verbal Arguments*, Madison: Wisconsin Research and Development Center for Cognitive Learning, The University of Wisconsin. 1967, pp. 10, 12 – 36.

中培养学生的批判性思维能力，他发现基础逻辑和科学方法的知识在认识这些文学经典的哪些部分有利于批判性思维的发展是有用的。他认为，批判性思维基本上是探究的评估性形式。批判性思维不是一种单一的技能，而是用于表示许多种技能的一般术语，区别事实与意见，辨识和评估假设，发现谬误论证，只不过是这些技能的一部分。[①] 丹吉洛在研究批判性阅读时指出，批判性阅读不只包括学会某些技能，也包括对所读之物的批判性态度。态度影响人们批判地思考的能力。偏见和先入之见妨碍读者准确判断和评价某些读物的能力。虽然批判性思维一直有不同的定义，但普遍同意批判性思维是探究的一种形式，旨在评估和证明（justify）陈述。一个批判性思维的操作将包括这些技能：决定语词或陈述的意义；察觉逻辑谬误；辨识和证明假设；区别事实与意见；使用证据支持信念；定义论证中的关键词；证明标准。[②] 他认为，形成一个恰当的批判性思维概念的困难往往在于混淆其他思维类型，比如创造性思维和问题解决。“我们需要发现构成批判性思维本质的必要元素。”“批判性思维是评估陈述、论证和经验的过程。”而评估是要用一套批判性态度和技能完成的。[③]

第四个阶段：1980—1992 年。在恩尼斯、梅可派克（John E. McPeck）、西格尔（Harvey Siegel）和保罗（Richard W. Paul）的定义中，批判性思维又被拓宽，包括了问题解决的诸方面。

1979 年恩尼斯就任教育哲学学会会长所发表的演说里，把价值陈述包括在他的批判性思维概念范围里，因为在不管对与错，不权衡更好或更差的目标之类问题的情况下，声称批判地思考应该做什么，是靠不住的。他给 1983 年 6 月（22 日）第二届国际非形式逻辑研讨会（Second International Symposium on Informal Logic）提交的论文，[④] 结合批判性思维评价问题讨论了价值判

① Edward D'Angelo, "The Teaching of Critical Thinking Through Literature", *Elementary English*, Vol. 47, No. 5 (1970), pp. 633 - 637。丹吉洛加注说，更详细的批判性思维定义可见恩尼斯 1962 年的《一个批判性思维的定义》这篇论文以及伯顿（W. Burton）等《培育有效思维》(1960)。

② Edward D'Angelo, "Critical Thinking in Reading", *Elementary English*, Vol. 48, No. 8 (1971), pp. 946 - 950.

③ Edward D'Angelo, *The Teaching of Critical Thinking*, Amsterdam: B. R. Gruner, 1971, pp. 5, 7, 17.

④ Robert H. Ennis, "Problems in Testing Informal Logic Critical Thinking Reasoning Ability", *Informal logic*, Vol. 6, No. 1 (1984), pp. 3 - 9.

断。霍格伦德说，这代表了恩尼斯思想发展中的一个转折阶段。在酝酿第二个定义的过程中，恩尼斯吸收了诺西齐（Gerald M. Nosich）的建议，在“信”之外加上“做”。恩尼斯指出，最近对批判性思维兴趣的爆发伴随着对大规模评价批判性思维的兴趣，这种评价要求一个扩展的批判性思维定义。而最为普遍使用的批判性思维概念表达在这样的定义里：“批判性思维是聚焦于决定信什么或做什么的反省的和合理的思维。”① 恩尼斯提醒注意，该定义包括创造性活动，比如形成假说、问题、替代选择和试验计划，同时批判性思维也是一种实践活动，因为决定相信或做什么是一种实践活动。他认为批判性思维是比高阶思维技能清晰得多的一个概念。因而他提出：“必须超越布隆姆的分类，考虑批判性思维者的特殊倾向和能力的特性。”布隆姆分类中的概念太含混，比如“分析”可以指不同的活动：化学成分的分析、一个论证的分析、一个语词的分析、垒球比赛中一个对手的弱点的分析、南美政治形势的分析等。由这个困难可以得出，该分类没有判断这些活动的相应标准。当然，批判性思维结合了高阶思维的大量直接实用的方面。决定信什么或做什么是实践的高阶思维的事业，而最为实践性的高阶思维活动聚焦于决定信什么或做什么。即使人们不同意这一点，也希望他们会接受批判性思维至少构成高阶思维的一个重要部分，值得受到学校更大范围的关注。在此文中，恩尼斯不仅图示了决定信什么或做什么的过程，而且与问题解决相联系。所列举的批判性思维倾向和能力都统摄于“批判性思维/推理课程的目标”这样的总题目之下，其中倾向 13 种，能力五大类（基础澄清、基本支持、推论、高级澄清和战略战术）12 种。霍格伦德的评论指出，由于批判性思维要成为在一个民主社会和经济竞争中进行生产性工作的受教育的人们的重要素质，因而必须更广阔地聚焦于信念和行动。恩尼斯的新定义捕捉到了这一点。不过，聚焦

---

① Robert H. Ennis, “A Logical Basis for Measuring Critical Thinking Skills”, *Educational Leadership*, Vol. 43, No. 2 (1985), pp. 45 – 48. 在批判性思维倾向与能力清单中给出的“工作定义”稍有不同：“聚焦于决定信什么或做什么的合理的反省性思维（reasonable reflective thinking）。”不过，从批判性思维评价的角度来看，恩尼斯觉得这个定义太一般以致不能给批判性思维测试的构建和评估提供太多的指引，一个更为详细的定义可以起到把简要定义与对能力和倾向的甚至更为细致的阐释连接起来的作用：批判性思维是在决定信什么或做什么的过程中，集中于焦点的、熟练的、积极的、合理的思维，它把辨识、澄清与对情境、相关背景信息、理由、证据和替代选项的适当考虑结合起来。Robert H. Ennis, “Investigating and Assessing Multiple-Choice Critical Thinking Tests”, Jan Sobocan and Leo Groarke (eds.), *Critical Thinking Education and Assessment: Can Higher Order Thinking be Tested?* London: Althouse Press, 2009, pp. 75 – 97.

于做什么的合理的反省性思维必须抓住价值问题。比较新旧概念的阐述，显示了非常不同的框架。判断虽然仍出现但不再是无处不在。批判性思维现在组织成倾向和能力或技能组，概念的基本材料依然保持不变；虽然作为组织原则的 3 个维度不见了，但人们能容易在新的阐述中将这些材料与它们关联起来。推论技能显然沿着逻辑维度伸展，基本支持技能沿着规范维度伸展，某些最初属于语用维度的东西现在更清楚地作为批判性思维倾向出现了。这一新定义要比“陈述的正确评价”的定义覆盖更大的范围。①

1991 年，恩尼斯对 1985 年的批判性思维概念的阐释加以改进，并指出这种改进有三个优势：扎根于关于信什么或做什么之决策过程中的重要元素；得到更好的组织、更易于领会，冗余和遗漏更少，更明显突出了领域知识的重要性和批判性思维倾向的重要性；依然强调做出判断的标准。“我所认为的被普遍使用的术语‘批判性思维’大致意为聚焦于决定信什么或做什么的合理的、反省的思维。”恩尼斯提醒注意，这个定义并没有排除创造性思维。创造性活动，比如形成假说、考察问题、可能解决办法的替代方式以及研究事物的计划等都能归到这个定义之下，但“该定义的确强调反省、合理性（reasonableness）② 和（关于信念和行动的）决策”。恩尼斯认为，按照这个定义，批判性思维是问题解决过程的一个重

---

① John Hoaglund, “Ennis on the Concept of Critical Thinking”, *Inquiry*: *Critical Thinking across the Disciplines*, Vol. 15, No. 2 (1995), pp. 1 – 4.

② 恩尼斯解释说 reasonableness 可粗略地解释为 rationality。在恩尼斯的论著中常常出现这样一簇词：rationality, rational, reasonableness, reasonable。这些词也是当代认识论和修辞学中频繁出现的，但后两个词哲学词典中往往未予收录。大致来说，前两个所指的“合理性”“合理的”往往与笛卡尔的唯理主义相联系，甚至“合理性”就是“逻辑性”（logicality），这里的逻辑当然是形式逻辑，换句话说，与某种形式的算法相联系的合理性。但是，这个合理性概念遭到图尔敏等人的猛烈批判，于是人们开始区分合理性的实质概念与合理性的形式（逻辑）概念。有时，又把实质合理性用 reasonableness（合情理性）来表示。由此，rational 和 reasonable 也就相应表示两种有所区别的“合理的”形容词。恩尼斯此处所说的 reasonableness 与 rationality 大致一样，显然应该把其中的 rationality 理解为实质合理性。非等同于形式逻辑性或形式算法的合理性便是 reasonableness 的意思。恩尼斯的批判性思维定义中所用的“reasonable”是实质合理性意义上的，它与评估标准相联系。实际上，合理性的日常用法与传统哲学的用法有所不同。当人们说某人某事是“合理的”时，泛指它与普遍的原则、规律或公认的目标相一致，而且具有好思维的某些品质，比如一致性、融贯性、清晰、理由充分等。可参见 Nicholas C. Burbules, “Rationality and Reasonableness: A Discussion of Hawey Siegel's Relativism Refuted and Educating Reason”, *Educational Theory*, Vol. 41, No. 2 (1991), pp. 235 – 252。[英] 尼古拉斯·布宁、余纪元编著：《西方哲学英汉对照辞典》，人民出版社 2001 年版，第 854 页。

要部分。他还直接引用了1985年文章中的那个解决问题过程的图示。恩尼斯还发明了一个缩略词FRISCO[①]作为检核清单的提示，用于查明一个人已经做了达至关于信什么或做什么之决定所要完成的基本工作。这一改进定义包括批判性思维倾向12种，能力5大组（澄清能力、与获得决定所基于的信息和其他出发点相关的能力、与根据这些出发点进行推论相关的能力、元认知能力、附属能力）16种。恩尼斯认为这个批判性思维观念的重大特性是：聚焦于信念和行动，依据人们在日常生活中实际做或应该做的事情，强调帮助我们评估结果的标准，既包括倾向也包括能力，为组织和评价跨课程的思维方案以及单独的批判性思维课程提供了一个基础，为教学的问题解决路向提供了一个必要的材料，具有广泛性。[②] 在之后的一些论著中，恩尼斯不断改进批判性思维倾向和技能清单。

恩尼斯本人最近对自己的第二个定义举出10个特征（其中一些也是第一个定义的特征）：（1）强调精细的标准；（2）强调不精确环境下的好判断；（3）注意来源的可信性；（4）定义本身是对普遍使用的批判性思维术语的概括；（5）明确包括了批判性思维倾向；（6）对演绎推理的特定解释；[③]（7）假设的归属；[④]（8）将最佳说明的推理引入批判性思维；

---

① F（focus）——焦点，确认焦点或核心关切；R（reason）——理由，辨识和判断理由的可接受性；I（inference）——推论，在假设理由是可接受的情况下，判断推论的质量；S（situation）——情境，密切注意情境；C（clarity）——明晰，通过检核确信语言是清晰的；O（overview）——概览，倒回去考察作为一个整体之构件的每一部分。恩尼斯的批判性思维教科书《批判性思维》也使用了这6个“批判性思维的基本要素”。Robert H. Ennis, *Critical Thinking*, Upper Saddle River, N. J.: Prentice Hall, 1996, pp. 4–8.

② Robert H. Ennis, “Critical thinking: A Streamlined Conception”, *Teaching Philosophy*, Vol. 14, No. 1 (1991), pp. 5–25.

③ 恩尼斯对演绎推理的解释既不同于实质蕴涵，也比传统演绎的范围要宽，比如包括了涉及“很可能”“其他条件等同”这些模态词的演绎推理。满足“排除合理怀疑”标准的推理被当成是演绎的。Robert H. Ennis, “Critical thinking: A Streamlined Conception”, *Teaching Philosophy*, Vol. 14, No. 1 (1991), pp. 5–25。他所使用的演绎方法是“简单的、实用的、更为直觉的”，不同于“理论的、抽象的和严重依赖符号的”演绎方法。Robert H. Ennis, *Critical Thinking*, Upper Saddle River, N. J.: Prentice Hall, 1996, p. 89.

④ 恩尼斯区分了论证（有效）所需的假设与所用的假设。前者与论证评价密切相关，主要属于论证评估，后者与论证者的情况有关，主要属于论证分析。这一区分已被非形式逻辑或论证逻辑接受。

(9) 关注歧义；(10) 包括了价值判断的评价。① 我们认为，恩尼斯的第二个定义最突出的特征是强调批判性思维的标准或规范维度（reasonable 一词表示的）以及怀疑、审慎判断和元认知（reflective 一词表示的）。

梅可派克认为，至少就其表面来看，也许批判性思维最为突出的特性是：它包含一种对某一给定陈述、既定的做事规范或模式的怀疑论或暂停同意。② 批判性思维可“非形式地”定义为：以反省的怀疑论从事一种活动的倾向和技能。“反省的”指的是熟思的质量或水平，因而批判性思维者看来能够提供一个似真的替代选择，该词也蕴含着一种由经验所调和的怀疑论的明智运用，这种明智的怀疑论的标准来自所讨论的特殊主题领域。一个形式的批判性思维定义是：令 X 代表任何要求某种心理努力的问题或活动；E 代表来自相关领域或问题域的可利用证据；P 代表 X 之内的某个命题或行动；那么我们就可以说，如果一个学生（S）具有用以下一种方式做 X 的倾向和技能，那么该学生就是 X 域的一个批判性思维者，该方式是：E 或 E 的某个子集被暂停作为建立 P 之真或有效性的充分条件。③

西格尔也主张一种认识论视角的批判性思维概念，但与梅可派克不同，他将批判性思维等同于合理性。批判性思维与合理性有同样的外延。成为一个批判性思维者就是要恰当地据理由而动。批判性思维最好被构思为合理性的教育同根词：批判性思维涉及影响所有与信念和行动之合理性相关的问题；旨在批判性思维之普及的教育与旨在合理性之培养和理性人之发展的教育一模一样。④

保罗指出，重要的是不仅要强调批判性思维的技能维度，也要明确区别一种非常现实的可能性：与批判性思考相联系的那些技能的片面使用。确实，辩护主流社会群体的既得利益所系统使用的思考技能的历史倾向以

---

① Robert H. Ennis, “Critical Thinking: Reflection and Perspective—Part Ⅰ”, *Inquiry: Critical Thinking across the Disciplines*, Vol. 26, No. 1 (2011), pp. 4 - 18.

② John E. McPeck, *Critical Thinking and Education*, New York: St. Martin's Press, 1981, pp. 6, 8 - 9.

③ John E. McPeck, *Teaching Critical Thinking: Dialogue and Dialectic*, New York: Routledge, 1990, p. 78.

④ Harvey Siegel, *Educating Reason: Retionality, Critical Thinking and Education*, New Yourk: Routledge, 1988, pp. 30 - 32.

及所有社会群体发展单边思维以支持他们自己利益的相似倾向，要求用明确的概念来加以标记。应该清楚地认识到，在实物世界里，单边的或不公正的批判性思维（one-sided critical thinking）要比公正的批判性思考（fair-minded critical thought）常见得多。保罗认为，批判性思维包括分析三个关键维度：思想的完善、思想的要素和思想的领域。在此基础上，批判性思维定义为：批判性思维是规训的、自我导向的思维，它例示适合于思维的特殊模式或领域之思维的完善。它以两种形式出现。假如规训这种思维是为了服务特殊个体或群体的利益，而排除了其他相关人和群体，那就是诡辩的或弱意义的批判性思维。假若规训这种思维是为了考虑不同人或群体的利益，那就是公正的或强意义的批判性思维。保罗进一步解释说，在批判地思考时，我们运用思维要素的命令成功地使我们的思维适应思维类型或模式的逻辑要求。当我们习惯性地在强意义上进行批判性思维时，我们就养成了一种特殊的心灵特质（traits of mind）：理智的谦逊、理智的勇气、理智的毅力、理智的诚实和理智的信任理性（reason）。诡辩的或弱意义的批判性思维者仅仅以一种与自我中心和社群中心的承诺相一致的有局限的方式养成这些特质。①

第四个阶段之后，由于批判性思维已在发达国家甚至一些发展中国家的教育系统中确立了自己的重要地位，更多的定义纷纷出笼，令人眼花缭乱。缺乏统一的定义或批判性思维理解的共识，导致人们怀疑批判性思维教学及其检测的效力。结果，不少学者开始关注批判性思维定义能否得到一致意见的问题，并在不同的范围内进行各种尝试。同时，人们也开始反思，强求划一的定义是否必要，开始权衡定义的多样态、多形式与统一定义的利弊。所以，我们认为应该添加上另一个新的阶段——追求批判性思维定义共识的阶段，这个阶段自 1991 年开始，持续至今。

第二节　理解批判性思维的不同视角

20 世纪 60 年代末，阿兰和罗特就总结出定义批判性思维的三种路

---

① Richard W. Paul, "Critical Thinking in North America: A New of Knowledge, Learning and Literacy", *Agumentation*, Vol. 3, No. 2 (1989), pp. 197 – 235.

向：批判性思维作为评估行为、作为探究行为和作为多元行为。第一种主要与逻辑相联系，第二种与问题解决相联系，第三种则把问题解决、创造性思维、评估和关联思维统统置于批判性思维范围之中。乍一看，作为评估和作为探究的批判性思维二者的差异好像只是时序上的不同。作为评估的批判性思维开始于一个结论或工作，其路径是从被建立的结论返回到结论所依据的数据资料；而作为探究的批判性思维路径是从数据资料和工作开始走向结论。不过，二者重要的区别是评估和探究的行为本身的区别。仅从评估这个方面来看，探究的评估涉及针对探究过程的模型评估，学生是否表现出关注一个问题、收集合适材料、形成暂时的结论、审查这种结论的后果等。作为探究的批判性思维包括预见正确决策的工作策略。反之，作为评估的批判性思维包括根据逻辑的或准逻辑的规范对无论发生于探究过程哪个阶段的任何信息和论证予以恰当评价。判断过程或批判性思维是问题解决的最终的或中间阶段。比较而言，第一种路向受到最大关注，“为教学提供了最有力的概念基础”。① 斯滕伯格辨识了批判性思维的三个视角：哲学的、心理学的和教育的视角。他强调，三个视角都能相互学习，都共同对帮助学生变成优秀思维者感兴趣，也显示了观点的实质交叉。学生们如何学习，如何理解复杂信息，发展演绎或归纳推理技能，这些对于三个视角都是重要的。②

在一些哲学家看来，与当代对批判性思维的心理说明不同，批判性思维的哲学理论认为该概念本质上是规范性概念。因此，要把思维刻画为“批判的”就是要判断它满足可接受性的相关标准，并因而被合适当作是“好的”思维。现有批判性思维的哲学说明强调这样的标准。③ 评估标准主要涉及传统逻辑规则，比如海勒姆注意到，“当思维基本是逻辑的时

---

① R. R. Allen and Robert K. Rot, *The Nature of Critical Thinking*: *Report from the Concepts in Verbal Argument Project*, Madison: Research and Development Center for Cognitive Learning, The University of Wisconsin, 1969, p. 4.

② Barbara Z. Presseisen, *Critical Tinking and Thinking Skills*: *State of the Art Definitions and Practice in Public Schools*, Wasgington, D. C.: Office of Educational Research and Improvement, 1986, pp. 29 – 30.

③ Sharon Bailin and Harvey Siegle, “Critical Thinking”, Nigel Blake, Paul Smeyers, Richard D. Smith, Paul Standish (eds.), *The Blackwell Guide to The Philosophy of Education*, Malden, MA: Blackwell Publishing, 2003, pp. 181 – 193.

候，思维就是批判的”，“逻辑思维不过是将逻辑规则应用于事实材料以便达到有效且真的结论”。[①] 恩尼斯 1962 年的定义与此相一致，也将逻辑置于发展学生批判性思维技能的中心。哥特斯基也把批判性思维理解为“由某些良好建立起来的逻辑规则支配的思维”。[②] 从这个观点出发，批判性思维常常被看成是，“对具有断言性内容的语句之辨识以及根据从传统逻辑抽象而得的正确评价标准对这些陈述及其证明的检验”。[③] 美国哲学学会 1984 年 10 月在一个声明中敦促其会员用他们的专业技术帮助教育委员会和测试机构开发新课程和批判性思维测试工具。现在，哲学视角的主流是非形式逻辑或论证逻辑观点。批判性思维与论证逻辑在历史背景、社会功能、基本内容，甚至在词汇上，都有天然的联系，以致 20 世纪 70 年代在北美兴起的教育改革和逻辑学教学革新浪潮被称为“批判性思维与非形式逻辑运动”或“基于非形式逻辑的批判性思维”运动。事实上，论证逻辑在很大程度上被当作批判性思维的主要工具。在北美，有大量批判性思维的大学课程采用论证分析的视角。批判性思维要求学生批判地分析自己和他人的信念，做出合理的决策，这就需要用某些技能来武装学生。这些技能工具的很大一部分来自论证逻辑。此外，论证逻辑和批判性思维有几乎相同的词汇，如假设、前提、理由、推理、论点、标准、相干性、可接受性、充分性、一致性、可信性、解释、歧义、含混、异议、支持、偏见、证明、矛盾、证据、区别等，说明论证逻辑是培养批判性思维技能和倾向的直接而有效的工具。

哲学视角的另一个重要方向是认识论取向的批判性思维。从认识论和合理性的角度来看，批判性思维的根本性质是聚焦于理由和使信念、行为正当化或合理化的理由的力量。一个批判性思维者，就是依据理由恰当地采取行动的人：他有根据理由相信和行动的倾向，具有在理由起作用的许多语境中评价理由之力量的能力。而逻辑（形式的和非形式

---

① H. Hyram George, “An Experiment in Developing Critical Thinking in Children”, *Journal of Experimental Education*, Vol. 26, No. 2 (1957), pp. 125 – 132.

② Rubin Gotesky, “The Lecture and Critical Thinking”, *Education Forum*, Vol. 30, No. 2, 1966, pp. 179 – 187.

③ R. R. Allen and Robert K. Rot, *The Nature of Critical Thinking*: *Report from the Concepts in Verbal Argument Project*, Madison: Research and Development Center for Cognitive Learning, The University of Wisconsin, 1969, p. 3.

的）和理由的评价相关，和决定理由的好坏相关。这种决定是批判性思维的中心。[①] 批判性思维者与理性人在概念上有深刻联系。批判性思维最好作为合理性教育的同源物来接受：批判性思维包括运用所有与信念和行为之合理性相关的事情；而以普及批判性思维为目标的教育，简直就是以合理性的养成和理性人的发展为目标的教育。[②] 批判性思维和合理性是同外延的，因为合理性和理由的恰当性同外延。“批判性思维首先而且最重要的是一种**好**思维。……我们可以从强调批判性思维的这个**规范性的**特点开始。这一强调把我们更一般的哲学概念和本质上是描述性的心理学概念——描述被认为是批判性思维核心的心理过程、程序或技能——区别开来。”[③] 要成为一个理性的或批判的思维者，就要依据“理由的重要性和使人信服的力量”来采取行动。恰当的理由是由逻辑分析的原则和规范决定的。如果一个主张排除了“武断、不一致、偏爱”，那么它就有恰当的理由或被正当化，这预设了对普遍、客观标准的约束力量的认识。[④]

李普曼开拓的儿童哲学运动是批判性思维哲学视角的又一个重大成果。儿童哲学是围绕儿童熟悉的话题，通过集体探究（继承杜威），利用对话形式（继承苏格拉底）培养儿童的批判性思维能力和习性。批判性思维是促进形成良好判断的熟练的、负责任的思维，因为它依赖标准、是自校正的、对语境敏感的。[⑤] 保罗认为批判性思维最重要的三个方面是：规训的、自主的思维，它体现适合于思维特殊方式或领域的那种思维的完善性；是显示精通心智技巧和能力的思维；在思维的过程中，为使自己的

---

① Sharon Bailin and Harvey Siegle, “Critical Thinking”, Nigel Blake, Paul Smeyers, Richard D. Smith, Paul Standish (eds.), *The Blackwell Guide to The Philosophy of Education*, Malden, MA: Blackwell Publishing, 2003, pp. 181 – 193.

② Harvey Siegel, *Education Reason*: *Rationality*, *Critical Thinking*, *and Education*, New York: Routledge, 1988, pp. 32 – 33.

③ Sharon Bailin and Harvey Siegle, “Critical Thinking”, Nigel Blake, Paul Smeyers, Richard D. Smith, Paul Standish (eds.), *The Blackwell Guide to The Philosophy of Education*, Malden, MA: Blackwell Publishing, 2003, pp. 181 – 193.

④ Harvey Siegel, *Education Reason*: *Rationality*, *Critical Thinking*, *and Education*, New York: Routledge, 1988, pp. 33 – 34.

⑤ Matthew Lipman, *Thinking in Education*, 2nd ed., Cambridge: Cambridge University Press, 2003, pp. 211 – 212.

思维变得更好而对自己的思维进行思考的艺术。[①]

认知心理学描述了批判性思维所包含的一组运算和程序，确立了批判性思维和其他重要思维类型（比如创造性思维）之间的区别。批判性思维是分析事实、生成和组织想法、辩护意见、做出比较、得出推断、评估论证和解决问题的能力；[②] 是导向新奇的、富有成效的想法或结论的一连串内心符号活动。或者更为简明——“一种问为什么的态度”。[③] 一种以正确推理和有效证据为基础，审查、评估与理解事件、解决问题、做出决策的主动的和系统的认知策略。加利福尼亚州立大学的心理学家哈尔彭提出了一个更为宽泛的定义：批判性思维是那些增大一种合意结果之可能性的认知技能或策略的使用。它被用来描述目标明确的、合乎逻辑的和指向目标的思维——它是这样一种思维：当思维者为了特殊语境和思维任务而使用深思的和有效的技能时，这种思维被包括在解决问题、表达推论、计算可能性和做出决策之中。批判性思维比仅仅思考你自己的思维或做出判断和解决问题要多——它是运用使得“合意结果”更可能的技能和策略。这个定义足以包容各种观点，所以，批判性思维能被当作论证分析、问题解决、决策或认知过程来教授。[④] 行为心理学家的贡献在于确立与批判性思维相联系的操作型定义，界定与最终结果相联系的子任务以及教师能够用以塑造以最终结果为目标的基本行为的方法论。

教育领域的实际工作者觉得，把批判性思维理解为规范的、程序的、技能的或过程的概念，常常忽视了思维的情感和行为的向度。对于发展应用批判性思维能力的自然倾向来说，相关语境中的知识、态度和心智习性是批判性思维教学中最为关键的方面。教育者相信，结合这个方面以后，将会更有效地实现批判性思维课程的目标。他们更为关心如何指导学习者

---

① Richard W. Paul, *Critical Thinking: How to Prepare Students for a Rapidly Changing World*, Rohnert Park, C. A.: Center for Critical Thinking and Moral Critique, 1995, p. 526.

② Paul Chance, Thinking in the Classroom: A Survey of Programs, New York: Teachers College, Columbia University, 1986, p. 6.

③ Daniel Fasko, Jr (ed.), *Critical Thinking and Reasoning: Current Research, Theory, and Practice*, Cresskill, N. J.: Hampton Press, Inc., 2003, p. 8.

④ Diane F. Halpern, “The Nature and Nurture of Critical Thinking”, Robert J. Sternberg, Henry L. Roediger and Diane F. Halpern (eds.), *Critical Thinking in Psychology*, New York: Cambridge University Press, 2007, pp. 1 – 14.

成为批判性思维者，强调批判性思维得以发展的教育条件。所以，教育者对批判性思维的理解也被称为“实用的”视角。李普曼认为，发展学习者的批判性思维的最佳方式应是尽早教哲学的各种形式；迈耶关心年轻的大学生，认为批判性思维的培养，应该在一种容易的环境中，与学生的兴趣和动机相契合；布鲁克菲尔德则主要关心成人，认为批判性思维包括质疑我们通常的、习惯的思维方式和行动背后的假设，然后在这个批判性怀疑的基础上，准备进行不同的思考和行动。[①] 在某种程度上，国际文凭（International Baccalaureate，IB）课程中的“知识论”部分也基于类似的理念。知识论课是三大核心课程之一，一门必修的跨学科课程，旨在培养学生的判断能力，增强学生的分析和表达能力。[②] 专业科目教育专家研究了如何在不同的学科或内容领域（比如阅读、文学、社会研究、数学和科学）中教授批判性思维，认为只有当学生抓住具体内容时，教授批判性思维才能取得最佳效果，把批判性思维当作单独的一组技能专门加以教授是不够的。他们的定义往往和具体学科的学习相联系。例如，希基的定义是，批判性思维包括以评估所阅读的东西为目的的分析性思维。默腾斯定义为，用一组指导考虑周到的信念和行动的反省态度与能力，来解释或评估信息和经验的自觉的、慎思的过程。[③]

理解批判性思维还有一些不同的路向，比如不少学者将批判性思维看作是代表一种存在方式，认为高等教育应该发展能够批判地推理、批判地自我反省和能够基于他们的推理而行动（批判性行动）的人。学生以这种方式达到了批判性存在的状态。在这个意义上，批判性状态是一种心理倾向——一种在世界中检视、感觉和工作的方式，也是检视、感觉和对付世界的方式。这种路向认为，批判性思维比技能更多，比擅长论证或逻辑更多，是对万事万物与以不同方式涉及情感的认知习惯和态度的一般集合。也有学者从认知发展过程来理解批判性思维，认为批判性思维经历一

---

① Stephen D. Brookfield, *Developing Critical Thinkers: Challenging Adults to Explore Alternative Ways of Thinking and Acting*, Buckingham: Open University Press, 1987, p. 1.

② Jennifer A. Moon, *Critical Thinking: An Exploration of Theory and Practice*, London: Routledge, 2008, p. 46.

③ W. Huitt, "Critical Thinking: An Overview" (http://chiron.valdosta.edu/whuitt/col/cogsys/critthnk.html 2011-10-02).

个发展进步过程。[①] 伯恩斯坦认为批判性思维有三个“互补的模型”——非形式推理模型（逻辑）、问题解决模型和谈判模型。谈判模型是对商业导向谈判的一个创造性的、深思熟虑的改编，被用于教授关于心理学争论问题的批判性思维，学生学会认真地考虑他人的视角和评估论据和主张。[②] 穆恩甚至从更一般的视角将提供批判性思维定义的人分为两大类：一类人关心论证过程；另一类人关心学习、知识、认识论、价值、信念和生活所必需的理念之间复杂的和建构的相互关系的管理。[③]

保罗在评论各种主要批判性思维定义时指出，不要给任何特殊的批判性思维定义赋予太大的分量，这十分重要。不同理论家所阐述的各种各样有用的定义有助于使批判性思考的重要特征更为显然。西格尔的定义突出了一种对比：倾向于用现象——欲望、恐惧、社会奖赏和惩罚等塑造思想和信念的心灵与用理由塑造的心灵，凸显了批判性思维与古典哲学合理性理念的联结。不过，合理性的观念本身允许多种解释。恩尼斯和李普曼的定义也有类似之处。恩尼斯的定义有效地号召注意批判性思维在日常生活里扮演的广泛角色，因为所有的行为都基于我们之所信，所有的人类行动都在某种意义上基于我们决定做什么。不过，像西格尔的定义一样，它假定读者有清晰的合理性概念和一个决定成为“反省的”条件的概念。恩尼斯“反省的”用法也可能存在歧义。假设恩尼斯“反省”意指一种专门的议事或深思熟虑，当一个人内化批判性标准（对理由、证据、相干性、一致性等敏感）的时候，这些标准应用于行动变得更为自动，较少有有意识努力的问题，因此较少有蓄意“反省”的问题。李普曼的定义对于一个人具有负责的和不负责思维的区别的清晰感，对于包括在恰当思考的自我校正、标准使用和对语境敏感中的东西的清晰感，都是有用的。当然，不难发现，自我校正的、使用标准和回应语境的思维的实例在某个意义上是批判的，但在别的意义上是非批判的。比如，一个人的特殊标准

① Jennifer A. Moon, *Critical Thinking: An Exploration of Theory and Practice*, London: Routledge, 2008, pp. 47 – 49.

② David A. Bernstein, “A Negotiation Model for Teaching Critical Thinking”, *Teaching of Psychology*, Vol. 22, No. 1 (1995), pp. 22 – 24.

③ Jennifer A. Moon, *Critical Thinking: An Exploration of Theory and Practice*, London: Routledge, 2008, p. 40.

可能是非批判地选择的，或者回应语境的方式可能以各种方式在批判方面是不足的。指出这些不是要低估这些定义的用处，而是指出在处理像批判性思维这样的复杂概念时定义过程本身的局限。不是用一个批判性思维定义单独做事，而是保持一大群定义更为合意，理由是：为了保持不同定义所突出的批判性思维的各种维度的洞察；为了帮助人们避开任何特定定义的局限。[①]

第三节 批判性思维定义的共识

有研究者1986年就发现教育期刊上出现了35种对批判性思维的描述。[②] 不用说批判性思维的概念，就连“思维”“思维技能”这样更为普通的概念也是“浑浊的”。[③] 众所周知，批判性思维的定义迥然不同，但大部分作者和研究群体都会同意批判性思维同“检查”或检验在日常生活中提出来的思想有关。这个批判性思维的看法假设了一套规则，它们是要用于检验思想及其支持论据的。这个看法进一步假设，这样的规则与日常讨论直接相关联。[④]

著名教育哲学家黑尔分析了索西欧、梅可派克、西格尔、布鲁克菲尔德和李普曼的批判性思维定义，分别指出了它们的优点和局限。他说，所有这些定义都提供了对批判性思维的某种洞见，常常以简洁的方式把握了某段时间里流行的一般观念，我们能从这些定义获益，但并没有觉得必须确定哪一个成为我们唯一的定义。他告诫，我们应该提防简要的定义，尤其是当处理一个丰富而生命力旺盛的概念时。想办法找到一个把握批判性思维实质的通用公式虽然是吸引人的，但成功的机会十分渺茫。批判性思

① Richard W. Paul, “Critical Thinking in North America: A New of Knowledge, Learning and Literacy”, *Agumentation*, Vol. 3, No. 2 (1989), pp. 197 – 235.

② Bruce Romanish, “Critical Thinking and the Curriculum: A Critique”, *The Educational Forum*, Vol. 51, No. 1 (1986), pp. 45 – 56.

③ Barry K. Beyer, “Improving Thinking Skills: Defining the Problem”, *The Phi Delta Kappan*, Vol. 65, No. 7 (1984), pp. 486 – 490.

④ R. R. Allen, Jerry D. Feezel and Fred J. Kauffeld, *A Taxonomy of Concepts and Critical Abilities Related to the Evaluation of Verbal Arguments*, Madison: Wisconsin Research and Development Center for Cognitive Learnin, The University of Wisconsin, 1967, p. 1.

维进入这么多的语境，采取如此多的不同形式，每一个定义都有优势和弱点，都突出了批判地思考之含义的某些重要方面；和其他定义相比，每一个也都有更为适合特定语境的某些特质。这些都是非常重要的观念。①

哈尔认同这些看法并进一步指出，按照批判性思维概念的复杂性，没有单一的定义会是充分的。任何给出的定义也许突出了其他定义尚未强调的某些基本的理解和过程。同样，由于批判性思维概念的丰富性和复杂性，即使最为宽泛的定义，也可能没有把握“批判地思考”的全部意思。语境将决定批判性思维最相关的“定义”要旨。比如，在一个社会学课程中，人们可能需要一个突出社会中心问题和社会文化条件的批判性思维定义；在修辞学和哲学课程中，人们可能需要强调达到逻辑结论的推理的重要性。但是，人们必须预防因既定兴趣的理由或因过于专门化，将人们的批判性思维概念囿于一个特殊的定义。任何站得住脚的概念必须最终坚持在其整个历史中发展起来的批判性思维的实质。不过，哈尔主张个性和共性、特殊和普遍的统一：每一个批判性思维定义反映了一个特定学科的视角在某种程度上对特殊语境更为适合；每一个定义都贡献了其他定义并不一定加以阐明的解释和洞见；但是，当严密考察时，共同的原则出现了；这些共同原则形成批判性思维的基线概念，它在某个学科之内起作用，也能跨越学科边界起作用，而这样一个横跨学科的批判性思维解释和该概念的历史与自由教育的理念非常一致。因此，他主张构建一个考虑到概念上、语境上多样性的批判性思维基线概念。这样来看批判性思维定义的问题，其焦点就从仅仅是定义转向了一个包括基本元素的坚固的概念。② 研究者注意到从不同视角对批判性思维不同理解造成的不便，也认识到，没有一个视角独自构成对批判性思维的完满理解。有学者甚至认为，批判性思维的定义不可能挖掘完，得到最终定义之日，便是批判性思维死亡之时。③ 不过，很多学者通过各种办法获得取得相对共识的批判性思维定义。

---

① William Hare, “Critical Thinking as An Aim of Education”, Roger Marples (ed.), *Aim of Education*, New York: Routledge, 2002, pp. 85 – 99.

② Enoch Stephen Hale, *Project Demonstrating Excellence: A Critical Analysis of Richard Paul's Substantive Trans-disciplinary Conception of Critical Thinking*, Dissertation. Union Institute & University, 2008, pp. 46 – 47.

③ Joe L. Kincheloe and Danny Weil (eds.), *Critical Thinking and Learning: An Encyclopedia for Parents and Teachers*. London: Greenwood Press, 2004, p. 8.

第一种办法最为简单，企图将多种流行定义综合到一个“杂交”定义之中。哈伦恩（J. S. Halonen）1995 年提出的一个批判性思维定义是，以反省的怀疑主义，从事聚焦于决定信什么或做什么的活动的习性和技能。不过，法斯寇认为这个定义并没有整合心理学和教育学视角的定义，提议加上“心理活动”和“能证明是正当合理的”才可以满足三个视角的理解。因此，修改后的杂交定义是：以反省的怀疑主义，主要从事决定信什么或做什么并能证明是正当合理的行为与心理活动的习性和技能。而刘易斯和史密斯（1993）提出的一个包罗万象的高阶思维定义也有杂交的性质：高阶思维发生于一个人获得新信息，将信息贮存在记忆中，将它们相互关联起来并（或）重新整理，扩充这个信息，以达到一个目的，或在复杂情境中找到可能的答案。[①] 休伊特在评论了一系列批判性思维定义之后提出，批判性思维是评估论证或命题，做出能引导信念发展和采取行动之判断的自律的心理活动（the disciplined mental activity）。他相信，恩尼斯的定义最接近有用的、一般的批判性思维定义的标志，而他的这个定义更为接近把布隆姆等定义的评估层次的概念结合起来，并包括了其他研究者的某些词汇。这个综合性定义可以把批判性思维与其他思维形式加以比较和对照，比如非批判性思维的一些形式：习惯性思维（基于过去的实践而不顾当前数据资料的思维）、头脑风暴法（说出想到的任何东西而不评估）、创造性思维（以新的和原创的方式将事实、概念和原则组合在一起）、偏见思维（收集支持某一特定立场的证据而不质疑该立场本身）、情感思维（对一个讯息的情感而非内容做出回应）。相对于某一特殊语境，每一类思维都可能有利弊，在某些情境中，某一类思维可能更适合而别的却不那么适合。[②]

第二种办法是从不同定义归纳出共同要素。1991 年帕斯卡瑞拉等收集了许多批判性思维定义，发现批判性思维典型地包括以下能力：辨识论证中的焦点和假设，认识到重要的关系，根据事实材料做出正确推断，从所提供的信息或事实材料推出结论，基于给定的事实材料解释是否结论得

---

① Daniel Fasko, Jr (ed.), *Critical Thinking and Reasoning: Current Research, Theory, and Practice*, Cresskill, N. J.: Hampton Press, Inc., 2003, p. 8.

② William G. Huitt, “Critical thinking: An Overview” (http://www.edpsycinteractive.org/topics/cogsys/critthnk.html, 2011-10-02).

到担保，评估证据或权威。[①] 1996 年，约翰逊考察了哲学家的批判性思维定义，发现其中有一些相似点：反省性怀疑或提问的态度；对价值或意识形态假设的敏感性；在接受有争议的主张之前，坚决要求恰当的支持理由；了解适用于好推理和论证的各种标准（无论是一般的还是具体学科的）；分析与评估主张、论证的技能和判断力；自我反省、对自己可能的偏见或假设的敏感。这个考察也注意到哲学家对运用这些技能的情感倾向的关切。另外，似乎还有一些贯穿于各种理论的共同思路：批判性思维行动包括具体的过程或技能；批判地思考的倾向是决定性的；一种提升和增强这种批判性思维的文化或环境是关键。[②]

加拿大著名批判性思维专家希契柯克归纳出流行定义包括相同的构成要素：批判性思维是一种思维类型；适用于所有主题内容；包括反省、回顾和悬置判断；好的批判性思维是合情理的（reasonable）；批判性思维包括细致考虑证据；以做出确切的判断为取向；理想的“批判性思维者”只要条件适当就批判性地思考；一个批判性思维者拥有相关的知识、技能、态度和性情（行为倾向）。在不同的批判性思维概念中，也包括共同的技能元素：澄清意义；分析论证；评估证据；判断是否结论能得出；推出有担保的结论。不同的批判性思维概念关于批判性思维者的性情或态度特性都包括：思想开放；公正；搜寻证据；努力成为信息灵通的；留意他人的观点和他们的理由；与证据成比例的信念；愿意考虑不同的信念而且愿意修正信念。甚至技能测验也涉及共同项目：评估从给定的陈述到给定的结论的推论；辨识隐含于给定陈述或论证的假设；澄清意义；一个语段中论辩结构的分析；评估从给定信息得出的东西；判断如何评估一个给定的主张；辨识谬误。[③]

1997 年，加利福尼亚教师资格审查局（the California Department on Teacher Credentialing）所资助的一个调查项目的研究委员会发现，多学科

① E. Pascarella and P. Terenzini, *How College Affects Students: Findings and Insights from Twenty Years of Research*, San Francisco, C. A.: Jossey Bass, 1991, p. 118.

② M. Akshir Ab Kadir, “Critical Thinking: A Family Resemblance in Conceptions”, *Journal of Education and Human Development*, Vol. 1, No. 2 (2007), pp. 1 - 11.

③ Milos Jenicek and David L. Hitchcock, *Evidence-Based Practice: Logic and Critical Thinking in Medicine*, Chicago: AMA Press, 2005, pp. 104 - 108.

的多样定义显露了批判性思维概念作为一个理论的和应用的概念的宽广度，批判性思维概念有其适用的语境范围，某些定义比其他的更适合。所有这些定义基本上都指向同一方向：通过培育能使思维者留神控制其思维的具体技巧、能力和洞察来解决提升思维质量的问题。在其最为基本的水平上，某些共同的关切和目标是要求“思考的系统监控”。委员会论证，在基本水平上，任何理智或认知产品的分析和综合，都要求某些因素的说明，比如辨识，澄清，解释和批评视角或参照系，目标，导向推断、结论或解决办法的信息，背景逻辑或内在于思维的假设，起作用的主要概念以及含意或后果。评价思维的标准或规范包括“清晰性、准确性、相干性、深度、广度和逻辑性”等。[①] 诺西齐综合批判性思维的实质包括四个要素：是反省的、涉及标准、是真实的、是合理的。仅有反省不是合意的，反省应该是批判的，是对自己思维的思考。标准包括诸如准确性、相干性、深度等。真实是指人们应该处理现实生活背景中确实存在的真实的问题，而非“学校”里虚拟的问题。合理的或合情理是指在特定的具体语境中应用和遵守推理规则，同时具有检核自己的偏见和先入之见的态度，以便公正地分析和评估讨论中的问题。[②] 西格尔则从更宏观的角度对批判性思维各种定义进行了概括。他发现，所有理论家本质上都同意，批判性思维包括主要的气质或态度；是一个形成有理由的判断并依靠这种判断生活和行动的过程。[③] 帕特里克指出，批判性思维的定义有广狭之分。广义定义将批判性思维等同于决策、问题解决或探究中所包含的认知加工和策略。狭义定义集中于评估或评价。但是，无论广义或是狭义批判性思维，都蕴含着好奇心、怀疑态度、反省和合理性。批判性思维者具有探究信念、主张、证据、定义、结论和行动的倾向。[④] 里德尔发现，批判性思维

---

① Richard W. Paul, L. Elder and T. Bartell, *California Teacher Preparation for Instruction in Critical Thinking: Research Findings and Policy Recommendations*, Sacramento, C. A.: California Commission on Teacher Credentialing, 1997, pp. 7, 11.

② Gerald Nosich, *Learning to Think Things Through: A Guide to Critical Thinking across the Curriculum*, Upper Saddle River, N. J.: Pearson-Prentice Hall, 2009, pp. 3 – 5.

③ Harvey Siegel, *Educating Rreason: Rationality, Critical Thinking and Education*, New York: Routledge, 1990, p. 30.

④ John J. Patrick, *Critical Thinking in the Social Studies*, ERIC Digest, No. 30, Bloomington, IN. ERIC Clearinghouse for Social Studies/Social Science Education, 1986, pp. 3 – 4.

不同过程描述中的共性包括：反省；假设的辨识和评价；探究、解释和分析、推理和判断；对语境的考虑。①

2013 年，几位澳大利亚和意大利学者基于诺里斯和恩尼斯（1989）、索弗（2004）、哈尔彭（2007）、贝尔津什和索弗（2008）对批判性思维定义和模型的研究，概括出批判性思维技能四个主要范畴：澄清（努力评价和理解一个问题、议题或困境的精确性质，考虑不同视角）、评价证据（推论的良好基础需要评价用于支持那些推论的证据，包括判断信息来源的可信性，做出观察并判断观察的可靠性）、形成和判断推论（人们基于归纳和演绎推论做出决策和价值判断，批判性思维包括判断推论正确性和形成推论的能力。该范畴包括使用证据支持论证）和使用合适的战略战术（即使批判性思维并非基于遵循程序或阶段步骤，但某些策略和启发法可能是有用的）。②

第三种办法是经验研究方法。20 世纪 90 年代，美国有几个使用德尔菲（Delphi）调查方法研究批判性思维定义的计划。德尔菲方法是一种广泛适用的专家预测方法即反馈匿名函询法。一般步骤是，在对所要预测的问题征得诸多专家的意见之后，进行整理、归纳、统计，再匿名反馈给各专家，再次征求意见，再集中，再反馈，直至得到稳定的一致意见。美国哲学学会（APA）的“德尔菲计划”从 1988 年开始，历时三年，经过六轮磋商，达成一致意见。参加者 46 人，其中哲学专家 52%，教育专家 22%，社会科学专家 20%，自然科学专家 6%，包括很多著名批判性思维专家，因此最终形成的“德尔菲报告”所表达的定义反映了当今著名批判性思维专家的共识。这个权威报告强调批判性思维的两个维度：批判性思维能力和倾向（或气质）。③

---

① Thelma Riddell, “Critical Assumptions: Thinking Critically About Critical Thinking”, *Journal of Nursing Education*, Vol. 46, No. 3 (2007), pp. 121 – 126.

② Francesco Sofo, Cinzia Colapinto, Michelle Sofo and Salvatore Ammirato, *Adaptive Decision Making and Intellectual Styles*, New York: Springer, 2013, p. 71.

③ Peter A. Facione, *Critical Thinking*: *A Statement of Expert Consensus for Purposes of Educational Assessment and Instruction* (*executive summary*) *The Delphi Report*, Millbrae, C. A.: California Academic Press, 1990. 对批判性思维技能和倾向的详细解释可参见武宏志、周建武主编《批判性思维——论证逻辑视角》，中国人民大学出版社 2010 年版，第 3—8 页。

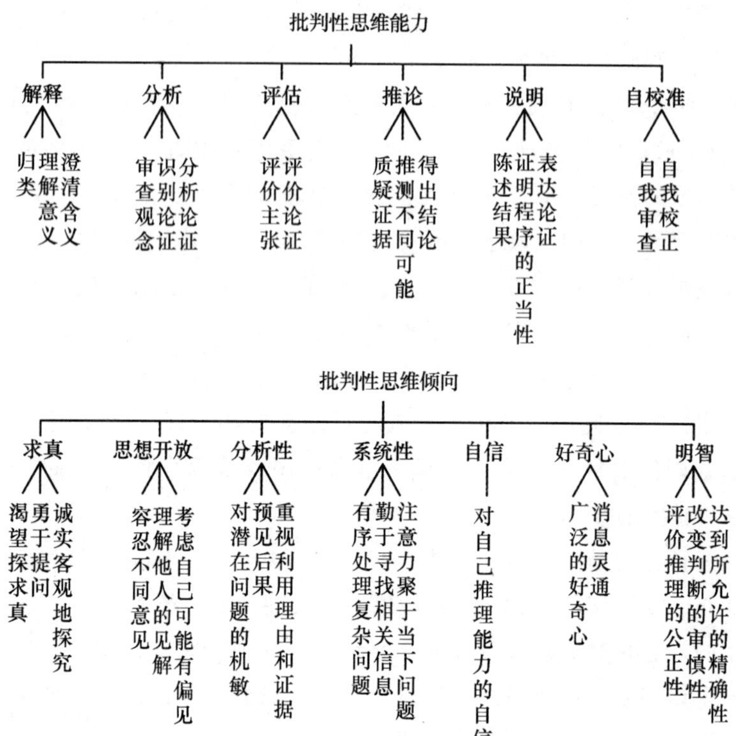

其他一些工作也验证了德尔菲报告的共识。如贾埃卡洛（C. A. Giancarlo）使用加利福尼亚问题分类方法（the California Q-sort method）检验了理想批判性思维者的描述。他要求 20 个批判性思维方面的专家各自分类 100 个 Q-sort 项目（按照最能描述理想批判性思维者的项目排至最不能描述理想批判性思维者的项目），以发现刻画理想批判性思维者特性的那些项目。结果证实了德尔菲报告对理想批判性思维者的共识，也支持基于那个定义的测量工具的有效性。①

专业中的批判性思维概念的共识问题也受到重视。1995—1998 年，护理专业的批判性思维学者依靠 55 位国际护理专家（来自 9 个国家和美国 23 个州）组成的专门小组，使用德尔菲方法，经过五轮问答，获得了

---

① Peter A. Facione, N. C. Facione and C. A. Giancarlo, "The Motivation to Think in Working and Learning", E. Jones (ed.), *Preparing Competent College Graduates: Setting New and Higher Expectations for Student Learning*, San Francisco, C. A.: Jossey-Bass Publishers, 1997, pp. 67–79.

护理专业批判性思维的一致定义。专门小组确认和定义了护理批判性思维的 10 个心智习性和 7 种技能。最终的一致意见（88.2% 的专家同意）是：护理批判性思维是职业责任和优质护理的一个基本组成部分。护理的批判性思维者展示了这些心智习性：自信、语境视角、创造性、灵活性、好奇心、理智的完整性（通过诚实正直的手段追求真的过程，即使结果与自己的假设和信念相反）、直觉、思想开放、坚持不懈和反省。技能包括：实践分析、应用标准、鉴别、寻找信息、逻辑推理、预测和知识转化的认知技能。除了个别的批判性思维气质和技能（创造性、直觉和知识转化）在费西万的定义中没有确认外，两个德尔菲方法得出的结果极为相似，而差异之处完全可能是批判性思维的学科特殊性的向度。[①]

另一个同样采用德尔菲方法，包含批判性思维定义研究的计划是由美国国家教育统计中心（NCES）下达的。直接与国家教育目标（1990）中的目标 6 相联系。这个计划想确认，大学毕业生要成为得力的雇员和公民，应该获得哪些写作、演讲、聆听和批判性思维技能。要获得对这些技能的标准和测量，首先需要得到一些关键概念的共同定义。研究者调查了分布于美国全境的 600 名大学教员、雇主和政策制定者。最终的报告依据过半数同意的标准，确认了批判性思维包括 7 大范畴（每一范畴可能包括一组子技能）：解释（归类、探查间接说服、澄清意义）、分析（审查观念和目的、探查和分析论证）、评估、推论（收集和质疑证据、发展不同选项和假说、推出结论）、表达论证、反省和心理倾向。[②]

1993 年，魏特曼研究所发表了一个报告《与批判性思维家的谈话》，作者埃斯特尔和克勒曼就如何理解批判性思维，如何让大众了解批判性思维的价值和好处，如何改善批判性思维教学等问题，对哲学领域的众多批判性思维学者进行了访谈。作者说：“什么是批判性思维？当你阅读的时候，你会看到，每一个被访谈的人都提供了不同的定义。但是，综合起来

---

① M. Gaie Rubenfeld and Barbara Scheffer, *Critical Thinking Tactics for Nurses: Achieving the IOM Competencies*, Sudbury, MA: Jones & Bartlett Publishers, 2010, pp. 30, 36.

② Elizabeth A. Jones, et al., *National Assessment of College Student Learning: Identifying College Graduates' Essential Skills in Writing, Speech and Listening, and Critical Thinking*, Final Project Report, *National Center on Postsecondary Teaching, Learning, and Assessment*, The Pennsylvania State University, 1995, pp. 124 - 164.

看，这些会话提供了一个丰富、多方面的过程，一旦学会，它就能深化我们对自己和世界的理解，改善我们与朋友和对手的交流，提升我们个体和集体生存的品质。”① 保罗在评论这个访谈时也说，尽管对批判性思维的表述不同，但受访者都有一个共同的核心意义——通过探查人类思维非理性倾向和思维的缺陷，提供克服它们的观念、手段和价值，解决人类思维品质的难题，而这可以通过教育过程加以培养和发展。②

为了支持“剑桥评价”（Cambridge Assessment）实施的批判性思维检测和考试，布莱克（2008）利用专家组的研究讨论，生成了批判性思维的定义和分类系统。这个结果也可以看成是批判性思维的共识。剑桥评价把批判性思维定义为：批判性思维是构成所有理性论诘和探究之基础的分析性思维。它以一丝不苟和严格的方法为特征。作为一个学科（academic discipline），其独特性在于明确地以涉及理性思考的过程为中心。这些过程包括：分析论证，判断信息的相干性和重要性，评估主张、推论、论证和说明，构建清晰和融贯的论证，形成有充分理由的判断和决定。理性思考也要求思想开放、批判地对待自己和他人的思维。与此定义匹配的批判性思维技能或过程由5大类技能及其相关子技能构成。1. 分析：（1）辨识和使用推理的基本专业术语（例如，论证、理由、结论、类比、推论、假设、缺陷。这个技能为大多数批判性思维技能奠定基础）。（2）辨识论证和说明（能区分论证和非论证，论证和说明）。（3）辨识不同类型的推理（辨识所使用的各种类型的理由如常识、统计、条件陈述、科学数据、伦理原则等的论证。更为高级的辨识包括区别论证的不同形式，比如演绎证明、假设性推理、归谬法等）。（4）剖析论证（提取和分离相干与不相干的材料，例如修辞性、背景性材料，确认可能作为论证的组成部分的重要陈述）。（5）归类一个论证的组成部分并确认它的结构（辨识一个论证的各部分如证据、例证、理由及其作用。剖析论证和对组成部分进行归类常常并行，再三反复，它们是单独的子技能）。（6）辨识未陈述的假设（寻找对论证必要但未明白表达的东西，比如事实、信念和原则）。（7）澄清意义（为了正确地推理或判断

---

① John Esterle and Dan Clurman (ed.), *Conversations with Critical Thinkers*, The Whitman Institute, 1993, p. 1.

② ［美］理查德·保罗、琳达·埃尔德：《批判性思维》，乔苒、徐笑春译，新星出版社2006年版，第309页。

推理的正确性而探查、避免和消除歧义。消除语词、短语或观念表达式意义的混淆，这种混淆可能改变论证的力量或效能）。2. 评估：（1）判断相干性（这个过程不只是简单判断相干与不相干。它需要判断一个陈述或证据对一个特殊解释或结论的相干性程度）。（2）判断充分性（决定是否有充分的证据支持一个结论。辨识必要和充分条件的差异）。（3）判断重要性（这需要判断与结论和论证有关的证据的重要性程度）。（4）评价可信性（评价与标准相关的证据来源的可信性，比如专门技术、进一步的证据或冲突、偏见以及那些可能妨碍观察、判断或报告的因素）。（5）评价似真性（与主张相联系，要评价一个主张为真的可能性，即"这种事情是可能要发生的吗?"与说明相联系，要评价给出的说明是正确说明的可能性，例如，通过考虑不同的备择说明来评价这种可能性。这常常可能在评价论证中扮演重要角色）。（6）评价相似性（判断被比较的两个事物是充分相像的，以使得该比较有助于澄清和加强一个论证）。（7）探查推理中的错误（探查推理中的错误包括论证中的缺陷、某些常见谬误、根据语词的、数字的、画面的和图表的等多种来源所包括的信息进行不正确的推论，以及诸如不相干的诉求大众的不正当手法）。（8）评价论证中推理的正确性（就结论如何较好地得到整个论证的支持或证明，做出一个总体判断。这包括考虑任何个别陈述或理由的真或似真性，以及推理的有效性即理由在何种程度上支持结论。评价方法应该适合于所评价的论证的类型，比如演绎证明、因果推理、试图排除合理怀疑的证明、试图基于证据的平衡确立可能性）。（9）考虑进一步的证据对论证的影响（判断何种程度上进一步的证据增强或削弱一个论证。它可能挑战、支持、补充论证，或者与证据、理由或未陈述的假设相冲突）。3. 推论：（1）考虑陈述、论点、原则、假说和推测的含意（这要求关注各论证成分，包括其总结论的宽广含意。这包括检核一个论证中的各个陈述之间的一致性与确证。原则也许是伦理原则）。（2）得出恰当的结论（这涉及确保所得出的结论被证明正当合理）。4. 综合/构建：（1）挑选与论证相关的材料（收集和整理合适和充分的证据;）（2）构建一个融贯和相干的论证或者反论证（使用有关论证结构的知识构建自己的论证）。（3）推进论证（扩展一个已有的论证，构建改进论证的新推理路线）。（4）形成有充分理由的判断（在确实性只得到不充分证据的情境中，达成认真考虑过的、更准确的判断。这涉及应用所有相关的批判性思维技能)。(5) 回应两难 (此技能应用于这样的情境:为了对一个难题做出回应,必须采取某行动,但任何所采取的行动都将有一个不合意的后果。它包括辨识竞争的行动路线的后果以及努力在它们之间做出判断)。(6) 做出和证明理性决策 (一旦应用相关的批判性思维技能得出一个结论,就决定最佳行动路线)。5. 自我反省和自我校正:(1) 质疑自己的先入之见 (获得审查和评估自己先入之见的意识,并为消除它们做好准备)。(2) 认真而持续地评估自己的推理 (为了使自己的推理更为正确,将上述所及全部应用到自己身上)。①

最近,澳大利亚学者的一个小样本在线调查也表明,本科生和教育学学者清楚地表达了批判性思维概念的一致定义和理解,它们也与文献中现有的定义 (三个特性:思想或心理状态;技术或过程;有批判能力或将批判性思维应用于学习) 相一致。②

第四种是基线方法。哈尔通过考察西方理智发展史和当今批判性思维主流学者的观点,发现批判性思维实质定义的各种表述有很强的相似性,进而概括出批判性思维实质定义的三个内在相关的过程或共同要素:辨识妨害人们发展批判地和公正地思考能力的普遍障碍;发展理智的心理倾向;基于理智标准明确表达有充分理由的判断。由这三个基本要素构成的实质定义,被称为批判性思维的“基线定义”。从苏格拉底开始的整个历史中,理论家关心人类思维的阴暗面,赞同理智规训对高质量思维的重要性。批判性思维运动是那些关心改善人们思维质量之必要性的悠久传统的一个新近阶段。苏格拉底、培根、纽曼和杜威这样的知识分子,是这个传统的重要榜样。阻碍批判地思考的障碍依然与自我中心、社群中心、思想封闭和僵化思维紧密联系。学生面临许多社会的、经济的、政治的和制度的障碍。刻意培养批判性思维倾向是自由教育理念的工作,为了培养积极的倾向,人们必须认识到这些倾向的重大价值,并在日常生活的选择和决

① Beth Black, “Critical Thinking - A Definition and Taxonomy for Cambridge Assessment: Supporting Validity Arguments about Critical Thinking Assessments Administered by Cambridge Assessment”, *34th International Association of Educational Assessment Annual Conference*, Cambridge: 2008, pp. 7, 9 - 10.

② Margaret Lloyd and Nan Bahr, “Thinking Critically about Critical Thinking in Higher Education”, *International Journal for the Scholarship of Teaching and Learning*, Vol. 4, No. 2 (2010), Article 9 (http: //digitalcommons. georgiasouthern. edu/ij-sotl/vol4/iss2/9).

定中，系统地辨识和应用它们。可见，批判性思维者是认识到改善其思考一般质量的人。按照确证的理由进行判断的功能和过程，与按照诸多重要的标准分析和评估论证、难题、疑问和议题相联系，与重要的倾向（如理智自主）相联系。人们坚定地同意，作为一个批判地思维的过程，清晰表达理由充分的判断是自由教育的一个基本目标。无论具体的学科视角如何，大多数批判性思维学者都同意这个基线定义。这个批判性思维概念是以基本的和共享的概念与原则为基础的批判性思维的统一概念。这样解释的批判性思维概念表明，更好的思维对所有人（并不只是对精英）都是可能的。①

第五种方法是家族相似方法。与寻求各种批判性思维概念的共同本质不同，墨尔本大学的学者从维特根斯坦的"家族相似"概念得到启发，另辟蹊径来解决批判性思维概念的共识问题。在许多一般词项之下的词项就像一个家族，其不同成员以不同的方式彼此相像，形成一整套交叉重叠的相似性。这些关系和相似性就是所谓的家族相似。②维特根斯坦的家族相似概念不仅提供了一种抓住批判性思维多面孔性质的方法，也提供了一种调停概念冲突，舒缓竞争定义所产生的紧张状态的手段。通过把握对批判性思维概念必要的基本相似性（家族相似），可以提供一种共同纲领。卡迪尔强调与目标和语境相联系的批判性思维的多形态、多形式的表现所显示的家族相似。在他看来，有些学者的警告——没有一致同意的批判性思维定义意味着教育者和研究者将要面对不能确定批判性思维教学和测量的效力，有些言过其实了。一般来说，缺乏一个共同的定义并非真的是批判性思维应用的障碍。比如，在教学和批判性思维效力的测量中，应该占支配地位的问题是"我为何目标而教?"和"我为何目标而测量?"（这两个目标自然是一致的），如果批判性思维的目标是教学生就论证的弱点与正确性来分析论证，那么，这个能力的测量就能以保罗的理智标准的术语为基础；假如批判性思维的目标是要发展学生的思维倾向，那么测量就可

① Enoch Stephen Hale, *Project Demonstrating Excellence: A Critical Analysis of Richard Paul's Substantive Trans-disciplinary Conception of Critical Thinking*, Dissertation, Union Institute & University, 2008, pp. 62 – 93.

② ［英］尼古拉斯·布宁、余纪元编著：《西方哲学英汉对照辞典》，人民出版社2001年版，第367页。

用相关的批判性思维倾向量表。因此，构思一个批判性思维定义而不首先考虑其语境和目标是无意义的，也达不到预期目的。新加坡和澳大利亚维多利亚教育系统相关的批判性思维目标说明，一方面批判性思维概念不尽相同，另一方面在这些定义中有家族相似，这使得它们的指称和实践依然是有意义的和建设性的。批判性思维的定义依赖其语境和目标。但是，这并不意味着某一批判性思维概念与其他概念根本不同。批判性思维像民主一样，有诸多的表现，它们之间存在部分相似和交叉相似。卡迪尔举例说，假如当前的语境是报纸社论的分析，目的是论证分析，那么我就不理解，为什么在这种情况下的批判性思维不能被合适地看作是论证的发展和评估；如果当前的语境是研究一个现实生活问题，我的目标是找到一个可行的解决方法，那么，我并没有在这个实例中看到，从解决问题的角度定义批判性思维或提出"聚焦于信什么和做什么的合理的反省的思维"这样的定义，有什么矛盾之处。这些定义并不直接互相矛盾。相反，不同的批判性思维概念共享一种家族相似。因此，批判性思维不应也不能被一个排除所有其余概念的独家概念所束缚。就如我们的"数"和"游戏"这些词项的用法，并不阻止我们有意义地使用它们一样。教育情境中也是一样，在没有一个单一的、精确的批判性思维定义的情况下，我们也能有意义地使用它。有学者也曾论证，围绕"政治保守""经济指标""通识教育"或"博雅教育"等的歧义和定义分歧，并没有阻止人们在具体语境中有意义地使用它们。同样，批判性思维也不能被特殊概念所限制，因为其应用远为广泛，它是"多形态的或多形式的事业"。其实，严格地定义批判性思维会弱化其能力和适用性。如果我们通过严格、褊狭的定义而否认批判性思维的多方面性质，那么我们就要冒损害批判性思维多方面性质和其广泛应用的风险。从更为实际的应用方面来看，教育系统试图培养思维者的理由正是他们的批判性思维能力能够被应用于未来的工作场所。在商业环境、科学和研究、制造、设计、艺术和政治这些领域，批判性思维的显现或表现是不同的。事实上，正是每一领域的目标和语境，精确地定义了批判性思维的性质。比如在科学中，批判性思维表现为支持发现的科学方法的分析和审查之严格性的确立；在制造中，为了一个更好产品或其组装的问题解决，也许是批判性思维的核心；而在艺术中，批判性思维可能表现为艺术家做出的审美选择；在政治中，批判性思维也许不仅包括对敌手论证的分析，也包括关于议题的问题解决，可能的政治决策等的成本效益分析。因此，认为所有这些领域中都有批判性思维的体现并非不合情理，批判性思维的一个或多个方面比其余的更发挥突出的作用。但是，这些表现并不能被一个特殊的定义恰当地把握，因为一个独家的定义不能在语义上公正地表达所有这些表现。因此，根据各种批判性思维的表现，建议在学校语境中，能够且应该依据学科领域，以稍许不同的方式和不同的重点来应用批判性思维。比如，在科学中，学生可能学会发展自己在客观研究中的严格性和标准意识；在语言和艺术中，学生可能被训练评价和写作论辩性和创造性语段等。正是通过揭示不同领域的批判性思维的多形态和多方面的性质，学习者能够更为整体地发展他们的批判性思维能力。[①]

此外，学者们还在具体讨论语境中约定批判性思维的工作定义。如2004年7月12—15日在加拿大举行的第24届批判性思维国际讨论会就规定了一个批判性思维的工作定义：简言之，就是通过一定的标准评价思维，进而改善思维。批判性思维是积极地、熟练地读解、应用、分析、综合、评估支配信念和行为的那些信息的过程。这些信息通过观察、实验、反省、推理、交流来收集或产生。在其典范形式里，批判性思维以超越主题内容的普遍理智价值为基础：清晰性、准确性、精确性、一致性、相关性、可靠证据、好理由、深度、广度和公正。

批判性思维定义的共性还可以从各种批判性思维概念的展开元素来考察。如果深入到某一批判性思维概念蕴含的技能和倾向的子集，我们就不难发现，批判性思维的子技能和倾向具有高度的重叠性。我们认为，闻名全球的批判性思维专家罗伯特·恩尼斯，数十年来（1962年，1964年，1980年，1981年，1985年，1987年，1991年，1993年，1996年，2002年，2011年）根据众多批判性思维学者的评论和教学应用的反馈而逐步完善的批判性思维能力和倾向的分类系统，囊括了批判性思维概念的各种表述中所包含的技能和倾向。不久前（2011年5月），恩尼斯对自己的批判性思维的元素构成进行了最新的改进，批判性思维倾向有3大类13个子类，能力包括6大类，15个子类。在决定信什么或做什么的过程中，

① M. Akshir Ab Kadir, "Critical Thinking: A Family Resemblance in Conceptions", *Journal of Education and Human Development*, Vol. 1, No. 2 (2007).

人们可以通过使用这些批判性思维倾向和能力而获得帮助，而且这一倾向和能力系统可用作批判性思维课程及其评价的全面的目标集。恩尼斯本人认为，他所提出的与这一系统相应的批判性思维定义抓住了批判性思维运动中使用该术语方式的核心。[①] 科学哲学家菲欧切诺通过研究科学中批判性思维的一个典型实例——哥白尼革命，揭示出批判性思维包括三个元素：批判、推理和判断。[②]

索伯坎和克罗尔克在论述批判性思维评价问题时表达了对批判性思维定义问题的中肯意见。他们认为，在某种意义上，定义问题及其引起的辩论，可以丰富对批判性思维本质和教学的理解。人们不应期望批判性思维的某一精准定义的完全一致的意见。完全同意并不是更好理解和评价批判性思维及其教学的先决条件。不过，人人都同意批判性思维包括某些核心能力和实践——评估证据、承认和公正对待对立观点、问关键问题、自我反省的能力。在人们共享一个共同的批判性思维概念的同时，他们也可以用理论上不同的方式来说明它。[③] 我们认为，批判性思维最为突出的特性是，怀疑或质疑某种观念或做事方式，特别是它们背后的假设，运用合适的标准或规范做出有充分理由的判断。而由于不同领域评估的标准有差异，因此允许多样化的批判性思维概念。这种多样化不仅显示了不同领域或视角的特点，而且有助于理解批判性思维的丰富性。那种因没有达成完全一致的定义而断言批判性思维概念是混乱的看法，只是看到了表面现象仓促得出的结论。事实上，很多学科中的核心概念都存在类似情况，关于“逻辑”“社区”“恐怖主义”等概念的定义不也是众说纷纭吗？这些都不妨碍人们对逻辑和社区的研究，也不能阻止全球反恐的合作。这是因为，分歧的理解总可以找到共同的核心因素，可以发现它们之间的“家族相似”。

---

① Robert H. Ennis, "*The Nature of Critical Thinking*: *An Outline of Critical Thinking Dispositions* and Abilities", (http://faculty.ed.uiuc.edu/rhennis/documents/TheNatureofCriticalThinking_51711_000.pdf 2011-08-28).

② Maurice A. Finocchiaro, *Arguments about Arguments*: *Systematic*, *Critical*, *and Historical Essays in Logical Theory*, New York: Cambridge University Press, 2005, p. 429.

③ Jan Sobocan and Leo Groarke, "Introduction", Jan Sobocan and Leo Groarke (eds.), *Critical Thinking Education and Assessment*: *Can Higher Order Thinking be Tested*? London: Althouse Press, 2009, pp. 1-12.

第三章

批判性思维与教育使命

经合组织 2005 年的一个报告指出，技术在急速而持续地变化，社会变得更为多样化，全球化正在生成相互依存的新形式，一些复杂问题的解决超出了个别地区或国家力所能及的范围，人们需要用一些关键能力武装起来，才能适应以变化、复杂性和相互依赖为特征的世界。报告认为，反省（reflectiveness）是关键能力的核心。反省地思维需要相对复杂的心理过程，要求思维过程的主体变成它的对象，因而反省意味着元认知技能的使用（关于思维的思维）、创造性能力和采取一种批判的姿态。这要求个体达到这样一个社会成熟的水平：允许他们远离社会压力，采取不同视角，做出独立判断，对他们的行动承担责任。[①]《经济学人》的文章也认为，经济的本质正在发生变化。它在给智力技能、分析技能、创造性技能这些短缺供应赋予越来越高的价格。[②] 正是这些 21 世纪所需要的能力，提出了对教育特别是高等教育的新要求。

第一节　21 世纪的基本特征与批判性思维

当代社会的特征可以用 3 个关键词来描述：信息社会、全球化和可持续发展。这些特征都和批判性思维有密切联系。

信息技术越来越成为人类各种活动的基础，特别对经济的发展和知识的获得具有关键性作用。在信息和交流技术（Information and Communica-

---

① *The Definition and Selection of Key Competencies*: *Executive Summary*, Paris: OECD, 2005, pp. 7 – 9.

② "The Battle for Brainpower", *The Economist*, October 5, 2006 (http: //www. economist. com/node/7961894).

tion Technology，ICT）教育中，培养和运用批判性思维技能是一个基本要求。联合国教科文组织发布的《教育中的ICT：学校的课程和教师发展规划》（2002）在论述信息与交流技术时指出，技术发展导致工作和组织的变化，因此所需要的能力也在变化。在所列出的需要获得的与信息和交流技术相联系的7个重要技能中，批判性思维居第一位。在“决定学校执行ICT进步阶段的指标”中指出，批判性思维和有见识的决策等是以学习者为中心的合作性学习导致的变化之一。在“学习和教学法的哲学”部分强调，全体学习者在其学习的所有方面，重点集中于批判性思维技能和有充分根据的决策。在信息社会中，伴随因特网日益普遍的使用，学生对万维网的潜力有一种清晰而批判性的理解是必要的。[①]《当代ICT教师标准政策框架》和《当代ICT教师标准模块》（2008）也指出，课程体系超出了对学校教学科目知识的强调，而明确包括创造新知识所需要的21世纪技能，诸如问题解决、交流、合作、实验、批判性思维和创造性表达，它们成为教师自己的课程目标，也是新评价方法的对象。那些具有知识创造方法的教师所显示的能力将能够设计基于ICT的学习资源和环境；运用ICT支持学生知识创造的发展和批判性思维技能……[②]

美国图书馆学会关于信息素养（Information Literacy）的研究报告指出，信息素养是文化素养、批判性思维发展与学校调整之努力的不可分割的一部分。一种基于可利用信息资源的学习过程将使学生参与这样的过程：知道他们何时需要信息；辨识处理某一给定问题或议题所需的信息；找到所需信息并评估这些信息；组织信息；有效地使用信息处理手头的问题或议题。这样一个学习过程的重建将提高学生的批判性思维技能。该报告在建议部分指出，要成为有信息素养的人，就必须能够分辨何时需要信息，具有定位、评估和有效使用所需信息的能力。[③]学院与研究图书馆协会制定的《高等教育信息素养能力标准》（2000）提出，有信息素养的人

---

① Division of Higher Education, *Information and Communication Technology in Education: A Curriculum for Schools and Programme of Teacher Development*, Paris: UNESCO, 2002, pp. 9, 29, 33-35.

② *ICT Competency Standards for Teachers: Policy Framework*, Paris: UNESCO, 2008, p. 11; *ICT Competency Standards for Teachers: Competency Standards Modules*, Paris: UNESCO, 2008, pp. 8-9.

③ American Library Association, *Presidential Committee on Information Literacy*, Final Report, Chicago: American Library Association, 1989.

能够决定所需信息的范围；有力而高效地获取所需信息；批判地评估信息及其来源；将所选好的信息融进自己的知识库；有效使用信息实现特定目的；理解围绕信息使用的经济、法律和社会的议题，并合乎伦理和合法地获取和使用信息。报告认为，除了计算机素养之外，“通晓技术”（fluency with technology）强调理解技术概念的基础并把问题解决与批判性思维应用于技术使用之中。信息素养一方面是理解、发现、评估和使用信息的智力架构，这些活动可以部分地依靠通晓信息技术来完成，部分凭借可靠的研究方法，更重要的是通过批判性辨别和推理来完成。通过确保个人具有推理和批判性思维的理智能力，通过帮助他们构建学会如何学习的架构，学院和大学为他们整个职业生涯以及他们作为见多识广的公民和共同体成员之角色的持续成长提供基础。信息素养课程创造以学生为中心的学习环境，问题解决成为焦点，批判地思考也是该过程的一部分。获得信息素养技能大大增加学生自主学习的机会，他们开始使用多种多样的信息来源扩展自己的知识，提出有见识的问题，磨砺他们的批判性思维。该标准的第三条建议，“有信息素养的学生批判地评估信息及其来源，将选好的信息融进自己的知识库和价值系统之中”。其中的目标包括：清楚地表达和应用基本标准评估信息及其来源；审查和比较不同来源的信息以便评估可靠性、有效性、准确性、权威性、时效性以及视角或偏见；分析支持性论证或方法的结构和逻辑；识别先入之见、欺骗或操控；辨识生成信息的文化的、物质的或其他语境，理解语境对解释信息的影响；比较新知识与先前的知识以决定信息的附加价值、矛盾或其他特质；决定信息是否满足研究或其他信息需求；自觉应用选定的标准决定信息是否与其他来源所用的信息相矛盾或相互验证；基于收集的信息得出结论；用适合学科的技术（比如模拟、实验）检验理论；通过质疑数据资料来源、信息收集工具或策略的局限确定可能的精确度和结论的合理性（reasonableness）；选择给主题提供证据的信息；等等。①

夏皮罗（Jeremy Shapiro）和休斯（Shelley Hughes）1996 年把信息素养定义为：一种从知道如何使用计算机并获取信息延伸到批判地反省信息

---

① *Information Literacy Competency Standards for Higher Education*, Chicago, IL: The Association of College and Research Libraries, 2000, pp. 2 – 5, 11 – 12.

自身的本质、它的技术基础构造以及它的社会的、文化的、哲学的语境和受影响的博雅教育（liberal arts）。地球科学家舒尔茨指出，批判性思维和一种健康的怀疑论是信息素养的必要元素。他对未来的地球科学家的忠告是：学会批判地思考，保持健康的怀疑论，熟悉信誉好的信息源。①

对美国这样的发达国家来说，十有八九快速成长的公司要求雇员不仅要懂得如何获得数字信息，而且要能够分析、评估和应用它们来解决日常问题。人们认为，那些缺乏 ICT 能力的员工效率较低，而一个不能补充、训练和拥有数字化能力的人力资源的公司，几乎没有什么竞争力。思递波公司（Certiport）总裁兼 CEO 凯利（Ray Kelly）说，那些不仅懂得如何获取数字信息而且也能分析、评估和应用他们发现的东西去解决日常问题的个人，是 21 世纪经济的命脉。② 为响应雇主日益增长的对具有数字化能力雇员的需要，著名的教育考试服务机构 ETS 和全球考试认证服务机构思递波共同开发了一个新认证系统（*iCritical Thinking*™ certification program），用来测试 ICT 能力，即测量搜寻、批判地评估和交流数字信息以解决实际工作问题的能力。对于人力资源主管来说，该认证程序提供求职者基于 ICT 的批判性思维技能的评估；而对于公司培训师和生产线管理者，该认证提供一个雇员在使用数字技术时应用批判性思维和问题解决技能的客观评价和证明。

经济和科学技术的全球化，使地球上的所有人，无论是作为消费者、工作者，还是投资者，都成为复杂世界网络的一分子；人类面临的一些重大问题如气候、污染、核利用、债务和金融危机、恐怖主义等，都不能在国家水平上加以解决，需要通过国际甚至洲际合作才可能解决。正是基于这种认识，从 20 世纪 80 年代开始，美国等国开始倡导“全球教育”（global education），纽约、俄勒冈和加利福尼亚等州实施了相应的计划，旨在让学生准备好在一个与其父辈生存于其中的世界极为不同的世界中生活。这种渗透于各科教学的全球教育与批判性思维密切相关。因为学生不发展批判性思维技能，就不能获得全球视角；而没有全球视角，学生也不会被认为是批判性思维者。批

① Rich B. Schultz, “Critical Thinking Skills and Information Literacy: Tools Future Geoscientists Must Possess”, *The Professional Geologist*, Vol. 45, No. 2 (2008), pp. 43 - 44.

② https: //www. certiport. com/Portal/desktopdefault. aspx? page = Common/PageLibrary/release_073109. htm.

判性思维的视角和方法为学生提供了重要帮助，主要是因为它系统地激励学生关心自己的世界观和背景信念。美国学者意识到，首先要克服学生中存在的猖獗的文化自恋主义，它表现为相当比例的学生只看他们国家的行动和问题。他们的态度似乎是：让其他国家向我们学习。全球教育强调多元世界观，挑战狭隘的国家视角。学生需要养成抵抗他们的政府、政治家或利益集团所做的国家主义宣传和操弄的心智习惯，因而批判性思维的视角和策略应成为全球教育的基础，这在国际冲突（无论是武力的还是经济的）时代尤其必要；借助批判性思维来辨别被过滤的关于世界的信息，辨别在教科书或大众媒体上按照国家意识形态处理过的信息，这样的过程也是绝对必需的。那些不能辨识公共媒体上的徒有其表的证据或弱论证的学生，那些看 CNN 就相信的学生，几乎没有机会从他们的自我热衷的囚笼中挣脱出来。学者呼吁，需要从天字第一号和国家主义的教育范式转变为强调全球相互依赖的范式。教授批判性思维会导向这个方向。因此，在所有方式和所有层次的课程中，要教学生明白世界在经济、生态、政治和文化上的相互联结。全球教育运动中所达到的共识是，一种全球方法应该集中于帮助学生逐步将世界构想为一个全球系统，并将他们自己视为这个系统的参与者。不过，在此之前，学校必须给学生提供获得理解全球问题所需背景信息的机会，帮助他们发展一种促进承认不同于他们自己的想法、信念、价值和习惯的文化系统，这正是批判性思维发挥影响之处。①

可持续发展日益成为全球议题。联合国提出可持续发展教育议程和相应的实施计划，要求世界各国政府在 2005 年至 2014 年这 10 年中，将可持续发展教育融入本国各个相关层次的教育战略和行动计划。教科文组织执行委员会在 2003 年 4 月举行的第 166 次会议上，批准了可持续发展十年教育议案。之后，2005 年的《联合国可持续发展教育十年：国际实施方案》论述支持可持续发展教育的 4 个推力时指出，简单地增加基本读写能力（就如目前很多国家的教学），并不能推进可持续社会。假如社区和国家希望朝着可持续的目标迈进，那么，他们就必须关注激励和支持公

① William A. Dorman, "The Not so Odd Couple: Critical Thinking and Global Education", *The Annual International Conference for Critical Thinking and Moral Critique*, Rohnert Park, C. A.: CD-ROM, ERIC, ED371980, August 1992.

共参与和公众决策的知识、技能、价值和视角。要实现这一点，基础教育必须适应可持续性，并把批判性思维技能、组织与解释数据和信息的技能以及确切阐述问题的技能包括进来。基础教育还必须包括分析社会所面临的问题的能力，应该能使个体选择那种并不损害自然资源基础或侵犯其邻人的社会公平和正义的生活方式。……以包括批判性思维技能和理性决策为重点的更为广泛的教育工具，对于建立公民透彻思考社区和国家所面临的更为复杂的可持续问题的能力，是必不可少的。[①]

尤其在联合国欧洲经济委员会大量有关文件中，一贯重视批判性思维在推进可持续发展教育中的地位。《联合国欧洲经济委员会环境部长关于可持续发展教育的初步陈述》（2003，序言）承认一些关键原则的重要性，其中第 2 条原则是：所有层次的学习者应该被激励使用批判性思维，作为可持续发展具体行动的一个先决条件。在论及“可持续发展教育对策的基本要素”时指出，由于可持续发展三个向度之间的相互关系，可持续发展教育要求一种指向更为综合的、过程取向的和动态的模式，它强调批判性思维、社会学习和民主过程的重要性（第 21 款）；贯穿于各学科方法发展之中的自然科学和社会科学之间的相互关系应该予以加强。也要求一种指向更为综合的过程取向的和动态的、强调批判性思维、社会学习和供人分享的过程之重要性的教育文化（第 23 款）；在可持续发展教育的语境之内，环境问题与社会和经济维度密切联系，因此，可持续发展教育必须增强目标团体在开放对话中工作的自主权，来辨识和解决我们社会中的各集团之间的利益冲突。因此，有必要激励学习者为发展他们未来的可持续发展的愿景而使用批判性思维（第 24 款）。在“途径”部分，该报告还专门以“批判性思维”为小标题加以论述。其中采用了适用于学习过程的批判性思维概念（个体如何自觉地在他们业已存在的价值、兴趣和知识的范围之内，将信息整合进他们自己的理解之中）。尤其对于各种文化、经济、生态、政治和社会议题方面的学习者和教师而言，重要的是，这种批判性思维强调采取思想开放的路向的意愿。批判性思维能导向社会—文化和理智的灵活性，这种灵活可以这样来理解：人的能力和所

---

① UNESCO Education Sector, *United Nations Decade of Education for Sustainable Development* (2005 - 2014): *International Implementation Scheme*, Paris: UNESCO, 2005, p. 29.

有信息，原则上都是相对于时空的。在论述“基于问题的学习”时再次指出，来自现实世界的难题或案例被用作诱发学生学习过程的手段，即在获取预定内容的同时发展可迁移的人际技能、批判性思维等个人能力。①《联合国欧洲经济委员会可持续发展教育对策草案》（2004）之“基石：可持续发展教育的原则与方法”重申了前述意见（第 2 条原则和第 24、21 款）。② 7 月 15—16 日相同主题的罗马会议所形成草案中的“途径和方法”，再次重申了前述批判性思维和基于问题的学习的专门论述，而且在“把环境教育和可持续发展教育联系起来”的题目之下（第 41 款），指出在早期的环境教育和可持续发展教育中，科学事实的传播是最常用的方法，该方法后来得到进一步发展，而且与可持续发展教育的冲突取向的视角相结合，以社会整体为基础，意味着以民主过程为中心。因而一个重要的途径是学生讨论，其中不同的看法得以亮相和辩论，目的是要确保学生积极地和批判地评估备择选项，并发展基于知识和相关伦理争议形成论证的技能。③ 在配套的《可持续发展教育指标》（2006）和《可持续发展教育报告格式模板草案》中，报告模板由 6 个问题组成，对应包括 6 个指标及其亚指标（总计 18 个），其中与亚指标 2. 1. 1“在各个层次学习计划/课程中明确地处理可持续发展的关键主题”相应的“学习结果表格”中，要求报告每个层次的教育提高学习者以下能力的程度（期望的结果）：提出分析的问题/批判性思维；理解复杂性/系统思维；克服障碍/问题解决；管理变化/问题解决；创造性思维/以未来为取向的思维；理解跨学科的相互关系/整体方法。④ 可持续发展对高等教育本身也是至关重要的，它为

① The Committee on Environmental Policy of the United Nations Economic Commission for Europe, *Draft Statement on Education for Sustainable Development by The UNECE Ministers of The Environment. Fifth Ministeral Conference Environment for Europe*, Kiev, Ukraine: UNECE, 2003, pp. 8, 15, 17.

② The Committee on Environmental Policy of the United Nations Economic Commission for Europe, *Draft UNECE* Strategy for Education for *Sustainable Development. First Regional Meeting on Education for Sustainable Development*, Geneva: UNECE, 2004, pp. 3 – 4.

③ The Committee on Environmental Policy of the United Nations Economic Commission for Europe, *Draft UNECE* Strategy for Education for *Sustainable Development. Second Regional Meeting on Education for Sustainable Development*, Rome: UNECE, 2004, pp. 4, 7.

④ The Committee on Environmental Policy of the United Nations Economic Commission for Europe, *Indicators for Education for Sustainable Development. UNECE Steering Committee on Education for Sustainable Development Second Meeting*, Geneva: UNECE, 2006, p. 6. *Addendum*: Reporting format, p. 15.

反思高等院校的使命提供了一个机遇，也是一个提高学习过程质量的时机。将可持续性与批判性思维联系起来表明，可持续性要求集中于能力和高阶思维技能，总体原则的评价，要求对一个人自己教学的批判性反思。[①]

由此看出，适应信息社会、全球化和可持续发展的各层次教育（尤其高等教育）都和批判性思维有密切联系，因此，批判性思维在21世纪比以往有更为突出的意义。

第二节 21世纪技能中的批判性思维

以信息社会、全球化和可持续发展为特征的21世纪需要什么样的劳动者？大学本科毕业生应该具有怎样的素质？这些重大问题引出了适应21世纪挑战所必需的技能的讨论。我们看到，无论是21世纪的生活技能，[②] 还是一般从业技能，都包括了批判性思维技能。

联合国教科文组织定义的生活技能是：人们为能够生存，发展其全部才能并改善他们的生活品质而必需的基本学习工具和基本学习内容（1990）；或者，通过四大学习支柱（学会认知、学会做事、学会与他人共处和一起生活、学会生存）所获得的知识、价值、态度和技能（2000）。具体包括基础技能（读写、计算、ICT等）、心理—社会技能（交流、问题解决、批判性思维、反省和个人与人际技能）、实践/实用技能（操作和职业技能、健康、公民、宗教技能）。各种生活技能计划的重点在于促进交流、协商、批判地思维和解决问题以及做出独立决定的能力。世界卫生组织（WHO）把生活技能定义为：生活技能是能使个体有效对付日常生活的需要与挑战的积极的行为之能力。特别是帮助人们做出基于对情况了解的决策、解决问题、批判地思维和创造性地有效交流，与他人建立健康的关系和移情，以一种健康和富有成效的方式管理他们生活的心理能力和人际关

---

① Arjen E. J Wals and Bob Jickling, "'Sustainability' in Higher Education: From Doublethink and Newspeak to Critical Thinking and Meaningful Learning", *International Journal of Sustainability in Higher Education*, Vol. 3, No. 3 (2002), pp. 221 – 232.

② 生活技能（Life skills）最早在20世纪60年代晚期就由临床领域的心理学家定义为对个人发展重要的心理—社会能力。

系技能。生活技能有三大组成部分：（1）批判性思维技能/决策技能：决策/问题解决技能——信息搜集技能；评估当下行为对自己和他人的未来后果；决定解决问题的备择方法；分析自己的和激励他人的价值和态度之影响的技能。批判性思维技能——分析同辈和媒体的影响；分析影响他们的态度、价值、社会规范、信念和因素；辨识相关信息和信息来源。（2）人际交流技能：言语与非言语交流——主动倾听；表达情感，（无责怪地）给予反馈和接受反馈。谈判/拒绝技能——谈判和冲突管理；让别人服从自己的技能（assertiveness skills）；拒绝的技能。移情建立——倾听、理解他人的需要和环境并表达那种理解的能力；合作和团队工作——表达对他人贡献和不同风格的尊敬；评价自己的能力和对集体的贡献。辩护技能——影响的技能和说服；网络和激励技能。（3）应对和自主管理技能：对承担控制、负责任、发挥影响力或引起变化的渐增的个人自信和能力——建立自尊/自信；生成自我意识的技能，包括权利、影响、价值、态度、长处和弱点的意识；确立目标；自我评估/自我评价/自我监控技能。管理情感的技能——管控怒气；处理悲伤和焦虑；对付损失、侮辱和心灵创伤。管理压力的技能——时间管理；积极思考；放松技巧。①

联合国儿童基金会倡议各国推行“以生活技能为基础的教育”（life skills-based education）。生活技能指的是一组心理—社会与人际关系技能，它们能帮助人们做出基于对情况了解的决策、有效地交流，发展应对和自主管理技能，这些也许能帮助他们过上一种健康而丰富的生活。应该承认，不存在不可更改的生活技能一览表。不同技能的选择将随论题和当地情况而变化（例如，决策可能在艾滋病病毒/艾滋病预防中是重点，而冲突管理也许在和平教育计划中更为突出）。但是，尽管人们提议的生活技能的类别列举互不相同，但许多技能同时被付诸实践。比如，决策常常包括批判性思维（“我的选择是什么?”）和价值澄清（“什么对我是重要的?”）。最终，技能之间的相互作用生成有力的行为结果，尤其在这个方法得到其他策略如媒体、政策和公共医疗卫生服务支持的情况下。② 联合国儿童基金会列

---

① *Skills for Health. Skills-based Health Education Including Life Skills*: *An Important Component of a Child-Friendly/Health-Promoting School*, Geneva: The World Health Organization, 2003, p. 9.

② UNICEF, “Definition of Terms”, (http: //www. unicef. org/lifeskills/index_ 7308. html 2014 - 03 - 20).

举的生活技能与世界卫生组织的列举相似，在子技能归类上可能稍不同。三大技能之一也是“决策和批判性思维技能”。2005 年，经合组织提出了用三大范畴刻画的 21 世纪技能的概念。批判性思维的一些要素被分散到一般范畴的子集中，比如能力范畴 1 “互动地使用工具” 之 B（批判地反思信息的本质——它的技术基础、社会的、文化的甚至意识形态的语境和影响。信息能力是理解选项、形成意见、做出决定和完成有见识的和负责任的行动的基础）。能力范畴 2 “在多样化的集体中互动” 之 A（与他人融洽相处——转换角色，从他人视角、处境思考，自我反省；有效的情感管理），B（合作，在团队中工作——表达看法和倾听他人看法；理解辩论动态并遵照议程；构建稳定和可持续的同盟关系；谈判；做出允许有不同意见的决定），C（管理和解决冲突——分析关键议题和利益、冲突的起源、各方的推理、承认存在各种可能的立场；辨识一致与分歧；重新认识问题；确定优先需求和目标，确定愿意放弃的东西及其放弃的条件）。能力范畴 3 “自主地行动” 之 A（在大情势之内行动——理解模式；理解自己所在的那个系统的结构、文化、实践、正式的和非正式的规则，以及对自己在其中的角色的期望；辨识自己行动的直接和间接的后果；按照对个人的与共同的规范和目标的可能后果的反思，在不同行动路线之间做出选择），C［辩护和肯定权利、利益、限制和需要——了解自己的利益（如在选举中）；懂得一个案例所基于的书面规则和原则；为使需求和权利得到承认而构建论证；建议安排或替代解决方法］等。①

其他组织或机构也研究了 21 世纪所需要的技能。各种有影响的 21 世纪技能框架几乎都包括批判性思维元素。有学者指出，美国 21 世纪经济的健康，直接取决于美国人以何种广度和深度达到 21 世纪能力的新水平，它包括强有力的学术技能、思维、推理、团队工作技能和熟练使用技术。2003 年，Metiri 集团和美国北方中心教育实验室（The North Central Regional Educational Laboratory）提出了一个 21 世纪技能框架，批判性思维（高阶思维）被归到创新思维之下：数字时代的能力——基本的科学、经济和技术能力，视觉和信息能力，多元文化能力和全球意识；创新思

① *The Definition and Selection of Key Competencies: Executive Summary*, Paris: OECD, 2005, pp. 10 – 16.

维——适应性、管理复杂性和自主定向，好奇心、创造性和勇于冒险，高阶思维和正确推理；有效交流——协同作业、合作和人际技能，个人、社会和公民责任，互动交流；高生产性——优化、计划和绩效管理；现实世界工具的有效使用；生产适切的、高质量产品的能力。美国“21世纪技能伙伴计划”试图通过将批判性思维和问题解决、交流、合作、创造性和革新等融入诸如英语、阅读或语言艺术、世界语言、艺术、数学、经济学、科学、地理、历史、政府和公民等核心学术科目的教学中，为帮助美国教育系统保持高水准提供工具和资源。在核心知识教学语境之内，学生还必须学会在当今世界获得成功的基本技能，如批判性思维、问题解决、交流和合作能力。同时，也推进在更高的水平上（代表21世纪跨学科的主题）理解核心科目中的学术内容，包括全球意识、金融、经济、商业和企业家能力、公民能力、健康能力与环境能力。① 2007年，美国学院与大学联合会也提出了一个高等教育毕业生应该获得的21世纪技能的框架，包括4部分：人类文化与身体和自然世界的知识；理智的和实践的技能（探究和分析、批判性和创造性思维、书面和口头交流、量化能力、信息能力、团队工作和问题解决）；个人和社会责任；整体性学习。工商界也承认批判性思维是基本职业技能之一。格林指出，伟大的领导者从战略上思考，他们需要5种不同的思维类型。懂得何时运用某一类思维、用多少，是伟大领导者的标志。这5类思维是：批判性思维、执行思维、概念思维、创新思维、直觉思维。② 职业网络“超越”的CEO米尔格拉姆（Rich Milgram）说，我并不知道有多少老板在旁听对申请人的“批判性思维”或“积极聆听”的面试考察，但他们绝对在寻找那些品质。在引证了一些职场网站CEO的论述之后，美国财经杂志《福布斯》女编辑梅

① 可参见“P21 Framework Definitions”，（http：//www.p21.org/index.php）。2002年启动的21世纪技能伙伴计划（The Partnership for 21st Century Skills）是一个全国性组织，倡导让学生为21世纪做好准备。发起州包括亚利桑那、伊利诺伊、爱荷华、堪萨斯、路易斯安那、缅因、马萨诸塞、新泽西、北卡罗来纳、俄亥俄、南达科他、威斯康星和西弗吉尼亚。组织成员有Adobe Systems，Inc.，Cisco Systems，Inc.，Apple，Hewlett Packard，Intel Corporation，Lenovo，Microsoft Corporation，Sun Microsystems，Inc.，The Walt Disney Company等好几十家全球知名公司，出版、教育机构和协会。

② Holly Green，“How to Develop 5 Critical Thinking Types”，*FORBES*，3/27/2012. 这里的批判性思维被解释为：依靠从所有可能来源收集的信息客观地分析一个情景，然后评估有形和无形的诸方面以及任何行动路线之意涵的心理过程。

甘·卡瑟莉列举了2013年求职成功所需的十大关键职业技能：批判性思维、复杂问题解决、判断和决策、积极聆听、计算机和电子技术、数学、运营和系统分析、监控、编程、销售和市场。[①] 据美国教育部的报告(2006)，雇主们说，他们雇用的许多毕业生没有为工作做好准备，缺乏当今职场所需要的批判性思维、写作和问题解决技能。商业和政府领导人再三迫切地号召工作者在一生的所有阶段持续提升他们的学术和实践技能。教育行政部门还开发了《大学学习评价》（CLA）促进高等教育的基于证据文化的评价。2002年以来，134所高校使用了这一考试，它使用执行任务和写作提示而不是多项选择题评估学生的批判性思维、分析性推理和写作交流。[②]

在德国，根据由联邦教育与研究部资助的高校信息系统的调查和研究，德国大学生所应具备的、对未来职业发展至关重要的“关键能力”包括专业能力、方法能力、社会能力、自我能力、应用能力和环保意识能力。批判性思维被明确包含在方法能力中。[③] 甚至在基础教育层次，包括批判性思维在内的21世纪技能也受到重视。法国教育部推出了界定共同基础知识和能力的法令。法令中规定的基础教育应该达到的最低要求，即“共同基础”包括7个方面，每个方面有知识、能力和态度层面的要求，包括与批判性思维相关的一些方面：掌握法语、掌握基本的数学和科学文化知识（包括推理、演绎能力；培养对合理论证的尊重；能够运用科学方法，如观察、提问、假设、证明、推断；这些知识与能力的学习能使学生保持好奇心，拥有开放心态和批判性思维）、掌握基本的人文文化知识（有益于培养学生的判断力；有益于其开放思维，对自己的观点和情感进行反思）、掌握一门外语（通过外语的学习促进对文化差异性及多样性的敏感度，使思维更加开放，能够理解他人的思想和行为方式）、掌握常用的信息通信技术（培养对信息精确识别、批判和思考的审慎态度）、具有较强的社会交往能力和公民意识（应该具有判断力和批判精神，即能够分辨讲话或报道的主观性和

① Meghan Casserly, “The 10 Skills That Will Get You Hired”, *FORBES*, 12/10/2013.

② U. S. Department of Education, *A Test of Leadership: Charting the Future of U. S. Higher Education* (“The Spellings Commission Report”), Washington: U. S. Government Printing Office, 2006, pp. 3, 22.

③ 闫瑾：《德国大学的素质教育》，《中国高等教育》2006年第3—4期。

片面性；能够分辨论证的合理性和武断性；学会对信息进行辨识、整理、分类和批评；能够提出、质疑和修改自己的观点）、拥有独立自主和主动进取的精神（能够严密思考，逻辑推理即辨识问题，提出解决方法，搜寻有关信息并加以分析、分类、组织、综合，对不同学科的知识加以灵活应用，辨识、解释和修正错误，尝试多种解决问题的方式；懂得自我评估；培养独立、好奇、勇于开创、主动出击和坚决果断的态度）。[①]

《挽救美国制造业》（2006）的作者柯林斯指出，美国的经济下滑，制造业持续衰退，失业率超过8%，“为了每个人的教育”的失灵，基础设施千疮百孔，中产阶级的经济发展水平缓慢下降，每每当世界经济的、社会的和政治的难题难以解释时，人们选择对复杂问题采取简单的解决办法。萨姆纳意义上的批判性思维概念在这个新千年确实不那么流行了。当对未来有一种普遍怀疑和否定观点时，人们更乐意接受阴谋论，因为这是一个简单的答案。除非我们能在理解我们经济和政治问题的真相方面取得某种进步，否则我们会继续走向非理性主义盛行的社会。应该用批判性思维取代诸如阴谋论这样的简单回答。柯林斯为想要成为一个更好的批判性思维者的人提出8条建议：（1）抛弃思维和问题解决的标准化格式。许多人相信，对每一个问题都有量化的解决办法，然而这个想法不对，因为由人所控制的所有事件充其量是含糊的和不可预知的。（2）教会你自己以多维视角处理问题。（3）把生活和所有实践看作是相对的而不是绝对的或普遍的。（4）努力看到变化中的机遇，因为变化是不可避免的。也许你不喜欢它，但你必须学会接受它。（5）学会识别影响你的思维的信念和偏见。不接受情感地诉求的主张，而应追寻可能引导自己的事实。（6）对所有政治家或媒体信息保持一种健康的怀疑论。不仅仅接受事情的一方面，而且注意提供假说的人，然后用能探究的事实支持它。（7）努力在自己的头脑中建立严格的标准。非凡的主张要求非凡的证据。质疑非凡主张，要求更多的证据，对并非言之有理的主张不予接受。（8）我们的生活被含糊性和不确定性所左右。处理复杂问题的方法是接受极少的情况是完全确定或必然的。存在的只是不同程

---

① 安延：《法国基础教育改革指导性文件——共同基础法令出台》，《世界教育信息》2006年第11期。

度的不确定性，我们必须不断寻找最高可能性的真相或真理。[①]

政治和经济领导者都理解，劳动力技能水平决定经济业绩。这一理解正在引导政策分析家把教育政策看作与其他关键政策领域比如医疗保健、国家安全、国际贸易和环境同样重要。换言之，教育政策现在被认为是社会和政府最优先的政策之一。芝加哥大学经济系的贝克（Gary Becker）及其同事最先创立了劳动经济学的人力资本学派。他们在40年前以当代经济学的严格方法为杠杠表述了人力资本的原理。他们的成就已被高水平的研究院所承认，包括诺贝尔奖委员会。这些学者把人力资本定义为存在于一个国家人口中的知识和技能储备。这种资本通过教育、训练和经验而积累。作为一个成熟的领域，经济学开始挖掘它对教育的含意，这是人力资本发展的正式场所。在经济学、政策分析和教育中，对教育所获得的回报的分析已经成为一个重要的学术领域。这种研究表明，教育必须注重当今社会所需要的知识和技能的储备，它们是今天高度珍视的获取和建构信息并将其应用于解决新问题的能力。反映从强调具体内容领域向强调批判性思维技能转变的最新学习理论也在重新定义知识的概念。西蒙（Herbert Simon）论证说，“知道”的意义已经变了，从能够回忆信息变成了能够发现和使用信息。布兰福德等人（2000）也注意到，教育要完全覆盖人类知识已经不可能了，目标被构想为帮助学生发展理智工具和学习策略，这是获得富有成效地思考之知识所需要的。世界经济已经从个人时代进化到知识经济，它越来越依赖能生成作为经济繁荣之基础的知识的劳动力。知识生成需要强大的核心批判性思维技能——分析的、量化的推理技能，问题解决和写作的技能。因此，教育必须让学生为富有成效地参与经济和社会做好准备，这越来越意味着教授批判性思维技能以及测量向合意成就水平的前进。[②] 比尔·盖茨在“盖茨笔记”[③] 中说，我认为大多数人会同意，像批判性思维、复杂推理和写作这样的技能——要测量的东西——是相当重要的。

---

① Mike Collins, “What Happened to Critical Thinking?”, *Industrial Maintenance & Plant Operation*, March, 2012, p. 60.

② Roger Benjamin, Stephen Klein, Jeffrey Steedle, Doris Zahner, Scott Elliot and Julie Patterson, *The Case for Critical-Thinking Skills and Performance Assessment*, New York: Council for Aid to Education, 2013, pp. 3 –4.

③ 2010年1月20日比尔·盖茨开通“Gates Notes”（盖茨笔记）网站，其上发表他有关基金会工作以及能源和环境等领域各种事件的观点。

由此可以看出，批判性思维被公认为21世纪基本技能中的必要元素。因此，它也必定成为高等教育不容回避的话题。

第三节　作为教育目标的批判性思维

亚里士多德早就指出，教育要使受教育者“能够对所提出的观点进行好与不好的正确判断。实际上，正是这样的人我们视之为受过一般教育者。受教育本身就是能够做上述之事。此外，我们把受一般教育认定为某人凭自己一人的能力能够判断所有知识领域的问题，而不是使能力限于某些特殊自然哲学部门”。[①] 批判性思维学者早已从理论上证明批判性思维应该是高等教育的目标之一。哈佛大学前校长博克说，“虽然对大学课程有争议，但发现教职员几乎全体一致地同意教学生批判地思考是本科教育的原则性目标令人印象深刻”。[②]当代批判性思维运动兴起40年来，批判性思维的理念也已渗透到高等教育的整个过程之中。21世纪的全球经济决定了大学毕业生应该具备的技能，这种技能需要必然要反映到高等教育中来，因此，把批判性思维确立为高等教育的目标之一已得到全球普遍承认。[③]

“世界高等教育会议”（巴黎，1998年10月5—9日）发表的《面向二十一世纪高等教育宣言：观念与行动》的第一条的标题是“教育与培训的使命：培养批判性和独立的态度”。其在第五条“教育方式的革新：批判性思维和创造性”中指出，高等教育机构必须教育学生能够批判地思考和分析问题，寻找社会问题的解决方案并承担社会责任；为实现这些目标，课程必须包含获得在多元文化条件下批判性和创造性分析的技能。2009年世界高等教育会议列举了4项“高等教育的社会责任”，其中第3项指出，高等教育机构应该通

---

① 苗力田主编：《亚里士多德全集》第5卷，中国人民大学出版社1997年版，第3页。

② Derek Curtis Bok, *Our Underachieving Colleges: A Candid Look at How Much Students Learn and Why They Should be Learning More*, Princeton, N. J.: Princeton University Press, 2005, p. 109.

③ 从联合国关于教育的文件与各国的相关报告可看出，批判性思维是所有层次教育的目标。发达国家，如美、英、德、法、澳、荷、新西兰、新加坡、韩国、日本等自不待言，就连发展中国家和不发达国家，如土耳其、立陶宛、巴西、印度、圭亚那、南非、埃及、菲律宾、马来西亚、泰国、缅甸、委内瑞拉、牙买加、阿富汗、伊拉克、巴林、孟加拉、巴巴多斯、博茨瓦纳、约旦、肯尼亚、马拉维、摩尔多瓦、纳米比亚、阿曼、巴勒斯坦、卢旺达、马耳他、尼加拉瓜等也是如此。我国台湾和香港地区也是这样。

过其核心功能（研究、教学和社会服务），增强其跨学科重点问题的研究，培育批判性思维和积极的公民。这将促成可持续发展、和平、幸福和实现包括性别平等在内的人权。其还指出，质量准则必须反映高等教育的总体目标，尤其是培养学生批判的和独立的思考和终身学习能力的目标。[①] 《第四次APEC教育部长会议联合声明》（2008）指出，21世纪的劳动者需要达到更高的层次，具备21世纪所需的、确保每个人在生活各方面取得成功的关键能力，如批判性思维、创造性、团队合作以及自我学习能力。作为劳动者，必须具备这些能力；同样，作为个人、家庭成员、社区一分子或世界公民也必须具备这些能力。[②] 世界经济论坛2009年4月发布的题为“培养下一波创业者”的报告也指出，各层次教育机构必须采用21世纪的方法和工具，包括跨学科途径和互动教学方法，激励创造性、革新、批判性思维、机遇识别和社会意识。人们还把批判性思维、问题解决、创新、主动性、创造性和不断进取的冒险精神称为“软技能”（soft skills）。

在批判性思维的研究和推行方面，美国再次成为全球领跑者。20世纪20年代以来，美国教育人士就竭力倡导将批判性思维作为教育的基本目标。公立小学的六大功能之一是帮助学生“养成批判性思维的习惯”。[③] 在民主社会中，学校作为社会教育机构的一个特殊义务是培养儿童的批判性思维态度和方法。正在变化的文明中的大多数个人和社会问题的明智解决要求批判性思维。“承认批判性思维能力作为一个教学目标，意味着教师将以这样的方式引导学生：发展他们辨识问题、发现和选择与该问题有关的证据、组织和阐释证据以及应用和修正适合当下需要和情景之结论的能力。”[④] 甚至幼儿园也以培养儿童的批判性思维为目标。“每一个好的幼儿园应该培养儿童的问题解决和批判性思维的态度。”熟练的教师不断向儿童提出一些问题，因而基于幼儿生来的好奇心来培养一种探究的、问题解决的态度——一种将有利于其全部

---

① 2009 *World Conference on Higher Education*: *The New Dynamics of Higher Education and Research For Societal Change and Development*, Paris: UNESCO, 2009, pp. 2, 4.

② 王文槿译：《第四次APEC教育部长会议联合声明》，《中国职业技术教育》2008年第25期。

③ Committee on Elementary Education of the New York Council of Superintendents, *The Cardinal Objectives in Elementary Schools*, Albany: The University of the State of New York, 1929, p. 13。此书还把批判性思维列为目标陈述所涉及的6个关键词之一。

④ J. Wayne Wrightstone, *Appraisal of Newer Elementary School Practices*, New York: Teachers College, Columbia University, 1938, p. 190.

生活的态度。[①] 1990 年，美国教育部设定的国家教育目标之一是，“那些显示出较高批判地思维、有效地交流和问题解决能力的大学毕业生的比例大大增加”。该目标也成为议会通过的《美国 2000 年教育目标法》（1994 年克林顿总统签署生效）的一部分：那些显示推理、解决问题、应用知识和有效写作和交流能力的学生的比例将大大提高。在关于成人（读写）能力与终身学习部分也有同样的目标——“那些显示出较高批判地思维、有效地交流和问题解决能力的大学毕业生的比例大大增加”。[②] 推动社会进步的技术和信息的快速发展，导致批判性思维能力成为职业发展和有效教育计划的基石。批判性思维对于美国国家科学标准（National Science Standards）和国家教育技术标准（National Educational Technology Standards）都是首要的。[③] 美国《国家科学教育标准》（1996）的目标之一是促进作为探究的科学，其中包括强调批判性思维的很多事项，比如“假设的辨识，批判的和逻辑的思维的运用，替代说明的考虑”；“原始事件和现象的分析与次级来源的批判性分析”，“通过回顾现在的科学理解来分析一个论证、估量证据以及审查决定哪个说明和模型为最佳之逻辑的批判性能力”。[④] 贝林指出，批判性思维应该是科学教育的一个重要使命已成为一个广为接受的理念。其实国家科学基金会（National Science Foundation）早在 1983 年的报告《为 21 世纪教育美国人》（*Educating Americans for the 21st Century*）中就明确提到批判性思维的发展是科学教学的目标。有学者发现，从好望角、南美的高年级生物课程，昆士兰中学学习理事会，到美国的全国科学教师协会，都在其科学课程说明性陈述中注重批判性思维。当然，在科学教育文献中，培养批判性思维采取一些不同的形式：一些集中于批判性思维的特殊方面，比如辨识逻辑谬误；一些重点是形式推理；还有注重更为广阔的科学推理。最常见的是针对旨在培养批判性思维的

---

① Division of Elementary Education, The State Education Department, *Children Learn in Kindergarten*, Albany: University of the State of New York, 1958, p. 16.

② 可参见 *Goals 2000: Educate America Act* 的 *National Education Goals* 部分，其中的（3）*Student Achievement and Citizenship* 下的（B）之（ii）以及（6）*Adult Literacy and Lifelong Learning* 之（v）。

③ Barry Stein, Ada Haynes, Michael Redding, Theresa Ennis, and Misty Cecil, “Assessing Critical Thinking”, STEM and Beyond. M. Iskander (ed.), *Innovations in E-learning, Instruction Technology, Assessment, and Engineering Education*, Dordrecht: Springer, 2007, pp. 79 – 82.

④ National Committee on Science Education Standards and Assessment, National Research Council, *National Science Education Standards*, Washington, DC: National Academy Press, 1996, pp. 23, 33, 175.

计划和方案的描述和评估。[①]

美国的国际教育战略报告也指出，在当今全球化的世界里，一种有效的国内教育议程必须应对全球需要和趋向，以培养有全球性能力的公民为目的。仅仅注重确保学生具有基础阅读、写作、数学和科学技能已经不够，超联结的世界还要求批判地和创造地思考的能力以解决复杂问题，需要从事全球性工作的技能和心理特质、良好的沟通技能以及先进的数学、科学和技术的技能。[②] 一项调查表明，美国90%以上的大学教授认为，批判性思维技能发展是本科教育最重要的目标。[③]

来自社会的反馈信息表明，雇主和离开高校不久的大学本科毕业生对关键能力的要求也印证了把批判性思维作为教育目标的正确性，批判性思维在职场的重要性也越来越得到普遍承认。2003 年，田纳西理工大学（Tennessee Technological University）对该校毕业生就职公司的雇主的调查显示，雇主认为相对重要的技能是，问题解决、交流、团队工作、学习技能、批判性思维、道德、专业性技能和与各种各样的人一起工作。[④] 由海尔德里西中心 2005 年所做的调查也得到相似的结果。当要求在 16 种技能中辨识出“最近毕业的两年制大学生和四年制本科生在他们的公司里取得成功的最重要的（3 个）因素”时，被访雇主们的选择结果是：团队工作（48%；46%）、完整性和诚实（45%；30%）、社会技能（如说服和以提供服务为导向的技能，32%；32%）、批判性思维（27%；32%）、问题解决（22%；25%）、判断和决策（20%；18%）、倾听（19%；16%）、时间管理（18%；17%）、阅读（14%；11%）、懂得如何学习（12%；12%）、说话（12%；10%）、数学（10%；9%）、专业性技能（9%；14%）、资源管理（2%；6%）、科学（1%；3%）、写作（无；10%）。同时，65%的受访雇主相信，有一些特殊技能、态度和行为应该在新泽西的学院和大学的课程中强调，包括社会技能、批判性思维、

---

① Sharon Bailin, "Critical Thinking and Science Education", *Science & Education*, Vol. 11, No. 4 (2002), pp. 361 – 375.

② *Succeeding Globally through International Education and Engagement*: *U. S. Department of Education International Strategy* 2012 – 16, New York: U. S. Department of Education, 2012, p. 2.

③ Derek Curtis Bok, *Our Underachieving Colleges*: *A Candid Look at How Much Students Learn and Why They Should be Learning More*, Princeton, N. J.: Princeton University Press, 2005, p. 354.

④ Barry S. Stein, Ada F. Haynes, and Jenny Unterstein, "Assessing Critical Thinking Skills", *SACS/COC Annual Meeting*, Nashville, Tennessee, December 6 – 9, 2003, p. 3.

问题解决、团队工作、完整性和诚实、较强的职业道德。受访的202位雇主有96%的人认为，两年制大学毕业生的批判性思维技能是重要的，并认为有13%的两年制大学毕业生完全具备，31%的具备，46%的只是某种程度上具备，9%的完全没有。受访的342位雇主有98%的人认为批判性思维技能对四年制大学毕业生是重要的，并认为有25%的本科毕业生完全具备批判性思维技能，31%的具备，41%的某种程度上具备，4%的人根本没有。① 2006年，CNN就录用的关键条件对雇主进行了调查。有1/3的招聘管理人报告，他们会更为看重会说两种语言的应聘者。2006年，对于他们的生意最为关键同时也是可能候选者最吸引人的位列最前的5种技能是：客户服务、批判性思维（问题解决和决策）、技术熟练、提高生产率的能力、团队建设和积极性。②

哈特研究公司（Peter D. Hart Research Associates, Inc.）2006年为美国学院与大学联合会（AAC&U）所做的一项调查——“在当代全球经济中，大学如何让学生为获得成功做好准备？——基于雇主和最近毕业的大学生的调查”，为论证批判性思维的重要性提供了更为全面和有力的证据。③ 绝大多数雇主和最近毕业的大学生都赞同，学院和大学提供自由教育是重要的。他们拒斥狭窄地聚焦于提供专业领域知识和技能的高等教育路向，认为大学本科教育应该提供一种多才多艺的教育与专业领域知识和技能的平衡。在回答大学应该提供哪种教育的问题时，获得以下数据（见下表）。

---

① John J. Heldrich Center for Workforce Development, *Survey of New Jersey Employers to Assess the Ability of Higher Education Institutions to Prepare Students for Employment*, Rutgers: The State University of New Jersey, 2005, pp. 6, 10, 16, 19-20, 25, 28-29.

② R. Castellini, *Survey: More to See Pay Increase in* 2006 (http://www.cnn.com/2006/US/Careers/01/04/cb.aol.survey/index.html. 2010-08-26).

③ 本研究是AAC&U发起的“自由教育和美国的承诺”（Liberal Education and America's Promise）的一部分。从2006年11月2日到12月5日，哈特研究公司访谈了有25名以上雇员的公司雇主305位。在其新雇员中，25%以上至少有4年制大学学士学位。被访谈者是这些公司的主管领导（公司拥有人、首席执行官、总经理等）。从2006年11月13日到19日，调查者访谈了510个最近（1997—2001年）毕业的4年制大学生。2006年1月，调查者在工商业主管领导中建立了3个焦点小组，分布于威斯康星的密尔沃基、弗吉尼亚的费尔法克斯和佐治亚的亚特兰大。参与人包括雇佣高比例大学毕业生的私人公司的经理、副总裁、首席财务官、首席信息官和首席执行官。自由教育和美国的承诺全国领导理事会（LEAP）关于高等教育基本目标和导向原则的建议与被访的雇主和大学毕业生的看法一致。*How Should Colleges Prepare Students to Succeed in Today's Global Economy? Based on Surveys among Employers and Recent College Graduates*, Peter D. Hart Research Associates, Inc., 2006.

	主要强调提供多才多艺的教育	主要强调提供专业知识和技能	强调平衡提供二者	不肯定
雇主	11%	22%	56%	11%
最近毕业的大学生	10%	13%	72%	5%

雇主和最近毕业的大学生强烈赞同自由教育的概念。这种4年大学教育的特殊路向，既提供多样化学习领域的广阔知识，也提供专业主修或感兴趣领域的更为深入的知识。它也帮助学生发展社会责任感以及横跨所有学习领域的智力的和实践的技能，比如交流、分析和问题解决技能以及将知识和技能应用于真实世界背景的能力。76%的雇主愿意给他们所认识的年轻人推荐这种教育。对"你认为上述定义的自由教育是否重要"的回答结果是：

	非常重要	相当重要	不太重要	不肯定
雇主	69%	26%	4%	1%
最近的毕业生	63%	31%	5%	1%

在评估要招聘的新员工时，工商业主管领导最为强调的是：集体工作技能、批判性思维和分析性推理能力、交流技能。最近毕业的大学生也承认这些重点技能。回答"哪两种技能对你来说是最重要的?"所获数据如下：

	集体工作技能	批判性思维/推理技能	口头/书面交流技能
雇主	44%	33%	30%
最近毕业的大学生	38%	37%	37%

雇主们认为，学院和大学应该将更多的学习目标放在重点的技能和知识领域，它们全都是通过自由教育培养的。雇主相信高等教育机构需要越来越强调的最优先的领域是：科学和技术、在多样化集体中一起工作的技能、将知识应用于真实世界背景、批判性思维和分析性推理技能、交流技能、全球意识。最近毕业的大学生相信，高等教育机构需要越来越强调的领域中最优先的是：通过实习或其他传递经验的方式，将知识应用于真实

世界背景、科学和技术的概念与新发展、全球议题和全球发展以及对未来的意义、批判性思维和分析性推理技能、有效地进行口头和书面交流的能力、革新和创造性思维能力。对大学教育重点的这些共识将对大学教育的目标和方向产生决定性影响。

澳大利亚联邦政府教育培训和青年事务部（DETYA）2000 年委托的一项调查发现，雇主认为毕业生最重要的技能是创造性、才华、热情与独立和批判性思维的能力。在雇主们看来，批判性思维这一最重要的技能之一，似乎最能把成功与不成功的应聘者甄别出来。与这一调查相似，教育、科学和培训部委托一项调查的报告考察了澳大利亚职场所需要的技能，访谈了各行业 13 个大企业的高级职员，证实了思维技能的重要性。思维技能与决策（如预测和推断，估量风险，评估替代选择和应用评估标准）、创新（如识别对别人而言不那么明显的机会，把创意转换成行动，生成一个选择范围，启动创新解决办法）和问题解决（如检验假设，说明数据资料的语境和环境）。越来越多的处于组织底层的人们被期望承担责任，展示主动性和提前透彻思考事情。① 这种对思维尤其是批判性思维的看重并不是局部现象。研究发现，甚至在越南商业硕士培养方案提出的毕业生才能的指标里，批判性分析、问题解决技能和工作综合质量是最重要的指标。② 雅各布等人的研究发现，马来西亚的雇主也认为批判性思维技能是重要的。③ 雇主关心大学毕业生能够拥有一般技能，以便在不知道未来市场情况的条件下征召雇员。英国的研究发现，雇主想要交流技能、问题解决能力、分析技能和团队合作作为毕业生技能集。④ 匈牙利教育与文化董事会委托盖洛普对 27 个欧盟成员国以及挪威、克罗地亚和土耳其的 7036 个公司在过去 5 年和未来 5 年高校毕业生的就业能力情况进行了电话调查。该调查让这些雇主对他们在招聘高

---

① Laurie Field, *Industry Speaks! Skill Requirements of Leading Australian Workplaces*, Canberra: Department of Education, Science & Training, 2001, p. 27.

② Truong Quang Duoc and Christoph Metzger, "Quality of Business Graduates in Vietnamese Institutions: Multiple Perspectives", *Journal of Management Development*, Vol. 26, No. 7 (2007), pp. 629 - 643.

③ M. Jacob, et al., "Employer Satisfaction with Graduate Skills: A Case Study from Malaysian Business Enterprises", *Proceedings of the International Conference on Business and Information*, Singapore, 2006, pp. 1 - 6.

④ John Bowden and Ference Marton, *The University of Learning: Beyond Quality and Competence*, London: Kogan Page, 1998, pp. 94 - 98。欧洲学者有时不使用“批判性思维”这个术语，不过问题解决技能和分析技能的组合可以解释为批判性思维技能。

校毕业生时要求的 11 种技能按其重要性进行排序（非常重要、比较重要、不太重要和根本不重要），结果显示，分析和问题解决的技能排在第 7 位。有 58% 的公司认为非常重要，37% 的认为比较重要。在回答“未来 5 年哪个技能对新高校毕业生是最重要的，请选出 3 个”这一问题时，有 32% 的回答选择了分析和问题解决的技能，排列第 5 位。①

事实上，除了在国家层次上把批判性思维作为基本教育目标而外，大学教育的其他各个方面也将批判性思维作为一个重要向度。首先，高等院校的培养目标和专业培养方案也体现了批判性思维的重要地位。有两个专业非常突出，全球医学教育标准和会计教育标准明确列入批判性思维。1998 年，经世界卫生组织（WHO）和世界医学联合会（WMA）批准，世界医学教育联合会（WFME）建立“医学教育国际标准”项目。2001 年 6 月，WFME 执行委员会通过并发布了《本科医学教育全球标准》，其中“2. 2. 科学方法”之基本标准含“医学院必须在整个教学期间讲授科学方法及循证医学原理，其中包括分析及批判性思维”。据此制定的《中国高等医学教育标准》“2. 3. 科学方法”也有：“医学院校必须在整个教学期间讲授科学方法及循证医学原理，其中包括批判性思维及研究方法。”在国际医学教育专门委员会（IIME，纽约中华医学基金会资助）制定的《全球医学教育最低基本要求》（2001 年 11 月）中，批判性思维是 7 个“宏观的教学结果和能力领域”之一。医学毕业生应该能够做到以下几点：在职业活动中表现出有分析批判的精神、有根据的怀疑、创造精神和对事物进行研究的态度；懂得根据从不同信息源获得的信息在确定疾病的病因、治疗和预防中进行科学思维的重要性和局限性；应用个人判断来分析和评论问题，主动寻求信息而不是等待别人提供信息；根据从不同来源获得的相关信息，运用科学思维去识别、阐明和解决病人的问题；理解在做出医疗决定中应考虑到问题的复杂性、不确定性和概率；提出假设，收集并评价各种资料，从而解决问题。

2003 年 9 月，联合国贸易和发展理事会会议秘书处的报告《修订本示范会计课程（示范课程）》（全球专业会计师职业教育课程）指出，在经济学单元中，学生将学到经济学家使用的一些分析和批判性思维工具，并有机会加以使用。这包括切实运用经济学推理解决工商企业及政府中的决策和预测方

① The Gallup Organization, *Employers' Perception of Graduate Employability*, 2010, pp. 4 – 6.

面的问题。批判性地解释、适用并评价不断出现的会计问题和征求意见稿，编制关于财务会计和报告的批判性评价，并进一步加强实际和分析性会计技能。通过研究常规的和其他会计做法，批判性地评估和适用有关会计标准。要求就会计理论和原则、概念和国际财务报告标准、国际会计标准征求意见稿及国际会计标准理事会其他出版物等几个方面，批判性地评价、修改和建议。[①]美国全国商业教育联合会（The National Business Education Association）制定的《全国商业教育标准》（*The National Standards for Business Education*）中的会计标准，强调学生在接受进一步的教育，准备成为劳动大军的一员和追求他们所选择的职业道路的时候，需要获得和发展的技巧和能力。这些能力包括：战略思维和批判性思维、风险分析、问题解决和决策、交流、团队工作和领导能力，能运用技术、以伦理责任为重点的法律意识和监管环境的意识。按照莱因斯坦等学者的说法，美国注册会计师协会（AICPA）试图将批判性思维的相关概念转换成以会计为目标的一组原则；美国会计教育改革委员会（AECC）1990 年就要求发展学生的探究、抽象逻辑思维和批判性分析能力的一般教育准则。从此，人们一直要求会计学想办法使学生具有更强的“软技能”，比如口头和书面交流、团队工作、批判性思维和在压力下工作的技能。1992 年，特别首先建议会计原理课程要求学生分析和解决非结构化的问题（unstructured problems）。AECC 还为社区学院提供资金以加强学生的批判性思维技能。AICPA（1999）将批判性思维指定为“广泛的商业视角能力”之一，包括“把来自不同学科的事实、知识和洞察连接在一起的能力”。[②]

很多大学在其办学宗旨或使命陈述中也明确提出批判性思维的目标。例如哈佛大学、约翰斯·霍普金斯大学、普林斯顿大学、纽约州立大学、弗吉尼亚大学、威斯康星大学等明确在其通识教育方案中把批判性思维作为目标之一。另一些学校表述不同，但也包括批判性思维的培养目标。[③]

---

① 见该报告的 1. 组织和经营知识，1. 1 经济学单元；3. 3 高级财务会计单元，3. 3. 1 会计师专业活动：适用国际会计标准和国际财务报告标准。Commission on Investment，Technology and Related Financial Issues，Trade and Development Board，*Revised Model Accounting Curriculum*（*MC*），Geneva：UNCTAD Secretariat，2003，pp. 5，24，29，46，57。

② Alan Reinstein and Gerald H. Lander，“Developing Critical Thinking in College Programs”，*Research in Higher Education Journal*，Vol. 11.（2008），pp. 78 – 94.

③ University of California Commission on General Education in the Twenty-first Century，*General Education in the Twenty-first Century*，Berkeley：Center for Studies in Higher Education，2007，pp. 61 – 68.

美国的帕克大学在其办学宗旨中写道：帕克大学的使命就是提供学术卓越的通道，它将使学习者准备好批判地思维、有效地交流和在服务全球共同体的同时从事终身学习。帕克大学已经确认批判性思维是大学能力的一个基本组成部分。这些能力（分析性和批判性思维、社区和公民责任感、科学探究、伦理和价值、文学和艺术表达）构成基础的个人和专业技能与气质。它们嵌入帕克大学的课程中，也体现在教学方法论、教员身上和学术活动中。英国的布拉德福德大学（Bradford University）也在其办学宗旨的信息中将批判性思维作为一个目标。阿默斯特学院校长盖瑞提（Tom Gerety）在1997年的一次演说归纳他们学校教师的目的时向学生说："只要你活着，你必须问自己的一个更大、更持久的问题是：我的思想和立场是我自己的吗？我值得这些老师尊重，应该得到尊重，是因为他们深深地想要我成为不是他们的克隆人或皈依者，而是一个自由、独立的思考者，一个有胆略和韧劲获得我自己的确信的成人？"哈佛大学的使命陈述鼓励学生"尊重思想及其自由表达，因发现和批判性思考而欢欣"。耶鲁大学的手册告诉新生，他们需要用"思考的语言"武装起来，因为"这种能力给予你批判地和分析地思考的工具，扩充你的想象力"。①

批判性思维也是大学毕业生或研究生的毕业能力之一。英国高等教育质量保证署2008年8月发布新的《英国高等教育资格构架》，规定高等教育证书颁发给拥有以下能力的学生：能提出、评估和解释定性和定量数据，以按照他们所学学科的基本理论和概念发展论证路线并做出健全的判断……一般来说，这种资格的拥有者将能用有组织的和融贯的论证，准确、可靠地分享他们的研究/工作结果。高等教育资格水平5（基础学位）要求学生，掌握他们所学领域业已公认的原则和发展这种原则的方式的知识与批判性理解；具有相关学科的主要探究方法的知识，批判地评估所学领域中解决问题的不同方法的适宜性。该资格的拥有者一般能使用一系列已建立的技术开展对信息的批判性分析，提出解决源于这种分析的问题解决办法。……用各种形式向专业的和非专业的听众有效地交流信息、论证和分析，有效地运用本学科的关键技术。授予高等教育资格水平6（荣誉

① Richard Fliegel and John Holland, "Quantifying Learning in Critical Thinking", *The Journal of General Education*, Vol. 62, No. 2 - 3 (2013), pp. 160 - 203.

学士学位）的学生要拥有以下能力：在概念上理解、设计和支撑论证，和/或运用一个学科的一些前沿观念和技术解决问题；该资格的拥有者一般能批判性地评估论证、假设、抽象概念和（也许是不完全的）数据，做出判断，形成恰当的问题，找到一种解决办法或确认解决途径的范围。授予高等教育资格水平 7（硕士学位）的学生要拥有以下能力：对知识的系统理解，对当下问题的批判性意识和/或新洞察，了解或运用他们学科、学习领域或专业实践领域的较多前沿观念和技术；……概念上理解、批判地评估该学科当前的研究和领先的学术研究；评估方法论，发展对它们的批评，提出新假说。[①] 英国东南埃塞克斯学院（South East Essex College）学位水平描述中也有批判性思维的要求。水平 3（相当于大学本科，最后一年要达到）："评估：能批判性地评估支持结论/建议的证据；评论其可靠性，有效性和意义。能探究矛盾的信息/确认产生矛盾的理由。"硕士水平和授课式博士（taught doctorate）水平：要具有概念性理解和批判的能力，这种能力将使学生能对研究、领先的学术和方法论进行独立的评估；能就不同的路向进行论辩。[②] 自 2003 年以来，澳大利亚把批判性思维列为毕业生技能评价（Graduate Skills Assessment）的 4 个领域之一或关键元素之一，也包含在《墨尔本宣言》（*Educational Goals for Young Australians*）中。成功的学习者能深入和合乎逻辑地思考，以训练有素的方式获得和评估作为学习基础学科之结果的证据，能理解他们的世界并思考事物运行的方式。这表明对于参与这个研究的职前教师而言，重要的是为了他们自己的学术发展和展示达到必要的毕业生特质之一部分的能力，为了理解他在自己未来作为教师的专业实践中的角色，要进行批判性思维。[③]

批判性思维还渗透到大学专业课程描述中。例如，美国的一所全国性文理学院辛普森学院（Simpson College）在其生物与环境科学系、理化系、

① The Quality Assurance Agency for Higher Education, *The Framework for Higher Education Qualifications in England, Wales and Northern Ireland*. 2008, London: QAA, 2008, pp. 15, 17, 20–21.

② Jennifer A. Moon, *Critical Thinking: An Exploration of Theory and Practice*, London: Routledge, 2008, p. 7.

③ Ministerial Council on Education, Employment, Training and Youth Affairs, *Educational Goals for Young Australians*, Carlton South, Australia: Curriculum Corporation, 2008, p. 8.

传播与媒体研究系、计算机科学与计算机信息系统系、运动科学与健康教育系等的办学宗旨中都包括批判性思维。弗吉尼亚大学的戏剧系的舞蹈辅修专业为了培养“聪敏的舞者”，要求增强学生关于舞蹈世界发展与进步的批判性思维。[①] 西方一些大学招收留学生的宣传信息标题竟然是：“英国南安普顿大学：欢迎具有批判性思维的学生。”该校相关人士在访谈中指出，在开放式的教育体制下，也要求学生有相应的素质，比如演说能力、批判性思维这种学习的技巧和能力、批判性分析，这些都非常重要。[②] 荷兰伊拉姆斯大学向留学生介绍自己是一所结合批判性思维和学术教育培训的国际教育机构，目标是“在研究的过程中发现新知识，并且在团队中交换和分享所发现的新知识，加强学术交流、批判性思维和社会团队合作”。[③] 2007年建立的 Kingsgate Education 试图将最高质量的教学引入中国大陆（2009）和香港地区，帮助学生获得重大学术进步并在世界各地的考试中获得成功。主办者将批判性思维课程开到了中国人的家门口，批判性思维是所开设的4种课程之一。由于世界各地大学的招生人员偏向会思考的学生，批判性思维课程旨在给学生灌输真正学术的价值；调动求知的欲望；训练评估和批判性评价的技能。这些价值和技能不仅对于帮助考试成功、进入大学而且对于履历提升，都是必不可少的。该课程针对不同的年龄组，设立适合前高中、高中/大学预备以及后大学的批判性思维课程。[④]

批判性思维也是大学的基本教学理念和教学法。在教学中，当学生评估和判断教师表达的理由时，教学和批判性思维就必然会联系起来。向学生例示恰当的心智习惯和智力资源恰当的使用，在合适的、丰富的语境中给学生做出批判性思维的示范实践，是基本的教学理念。贝林勾勒了批判性思维教学法的3种成分：督促学生处理要求理由充分的判断或评价的任务；帮助他们发展处理这些任务所需要的智力资源；提供一种珍视批判性思维的环境，激励学生从事批判性讨论。[⑤] 批判性思维教学法要求学生回

① http://www.virginia.edu/drama/danceminor.htm, 2010-08-27.

② http://goabroad.sohu.com/20100315/n270816018.shtml, 2010-08-27.

③ http://www.shenglaoshi.com/school%20inf/school%20inf01EUR.html, 2010-08-27.

④ http://www.kingsgate.com.hk/index.html, 2010-08-27.

⑤ Sharon Bailin, Roland Case, Jerrold R. Coombs and Leroi B. Daniels, "Conceptualizing Critical Thinking", *Journal of Curriculum Studies*. Vol. 31, No. 3 (1999), pp. 285-302.

答开放问题；批判性提问要求他们使用较高的思维水平（如解释、分析、综合），避免只是依靠回忆和对—错问题，因为它造成学生的被动性和对学习过程的疏离感。[①] 结果，教师由传统教学的角色转变成新的角色："研究者"（通过信息的使用引导学生）、"设计者"（精心引导学生从所提问题到可能答案）、"顾问"（给学生在探究其间提供方法论的指导）、"裁判"（解决可能在学生中出现的分歧意见，懂得为推动探究何时继续/控制提问）、"分析家"（激励思维作为一个学习主题）和"鉴定人"（评估学生知识的增长和水平）。[②] 美国全国教育进步评价的一个调研也评论说，尽管基本技能在教学法中有其地位，但批判性思维技能是必不可少的。[③] 保罗则分析对照了"说教的"教学法理论与"批判的"教学法理论 21 个不同的假设（见下页表格）。[④] 与高等教育突出批判性思维这个目标相呼应，人们早已在一些领域使用了批判性思维才能评价，帮助做出录取决定，例如，美国的医学、护理、法律和一般的研究生院。美国大学考试（ACT）的科学推理部分，医学院入学新测试（MCAT）、学院委员会高级安置方案测试（AP），爱荷华教育发展测试（ITED）的许多内容，以及研究生入学考试（GRE）、法学院入学考试（LSAT）的分析和逻辑推理，都试图将批判性思维并入一个测试之中。近年来，我国也模仿类似测试，并在各种应用硕士考试和职业能力考试中采用相似测试方法。

近年来，学生学习成果评价甚至大学评价和排名也将批判性思维作为主要观察点之一。

众所周知，《美国新闻与世界报道》的大学排名完全根据大学的资源

---

① Shirley R. Steinberg and Joe L. Kincheloe, *Students as Researchers: Creating Classrooms that Matter*, London: Routledge, 1998, p. 120.

② J. H. Clark and A. W. Biddle, "Introduction: Critical Thinking across the Curriculum", J. H. Clark and A. W. Biddle (eds.), *Teaching Critical Thinking*, Englewood Cliffs, N. J.: Prentice-Hall Inc., 1993, pp. 1 – 16.

③ H. Wenglinsky, "Facts or Critical Thinking Skills? What NAEP Results Say", *Educational Leadership*, Vol. 62, No. 1 (2004), pp. 32 – 35.

④ Richard W. Paul, "Critical Thinking in North America: A New of Knowledge, Learning and Literacy", *Agumentation*, Vol. 3, No. 2 (1989), pp. 197 – 235. Richard W. Paul, "Reflections on the Nature of Critical Thinking, its History, Politics, and Barriers, and on its Status across the College/University Curriculum Part Ⅱ", *Inquiry: Critical Thinking across the Disciplines*, Vol. 27, No. 1 (2012), pp. 5 – 30.

和声誉，没有直接反映大学教和学的状况。于是，一些测量大学学习环境、教师教学基本情况和学生的大学生活体验的调查纷纷出炉。比如，CLA（Collegiate Learning Assessment）测量批判性思维、分析性推理、问题解决和书面交流技能。这些技能被看作是学院要促进的重要学习领域之一。NSS（National Student Surveys）和 CIRP（The Cooperative Institutional

知识、学习和（读写）能力的理论	
说教理论	批判性思维
1. 学生的基本需求	
学生们的基本需求是要或多或少被教给思考什么，而非如何思考（只要学生能花心思在思考什么上，他们就会学会如何思考）。	学生们的基本需求是被教以如何思考而非思考什么。聚焦于重要内容是重要的，但这应通过提出刺激学生收集、分析和评价其内容的尚在争论中的问题来完成。
2. 知识的本质	
知识独立于生成、组织和应用它的思维。	所有“内容”的知识或都由思维生成、组织、应用、分析、综合和评价；在没有进行这种思维的情况下获取知识是难以理解的。
3. 受过教育的人的典范	
受过教育的、有教养的人基本上是一个类似于百科全书或数据库的内容存储库，直接将世界的状态和“事实”相比较，这些事实是他随身携带的、完全作为吸收过程的一个结果而形成。受过教育的、有教养的人基本上是一个真信者，即真理的拥有者，并因此要求得到更多的知识。	受过教育的、有教养的人基本上是一个深嵌于思考过程而非原子事实的策略、原则、概念和洞察的存储库，用批判性思考分析和组织经验而非一个一个拣选事实是受过教育者的特征，并非一个接一个地捡取是受过教育者的特性。许多被“知道”的东西，从一个语境到另一个语境根据需要被思考者建构，而非预制为关于世界的真陈述集。一个受过教育的、有教养的人基本上是一个探寻者和提问者，而非真信者，因此谨慎地要求得到知识。
4. 学习的本质	
知识、真理和理解能够通过讲授或说教性教学形式中的言语陈述，从一个人传输给另一个人。	知识和真理很少能仅仅通过传输者的言语陈述从一个人传输到另一个人。一个人不能直接地给予另一个人他所学会的东西；他仅仅为人们靠自己弄清或透彻地思考事物而学会提供便利条件。
5. 听的本质	
学生不需要为了学会注意而教给聆听的技能，这基本上是通过意志力就可达到自我训练的问题。他们因此能按老师的命令去聆听。	需要教学生如何批判地聆听，这是一个以各种不同熟练程度被学会的主动的和熟练的过程。通过别人所言进行的学习意味着要求提问、试验、检测，因而参与公共的或与他人的私人对话，而这包括了批判性思维。

续表

知识、学习和（读写）能力的理论	
说教理论	批判性思维
6. 基本技能与思维技能的关系	
阅读和写作的基本技能不用强调高阶批判性思维也能被教。	阅读和写作的基本技能需要批判性思维的推论性技能，没有学会批判性地阅读和写作的学生是有缺陷的读者和作者，而且，批判性阅读和写作包括对话过程，其中探索性的批判性问题被提出和回答。（比如，基本议题是什么？与此议题相关的理由和证据是什么？这个来源或权威可靠吗？这些理由是恰当的吗？这个证据准确和充分吗？这个与那个冲突吗？这个结论能得出吗？另一种相关的观点被考虑了吗？）
7. 提问的重要地位	
不提问的学生典型地是学得好的学生，而有很多问题的学生是在经历学习上的困难，怀疑和疑问削弱信念。	没有问题的学生典型地不是在学习，提出尖锐和具体的问题是学习的重大标志，深化理解的怀疑和提问通过将理解置于更坚固的基础上而增强信念。
8. 合意的课堂环境	
没有什么学生谈论的安静课堂典型地反映了学生们在学习，而有大量学生谈论的课堂，典型地不利于学习。	几乎没有学生谈论的安静课堂典型地是没有什么学习的课堂，而学生们聚焦于有争议的问题进行谈论的课堂是学习的标志（向学生提供学会对话技能和辩证技能的机会）。
9. 关于知识的看法（原子论的与整体论的）	
知识和真理能典型地通过分解为元素，元素再分为子元素而被最佳地学会，以连续和小单元教每一个元素。知识是加法的。	知识和真理极大地是系统的或整体的，而且只有通过许多正在进行的综合活动，从整体到部分的多次循环，才能被学会，对整体的暂时把握引导我们理解其部分，周期地聚焦于部分（它们相互联系）使整体清楚明白地显示出来，我们学会的整体与其他整体及其各自的部分有重要关系，因而需要经常彻底检查对任何特定整体的学习。（这个假设的含意是，只有对那个领域的理解过程包含它与其他知识领域的关系，我们才能达至对任何给定知识领域的深入学习）每个学习者都生成知识。
10. 价值的地位	
人们在没有寻求或珍视知识的情况下也能获取重要知识，因而教育在没有给学习者传输重大价值时也能够发生。	人们只获得他们寻求和珍视的知识，所有其他学习都是肤浅的或短暂的。真正的教育给受教育者传递基本价值，造就终身学习者和理性人。
11. 了解自己学习过程的重要性	
理解头脑以及它如何发挥作用，它的认识论的健全性和病理学并不重要，或者不是学习的必要部分。为了学会学校的基础科目内容，人们不必注重这样的内容，除了可能涉及某些弱势的学习者。	理解头脑以及它如何发挥作用，它的认识论的健全性和病理学是重要的，是学习的必要部分。为了深入学会学校的基本科目内容，我们必须获得对我们作为思考者和学习者如何处理该科目内容的某些洞察。

续表

知识、学习和（读写）能力的理论	
说教理论	批判性思维
12. 误解（misconceptions）的地位	
无知是一种真空或简单的缺乏，学生们的先入之见、偏见、误解和无知自动地被给予的知识所取代。	先入之见、偏见和误解是通过主动建构深嵌于经验的推论而建立的，必须通过类似的过程加以消除，因此，学生必须使用对话和辩证地推理来排除先入之见、偏见和误解。
13. 合意的理解层次	
学生不必要理解他们作为知识吸收的所学之物的深层逻辑或理性根据。广泛而肤浅的学习能在以后被深化。	理性同意是所有真正学习的本质层面，对基本概念和原则的深度理解是理性概念和事实的必不可少的基础。对根本概念和原则的深入理解应被用作在一个学科领域和跨学科领域学习的组织者。
14. 深度与广度	
拥有大量肤浅的知识或信息比少而深的知识更重要。只是在事实被理解之后，学生才能讨论它们的意义；高阶思维能够且应该只被那些掌握了该材料的学生践行。	拥有深而少的知识或信息（深入探查其基础）比大量肤浅的知识更重要。所有学生能够且必须探索他们所学知识的重要性和证明。
15. 教师和学生的角色定义	
教师和学习者的角色有明确区别，不应被模糊。	通过教给他人或向他们阐释我们之所知，我们能学得最好。
16. 无知的纠正	
教师应该通过告诉学习者所不知道的东西来纠正学习者的无知。	学生需要学会自己区分他们知道的和不知道的。学生应该分辨出他们并不真正知道或理解的而仅仅是记住了的。自我指向的承认无知对学习是必要的。
17. 对学习承担的责任	
教师对学生的学习负有基本责任。教师和教材提供信息、问题和训练。	学生应该给自己的学习越来越多地增加责任。学生需要理解，只有他们能为自己学习，除非他们主动、自愿地把自己置于这个过程之中，否则他们将一事无成。
18. 学习向日常情景的迁移	
学生会自动地将他们在说教课堂上学会的东西运用到相关的现实生活情景中。	学生在说教课堂上记住的大部分知识，或者被忘记或者因学习它们的模式而变得“迟钝”，最有意义的迁移是通过聚焦于对学生有意义的经验的学习和直接针对迁移的深入学习而达到的。
19. 个人经验的地位	
学生的个人经验在教育中并不起实质性作用。	学生的个人经验对于所有各层次和所有学科的学校教学都是必不可少的，它是学生加工（应用、分析、综合和评价）内容的关键部分。

续表

知识、学习和（读写）能力的理论	
说教理论	批判性思维
	20. 知识获得的评价
那些在考试时能正确回答问题、提供定义、应用公式的学生证明了他的知识或对那些细节的理解。比如，由于说教方法倾向于假设，知道一个词就是知道其定义（和例子），因而说教式教学过分强调定义。学生通过练习尤其是特别设计的训练践行技能。成功完成这些练习被等同于学会了这些技能。	学生可能常常提供正确的回答，说出定义，应用公式，却没有理解它们。知识或理解显现在于学生有能力用他们自己的话或例子阐释知识的意义和重要性、为什么如此、自然地回忆并在相关场合运用它。
	21. 确认知识的权威
学习本质上是私人的单向的过程，其中学习者在专家的指导下，或多或少直接着手建立真理，教师所拥有的权威答案是评价学生学习的基本标准。	学习本质上是公开的、公共的、对话的和辩证的过程，其中学习者仅仅能间接地得到真理，在这个过程中有许多弯路和急转弯，许多回头路，误解，自相矛盾以及挫折。在这个过程中，从事公共的、对话的探究的过程的权威标准取代了权威答案。

Research Program）的系列调查都包括批判性思维内容。[①] 批判性思维之所以被设定为教育尤其是高等教育的目标之一，是因为4个方面的原因：第

---

① 印第安纳大学开发的调查系列包括 NSSE（National Survey of Student Engagement）、CSEQ（College Student Experiences Questionnaire）、BCSSE（Beginning College Survey of Student Engagement）、CCSSE（Community College Survey of Student Engagement）、SENSE（The Survey of Entering Student Engagement）、FSSE（The Faculty Survey of Student Engagement）和 LSSSE（Law School Survey of Student Engagement）等。NSSE 的很多调查问题都与批判性思维相关。问题1：在本学年，你经常做以下事情吗?（选项有4个：极为经常、经常、偶尔或有时、从不）1a. 在课堂上提问或对课堂讨论的贡献；1e. 在课堂讨论或写作作业中包括不同视角——不同种族的、宗教的、性别的、政治信仰的；1u. 与不同种族或民族渊源的学生有严肃的会话；1v. 与和你有极为不同的宗教信仰、政治观点或个人价值的学生有严肃的会话。问题2：在本学年，你的课程对下述心理活动强调的程度如何？2b. 分析观念、经验或理论的基本要素，比如深入考察一个特殊案例或情形并考虑其组成部分；2d. 做出关于信息、论证或方法的判断，比如考察他人如何收集和解释数据，评价他们结论的正确性。问题6：在本学年，你经常做以下事情吗？6d. 考察你对一个论题或议题的看法的力量和弱点；6e. 通过想象如何从别人的视角看问题，努力更好地理解别人的看法。问题11：你在该大学的经历对你在下述领域的知识、技能和个人发展有多大贡献？11c. 清晰和有效地写作；11d. 清晰和有效地说话；11e. 批判地和分析地思考；11i. 理解其他种族和民族背景的人们；11m. 解决复杂的真实世界的问题。FSSE 则向教师提出相似的问题，例如，“该校一般学生的经验对其在下述领域的知识、技能和个人发展的贡献程度有多大?”第3选项是“批判地和分析地思考”。CSEQ 的调查分为几个大问题，在“与他人的会话”项目之下的“会话信息”和“大学环境”等问题中，也涉及批判性思维。BCSSE 调查刚进大学的学生，主要了解他们在高中的最后一年的情况和对即将开始的新学习的期望，也有不少类似于 NSSE 的问题涉及批判性思维。CCSSE 也有教师调查和学生调查，与 NSSE 相似，其中明确列有问题：你承担的课程对学生在批判地和分析地思考方面的知识、技能和个人发展有多大贡献？问学生的问题如，12e. 你在这个大学的经历对你在批判地和分析地思考方面的知识、技能和个人发展贡献有多大？CIRP 系列主要有 FS（Freshman Survey）、CSS（College Senior Survey）、YFCY（Your First College Year Survey）等，调查问题与 NSS 系列相似。

一，最重要的是，如果学生要被尊重，那么努力培养学生的批判性思维是必然的。“尊重人的康德主义原则要求我们以特定的方式对待学生——尊敬学生对理由和说明的要求，真诚地对待学生，承认需要正视学生的独立判断。”把学生当作受尊重的人来对待的这种道德要求，进而要求我们努力使他们能够胜任自己思考和健康地思考，而不是否定他们最大可能地自己决定自己的思想和生活的基础能力。承认他们是在道德价值上平等的人，要求我们将学生当作独立的意识中心，具有与我们自己的需要和兴趣同等重要的需要和兴趣，他们至少在原则上能够自己决定如何最好地生活和成为什么样的人。作为教育者，尊重他们包括努力能使他们自己做出判断。要胜任这样的事情，就要求按照支配批判性思维的标准进行判断。因此，尊重学生要求培养他们的批判性思维能力和倾向。第二，教育者普遍认可的任务是，让学生为成长为成年人做好准备。这个过程应该理解为包括学生的自立自足（self-sufficiency）和自主定向（self-direction）。在这里，批判性思维的地位是显然的。第三，把批判性思维的培养看作教育的核心目标与它在理性传统中扮演的角色密切相关。这个角色总是处于教育活动和努力（数学、科学、文学、艺术、历史等）的中心。所有这些传统包含和依赖批判性思维。批判性思维包括运用所有与信念和行为之合理性相关的东西，而以批判性思维的传布为目标的教育，就是以合理性的养成和理性人的发展为目标的教育。第四，在民主生活中，仔细分析、好思维和有理由的深思熟虑占有重要地位。在我们珍视民主价值的范围内，我们必须担当批判性思维能力和倾向培养的重任。民主能够繁荣恰恰是在这样的范围内：它的公民能够就政治议题和公共政策很好地推理、细察媒体、普遍满足民主社会公民的要求与所需要的批判性思维能力和倾向的具体要求。[1] 著名教育哲学家黑尔除了同样提出上述第一个“伦理证明”之外，还提到了另外两个论证。一个是“更为实用的”论证路线：学生常常责备学校没有给他们提供所需要的职业（工作）训练。但是，问题在于学校也不能直接知道未来可获得什么职业，如果他们为了特殊的、可能

① Sharon Bailin and Harvey Siegle, “Critical Thinking”, Nigel Blake, Paul Smeyers, Richard D. Smith and Paul Standish (eds.), *The Blackwell Guide to the Philosophy of Education*, Malden, M. A.: Blackwell Publishing, 2003, pp. 181 – 193.

完全消失的职业而对学生进行狭隘的训练，学生实际上并不会得到更大的好处。随着时间的推移，学生几乎肯定要转向另一个工作，因而他们需要适应某种新东西的弹性和机智（资源）。他们需要学会新职业所要求的东西，需要一种能让他们拥有某种新能力的态度。在他们的学校学习中强调批判的、独立的思考将大有裨益。另一个论证是由笛卡尔一开始就突出提到和建议的真正的理智证明。要成为一个哲学家、科学家、历史学家等，熟悉他人就某一主题已经说过的话并不够。在学会主题内容与学会从事处理该主题之间存在区别。参与会话就是要能对它做出贡献，这要求能够描绘人们所知的东西并有效地运用它。怀特海把教育理解为获得利用知识的艺术。当然，这个理智的证明并不预设人人都能在该学科的前沿批判地工作；在许多领域，我们将相对地依赖专家。但是，批判性思维在不同水平上存在；在教学中，批判性思维的目的是试图使学生脱离只是接受他人告诉他们的所谓真信念，激励他们努力评价作为专家给他们提供意见的那些人的资质。①

三十多年来，作为哲学和教育理念的批判性思维现在已得到理论家和实践家的拥护，批判性思维比任何其他教育目标都得到更多的关注。在许多其他理念失败的地方（无论是理论部分还是实践部分），批判性思维却大获成功。② 参与全国学生学行之教师调查（FSSE）的教员中，有 93% 的教员报告，为了学生学会和发展批判性思维和创造性思维而组织课堂教学；参与全国学生学行调查（NSSE）的学生中，有 51% 的学生报告，学院对批判性思维技能的贡献非常大，37% 报告相当多，28% 认为有一些，7% 认为非常少。盖林对 1991—2000 年间关于批判性思维效果的 8 个研究的元分析表明，经历过以下数种活动的大学生在批判性思维方面收获更多，这些活动包括：希腊生活（指大学校园的兄弟会或姐妹会这些社团组织活动）、俱乐部和组织机构、与教员的互动、同伴交往、住在大学校园和兼职。研究者认为，这些发现对学生事务工作者有 4 方面的意义：第一，与预算考虑相关。资金支持某一特殊计划方案的决定常常取决于该计

---

① William Hare, "Critical Thinking as an Aim of Education", Roger Marples. (ed.), *Aim of Education*, New York: Routledge, 2002, pp. 85 – 99.

② Ibid..

划对学校的价值。既然学生参与一种辅助课程活动体验有益于改善批判性思维，因而机构可能想要继续支持课外活动。此外，机构可能想要制定鼓励学生参与一个以上辅助课程活动的政策。第二，学生事务管理者可以使用这个研究说明他们如何与学术事务管理者共享帮助学生发展批判性思维能力的共同目标。这可以帮助建立和强化这两种管理者之间的关系。第三，在此基础上，两种管理者一起共事有助于促进增强本科生批判性思维的高等教育目标。学生事务专业人士可能想要考虑鼓励机构将这些活动整合进课程体系，以使批判性思维收益最大化。第四，研究发现可以帮助学生事务专业人士给学生和他们的机构增加价值，学生在批判性思维方面的收获进而导致合乎逻辑的连续事件，比如改善学术技能、留在学院、毕业、固定职业和报告对自己学院体验的满意（这可能带来招生方面的好处）。①

不过，也有学者认为，大学在履行其最为基本的使命上失败了。尽管学费在高涨，每年有越来越多的学生进入大学，但是几乎没有问这样一个基本问题：本科生真的学会了他们想在学校得到的任何东西了吗？阿鲁姆和罗科萨考察了 24 所大学的 2300 多名本科生的成绩单数据并进行调查回答，用标准化测试——大学学习评价（Collegiate Learning Assessment）在第一学期和第二学年分别进行测试，结果发现，54% 的学生在前两年学习之后并没有显示出在批判性思维、复杂推理和写作等一系列技能上有明显改善。阿鲁姆和罗科萨论证说，许多教员和管理者对此并不感到意外，相反，这样的结果是因社会化或工作以及一种将本科生的学习置于几乎是优先性清单中最后位置的制度文化引起学生分心的预期后果。他们在《学术漂泊》（2011）中认为，学生、教员、管理者、政策制定者以及家长都与助长或至少忽视当代校园文化有关。高等教育面临一些前沿的危机。②

---

① Alan Gellin, "The Effect of Undergraduate Student Involvement on Critical Thinking: A Meta-Analysis of the Literature, 1991 - 2000", *Journal of College Student Development*, Vol. 44, No. 6 (2003), pp. 746 - 762.

② Richard Arum and Josipa Roksa, *Academically Adrift*, Chicago: University of Chicago Press, 2011, pp. 27, 35 - 36.

第四章

批判性思维运动

批判性思维运动是20世纪80—90年代美国教育改革运动的重要组成部分，已持续三十余年。如今，批判性思维的观念已深入人心，融进美国文化价值之中。联合国等国际机构的助推，使批判性思维弥漫到全球，成为被普遍接受的教育理念。

第一节　批判性思维运动的兴起

20世纪70年代末，美国企业领导者对美国丧失在世界贸易中的传统优势心生忧虑。为应付他们面临的困境，企业家开始在自己的公司里寻找思维强健的人（the mindpower），然而他们发现，这样的人凤毛麟角。他们被这种“短缺供应”震撼了。很快，在商业和专业杂志或期刊上出现了一些文章，哀叹缺乏有力的问题解决者和决策者，要求知道为什么教育系统生产如此稀少的思维者。“国家教育进步评价”（National Assessment of Educational Progress）1981年就发现，在学生完成“要求规范的说明、分析文本、辩护一个判断或观点的评估项目”时，“极少有学生能够提供比对这些任务的肤浅回答更多的东西，甚至‘更好的’回答也没有什么证据表明具备良好的问题解决策略或批判性思维技能”。[①]

当这种议论传到政府高层时，1981年8月，里根总统与教育部部长贝尔（Terrel H. Bell）首次讨论应对美国教育质量下滑的行动计划，他们二人一致认为有必要组建一个由美国著名教育家组成的专门小组，为国家

① National Assessment of Educational Progress, *Reading*, *Thinking and Writing*, Denver, C. O.: Education Commission of the States, 1981.

提出对教育系统的诊断和改革建议。随后，贝尔委任18名一流教育专家组成“优质教育国家委员会”（National Commission on Excellence in Education），由当时的犹他大学校长加德纳（David P. Gardner）任主席。1983年4月26日，该委员会向总统提交了《国家处于危险之中：教育改革势在必行》的报告。该报告不仅是80年代研究报告大潮里的杰出代表，而且引发了大量各种各样的改革建议，包括批判性思维运动及其对立的“文化素养”（cultural literacy）方案。[①]

美国人常用“教育改革报告的10年”刻画20世纪80年代的特征，先后有三十余种改革报告出炉，其中所谓的“国家报告”吹响了应对国家经济竞争力衰退的集结号。这些报告大都揭露美国竞争力衰退的征兆，并将其归因为教育系统的病症，从而提出改善的建议。虽然《国家处于危险之中：教育改革势在必行》最有影响，但这个时期是从阿德勒（Mortimer Adler）1982年发布的《派迪亚计划》（*The Paideia Proposal*）开始的。其中“致读者”指出，该计划写给那些最关心我们公立学校未来的美国人：包括相信公立学校质量下降正在威胁他们孩子未来的双亲；对破坏教学的混乱课堂秩序深感不安的教师；对中产阶级儿童逃离公立学校，青少年跑到私立和教区学校上学感到惊诧的学校董事会；因日趋增多的提供补救教育的需求而不堪重负的高校教育者；寻求在不增加纳税人负担的情况下改善教育质量的当选政府官员；关心缺乏阅读、写作、言说、聆听、观察、测量和计算技能的劳动力影响生产率的雇主；因拉大良好教育和劣质教育、就业和失业之鸿沟而气愤的少数民族群体；尝试安排缺乏技能的工人在高新技术行业找到工作的劳工领导者；需要能够对付精致兵器的军中智囊的军事领导人；对民主社会（参加投票或努力理解我们这个时代的重大议题的人数比例下滑）的前景感到焦虑的美国公民。套用林肯的话说，这个计划必定是“属于人民的、由人民实现的和为人民的”。[②] 阿德勒指出，所有学生所学的课程有三个向度用于改善心灵：通

---

① Vincent Ryan Ruggiero, “Neglected Issues in the Field of Critical Thinking”, Daniel Fasko, Jr (ed.), *Critical Thinking and Reasoning: Current Research, Theory, and Practice*, Cresskill, N.J.: Hampton Press, Inc., 2003, pp. 369 – 380.

② Mortimer J. Adler, *The Paideia Proposal: An Educational Manifesto*, New York: Macmillan, 1982, pp. xi – xii.

过系统化知识的获取；通过理智技能的发展；通过理解、洞见和审美鉴赏的增强。发展理智技能的向度包括一系列操作：阅读、写作、言说、聆听、计算、问题解决、观察、测量和践行批判性判断。[①] 他特别提醒，"知道如何"不同于"知道什么"，技能的发展显然与主题内容领域密切联系。技能不可能在真空里获得，它必定在三个基本主题内容领域（读写算）的学习中加以磨炼，也在获取语言能力、交流能力、符号装置操作能力和批判性思维能力的过程中体现。由于在这里学会的是执行中的技能，而不是事实和公式的知识，因而教学的模式不可能是说教的。只有这样才能获得阅读、写作、演说和聆听的技能；才能获得数学和科学操作方面的技能；才能发展批判地思考的能力——判断和区分的能力。[②] 阿德勒认为，第三个向度的恰当教学模式既不是说教的，也不是教练的，不可能通过讲述和使用教科书来教，不可能由监督涉及获取技能的活动组成。它的教学模式必定是苏格拉底教学模式，一种帮助学生生成观念的所谓"助产术"的教学模式。它通过提问、引导讨论、帮助学生将他们的头脑从不太理解或鉴赏的状态提升到更多的理解或鉴赏的状态来进行教学。一方面，讨论运用学生的阅读、写作、言说和聆听技能，砥砺学生清晰地、批判地和反省地思考的能力，教参与者分析他们自己的想法以及别人思想的方法，让学生进行关于理念和价值的有序会话；另一方面，讨论让学生接触第一个向度的基本主题内容中的基本概念，尤其是我们的政府形式和我们社会体系背后的理念。只有那些具有从事独立思维之心灵的学生才是学习过程的积极参与者。[③] 阿德勒在"一个学校管理者的结语"中要求教儿童思考并在所有学习形式中运用他们的思考。[④]

1983 年，关于美国中学教育的研究报告浪潮席卷了教育者和政策制定者。国家领导人有很多、很复杂的理由关注学校。[⑤] 不过，优质教育国家委员会经过 18 个月的调查研究而发布的《国家处于危险之中》（全称

---

① Mortimer J. Adler, *The Paideia Proposal: An Educational Manifesto*, New York: Macmillan, 1982, pp. 22 – 23.

② Ibid., pp. 26 – 27.

③ Ibid., pp. 29 – 30, 32.

④ Ibid., p. 83.

⑤ P. Harold Howe Ⅱ, "Education Moves to Center Stage: An Overview of Recent Studies", *Phi Delta Kappan*, Vol. 65, No. 3 (1984), pp. 167 – 172.

为《国家处于危险之中：教育改革势在必行。给美国人民的一封公开信。给国家和教育部长的一个报告。》）真正引爆了史无前例的改革报告冲击波。该报告研究了美国教育系统的退步状态；确认了具体问题域，并提供了改善建议。五类主要建议出现在五个题目之下：内容、标准和期望、时间、教学、领导和财政支持。① 之后，其他报告接踵而来。仅 1983 年发布的主要报告就有：

波伊尔（Ernest L. Boyer）：《高中：关于中等教育的报告》（*High School*：*A Report on Secondary Education*）

商业高等教育论坛（Business-Higher Education Forum）：《美国竞争力的挑战：国家做出回应的必要性》（*America's Competitive Challenge*：*The Need for a National Response*）

大学入学考试理事会（College Entrance Examination Board）：《为高校的学业准备》（*Academic Preparation for College*）

古德拉德（John Goodlad）：《一个叫学校的地方》（*A Place Called School*：*Prospects for the Future*）

国家科学理事会数学、科学和技术大学预科教育委员会（National Science Board Commission on Precollege Education in Mathematics, Science and Technology）：《为 21 世纪教育美国人》（*Educating Americans for the 21st Century*）

南方教育理事会（Southern Regional Education Board）：《满足南方质量行动的需要》（*Meeting the Need for Quality Action in the South*）

为经济增长的教育特别小组（Task Force on Education for Economic Growth）：《追求卓越的行动》（*Action for Excellence*）

20 世纪基金（Twentieth Century Fund）：《努力达标》（*Making the Grade*）

80 年代其他年份的重要报告还有：

赛泽（Theodore Sizer）：《贺拉斯的妥协：美国中学的两难》（*Horace's*

---

① Gardner, David P., et al., *A Nation at Risk*: *The Imperative for Educational Reform. An Open Letter to the American People. A Report to the Nation and the Secretary of Education*, Washington, D. C.: National Commission on Excellence in Education. Government Printing Office, 1983, p. 9.

Compromise: *The Dilemma of the American High School*), 1984

国立教育研究所（National Institute of Education）:《投身学习：实现美国高等教育的潜能》（*Involvement in Learning*: *Realizing the Potential of American Higher Education*), 1984

经济发展委员会（Committee for Economic Development）:《在孩子们身上投资》(*Investing in Our Children*), 1985

美国学院协会（Association of American Colleges）:《学院课程的完整性：给学术共同体的报告》（*Integrity in the College Curriculum*: *A Report to the Academic Community*), 1985

卡耐基教育和经济论坛（Carnegie Forum on Education and the Economy）:《国家为培养21世纪教师做准备（教学作为一种职业的特别小组报告）》(*A Nation Prepared*: *Teachers for the* 21*st Century*：*the Report of the Task Force on Teaching as a Profession*), 1986

全国州长协会（National Governors' Association）:《追求结果的时代》(*Time for Results*), 1986

霍姆斯集团（Holmes Group）:《明天的教师》(*Tomorrow's Teachers*: *A Report of The Holmes Group*), 1986

经济发展委员会（Committee for Economic Development）:《危难中的儿童》(*Children in Need*), 1987

卡耐基教学促进基金会（Carnegie Foundation for the Advancement of Teaching）:《陷于危机的一代：挽救城镇学校》（*An Imperiled Generation*: *Saving Urban Schools*), 1988

改革报告活动的步伐在20世纪90年代和21世纪早期并没有停止。有政府发起的报告，比如国家儿童委员会（National Commission on Children）:《超越花言巧语：儿童和家庭的美国新议程》（*Beyond Rhetoric*: *A New American Agenda for Children and Families*), 1991；来自企业集团的报告，如全国商业联盟（National Alliance of Business）:《给教学投资》（*Investing in Teaching*), 2001；有私人资金支持的智囊团和兴趣小组的报告，如富得翰姆基金会（Fordham Foundation）:《我们想要的教师，怎样添补他们以及最重要的职业》（*The Teachers We Want and How to Get More of Them and the Essential Profession*), 1999。

所有报告都将美国在世界舞台上（经济、教育、国防等领域）的糟糕表现归咎于美国教育系统存在的问题。其中有一些报告指出，学生批判性思维技能方面的欠缺是教育的严重问题，并发出相关呼吁。例如：

波伊尔的《高中》认为，高中教育要有成效就必须具有目标感，即一种由教师、学生、管理者和双亲共有并设法实现的愿景。4个基本目标中首要的是，“应该帮助所有学生发展批判地思考的能力，掌握语言进行有效交流的能力”。[①] 在高中期间，每一个学生都应该学会更清晰地写作、更广泛理解地阅读、更有辨别力地聆听、更精确地言说以及凭借批判性思维发展将旧知识应用于新概念的能力。清晰的思考是清晰地写作的基础。[②] 清晰的语言表达不只是有效的自我表现，也是反省性思维。……当我们如此系统地阻止课堂里的个性时，我们如何能引起贯穿学生生活的批判性思维和创造性思维？……写作是自我表现的基本技能，也是教授批判性思维的手段。[③]

波伊尔代表卡内基教学促进基金会完成的研究报告《学院——美国本科生教育的经验》（1984）提出了大众教育时代教师如何改进他们的教学以鼓励学生的创造性和批判性的问题。其指出，美国和世界需要知识广博、富于探索精神、思想开放的年轻人。他们善于思考、高效率寻求生活中最重要问题的答案。报告引述所访教授的意见说，“如今的学生处理伦理问题的能力较差，我觉得他们不习惯推理”。大学里要求的语言技能是指能够进行批判地分析，能从众多信息中推断重要结论，能通过书面或口头的表达有效转达细微敏感的观点。如果大学是传授书本知识和培养理想、批判力、创造力的场所，那么大学毕业生应通过生活继续阅读、研究与思考。[④]

商业高等教育论坛给美国总统的报告《美国竞争力的挑战》历数美国经济竞争力衰退的迹象：落后的生产率收益、缓慢的经济成长、在世界市场中所占份额的持续下降，这表明越来越多的美国的重要行业丧失了竞争力，将产生重要的经济、社会、政治和国际的后果。其中引述1981年

---

① Ernest L. Boyer, *High School: A Report on Secondary Education*, The Carnegie Foundation for the Advancement of Teaching, 1983, p. 95.

② Ibid., pp. 126－127.

③ Ibid., pp. 130, 207, 251.

④ 卡内基教学促进基金会 E. L. 波伊尔：《学院——美国本科生教育的经验》，载吕达、周满生主编《当代外国教育改革著名文献（美国卷·第一册）》，人民教育出版社2004年版，第65—248页。

国防科学理事会给议会的报告说，“熟练工人的严重短缺是制造业成本增加的主要因素，而且延误了新武器系统的开发”，“美国工人缺少最基本的数学、科学、批判性思维和口头表达的技能——主要因为国立学校短缺训练有素的教员”。[①]

《投身学习：实现美国高等教育的潜能》认为，教学效果好的教师要让他们的学生磨炼写作、言说技能，扩展批判性思维和分析方面的能力，发展综合、想象和创造的能力。这些能力和技能是高等教育真正经久不衰的效果。对未来的最佳准备不是为特殊工作的狭隘训练，而是能使学生适应变化世界的教育。成功的适应需要“批判地思考、综合大量新信息以及精通语言技能”，因而要设计和实施相应评价的系统方案。[②]

赛泽在《贺拉斯的妥协：美国中学的两难》中指出，学生在阅读方面尤其有问题的是低水平的推理技能与分析和综合的能力。当他们似乎在死记硬背层次和具体学习方面有所改善时，批判地和机智地思考的能力却非常弱，而且在不断变弱。如果我们同意清晰、机智和有效的思维必须要比现在得到更有成效的培养，我们就必须问怎样才能实现这个目标？秘诀就在于提供激励。既然大多数青少年想要高中毕业文凭，想要自尊和被尊重，那么，高中围绕这两个有力刺激来设计其政策和实践会更有成效。[③]赛泽引述加利福尼亚学校目标陈述——“做出决定、解决问题、独立地推理和承担自我评估与不断自我改善之责任的能力”，这在没有遭到挑战的情况下是难以想象的。人们肯定不会仅仅从授课和教科书学会这些东西。[④] 也许使用逻辑学的行话和做法称作“批判性思维”的东西可能有点唬人，但讲求实际的人们会运用批判性思维这个过程。不过，出于本能地使用毕竟不是最高境界，学校可以在这方面发挥作用。人们学会良好思考的方法是通过规训的、自觉的试验和错误。人们思考、想象、分析那些想

---

① *America's Competitive Challenge*: *The Need for a National Response*, Business-Higher Education Forum, 1983, pp. 15 – 17, 22.

② *Involvement in Learning*: *Realizing the Potential ofAmerican Higher Education. Final Report of the Study Group on the Conditions of Excellence in American Higher Education*, Washington, D. C.: National Institute of Education, 1984, pp. 28, 39, 43, 55.

③ Theodore R. Sizer, *Horace's Compromise*: *The Dilemma of the American High School*: *with a New Preface*, New York: Mariner Books, 2004, pp. 58 – 59.

④ Ibid., p. 82.

法，检验它们，再检验。显然，只有记录思维序列才能事后回顾或分析它们。一个书面短文是保留下来以供剖析的一种记录。在思维序列中包括应用，综合分析出的元素、选项或变量。而“学校总是要求正确答案，不关心学生如何得出它，窒息学生成为有效思维者的努力”。[①] 严格的自我质疑是重要的，因为它迫使学生审查其核心价值和信念，最终提高他们的推理能力。虽然探究或质疑教学法是难以掌握的教学法，但赛泽相信，好教师不害怕向他自己或他的学生提出困难的问题。在相对受控的课堂环境中，讨论和辩论社会和伦理议题是全面的中等教育的一个重要组成部分。在你写作而我批评你的作品之前，其背后的阐述技能和思维只是潜在的。你也许在抽象层次上知道如何写，但你并不知道实践上如何完成，至少不怎么知道。教师必须更多地聚焦于孩子如何思考而不是他们思考什么。良好学校的五个要件之一是“将学生作业的重点放在运用他们的思维上”。[②]

国家科学理事会数学、科学和技术大学预科教育委员会的《为 21 世纪教育美国人》号召，“我们必须重返基本技能，但 21 世纪的基本技能不只是阅读、写作和算术，还包括交流和高阶问题解决技能以及科学的和技术的读写能力——允许我们理解我们周遭的技术世界的思维工具，这些新的基本技能是所有学生需要的”。联邦政府应该负担经费，维持全国评价机制。评价应该测量高层次的技能，比如申说观点的写作能力、应用高层次问题解决技能以及分析和得出结论的技能，而不是像死记硬背事实这样的最低基本技能。[③]

《学院课程的完整性》建议所有学生学会“良好推理，辨别何时推理和证据不充分，发现直觉的正当性，让数据资料经受心灵的探索分析”，重点放在探究技能、抽象逻辑思维和批判性分析上。[④]

---

① Theodore R. Sizer, *Horace's Compromise: The Dilemma of the American High School: with a New Preface*, New York: Mariner Books, 2004, pp. 103 – 105.

② Ibid., pp. 106, 132, 214.

③ William T. Coleman, Cecily Cannon Selby, et al., *Educating Americans for the 21st Century: A Plan of Action for Improving Mathematics, Science and Technology Education for all American Elementary and Secondary Students so that Their Achievement is the Best in the World by 1995*, Washington, D. C.: National Science Board Commission on Precollege Education in Mathematics, Science and Technology, 1983, p. 12.

④ *Integrity in the College Curriculum: A Report to the Academic Community*, Washington, D. C.: Association of American Colleges, 1985, pp. 15 – 16.

《国家为培养21世纪教师做准备》（1986）阐明，许多学生表现出缺乏推理和解决非常规知识问题的能力。那种能运用学到的知识进行独立思考的人，是那种既能够独立工作又能与别人合作的人，是那种对事物能做出批判性判断，对企业做出建设性贡献的人，是那种知识面广、见解深刻的人。这样的人才将不仅是繁荣经济的基础，也将是卓有成效的公民，他们是我们未来的栋梁。如果教师要教别人学会独立思考，首先自己就必须能够独立思考。要能够独立行动，也能够与他人合作，能够提出批判性判断。教师还应该是学识渊博和见解深刻的人。继续接受研究生教育的大学毕业生，应具有扎实的本科课程基础，包括历史、政府学、自然科学、文化以及艺术这样一些普通基础课程。基础课程应当培养理解、计算、写作、演讲和清晰思维等基本技能。这些课程还应当使学生对我们的历史和文化有更深的了解，培养对理论的理解和对科学与技术的应用能力，还应当培养审美观点并激发他们的创造力。[①]

《明天的教师》要求，未来的教师不仅要对儿童、所教学科、学习和学校教育的本质以及他们周遭世界有广泛而深刻的理解，而且要成为他们努力让学生发展的批判性思维之典范……而学生要拥有批判性思维和自主学习的能力。[②]

《陷于危机的一代》指出，对学生来说，重点应该放在语言技能、一般知识的获取以及清晰思维和整合创意（integrate ideas）的能力上。该报告以实例说明，传统的教学方式（提问、举手回答）也可以做到保持秩序而没有压力，强调基础而又不忽略思维，既对孩子保持高期望又对他们保持敏感。[③]

教育部部长贝内特在《关于美国教育改革的报告》（1988）中指出，大部分美国人都同意中学课程的目标是：使中学毕业生既有知识又有技能，既有共同思想基础又有共同道德观和知识修养；要求他们掌握数学、

① 卡内基教育和经济论坛“教育作为一种专门职业”工作组：《国家为培养21世纪的教师做准备》，载吕达、周满生主编：《当代外国教育改革著名文献（美国卷·第一册）》，人民教育出版社2004年版，第249—325页。

② *Tomorrow's Teachers*: *A Report of The Holmes Group*, East Lansing, M. I. : Holmes Group, Inc. , 1986, pp. 28 – 29, 94.

③ *An Imperiled Generation*: *Saving Urban Schools*, Princeton, N. J. : The Carnegie Foundationfor the Advancement of Teaching, 1988, pp. 43, 29.

科学、历史和文学知识，懂得如何进行思索，如何处理重要问题，如何解决疑难，如何进行辩论，如何维护观点，如何知己知彼和权衡得失；要他们通过亲身体验和经验养成那些我们社会所赞赏的思想品质和风尚习俗；我们还希望能为他们将来进入社会成为合格的公民做好准备。①

1988 年国际教育成绩评估协会（International Association for the Evaluation of Educational Achievement）的研究指出，美国 5 年级学生总体科学知识排名在 15 个国家中位列第 8，9 年级位列 17 个国家中的第 15……“令人不安的结论是：大多数学生缺乏在当今高技术社会之中活动所必需的高阶思维技能。”国家教育进步评价（NAEP）的报告指出，大约 61% 的 17 岁青少年并没有显示出对于发现、理解和解释相对复杂信息所必需的阅读能力；近一半的 17 岁青少年缺乏中学通常所教的数学技能，比如涉及小数、简分数和百分数的计算、找到平均值、解释图表和解决简单的几何问题；在科学课堂上，41% 的 11 年级学生和 60% 的 7 年级学生报告说，他们从来未被要求独立写出一个科学实验报告。②

不过，《国家处于危险之中》所列举的危险“指标”更有震撼力。美国社会继 1957 年苏联将 184 磅的人造卫星（Sputnik）发射到太空而受到震撼之后，1983 年《国家处于危险之中》所报告的“危机”迹象再次让美国人警醒。该报告仅就教育所面临的危险罗列了以下“症状”：

· 10 年前完成的学生成绩的国际比较揭示了，在 19 次学业测试中，美国学生从未得过第一或第二，在工业化国家中的排名 7 次位居末尾。

· 按照日常阅读、写作和理解的最简单测试，有 2300 万美国成人是半文盲。

· 美国 17 岁者里有约 13% 可以说是半文盲，少数民族的青年人中半文盲可能高达 40%。

· 在大多数标准化测试中，高中生的平均成绩现在低于 26 年前苏联卫星上天那个时候。

· 有半数天赋高的学生，按其检验过的能力，没有达到应有的在校

① W. L. 贝内特：《关于美国教育改革的报告》，载吕达、周满生主编《当代外国教育改革著名文献（美国卷·第一册）》，人民教育出版社 2004 年版，第 326—372 页。

② Fred C. Lunenburg，“Introduction：Current Educational Reform Movement—History，Progress to Date，and the Future”，*Education and Urban Society*，Vol. 25，No. 1（1992），pp. 3 – 17.

学习成绩水平。

· 高校理事会的学习能力倾向测试（SAT）表明，从 1963 年到 1980 年成绩实际上连续下滑。语文平均下降 50 分，数学平均下降近 40 分。

· SAT 披露近几年物理和英语等学科的成绩也持续下降。

· SAT 测验成绩优异（650 分及以上）的学生人数和比例也明显下降。

· 许多 17 岁的青少年并不拥有我们本希望他们拥有的“高阶”理智技能（intellectual skills），近 40% 不能根据书面材料做出推论；仅有 1/5 能写出有说服力的文章；只有 1/3 能解决需要若干步骤的数学问题。

· 根据 1969 年、1973 年、1977 年国家科学评价的测试，美国 17 岁青少年的科学成绩分数一直下降。

· 1975—1980 年，公立学校 4 年制高校的数学补习课程增加了 72%，目前这种补习课程占这些高校里所开设的全部数学课程的 1/4。

· 高校毕业生的平均考试成绩也降低了。

· 工商界和军队的领导者抱怨，他们需要为补习教育和训练计划（涉及阅读、写作、拼写和计算这样的基本技能）花费数百万美元。比如海军部向国家优质教育报告说，最近征募的新兵中有 1/4 的人阅读能力不及九年级程度，而这是理解书面安全指令的最低要求。不补习，他们就根本不能开始工作，更不用说完成现代军队许多复杂的训练科目了。

分析家科佩尔曼（Paul Copperman）得出了使人警醒的结论：“在教育、读写能力和经济成就上，美国的以往各代都胜过了父辈。与其双亲相比，一代人的教育技能（educational skills）① 不能超越、不能旗鼓相当甚至不能企及，这在我们国家的历史上还是头一遭。”②

创办自由探究网站（Free Inquiry）的地质学家斯切弗斯曼（Steven D. Schafersman）说，我们在传递各自学科知识内容的工作上干得很出色，但常常未能教学生怎样有效思考学科主题内容，即如何恰当地理解和评估

---

① 指阅读技能（批判性分析、评估、理解和研究技能），数学技能（估计、度量、计算和问题解决等）和写作技能。

② David P. Gardner, et al., *A Nation at Risk: The Imperative for Educational Reform. An Open Letter to the American People. A Report to the Nation and the Secretary of Education*, Washington, D. C.: National Commission on Excellence in Education, Government Printing Office, 1983, pp. 9 - 11.

它。后一种能力叫作批判性思维。当作为教授的我们自己具有批判地思考的能力（我们必须学会这些技能以获得我们学科的高级学位）时，包括我们自己的学生在内的许多学生却从未发展批判性思维技能。传统上教育的第一目标是“思考什么”，教师和学生可能将他们的所有精力和努力放在传递和获取基本知识的任务上。的确，许多学生发现，仅是这个目标就压倒了一切，他们再没有时间干别的。教育的第二个目标，“如何思考”或批判性思维常常是如此微妙，教师没有认识到它的重要性，而学生没有认识到它的缺乏。斯切弗斯曼认为，戴利（William T. Daly）1991 年的一篇文章阐释了批判性思维的终极基本原理：“工商业界需要在全球经济中进行竞争，这支撑和维持了美国的批判性思维运动。要求劳动力的一般技能水平在上升，而潜在雇工的一般技能水平却在下降。因此，这个特殊的教育改革运动……对于劳动力的教育和在全球竞技场上的经济表现依然是至关重要的。教授批判性思维技能的经济上的压力会落到教育机构的肩上，因为这些技能在很大程度上绝少在正式教育机构之外被教授或加强。可惜，目前在教育机构之内它们也难得被教。”检讨过去可以明显看出，当一个学科的信息内容增大时，时间的耗费变得更为关键，不是学习更多的信息，而是学会取得、理解和评估这种信息的方法，而且不为所知的大量新信息现在肯定会跟随而来。毫无疑问，仅仅是记忆和学会更多新的、孤立的事实会适得其反，因为未来的事实可能最终取代它们。因此，我们的科学教育方针——教更多的科学事实，更少的科学方法，完全落后了。现在，人们正在处理过去 40 年间数学、科学与其他学科方面的中小学教育的这个众所周知的错误，比如，最近的科学书本强调批判性思维和科学方法。它们把重点放在教学生自己获得新的可靠知识的恰当方法上，而不是放在超负荷的事实上。科学方面的课程改革，比如美国科学发展协会（AAAS）的“计划 2061”，美国科学教师协会（NSTA）的“范围、顺序和协调”也在设置中。人们接受这样一个假设，进入大学的学生应该在中小学教育中早就掌握了基本的批判性思维技能，可是他们并没有学会这些技能，大学是这些学生必须鉴赏和学会批判性思维的最后机会。① 而

① Steven D. Schafersman, “An Introduction to Critical Thinking”, *Free Inquiry* (http: //www.freeinquiry.com/critical-thinking.html 2014 - 03 - 25).

且，批判性思维在教学目标集里占有基础性的地位，只有将学生训练得能批判地思考，K—12（从幼儿园到12年级的儿童教育）的其他基本教学目标才能达成，否则他们不可能发展语言艺术、数学运算和科学研究程序方面的技能。人们应该设法确保学生在每一门课程中得到思维方面的指导训练。虽然这种指导训练重视基于形式逻辑的课程所教的思维规律或规则，但这不被视为有效的指导训练，因为学生可能背诵他们学过的逻辑功课。①

所有这一切都凸显出，仅仅有三个R（Reading、Riting、Rithmetic）即阅读、写作和算术是不够的，必须用第四个R——推理（Reasoning）补充前三个R来重新振兴课程。② 大学、社区学院、技术学校等各层次的教育者都认识到，第四个R即推理被忽视了。即使说美国学生不会推理并不完全为真，那么，说他们不能足够好地推理却错不到哪里。在全国的课堂上，教师开始急切地努力使年轻人思考而不是仅仅记忆一大堆事实。许多教育者说，最近几年在教基本科目的竞赛中推理能力的培养被忽视了，必须急起直追，给年轻人提供在日益复杂的社会中获得成功的合适工具。美国的课堂更多地强调像历史、数学和阅读这样的基础。一般美国学生也许知道大量有关独立宣言的事实，但与上一代学生相比，他们很大程度上不能提出相关的重要问题。③ 各种议论都集中到同样的“诊断”：我们需要教学生如何思考，如何推理。换言之，无论错失的元素叫作什么，它都是一个过程；高等教育中一个重要的趋向是，要发现在不牺牲内容的情况下适当强调过程的方式。非形式逻辑可以为这个新方向做出贡献。通过对教育的反思，美国人普遍认识到教育忽略了思维，特别是忽略了一种反省的、批判的思维。因而，一场附属于教育改革的批判性思维运动的爆发实属必然。

---

① Mortimer J. Adler, "'Critical Thinking' Programs: Why They Won't Work", *Education Digest*, Vol. 52, No. 7 (1987), pp. 9 - 12.

② Kerry S. Walters, "Introduction: Beyond Logicism in Critical Thinking", Kerry S. Walters (ed.), *Re-Thinking Reason: New Perspectives in Critical Thinking*, Albany, New York: State University of New York Press, 1994, pp. 1 - 22.

③ Ralph H. Johnson, "Critical Reasoning and Informal Logic", Richard A. Talaska (ed.), *Critical Reasoning in Contemporary Culture*, New York: State University of New York Press, 1992, pp. 69 - 88.

第二节 批判性思维运动溯源

当然，对于美国而言，批判性思维本身并不是一个新概念。正如罗特施泰因等人所言，纵观美国政策制定的300年，教育家曾经促进8个学校教育的广阔目标：基本学术技能（basic academic skills）、批判性思维和问题解决、社会技能和职业道德、公民权、体质健康、情绪健康、艺术和文学、为需要技能的就业做准备。① 甚至教学生思维技能的理念可以追溯到古代。作为批判性思维者的有教养的人的概念源于古代苏格拉底的学习者模型，这样的人追求过一种反省的和理性的生活，是系统的、探索的质疑者和辩证推理者。新的方面在于批判性思维的进步发展贯穿各个学术领域，它们的共同基础是应对教育、社会和经济的各种关切。在经济战线，发达国家必须越来越多地生成大批能为生存而批判地思考的劳动者。②

20世纪初，美国社会学家和教育家萨姆纳（William Graham Sumner）就将批判性思维视为教育的目标。他要求审查和检验那些想要人们接受的命题，以验明它们是否与实在相符。批判性能力是教育和训练的产物，是一种心理习惯和心理力量。它是人类福祉的一个根本条件，是男女都应经受的训练。它是我们抵制错觉、欺骗、迷信和误解我们自己和现世环境的唯一的保证。只是就其生成发达的批判性能力而言，教育是善。任何坚持准确性和所有过程与方法之理性控制的学科教师，坚持一切事物都允许无条件检验和修正的教师，都把这种方法培养成学生的习惯。受过这种教育的人不可能狂奔……而是放慢相信。他们能在没有必然性且并不因此而痛

---

① R. Rothstein, T. Wilder and R. Jacobsen, "Balance in The Balance", *Educational Leadership*, Vol. 52, No. 8 (2007), pp. 8 - 14.

② Richard W. Paul, "Critical Thinking in North America: A New of Knowledge, Learning and Literacy", *Agumentation*, Vol. 3, No. 2 (1989), pp. 197 - 235. 沃尔特斯也认为思维技能教学并非20世纪40年代的重新发明，只不过是它的最新替代即逻辑主义在那时的耀眼现身。不过，他为了批评批判性思维运动中的逻辑主义而把亚里士多德看作是“批判性思维的第一个倡导者”。《前分析篇》发展了三段论推理的理论，《后分析篇》辩护一种证明理论，《论题篇》是归纳推理的手册，《辩谬篇》考察了谬误类型。此外具有论证（argumentation）风格的智者的争论术（eristic）可能是常被引证的另一个批判性思维的形式。可参见 Kerry S. Walters, "Introduction", Kerry S. Walters (ed.), *Re-thinking Reason: New Perspectives in Critical Thinking*, Albany, New York: State University of New York Press, 1994, pp. 1 - 22。

苦的情况下，以各种可能或概率等级把握事物。他们能够等待证据和衡量证据……他们能够抵抗对自己最钟爱的成见的吸引力。批判性能力教育是唯一能真正称得上塑造好公民的教育。①

几年后（1910），杜威提出“反省性思维”，并将其解释为能广泛应用于学习过程和日常生活的问题解决的“科学方法”。接受和发展了杜威对反省性思维的强调的进步教育运动兴盛于20年代初到50年代。在进步教育协会（Progressive Education Association）的“8年研究”中，开发了评价学生思维能力的测试：“数据资料解释”（Interpretation of Data）、“科学原则的应用”（Application of Principles of Science）、“逻辑推理原则的应用”（Application of Principles of Logical Reasoning）和“证明的本质”（Nature of Proof）。在这个研究中，杜威的“反省性思维”被发展为“清晰的思维”（clear thinking）和批判性思维。② 卡修斯在1926年的著作中提到描述思维的区别和品质的一系列对比概念：“逻辑的和不合逻辑的、形式的和非形式的、演绎的和归纳的、经验的和必然的（apodictic）、批判的和创造的、清晰的和模糊的、连贯的和散漫的、简单的和深刻的思维。”③

把批判性思维作为学校的一个重要方面的首个机构文献是全国教育协会（National Education Association）1938年的报告《民主社会的教育目标》。教育的一个重要功能就是要鼓励针对当下社会场景下人们的需求对所有现存的社会制度进行批判性评价的能力。幸福包含做出判断的智慧。批判性判断的发展就如下棋、阅读一本书或解决几何问题的能力，即在某个有资质评估这种决定的人的批评之下，通过长期、持续的实践而获得。儿童必须学会珍视证据、学会尊重事实、渴望发现它们，必须学会哪些事实最可能得到担保。有些事实来源和知识宝库多少年来已被验证，学生必须懂得它们是什么，掌握使用它们的技术，养成解决问题时运用它们的习

---

① William Graham Sumner, *Folkways: A Study of the Sociological Importance of Usages, Manners, Customs, Mores, and Morals*, Boston: Ginn, 1907, pp. 632 – 633.

② Robert H. Ennis, “Critical Thinking: Reflection and Perspective Part Ⅰ”, *Inquiry: Critical Thinking Across the Disciplines*, Vol. 26, No. 1 (2011), pp. 4 – 18.

③ Cassius J. Keyser, *Thinking about Thinking*, New York: E. P. Dutton & Keyser, 1926, pp. 13 – 14.

惯。他必须学会延缓判断：考虑动机，评价、分类、排列、使用证据，得出结论。这并不是特别的学习途径或特殊的教育程序的一部分，而是每一学习阶段的结果，显示每一思维步骤的特征。该报告确立的公民责任的目标包括：批判性判断——有教养的公民抵御宣传（第四项）；宽容——有教养的公民尊重真诚的意见分歧（第五项）。①

格拉泽 1941 年写道，最近一些州和城市的课程委员会急切地重新强调批判性思维的发展是教育的主要目标之一。但总的来说，我们的学校还没有为实现这个教育目标做出有意识的和指向明确的努力。② 格拉泽当时就罗列了不少于 340 个参考文献，其中一些是 19 世纪中期的。当然，它们并非全都是专属于批判性思维的，因为这个概念尚未流行起来。20 世纪的上半叶使用这样一些概念：问题解决、清晰思维（clear thinking）、正确或健全的思维（right thinking）、冷静而有条理的思维（straight thinking）、正确的思维（correct thinking）、反省性思维（reflective thinking）、目的指向性思维（directed thinking）、有效力的思维（efficient thinking）、生产性思维（productive thinking）、实践思维（practical thinking）、科学思维、判断和逻辑。虽然这些术语指称不同，但它们都或多或少与所谓的批判性思维有关。③ 莫尔斯和麦秋恩的《测试学习技能和批判性思维的选择项》（1940），④ 给教师评估社会课程教育两个核心区域的学生行为——学习技能和批判性思维，提供具体援助。从 1940 年开始，批判性思维被应用到受偏见和成见影响的情境中，老师们将宣传分析、批判性阅读和批判性思维结合起来。成立于 1937 年 10 月的宣传分析研究所（Institute for Propaganda Analysis）将宣传定义为：个体或群体按照预定目的而蓄意设计的意见或行动的表达，为的是

---

① Education Policy Commission, *The Purposes of Education in American Democracy*, Northbwest, Washington, D. C.: National Education Association of the United States and the American Association of School Adminiatrators, 1938, pp. 19, 34 – 35, 108.

② Edward M. Glaser, *An Experiment in the Development of Critical Thinking*, New York: Teachers College Press, 1941, p. 173.

③ Vincent Ryan Ruggiero, "Neglected Issues in the Field of Critical Thinking", Daniel Fasko, Jr (ed.), *Critical Thinking and Reasoning: Current Research, Theory, and Practice*, Cresskill, N. J.: Hampton Press, Inc., 2003, pp. 369 – 380.

④ Horace T. Morse and George H. McCune, *Selected Items for the Testing of Study Skills and Critical Thinking*, The National Council for the Social Studies, 1940, 1949, 1957, 1971.

影响其他个体或群体的意见或行动。该所还提出了著名的“7种宣传手段”。[1] 按照德布尔（John J. DeBoer）的分析，批判性阅读包括相关材料的搜寻、数据资料的评估、悬置判断的能力和作者动机的解释。教授批判性阅读的教师的责任是，帮助读者澄清自己的思维、辨识自己的假设、分析阅读材料的议题和假设、拓宽知识背景以满足恰当判断标准的要求。[2] 此时对批判性思维的理解主要与抵御宣传（propaganda）相联系。拉塞尔（David H. Russell）将批判性思维定义为“根据相关的客观证据审查实物的和言语的材料，用某种规范或标准比较对象或陈述，并根据之后所做的判断得出结论或采取行动的过程”。[3]一些人认为批判性阅读只是批判性思维的一个子技能（拉塞尔），而有人把二者看作同义语，差别主要是在应用方面。[4] 1942年，社会课程全国理事会（National Council for the Social Studies）出版了主题为“在社会课程中教授批判性思维”的年鉴。

50年代，认知教育心理学家布鲁纳提出认知—发现学习理论或认知—结构教学理论，倡导教师引导学生积极进行独立的思考与探索。布鲁纳对“直觉性思维”和“分析性思维”及其关系的论述，本质上阐明了创造性思维和批判性思维的本质及其关系。直觉思维总是以熟悉有关知识领域及其结构为根据，可能采取跃进、捷径的方式解决问题；分析性思维的特征是按仔细的、规定好的步骤推理。直觉思维需要进一步用演绎法或归纳法这些分析方法来检验得出的结论。1951年布莱克伍德出版《儿童如何学会思考》。[5] 教育心理学家布隆姆（1956）创建的教育目标分类学认为，认知领域的学习目标包括知识、领会、应用、分析、综合、评估。一般认为，其中的“高阶认知”即分析、综合和评估属于批判性思维。1954年德雷泽尔

---

① Marvin Bressler, “Mass Persuasion and The Analysis of Language: A Critical Evaluation”, *The Journal of Educational Sociology*, Vol. 33, No. 1 (1959), pp. 17 – 27.

② John J. DeBoer, “Teaching Critical Reading”, *Education Digest*, Vol. 12, No. 3 (1946), pp. 34 – 36.

③ David H. Russell, *Children's Thinking*, Boston: Ginn, 1956, p. 285. 拉塞尔之后为《教育研究百科全书》（1960）撰写的“高阶心理过程”一文给批判性思维所下的定义比这个定义更为宽泛。

④ John S. Simmons, “Reasoning through Reading”, Mildred Dawson (ed.), *Developing Comrehension including Critical Reading*, Newark: International ReadingAssociation, 1968, p. 175.

⑤ Paul E. Blackwood, *How Children Learn to Think*, U. S. Dept. of Health, Education, and Welfare, Office of Education, 1951, 1958.

(Paul L. Dressel）和梅修（Lewis B. Mayhew）确认了5种批判性思维技能，并研究了如何开发大学课程和教学策略来提升批判性思维。[①] 恩尼斯（Robert H. Ennis）1958年完成博士论文《批判性思维测试的发展》，莱曼等1959年和1963年发布《高等教育中的批判性思维、态度和价值：一个初步报告》[②] 和《与进入高校相联系的批判性思维能力、态度和价值的变化：合作研究项目的最终报告》。[③] 在50年代，高等学校出现了一些批判性思维方面的计划。比如史密斯（B. Othanel Smith）在伊利诺伊大学，恩尼斯在康奈尔大学参与的批判性思维教学和研究计划。美国教育协会（American Council on Education）发起通识教育评估的合作研究，并探讨作为学校教育新目标的批判性思维的应用。[④] 1960年有伯顿等的《为有效思维的教育：一个导论文本》。[⑤] 1962年，恩尼斯在《哈佛教育评论》上发表了对发展思维教育概念产生广泛影响的文章《批判性思维的概念》，阐述了一个后来广为接受的批判性思维定义。史密斯和恩尼斯编辑的《教育中的语言和概念》（1961）收录了从语言学和逻辑学角度研究教育中若干重要概念的十余篇文章，其中恩尼斯的“找出假设”和斯威夫特（Leonard F. Swift）的“说明”（按照美国哲学学会的批判性思维定义，“说明”是批判性思维六大技能之一）都讨论的是批判性思维的基本概念。“假设”在教育领域有两个主要角色：它是批判性思维之描述通常所强调的一个技能；也是各种关于教育战略战术的论证所难以避开的默认前提。[⑥] 教育理论家既提供说明也要求说明，教师在教学

---

① Paul L. Dressel and Lewis B. Mayhew, *General Education: Explorations in Evaluation*, Washington, D. C.: American Council on Education, 1954.

② Irvin J. Lehmann, Stanley O. Ikenberry and Paul L. Dressel, *Critical Thinking, Attitudes, and Values in Higher Education: A Preliminary Report*, Washington, D. C.: Distributed by ERIC Clearinghouse, 1959.

③ Irvin J. Lehmann, Stanley O. Ikenberry and Paul L. Dressel, *Changes in Critical Thinking Ability, Attitudes, and Values Associated With College Attendance: Final Report of Cooperative Research Project*, Washington, D. C: Distributed by ERIC Clearinghouse, 1963.

④ Barbara Z. Presseisen, *Critical Thinking and Thinking Skills: State of the Art Definitions and Practice in Public Schools*, Wasgington, D. C.: Office of Educational Research and Improvement, 1986, p. 4.

⑤ William H. Burton, Roland B. Kimball and Richard L. Wing, *Education for Effective Thinking: An introductory Text*, New York: Appleton-Century-Crofts, Inc., 1960.

⑥ Robert H. Ennis, "Assumption-Finding", B. Othanel Smith and Robert H. Ennis (eds.), *Language and Concepts in Education*, Chicago: Rand McNally, 1961, pp. 161 –176.

论说中也相当频繁地使用“说明”和“阐释”。该术语在各种各样的教育语境里出现，但并不总是有相同的意思，因而需要加以澄清。[①]

60 年代，批判性思维应用到各种各样的学校科目和课堂教学。一些基于教授批判性思维特殊路向的新计划在具体学科领域开始发展。比如，有一项关于学院科学课程的研究，比较两种教物理学的方法，一种使用实验问题分析方法，另一种使用传统的讲授方法。教授批判性思维的另一个路向在 60 年代末发展起来。布鲁纳以及塔巴（H. Taba）的研究强烈影响了这一时期的教学实践，发现学习过程既涉及批判的维度也涉及创造的维度，提出了关于一般认知发展的许多问题。例如艾斯纳（E. W. Eisner）1965 年按照提问、猜测、评估和构建这样的过程来考察批判性思维，大大超出了恩尼斯涉及的主题。之后美国中小学落实新的课程方案，比如新数学、新物理、新生物课程，著名的有普通学校数学研究组（SMSG）、科学课程改进研究（SCIS）和生物科学课程研究（BSCS）等，其中有些强调批判性思维的新方案。1970 年，麦吉奇（Wilbert J. McKeachie）在对 1924 年到 1970 年的大学教学广泛研究综述的基础上得出了这样的结论：一般来说，大班批判性思维教学不如小班批判性思维教学那样有效果。[②]

60 年代兴盛的美国大学辩论竞赛对批判性思维的推进也有贡献。全国辩论锦标赛组委会主席马德森（Arnie Madsen）说，全国辩论锦标赛（National Debate Tournament）共同体相信，参加这种风格的辩论有很多益处：学生的自信和演说能力得以增强，批判性思维和分析技能有重大改善，信息处理能力的进步得以表现，组织的熟练程度得到提升。[③]

1967 年出现了小学教师教学课本《为思维而教：理论和应用》。1969 年恩尼斯写了针对教师的著作讨论在课堂上使用逻辑。另一本针对教师的书《学习与思维》于 1977 年出版。科尔伯格（L. Kohlberg）和涂烈尔（E. Turiel）道德发展研究（1973）与福斯（H. G. Furth）和瓦奇斯

---

① Leonard F. Swift, “Explanation”, B. Othanel Smith and Robert H. Ennis (eds.), *Language and Concepts in Education*, Chicago: Rand McNally, 1961, pp. 179 – 192.

② Wilbert J. McKeachie, *Research on College Teaching: A Review*, Washington, D. C.: ERIC Clearinghouse on Higher Education; James H. McMillan, “Enhancing College Students' Critical Thinking: A Review of Studies”, *Research in Higher Education*, Vol. 26, No. 1 (1987), pp. 3 – 29.

③ Arnie Madsen, “The National Debate Tournament”, *Argumentation and Advocacy*, Vol. 33, No. 2 (1996), pp. 88 – 90.

（H. Wachs）将皮亚杰理论应用于学校思维的工作，都是批判性思维尤其是中学和小学高年级期间学生推理能力发展的拥护者提出的。[①] 1976 年李普曼的儿童哲学系列开始问世。

费尔曼（John Follman）的分析表明，在 80 年代批判性思维浪潮中，人们忽视了三代心理测量的批判性思维史，认为有 5 个焦点与批判性思维运动的批判性思维概念相关：迷信、宣传分析、逻辑推理、科学方法和心理测量学。可以从批判性思维测试的子测试的一致意见获得一种有生命力的批判性思维定义，它来自斯图尔特（B. L. Stewart，1979）对当时已有的 24 个批判性思维测试的检讨发现，24 个测试最经常出现的子测试有 5 个：演绎推理、用于支持一个陈述之证据的评估、未陈述假设的辨认、论证的评估和陈述的可靠性。美国的批判性思维心理测量史可追溯到 1925 年，沃森（Goodwin Watson）开发了偏见测试——《公正心测量》，包括 A—F 形式："形式 A，语词删去测试"，测试公正心；"形式 B，真实程度测试"，测量对宗教和经济问题看法分歧的强度；"形式 C，推论测试"，检测推断和结论的准确度；"形式 D，道德判断测试"，检测赞成或不赞成之宣示的一致性；"形式 E，论证测试"，检测相信和相信论证的强度；"形式 F，概括测试"，检测过度概括。沃森《公正心测量》精练后变成了传世的《沃森 - 格拉泽批判性思维测试》。同一时代的另外两个批判性思维检测是怀特斯通（Wrightstone）的社会课程的批判性思维检测（1938）和进步教育协会用于"8 年研究"[②] 评估的一系列批判性思维检测（1939）。怀特斯通的子测试包含：从数据资料获取事实、得出有充分理由的结论、使用核心事实说明其他相关事实。进步教育协会的子检测包括：数据资料的解释、逻辑推理和证明的性质。1960 年，伯顿（W. H. Burton）、凯泊尔（R. B. Kimball）和温（R. L. Wing）将他们的批判性思维定义正规化为五步程序：问题的确认和定义、假说、探究、决定以及检

---

① Barbara Z. Presseisen, *Critical Tinking and Thinking Skills: State of the Art Definitions and Practice in Public Schools*, Wasgington, D. C.: Office of Educational Research and Improvement, 1986, pp. 8 – 10.

② 1933 年到 1940 年，美国进步教育协会开展的历时 8 年的中等教育调查研究活动，对进步主义学校和传统学校的毕业生在大学的学习情况进行对比研究，观察两种不同课程和教学类型的优劣。

验和运用被接受的结论。这些步骤明显与科学方法的步骤重叠。还应提及推论性批判性阅读（主要是推论和较小程度上的解释）的早期心理测量史，比如泰勒（R. W. Tyler，1930）、戴维（J. C. Dewey，1935）、甘斯（R. Gans，1940）、格林姆（P. Grimm，1940）、阿特利（A. S. Artley，1943）的工作。可见，早期的批判性思维的心理测量史不仅影响了早先的批判性思维检测，也影响了批判性思维的概念。①

20 世纪 70 年代晚期，教育家准备重新考察他们关于知识和思维的假设，心理学家也重新考察他们关于皮亚杰和维果茨基的知识和思维的假设。教育家开始怀疑学生们事实上是被剥夺了培养抽象能力的机会，而且这可能通过哲学教他们推理和通过推理教他们哲学得以补救。哲学家倾向于强调批判性思维中的推理，而非哲学家（特别是科学家）倾向于强调问题解决或决策。"问题解决"在科学的、专业的和技术的教育中并不是特别新的，它已被运用几十年，尤其在工程学校，以及在数学、物理、化学、生物学和医学中。1978 年"问题解决和教育"会议在卡内基－梅隆大学召开，许多认知研究者汇集在一起，比较他们的问题解决的理论和方法。某些人试图发现普遍化的问题解决过程的可能性，批判性思维和应用哲学之间的联系也应提及。②

在卡特政府时期以及之前的肯尼迪政府时期，大量研究经费被分配到"国立教育研究所"（National Institute of Education，NIE）。在 20 世纪 70 年代晚期和 80 年代初，NIE 的教学和学习部已预感到一个时代的来临。在奇普曼（Susan Chipman）、西格尔（Judith Segal）、格拉泽（Robert Glaser）和 NIE 的倡导下，在匹兹堡大学的"学习与研究发展中心"召开了一个会议，其目标是"考查与学生的理解、推理、解决问题和学习能力相关的教育实践和科学研究。会议计划把认知研究者、规划制订者和认知技能教师召集起来，相互切磋并讨论他们的理论、发现和建议"。与会者有著名学者布鲁纳（Jerome Bruner）、李普曼（Matthew Lipman）、约翰逊－莱尔德（Philip Johnson-Laird）、斯滕伯格（Robert Sternberg）、柯林

① John Follman, "Re-Examination of The Early Psychometric History of Critical Thinking", *Inquiry: Critical Thinking across the Disciplines*, Vol. 9, No. 4 (1992), pp. 16－17.

② Matthew Lipman, *Thinking in Education*, 2nd ed., Cambridge: Cambridge University Press, 2003, p. 42.

斯（Allan Collins）等。人们希望该会议为思维将引导教育过程的一个新时代搭建一个舞台。这一会议的确引领了一个新时代。人们开始谈论思维教学。“教学监督和课程发展协会”（Association for Supervision and Curriculum Development）出版的《教育领导》杂志，开始接受思维技能教学的文章。一些教育者发现，传统教育包括了思维，但这种思维的质量是不完善的。需要的不仅仅是教思维，而是教**批判性**思维。①

80 年代，美国教育部部长贝内特（William L. Bennett）及其副手芬恩（Chester Finn），以及“全国人文科学基金会”（National Endowment for the Humanities）主任切尼（Lynne Cheney），对教育过程予以持续猛烈的批评。教育基础主义者责难，美国人得到的是教育系统的劣质服务，整个学校系统处于危机之中。但是，处于教育基层的教师和管理人的回应却是，问题不在于他们的教学实践，而在于他们进行教学的整个社会环境。学校以正确的方式教给学生们正确的东西，但他们就是不学。他们太受电视、毒品、性、家庭破裂以及窥视的压力的烦扰。教师努力给他们的学生传达那些基本内容。许多教师似乎在说，我们不再生活在这样的时代，教育因其自身而得到珍视。在大多数学生看来，教育在今天的价值，只不过是进入劳动市场的、有一定信誉的门票。学生感到在学校获得的知识并不与生活相干；仅仅和阻挡或允许一个人进入生活的“考试”是相干的。一旦考试结束，知识就可能被忘记。当教育基础主义者责难教师没有充分地了解自己的学科时，所得到的回答是：我们完全了解我们的学科。但我们处在与百年前拉丁和希腊语教师类似的处境。时代正从我们身边溜过。在 MTV 时代，谁还需要为有意义的或合乎语法的写作而阅读？当他们的双亲并不操心选举投票时，罗马和希腊史如何能够看起来和我们的学生们相干？并不是我们，而是我们生活于其中的世界，迷失了方向。评论者认为，学校的辩护者和批评者共有一个假设：教育的目标是慢慢灌输知识。②

在教育改革报告海啸来临之前，一些有识之士已发出声音。一切有才能的教师很大程度上都使用一种基本教学方法——为批判性思维而教

---

① Matthew Lipman, *Thinking in Education*, 2nd ed., Cambridge: Cambridge University Press, 2003, pp. 30 - 31.

② Ibid., pp. 28 - 30.

的方法，无论他是否意识到。尽管这种方法既不是新的，也不是革命性的，但这里所强调的是，它应该在学校里发现更多的应用，并指出其目标怎样可以达到。[①] "我们本该教学生如何思考，可我们却在教他们思考什么。"[②] 奇怪的是，我们期望学生学会，然而却很少教他们有关学习的任何事情。[③]

第三节　批判性思维运动概貌

教育改革报告的号角引起了全美上下的响应，其中最有力的响应之一便是批判性思维研究和实践的浪潮。个人努力、组织机构的措施和社会关注编织成覆盖全国的批判性思维运动之网。当然，从理论上讲，批判性思维运动在 20 世纪 70 年代就已萌发，只不过借着教育改革报告运动的东风在 80 年代蓬勃发展，甚至可以说一直延伸到现在。

首先，很多大、中小学教师在自己的课堂上尝试培养学生的批判性思维。在大学里，哲学教师倾向于强调使用理性方法寻求一个过程或结果的正确性，心理学老师的重点是元认知过程、批判性思维的迁移和问题解决等，演讲、交际系科的老师则关注有效说服。最为典型的是大学层次上展开的"基于非形式逻辑的批判性思维"（informal logic-based critical thinking）教学。批判性思维涉及信念的证明，而广义论证是提供这种证明的工具。为教授批判性思维而设计的大多数教科书和课程旨在发展分析论证、揭示推理错误和构建令人信服的论证等技能。非形式逻辑取向的批判性思维教科书共有的一个观念是由图尔敏等人的《逻辑导论》（1979）首先表达出来的：推理是"一种批判地检验思想（ideas）的方式"。[④] 基于非形式逻

---

① C. Burleigh Wellington and Jean Wellington, *Teaching for Critical Thinking: with Emphasis Secondary Education*, New York: McGraw-Hill Book Company, Inc., 1960, p. v.

② John J. Clement, "Introduction to Research in Cognitive Process Instruction", Jack Lochhead and John Clement (eds.), *Cognitive Process Instruction: Research on Teaching Thinking Skills*, Hillsdale, N. J.: Lawrence Erlbaum Associates, 1979, pp. 1 – 4.

③ Donald A. Norman (ed.), *Perspectives on Cognitive Science*, Norwood, N. J.: Ablex Pub. Corp, 1981, p. 1.

④ Stephen E. Toulmin, R. Rieke and A. Janik, *An Introduction to Reasoning*, New York: Macmillan, 1979, p. 9.

辑的批判性思维教科书和课程集中于论证的结构特征、论证评估的标准和谬误。因而至少在导论层次上，教授“批判性思维”几乎变成了应用非形式逻辑之方法的同义语。[①] 非形式逻辑的创始人约翰逊和布莱尔在其1977年出版的《合乎逻辑的自辩》（*Logical Self-Defense*）序言中表白说，他们的教材处理作为批判性思维之一部分的“防守性思维”（defensive thinking）。[②] 著名哲学家斯克里文在首届非形式逻辑国际讨论会上就预见，非形式逻辑将在改善基本技能的教学和教学法等方面彰显自己的实际重要性。[③] 当然，从一开始，批判性思维课程教学就显露出多样化的苗头，例如“加利福尼亚风格”：一种广义的方法论课程可能是由社会学家教授的，一门问题解决课程由心理学家讲授，文本解释学课程是历史学家讲的，论说文课程却可能是英语教授上的，新闻学也有资格申请媒体分析课程。这样一来，基于非形式逻辑的批判性思维就建立了与相关学科的联系。[④]

在中小学课堂上，那些从自身经验出发花工夫理解和学习批判性思维的教师将批判性思维融入他们的教学内容之中，展现出各种不同的教学风格。例如，高中历史教师奥莱利（Kevin O'Reilly）在讲授有关历史信息来源可靠性的内容时，设计了教室走廊的一场扭打表演，然后让学生目击者讲述所发生的事情。他把学生们给出的各种说明与人们对1775年列克星敦战斗的说明相比较。当这些学生尝试决定哪个目击证人给出了最准确的说明并反思为什么一个历史说明比另一个更好或更糟时，他们就被批判性技能武装起来，而这在奥莱利的课堂上不断被利用。这些批判性技能与证言、观察以及更一般的信息来源的可靠性和准确性相关，它们在课堂之外的生活里也有极大的重要性。奥莱利的学生们运用这些技能对各种教科书关于列克星敦事件说明的准确性做出许多有见识的批判性判断，而那些仅仅被

---

① Joanne Kurfiss, *Critical Thinking: Theory, Research, Practice, and Possibilities*, *ASHE-ERIC Higher Education Report*, No. 2, Washington, D. C.: Association for the Study of Higher Education, 1988, p. 14.

② Ralph H. Johnson and J. Anthony Blair, *Logical Self-Defense*, Toronto: McGraw-Hill Ryerson, 1977, p. 1.

③ “Report on The Windsor Symposium”, *Informal Logic Newsletter*, Vol. 1, No. 1 (1978), pp. 4–5.

④ Linda Bomstad and Perry Weddle, “Editors' Introduction”, *Agumentation*, Vol. 3, No. 2 (1989), pp. 111–114.

导向“接受事实”的阅读的学生不可能做出这种判断。高中英语老师皮博迪（Cathy Peabody）在学生思考《罗密欧与朱丽叶》时问他们一些因果问题。在学生认识到因果在机遇、情感、误解以及故意生成悲剧的因果网中所起作用之后，皮博迪运用相关问题帮助学生发展批判性思维技能，这些将学生引向更深刻的因果性和责任问题。在 4 年级课堂上，库珀（Phyllis Cooper）也对因果的准确评价有类似的关注，引导学生发展良好因果判断的标准。小学一年级教师斯科隆（Cathy Skowron）也将同样的方法用于《忧天小鸡》故事的讨论，帮助学生考虑信息来源的可靠性。①

然而，批判性思维运动的关键推力源于各层次机构和组织。首先在国家层面上，里根总统不仅出席优质教育国家委员会成立大会并发表讲话，而且在《国家处于危险之中》报告递交仪式上发表讲话；除了于报告发表当日接受访谈而外，之后一年之内至少在 7 个场合说及该报告，号召全国上下“一同参加恢复美国教育之卓越的全国运动，……确保教育是最优先的”。② 1988 年 11 月 23 日在全国图书周上，里根更是直接谈及批判性思维的重要性：在每一个社会，教育的目标必定包括使理智独立和批判性思维变成每个公民的自然资产。③ 教育部部长贝内特（William L. Bennet）也认为，高等教育机构应该帮助学生“为生活，为生活得更好这一突出的实践任务以及清晰地思考和明智地行动”做好准备。ABC 新闻主播詹宁斯（Peter Jennings）概述这一观点时说，这指出了“教年轻人如何思考，并因此如何成功”的重要性。海军上将、参谋长联席会议主席克罗（William Crowe）也说，教美国人批判地思维对我们的国家安全越来越至关重要，发展青年人的批判性思维技能是“90 年代首要的挑战”。④ 80 年代晚期，阿肯色州州长克林顿领头的全国州长协会就在其关

① Robert J. Swartz, “Restructuring Curriculum For Critical Thinking”, *Educational Leadership*, Vol. 43, No. 8 (1986), pp. 43 – 44.

② *Ronald Reagan: 1983*, Vol. 1., Washington: Office of the Federal Register, National Archives and Records Service, General Services Administration, 1984, pp. 584 – 585, 588, 622 – 623, 835 – 840, 722, 1029, 1105, 1163, 1446.

③ *Ronald Reagan 1988 – 89 (in two books)*, Vol. 2., Washington: United States Government Printing Office, 1991, p. 1570.

④ Josina M. Mokau, *Reasoning and Communication: Thinking Critically about Arguments*, Belmont: Wadsworth, Inc., 1990, pp. xiii – xiv.

于国家教育目标的建议中包括了批判性思维，该建议 1990 年被联邦政府采纳为 2000 年国家目标的一部分。1994 年议会通过、克林顿总统签署生效的《美国 2000 年教育目标法》要求，到 2000 年“那些显示推理、解决问题、应用知识和有效写作和交流能力的学生的比例将大大提高”。在关于成人（读写）能力与终身学习部分也有同样的目标——“那些显示出较高批判地思维、有效地交流和问题解决能力的大学毕业生的比例大大增加”。之后小布什总统任期内 2002 年 1 月 8 日通过的法案《不让一个孩子掉队》规定，相关资金可用于“发展和提高学生的信息能力、信息检索和批判性思维技能”；（阿拉斯加原住民）学前儿童家庭指导计划包括“在诸如阅读准备、观察、讲故事和批判性思维这些领域训练、教育和支持家长”；学业成就测试包括评价“高阶思维技能和理解”。奥巴马 2009 年 3 月 10 日在拉美裔商会（Hispanic Chamber of Commerce）发表演讲时也说：“解决考试分数低的办法并不是降低标准；而应是更硬更清晰的标准……。我号召我们国家的行政官员和教育领导人发展测量标准和评价方法，它们并不只是测量学生能否完成填空考试，而是测量他们是否拥有 21 世纪的技能，比如问题解决、批判性思维、创业和创造性等。”①

教育行政系统和组织也倾力推行批判性思维。例如，南达科塔州的课程改革为阅读、数学、交流的优质标准拟定了指导方针，包括重点在于能通过计算机辅助教学提高的问题解决和批判性思维技能；新罕布什尔州的“关键技能企业理事会”计划（Corporate Council for Critical Skills）的教师培训重点是问题解决、批判性思维、集体工作和学习、自学和交流技能等关键技能；② 加利福尼亚、纽约、康涅狄格、宾夕法尼亚、南卡罗来纳、犹他、威斯康星和阿拉斯加等州也都以不同方式敦促批判性思维教学。1985 年，美国教师联盟对 50 个州的调查表明，有 27 个州报告他们正在采取步骤开始实施与支持学生思维技能相联系的改革。康涅狄格州的立法草案建议

① The White House, Office of the Press Secretary, “Remarks by The President to The Hispanic Chamber of Commerce on A Complete and Competitive American Education” (http://www.whitehouse.gov/the_press_office/Remarks-of-the-President-to-the-United-States-Hispanic-Chamber-of-Commerce 2014/1/5 10:03:24).

② *The Nation Responds: Recent Efforts to Improve Education*, Washington, D. C.: Department of Education, 1984, pp. 119, 217.

“所有领域的教学都应以培养诸如事实的识别、批判性推理和问题解决这样的思维技能为目的”。纽约州 1984 年采用的行动计划包括教学方面的一般改变，其中之一是“确保所有学生学会逻辑地和创造性地思考，将推理应用到所有年级层次的所有科目的议题和问题中”。思维是宾夕法尼亚州所陈述的 12 个教育目标之一，曾实施全州范围的思维调查，确定了 100 所实施思维项目的学校。该州还办了一个通讯，联合发起关于“作为思维者的学生”的会议。南卡罗来纳州 1984 年立法通过了一个“教育改善法案”，其部分 4 说，“本州教育部和所有学区都将在所有层次的课程中强调高阶问题解决技能”。威斯康星州颁布的相关法令［s. 118.01（2）（a）2］对学生有分析性技能的要求，包括：理性地思考、解决问题、使用各种学习方法、收集和分析信息、做出批判的和独立的判断以及有说服力地进行论证。加利福尼亚州的学院和大学系统已经将批判性思维作为对所有学生的毕业要件。该州教育部发起中小学批判性思维方面的一系列改革，包括教科书、课程、人员发展和教师教育方面。在语言艺术、数学和社会研究方面的新测试最近也开发出来，其中有 30% 到 60% 的项目设计成检测批判性思维技能。[①] 1986 年 28 万加利福尼亚 8 年级学生参加了历史—社会科学测验，该测验 40% 的问题涉及批判性思维技能。1988 年该州教育部开发出 4、6、8 年级学生的精熟测验（mastery tests）的连贯系统，集中于推理技能的内容测验项目。而早在 1980 年 11 月 1 日，该州就发布过 338 号行政命令“通识教育—非本专业必修课”，要求所有 23 所州立大学和 108 所社区学院（约 100 万学生）从 1981 年秋季开始，对注册学生实施遵照这个命令制订的培养方案。其中将“获得清晰地和逻辑地思考的能力，寻找和批判地审查信息的能力，口头和书面交流的能力以及完成数量运算的能力”看作是给毕业生提供不可缺少的生存手段。一个学生要从州立大学毕业，必须有 9 小时的交流和批判性思维方面的指导。[②] 到 1990 年，大多数州都积极鼓励教育者教授批判性思维。

---

① Debbie Walsh and Richard W. Paul, *The Goal of Critical Thinking: from Educational Ideal to Educational Reality*, Washington, D. C.: American Federation of Teachers, Educational Issues Department, 1986, p. 6.

② *California State University Issued Executive Order 338*, *General Education-Breadth Requirements* (1980), (http://www.calstate.edu/eo/EO-338.pdf 2014-03-21).

美国教师联盟1986年发布的一个全国意见书——《批判性思维的目标：从教育理念到教育现实》指出，新的证据一次又一次地向我们表明，学生们缺乏需要发展的关键“高水平”技能以及批判地阅读、写作、演说、聆听和推理的能力。如果教育的目标是要“教”学生思考，那么为何这种“不思考、无读写能力的衰退会发生”？主要的原因是，从来没有一种对批判性思维技能之发展的有效的、系统的强调，而追根溯源是教师教育和预备对批判性思维的重视很不够。教育系统本身常常成为培育有益于批判性思维之环境的障碍，教科书一直很少关注思维，95%的标准化考试问题都致力于回想和记忆，忽略了高阶思维过程。然而，现代社会、政治和个人问题的复杂性和挑战要求独立思考、有充分根据的判断以及分析地和理性地思考的能力，因此教育的重点应该转变。意见书最终提出了批判性思维有效整合的基本要素，包括教师的角色、教师的教育和组织的结构等三大方面的建议。[①] 同年，全美23个全国性教育组织参与监督和课程发展协会（ASCD）启动的思维教学合作。[②] 斯坦福大学校长肯尼迪（Donald Kennedy）起草了一封公开信，36所大学领导人联合签署，于1987年11月18日发给美国所有3300所学院和大学的校长。公开信说：“要保持和提高我们的生活质量，我们必须发展以能够为谋生而思考的劳动者为基础的具有领先优势的经济……这意味着我们必须培育能够批判地、创造地和富有想象力地思考的庞大人群。”[③] 国家教育进步评价（NAEP）的“咨询政策委员会”强调高阶思维技能的评价，美国哲学学会常务理事会1985年也敦促哲学家帮助尝试批判性思维检测和在初高中课程中纳入批判性思维。

为教学生批判地思考而设计的跨课程计划颇为时髦，各种各样的“学会思考”的计划项目如雨后春笋。比较有名的如“伊利诺伊思维改善计划”（Illinois Project for the Improvement of Thinking）、“零点计划”（Pro-

---

① Debbie Walsh and Richard W. Paul, *The Goal of Critical Thinking: from Educational Ideal to Educational Reality*, Washington, D. C.: American Federation of Teachers, Educational Issues Department, 1986, pp. 52 – 53.

② Barbara Z. Presseisen, *Critical Tinking and Thinking Skills: State of the Art Definitions and Practice in Public Schools*, Wasgington, D. C.: Office of Educational Research and Improvement, 1986, p. 57.

③ Richard W. Paul, “Critical Thinking in North America: A New of Knowledge, Learning and Literacy”, *Agumentation*, Vol. 3, No. 2 (1989), pp. 197 – 235.

ject Zero，1981）、“心灵奥德赛”（Odyssey of the Mind，1985）、“工具强化”（Instrumental Enrichment，1980）、“高阶思维技能”（Higher-Order Thinking Skills，1982）等。最为广泛使用的方案是“思维战术”（Tactics for Thinking，1985），卖出了7万份教师指南。一大批研究机构也应运而生。有数十个研究机构从事批判性思维主题研究，仅冠名批判性思维的研究机构就有拉基（George M. Luckey，Jr.）负责的莫海德州立大学的“批判性思维中心”、斯沃茨（Robert Swartz）主持的设在波士顿马萨诸塞大学的“批判性思维国家中心”、保罗（Richard Paul）负责的索诺玛州立大学的“批判性思维中心”、蒙特克莱尔州立大学的“批判性思维研究所”等。三个80年代发展起来的有名的（哲学方向）批判性思维促进组织是：保罗领导的研究机构，举办K—12和大学层次教育者的大规模年会，现在是批判性思维基金会（Foundation for Critical Thinking）、批判性思维中心（Center for Critical Thinking）和卓越批判性思维全国理事会（The National Council for Excellence in Critical Thinking）；斯沃茨领导的中心有批判性思维和创造性思维的硕士计划，现在是全国思维教学中心（National Center for Teaching Thinking）；源于圣科拉拉大学由费西万（Peter Facione）领导的机构，名为“洞见评价”（Insight Assessment）。前两个组织重点研究批判性思维教学，第三个集中于批判性思维概念和评价。[①] 1981—1986年，《教育领导》（*Education Leadership*）有7期思维技能教学专号，[②]《国家论坛》（*National Forum*）有一期是思维技能专题。

---

① Robert Ennis，“Critical Thinking：Reflection and Perspective Part Ⅰ”，*Inquiry：Critical Thinking Across the Disciplines*，Vol. 26，No. 1（2011），pp. 4－18.

② Education Leadership，Vol. 39，No. 1（1981），“Teaching Thinking Skills”；Vol. 42，No. 1（1984），“Thinking Skills in the Curriculum”；Vol. 42，No. 3（1984），“When Teachers Tackle Thinking Skills”；Vol. 42，No. 8（1985），“Direct Instruction and Teaching for Thinking”；Vol. 43，No. 8（1986），“Frameworks for Teaching Thinking”；Vol. 43，No. 7（1986），“Teaching Basic Skills：Insights from Cognitive Research”；Vol. 45，No. 7（1988），“Teaching Thinking Throughout the Curriculum”. 近来还有3次专号：Vol. 64，No. 2（2006），“Reading，Writing，Thinking”；Vol. 65，No. 5（2008），“Teaching Students to Think”；Vol. 65（2008），“Thinking Skills NOW”（online only）。该杂志是由ASCD（Association for Supervision and Curriculum Development）1943年7月创办的，开发和传递使支持每一个学习者获得成功的教育者的创新方案、产品和服务的全球领导者，由138个国家的14万成员组成，包括监督人、校长、教师、教授和拥护者，ASCD有56个隶属组织，该协会提供职业发展、能力建设和教育领导力方面的专家和创新解决办法（http：//www. ascd. org/publications/educational-leadership/archived-issues. aspx 2014－03－12）。

更有批判性思维的专门期刊《探究：跨学科批判性思维》（1988 年创办的蒙特克莱尔州立大学批判性思维研究所通讯）。关于思维技能的会议也遍地开花，仅 1984—1986 年间就有 29 个会议举行，其中批判性思维的专题会议就有 9 个。[①]

批判性思维不仅逐渐为大多数大学确立为教育目标，而且被认为形成了一种与所谓的关于知识、学习和能力的“说教理论”形成鲜明对照的“批判性理论”，这二者之间有 21 个假设是对立的。[②] 教师认证和课程标准也包含批判性思维方面的要求。1987 年成立的国家专业教学标准理事会（National Board for Professional Teaching Standards）于 1989 年发布《教师应该知道的和能够做的事》（*What Teachers Should Know and Be able to Do*），提出了可与医学希波克拉底誓言相媲美的“教学的 5 个核心命题”，作为合格教师的职业愿景。所有全国理事会的认证都建立在这 5 个核心命题的基础之上。该报告在阐释这 5 个命题时凸显了批判性思维的重要性。要求教师“发展学生的批判性和分析性能力”。命题 4（“教师系统地思考他们的实践，从经验中学习”）则与批判性思维直接相关，其下包括“认证教师是有教养人的模范——他们阅读、质疑，他们创造并乐意尝试新生事物”，“他们经常批判地审查自己的实践以深化知识，扩展自己的技能，将新发现吸收到自己的实践中”等。报告对命题 4 的阐释实际上要求教师成为体现批判性思维技能和示范批判性思维气质的榜样。在阐释命题 5 中的“教师是学习共同体的成员”时指出，教师参与批判地分析学校课程，国家理事会认证的教师养成一种评价学校教学陈腔滥调的批判精神。报告认为，批判性思维不是抽象发生的，对思维者而言它总是关于某事物的推理。成熟的教师懂得学科思维在发展丰富的、理论的主题内容理解所起的基础作用。他们专注于向他们的学生揭示批判性思维的不同模式，教学生分析地思考内容。教师要注意这样的事实：每一学科都存在多元视角和解释，合格教师激励学生质疑主流的规准和假设，帮助他们自主

---

① Barbara Z. Presseisen, *Critical Thinking and Thinking Skills: State of the Art Definitions and Practice in Public Schools*, Wasgington, D. C.: Office of Educational Research and Improvement, 1986, pp. 50 – 55.

② Richard W. Paul, “Critical Thinking in North America: A New of Knowledge, Learning and Literacy”, *Agumentation*, Vol. 3, No. 2 (1989), pp. 197 – 235.

思考。[①] 许多职业鉴定机构在其认证准则里包括了批判性思维技能的测量，例如全国护理联盟（1990）、西部大专院校协会（1990）、中北部大专院校协会（1992）。一些州所制定的教师资格证获取条件也包括批判性思维的要求。例如宾夕法尼亚的标准中就有：教师理解和运用各种教学策略，包括跨学科学习经验，激励学生发展批判性思维、问题解决和执行技能。佛罗里达教育法立法调查结果发现，有效的教育者能做到：以合乎逻辑的和可理解的风格写作和言说……合乎逻辑地思考和解决问题。批判性思维的要求也落实到课程标准上。全国数学教师理事会在其《课程和评估标准》（1989）中号召课堂教学将批判性思维置于核心地位，新标准清晰地陈述了普遍强调推理将是所有数学活动的本质。全国护理联盟 1989 年发布的第 6 版《护理学士学位和更高学位培养方案评估标准》指出，“课程设置强调批判性思维和日益进步的独立决策的发展”。因此教员需要一个可理解的、切实可行的且广泛的批判性思维定义。此外，员工开发者（staff developers）必须满足要求批判性思维作为临床能力之组成部分的医院认证标准。[②] 在学生学业成绩和升学考试方面，批判性思维也有越来越多的渗透。ACT 的科学推理部分，新 MCAT 的许多项目、AP、ITED、GRE 的分析和逻辑推理部分、LSAT，都是试图将批判性思维结合在一个测试中、对考生影响重大的考试中。[③]

美国批判性思维运动经久不衰的另一个秘密在于全社会的关注。《国家处于危险之中》等报告以及政府高层的态度也得到公众的响应。民意调查证实，人们知道和理解教育对国家的福祉与自己未来的重要性，他们形成了这样的信念：教育是最高的国家议程。58% 的纳税人甚至愿意为帮助提升美国的教育标准而更多地纳税。许多商业会所、遍及各地的商业圆桌会议，不计其数的商业组织都加入到促进公司对教育的贡献行列中来，鼓励雇员参与学校，支持教育改革的立法和预算。重要的基金会不仅为一系列

---

① *What Teachers Should Know and Be able to Do*, Arlington, VA: National Board for Professional Teaching Standards, 1989.

② Merle Kataoka-Yahiro and Collen Saylor, “A Critical Thinking Model for Nursing Judgment”, *Journal Nursing Education*, Vol. 33, No. 8 (1994), pp. 351 – 356.

③ Robert H. Ennis, “Critical Thinking Assessment”, Daniel Fasko, Jr (ed.), *Critical Thinking and Reasoning: Current Research, Theory, and Practice*, Cresskill, N. J.: Hampton Press, Inc., 2003, pp. 293 – 313.

研究报告提供了实质支持，而且为教育系统改革提供资金支持。几年时间内估计有350个地方教育基金会成立。[①] 盖洛普的一项调查要求美国老师对一些教育目标（25个）的重要性进行排序，“发展良好的工作习惯与组织自己思想的能力和全神贯注的能力”；“发展创造地、客观地和分析地思考的能力”这两个目标排在最前，而美国公众将它们排在第六和第九位。[②]

出版和新闻媒体也有推波助澜之功。社论、政治漫画和小专题生动阐释了在技术高度发达的社会里教育对个人自由和民主价值的基础重要性。美国教育部曾检阅了《国家处于危险之中》发布4个月之内45种全国性和地方性报纸，发现有700篇文章与之有关。重要期刊《时代》《新闻周刊》《新共和国周刊》和《美好家园》都用大量的版面评论优质教育国家委员会和教育议题。在上述报告发布12个月的时间里，电视网络聚焦于教育议题，包括NBC的“本日秀”（Today Show）、“夜新闻”（Nightly News）和“会晤新闻界”（Meet the Press）；CBS的“晚间新闻”（Evening News）、“早间新闻”（Morning News）、“阿格隆斯基和公司”（Agronsky and Company）与“菲尔·多诺霍秀”（Phil Donohue Show）；ABC的“晚间世界新闻”（World News Tonight）、“夜线”（Nightline）、“早安美国”（Good Morning American）和“布林克利秀”（The David Brinkley Show）；PBS的美国高中专论。[③]《纽约时报》成为批判性思维的有力倡导者。该报在20世纪70年代就有关于批判性思维的报道。例如1978年11月25日，《纽约时报》刊登了一个有关耶鲁教授哈罗得·摩落维滋（Harold J. Morowitz）的故事，这位教授论证说，今天的年轻人需要批判性思维方面的课程，以便在非理性运动（比如，吉姆·琼斯的人民圣殿教事件）中得到自我保护。1981年，批判性思维作为教育改革的一个因素开始真正引起公众注意，《纽约时报》在教育专栏编辑莫洛夫（Gene Maeroff）的指导下开始刊登宣传批判性思维计划项目的系列故事，这些故事发生在国家教师学院和它们的毕业生控制的课堂

---

① *The Nation Responds: Recent Efforts to Improve Education*, Washington, D. C.: Department of Education, 1984, pp. 12 – 13, 18 – 19.

② Alec Gallup, “The Gallup Poll Of Teachers' Attitudes Toward the Public Schools Part 2”, *Phi Delta Kappan*, Vol. 66, No. 5 (1985), pp. 323 – 340.

③ *The Nation Responds: Recent Efforts to Improve Education*, Washington, D. C.: Department of Education, 1984, p. 14.

上。该报还报道了一些大学的批判性思维计划项目和批判性思维研究、培训机构（1982 年 4 月 21 日教育专栏；1983 年 1 月 9 日“教授思维：一个新重点”；1984 年 1 月 8 日“写作教学得到新推动”）。[①]《基督教科学箴言报》的一篇文章也说，今天的学生没有学会如何辨识未陈述的假设，他们对推论、因果推断、建立论证、形成和辩护一个看法、看出意涵等手段所知甚少。教育者说，总之他们对批判地思考没有学会多少。[②]《美国新闻与世界报道》刊登保罗（Richard Paul）的文章说，“我们需要将学习的重点从仅仅教学生获得正确答案转向教他们有教养的人追求正确答案的那种过程”。[③]其实，商业和管理期刊也早就开始关注批判性思维。1976 年秋，《管理和行政科学》杂志着力描述了批判性思维作为“参与的/民主的意识”的基本要素，作者认为这一要素是成功的基本要素。1978 年夏，《大西洋经济评论》发出了这样的呼唤：管理者需要发展作为解决商业问题之手段的批判性思维。[④]卡普（Walter Karp）在《哈泼斯》杂志上引述古德拉德的报告说，甚至没有 1% 的教学时间致力于讨论“要求某种包括推理或可能来自学生的看法的某种开放回应。……学生被动性的严重程度非常突出”。“大多数教师完全不知道如何达到较高的思维层次。”[⑤]由于经济变得日益依赖信息，雇主们需要寻求那些既能将批判性思维技能应用于信息处理，又能将自己的理解与他人沟通的雇员。1989 年 5 月，ABC 新闻用 1 小时讨论这个重要话题。按照节目策划人的说法，“最重要的工作技能是，一个学生在离开学校后仍能拥有批判性思维的能力”。广播专栏引用一些公司负责人所支持的观点：批判性思维在雇工和保持长期雇用关系上将扮演越来越重要的角色。[⑥]

---

① Albert Keith Whitaker, “Critical Thinking in the Tower Ivory”, *Academic Questions*, Winter 2002 – 2003, pp. 50 – 59.

② *The Christian Science Monitor*, February 28, 1986.

③ Richard W. Paul, “Think! Now Schools are Teaching How”, *U. S. News & World Report*, January 14, 1985.

④ Albert Keith Whitaker, “Critical Thinking in the Tower Ivory”, *Academic Questions*, Winter 2002 – 2003, pp. 50 – 59.

⑤ Walter Karp, “Why Johnny Can't Think: The Politics of Bad Schooling”, *Harper's*, June, 1986, pp. 69 – 73.

⑥ Josina M. Mokau, *Reasoning and Communication: Thinking Critically about Arguments*, Belmont: Wadsworth, Inc., 1990, p. xiii.

20世纪70年代以来的批判性思维学术研究可以分为三个阶段，每一阶段都有不同的研究议程和应用重点。第一波（1970—1982）批判性思维研究的重点是由哲学家主导的逻辑、论辩和推理理论。理论家倾向于仅仅聚焦于明显的说服和论辩中的思维问题，用相对狭窄和技术的视角来看推理和逻辑，结果没有处理批判性思维的关键成分——语言逻辑和问题逻辑。第二波（1980—1993）的特征是观点的多样性，心理学、批判教学法、女性主义和特殊学科（生物学、商业或护理）以及第一波研究议程错失的某些元素（情感、直觉、想象和创造性等），都成为审视批判性思维的不同视角。它比第一波的计划更为广泛，对批判性思维的考察超出了逻辑学和修辞学传统。但第二波的工作缺乏一种共享的智识传统，总体上很少有整合，不太融贯，常常更为“肤浅”，所做的不同寻常的工作得到的收获常常是以深度和严格性为代价的含糊的广泛性。第三波（1990—1997）要超越前两波的弱点——缺乏广泛性的严格性与没有严格性的广泛性，卓越批判性思维全国理事会（National Council for Excellence in Critical Thinking）的原则和标准代表第三波现象。这些原则和标准本质上是广泛的，大大超越了逻辑和批判性思维的狭隘视界。它所关切的是，整合前两波研究的洞见；发展严格而广泛的批判性思维理论；阐明在学术环境之内和之外有一般应用的理智标准；说明情感和价值在思维中的合适角色；理解在情感和行为形成过程中思维的主导作用；将认知心理学的经验工作融进批判性思维理论中；建立批判性思维研究和实践领域中的共同原则和标准；发展识别和批判伪批判性思维模型和方案的有效评价工具。①

80年代晚期和90年代初，倡导批判性思维的努力达到了顶峰。此后，批判性思维的价值和必要性为美国全社会所接受，批判性思维被吸收进教育的各个层次。1977年到1988年间，大约有2000篇关于批判性思维的文章在学术期刊发表；至1993年，美国已有800所高校以各种形式提供至少一种批判性思维课程。②

---

① Richard W. Paul, “The Critical Thinking Movement: 1970 - 1997”, (http://www.criticalthinking.org/articles/ documenting-history.cfm 2014 - 02 - 23).

② Karma El Hassan and Ghida Madhum, “Validating the Watson Glaser Critical Thinking Appraisal”, *Higher Education*, Vol. 54, No. 3 (2007), pp. 361 - 383.

第四节 批判性思维运动的价值

美国的批判性思维运动产生了全球影响。加拿大虽然不是一个“处于危险之中”的国家，但美国的警示启发了加拿大把公民教育理念和最终基于职业技能发展的教育结合起来的通识教育课程，开始研究标准化考试方案对教育实践，对如何评价或描述高阶认知发展的影响。欧洲也感受到了以北美为中心的批判性思维运动的发展势头。欧洲的一些思维教学研究受到美国批判性思维研究的影响。比如，与李普曼和保罗相联系的通过哲学教学的批判性思维路向引起了欧洲一些国家的兴趣。西班牙巴塞罗那的“哲学教学研究所”（Institute for Research into the Teaching of Philosophy）将李普曼的课程材料翻译成西班牙语，开发教师训练课程，开展小学的某些实验工作。葡萄牙里斯本大学的“学习思考计划”（Project Dianoia）主要是一个提高元认知意识来提升思维技能的干预计划；训练文本理解、书面作文和科学问题解决的元认知策略的课堂教学也成功引进。在瑞典，全国教育理事会在斯德哥尔摩大学资助的一个计划，也使用李普曼7—9岁儿童的故事译本。① 更值得注意的是，许多国际组织也倡导批判性思维，其中联合国教科文组织在全球推进批判性思维最为持久。早在1937年，国际教育局② 12号建议《中小学师资培训中的心理学教学》就向各国教育部建议，“培训应该使未来的教师……能运用各种实验和测量方法，预测出儿童健全的批判性思维和一定的科学成熟度”。③ 教科文组织的73号建议《教育和生产劳动之间的相互作用》（1981）“计划与措施”部分指出，只要合适，就把实用原则应用于教授基本读、写、算以及培训创造性和批判性的思维能力。77号建议《扫盲：90年代的行动政策、战略

① Carol McGuinness and John Nisbet, “Teaching Thinking in Europe”, *British Journal of Educational Psychology*, Vol. 61, No. 2 (1991), pp. 174 – 186.

② 国际教育局成立于1925年，最初是一个私立机构。联合国教科文组织和国际教育局在1968年签署了一项新的协议。这项协议注意到国际教育局的活动符合联合国教科文组织的活动框架，国际教育局章程赋予教育局的职能转入教科文组织。国际教育局已成为联合国教科文组织的组成部分，是比较教育的国际中心，但仍以国际教育局的名义享有学术和职能方面的广泛自治。可参见佩德罗·罗塞洛《历史性注解》（第四版），载赵中建主译《全球教育发展的历史轨迹：联合国教科文组织国际教育大会建议书专集》，教育科学出版社2005年版，第7—17页。

③ 赵中建主译：《全球教育发展的历史轨迹：联合国教科文组织国际教育大会60年建议书》，教育科学出版社1999年版，第47页。

与计划》(1990)的“原则、概念和目标”部分第7条指出，读、写、算能力构成了任何教育或培训过程的核心，而教育或培训过程的伦理学基础是实现这样一种目标，即唤起意识和敏锐性，得出文化特征的概念以及发展批判性的能力。78号建议《教育对文化发展的贡献》(1992)在阐述“学校在促进文化方面的地位”时指出，除了发展学生的智力以及观察力、批判性推理能力和问题解决能力时，学校还应该使他们在智力和分析能力以及情感、精神和道德素质之间达到一种平衡；认为“历史教学旨在使学生批判地了解自己的文化，还应促使他们意识到并能鉴赏对国家文明和世界文明的其他贡献”。对于传媒教育，该建议指出，传媒教育的功能是使人更好地了解传媒对个人和社会所具有的作用、功能和影响，以及对发展以独立和批判的方式解释传媒信息的能力所具有的作用、功能和影响。79号建议《国际理解教育的总结与展望》(1994)说，传播媒介在儿童和青年社会化过程中的影响正日益为人们所认识，因此，必须为批判地分析和利用传播媒介培训教师和学生。[①] 联合国儿童基金会(UNICEF)、经合组织(OECD)、人权理事会(UNHRC)以及其他全球性组织，如“和平团”(Peace Corps)和大赦国际(Amnesty International)等也在特殊的重要领域推动批判性思维。英、德、法、加、澳、荷、以色列、新西兰、新加坡、日本、土耳其、立陶宛、巴西、印度、哈萨克斯坦、圭亚那、南非、埃及、菲律宾、马来西亚、泰国、缅甸、委内瑞拉、牙买加、阿富汗、伊拉克、巴林、孟加拉、巴巴多斯、博茨瓦纳、约旦、肯尼亚、马拉维、摩尔多瓦、纳米比亚、阿曼、巴勒斯坦、卢旺达、马耳他、尼加拉瓜等国以及我国的台湾和香港地区，都已将批判性思维纳入教育目标。

批判性思维是有价值的认知技能、宝贵的资本。研究表明，在不同的选择制度方面，不平等的批判性思维发展与社会经济地位和制度选择之间存在的正相关相结合，构成了高等教育制度参与社会再生产的一种方式。[②] 有学者认为，一个国家的经济命运取决于维护和培育创新的能力。美国最重要的创新优势是文化。创新的文化环境或“创新生态系统”需要一种积极的或建设性的冲突，一种产生非零和解决的冲突。这是一种体

① 赵中建主译：《全球教育发展的历史轨迹：联合国教科文组织国际教育大会60年建议书》，教育科学出版社1999年版，第438、484、500—501、505、520页。

② Lisa Tsui, “Reproducing Social Inequalities through Higher Education: Critical Thinking as Valued Capital”, *The Journal of Negro Education*, Vol. 72, No. 3 (2003), pp. 318 – 332.

现在美国体育界、美国法庭和美国政治系统中的冲突，是一种结构化竞争的冲突，其中的失败者有机会在另一天获胜，而且在不断改进这种博弈方面人人都有利害关系。它也是创造性破坏的冲突，是给新商业模式开路而破坏旧商业模式的过程。最重要的是，一种建设性冲突的文化奖赏挑战每一领域的权威。美国的教育机构长期以来用各种方式强调批判性思维，而这是中国和其他国家现在设法追赶的。创新的文化需要在一种更大的透明和信任的文化之内鼓励冲突，重视和鼓励跨文化能力。美国的气质和历史非常适合这种文化。也许最好的例子是维基百科。观点被挑战、编辑、再挑战，最终产品是不同的、对抗过程的结果，这个过程比在美国法律系统中发现的对抗过程更为优雅。但前提是相同的：在追求真理和真相的过程中，多元的思想相互冲撞，互相校正。在一个喜欢分散和积极冲突的世界里美国具有优势。因特网世界、维基世界以及网络化的世界全都开始于美国并向外辐射。这些世界的特性对于21世纪的创新和问题解决是关键。①

大家日趋认识到批判性思维技能在知识经济中的基础角色预示着教与学的重大变化，这反映在当今正在进行的教育改革运动中，并得到教育技术的援助。虽然这一改革也在中小学存在，但最大的进步出现在美国的高等教育。按照本杰明的概括，对这个改革运动可以用三个维度来加以刻画：第一，从长期存在的授课格式转向强调学生的课堂积极参与和分析性写作技能发展的、以学生为中心的路向；第二，课程和教科书的平衡重点改变了，即从流行的强调内容转向案例研究和基于问题的材料，这要求学生将其所知应用到新情境中；第三，评价工具改变了，从最好用于评判学生吸收内容之程度的选择题测试转向符合改革精神众多目标的开放式测试。当然，教育改革的前两个维度已有重大进步，但评价已经滞后了。在将中学和大学的重点日益放在发展学生批判性思维技能之上的情况下，评价工具需要进化为测量学生学得好不好、教得怎么样。②

美国批判性思维运动的历史经验对我们有重要启迪。该运动达到今日

① Anne-Marie Slaughter, "America's Edge: Power in the Networked Century", *Foreign Affairs*, Vol. 88, No. 1 (2009), pp. 94 – 113.

② Roger Benjamin, Stephen Klein, Jeffrey Steedle, Doris Zahner, Scott Elliot and Julie Patterson, *The Case for Critical-Thinking Skills and Performance Assessment*, New York: Council for Aid to Education, 2013, p. 4.

的水平并依然有持续之势全仗以下 5 个具体因素。第一，批判性思维的推行得到制度或体制的支撑，总统、联邦政府、州政府以及各种教育组织、社会组织都提供了支持。第二，社会总动员使批判性思维的理念深入到社会的方方面面，得到工商界、出版媒体界、学术界、各种基金会以及教师、学生和家长的赞同和支持。这种由上而下和自下而上的促动甚为关键。第三，教育诸方面的共振，使批判性思维的教学和训练系统化。办学目标、教师、教学各环节（教学方法、授课、讨论、作业、考试、课程、教材、校园活动）、入学选拔、资格认证、职业要求、雇工条件等都渗透批判性思维的要求和实践。人们公认，批判性思维的培养不可能通过一门课程来完成，它是整个教育体系和环境互动的结果，是个人终身的努力。第四，批判性思维教学必须与具体学科内容的教和学紧密结合。尽管在围绕批判性思维一般能力的独立课程教学与围绕学科领域具体批判性思维能力的专业教学之间存在差异和争论，但养成批判性思维必须与具体学科专业知识相结合是当今的一大共识。一般的批判性思维通过具有学科特点的形式加以体现，这就是我们所说的“像科学家那样思维”“像法律人那样思维”“像历史学家那样思维”的含义。[①] 在美国的中小学，批判性思维主要是作为一种教学法贯彻到各科目教学中。第五，批判性思维常常攀附在其他社会运动或思潮上而扩大自己的影响力。比如，在进步教育运动、批判哲学思潮、社会研究或社会课程运动之中都有明显而强烈的批判性思维因素。当然，美国人也认识到批判性思维的推行与培养会遇到一些障碍。大多数成人都有批判性思维能力，但退步的心理、文化和政治的禁忌阻止它显现。[②] 在批判性思维运动开展期间，有学者担忧改革者的命运会像 60—70 年代企图在不同学科教批判性思维技能的那些人一样无功而返，因为这个目标与学校的其他许多目标不相容，在默许批判性思维训练之必要性的同时，人们会继续用老套的形式来教学。[③] 不过有学者对这场运动

---

① Daniel T. Willingham, “Critical Thinking: Why is it so Hard to Teach?”, *American Educator*, Summer, 2007, pp. 8 – 19.

② Stephen Brookfield, “Critical Thinking in Adulthood”, Daniel Fasko, Jr (ed.), *Critical Thinking and Reasoning: Current Research, Theory, and Practice*, Cresskill, N. J.: Hampton Press, Inc., 2003, pp. 143 – 163.

③ S. Samuel Shermis, “School Haven't Taught either Reasoning or Problem-Solving Skills”, *Education Week*, Vol. 4, No. 5 (1984), p. 20.

的最终成功持乐观态度，他们有5点理由：第一，批判性思维运动并不正面挑战传统上公认的学校教育目标，而是旨在帮助青少年更好地完成这些目标。第二，对有效的思维教学，对思维和教育变化也比早先的改革者了解得更多，大量研究提供了对这些现象的洞察。第三，有广泛公众、专业人员和相当多的政治和制度势力的支持，这是早先改变思维教学的努力所不具有的。第四，改善思维教学的运动也从很多思维技能方案获得了动力和支持，与大多数早期关于思维的课程程序不同，这些方案一般包括详尽的教师训练组件，能大大有助于保证它们所包含的革新有效地转换到课堂上。许多这样的方案基于更细致、更精确的思维和思维技能的概念化。第五，对改善思维教学的基层支持也比过去要大得多，人们懂得改善信息加工和改善内容学习之间的联系，精通思维和职业选择之间的联系。当然，思维技能运动的未来也有些障碍。有许多人和集团很可能不想要年轻人学会更好地思考。而一些批判性思维教学的热衷者不能正视课堂教学现实，或者没有将他们的方案与训练迁移、学习干预、培育年轻人元认知的重要性以及教学效果原则相结合，这很可能造成对整个改革的伤害。

批判性思维在中国的发展任重道远。和美国相比，在上述5个因素方面差距巨大，尤其批判性思维远不是“国家定制”，例如迄今尚未将批判性思维作为高等教育的目标，国家教育改革与发展纲要中也只字未提。而且，中国文化环境中的一些因素（过于看重权威和面子等）阻碍批判性思维的培育。有美国学者甚至认为，在中国文化语境中，西方管理者想要努力在中国鼓励说出自己思考的东西而非相信老板想要听到的某种东西是徒劳的。[1] 中国的批判性思维推行需要与社会改革和文化更新或再造结合起来。

---

① Anne-Marie Slaughter, “America's Edge: Power in the Networked Century”, *Foreign Affairs*, Vol. 88, No. 1 (2009), pp. 94 - 113.

第五章

批判性思维的苏格拉底模型

批判性思维源于苏格拉底（约公元前469—约前399年）所倡导的一种探究性质疑（Probing Questioning），即“苏格拉底方法”或“苏格拉底对话”。现身于柏拉图对话中的苏格拉底，示范了体现批判性思维实质的探究方法，彰显了一种行动、一种精神、一种生活方式，是哲学践行的典范。苏格拉底诘问（Socratic Questioning）是苏格拉底方法最显著的特征，它培育一种问题思维。就此而言，将Critical Thinking翻译为“批判性思维”比任何别的译法都牢牢抓住了批判性思维的化身——苏格拉底精神的精髓。苏格拉底诘问的力量在于它允许人们阐明他们的理念，放慢他们的思维，学会评估他们思维的过程。苏格拉底诘问依靠这样的假设：一切都有逻辑，这可以通过运用提问和思维加以揭示。提问也是一种有效的心灵习性，帮助人们洞察他们如何可能与他人联系起来；通过要求他们批判地思维，尊重他人的意见，批判地、主动地聆听他们或许不同意的观点，来促进人性、独立思考和生活。苏格拉底诘问要求人们澄清他们思考或研究的目的与他们的意谓，区分相干和不相干的信息，然后检验其可靠性和来源，质疑他们自己和别人的话语所包含的假设，以合作精神从不同视角进行推理，探查自己和他人之所思的后果或含意，整理他们知道或以为知道之物的理由和证据，也对他们面前的证据和理由保持敏感性。当然，不能把苏格拉底诘问混同于一种没有方向的混沌头脑风暴。[①] 苏格拉底方法对使人们避免过“未经审思的生

---

① Danny Weil, “Socratic Questioning: Helping Students Figure Out What They Don't Know”, Joe L. Kincheloe and Danny K. Weil (eds.), *Critical Thinking and Learning: An Encyclopedia for Parents and Teachers*, London: Greenwood Press, 2004, pp. 414 - 419.

活”有巨大潜能。[①] 终生研究苏格拉底的学者弗拉斯托斯（Gregory Vlastos）将苏格拉底方法誉为“人文学科最伟大的成就之一”，因为它使哲学探究成为“一种向每个人敞开的共同人类事业”。[②]

第一节　苏格拉底的肖像

苏格拉底 40 岁时就是在精神上和道德上伟大的希腊时代最出色的“知识分子”之一。他深切关怀无形的道德秩序与周遭人们有关神和不朽灵魂的宗教信仰，对哲学问题以及相应的探究方法也有很独到的看法。公众所看到的苏格拉底是：一个有趣的、行为古怪的人，一个书呆子、悖论贩子、自由思想家和巫术师的混合体。然而，苏格拉底是胸怀宽广、思想坚强的雅典思想家，他代表一种思维，更准确地说，代表批判性思维的基本态度——没有一个论点会如此不言自明、普遍合适、绝对确实，以致可以豁免于我们根据早先承认的原理重新加以考虑并对其进行再检验。我们有责任充分而公正地聆听任何一种主张，也有义务勤奋地仔细推敲有利于它们的论据并以法律般的公正来评估它们。无论怎样繁重的探究都不可以逃避；与我们的感情敌对的任何意见，都不可以被愤怒的吼声压倒或被讥笑和辱骂窒息。[③]

在柏拉图对话中出场的苏格拉底用三个比喻绘就了自己的肖像。这一肖像向我们展示了他作为批判性思维之化身的特质。在《申辩篇》（30E）中，苏格拉底自比为“牛虻”（虻子）。雅典好像一匹良种马，身形巨大而动作迟缓，神特意将苏格拉底指派给这座城市，就是让他像牛虻一样刺激这匹马而使它活跃起来。苏格拉底所担当的牛虻角色，就是整天飞来飞去，到处叮人，唤醒、劝导、指责每一个人；除了苏格拉底，人们不容易找到另一个替代者。苏格拉底怀疑人们已经昏昏入睡，并厌恶他的做法，

---

① Christopher Phillips, *Socrates Café: A Fresh Taste of Philosophy*, Cambridge: The Lutterworth Press, 2001, pp. 19 - 22.

② Gregory Vlastos (ed.), *The Philosophy of Socrates*, Notre Dame, Ind.: University of Notre Dame Press, 1971, pp. 19 - 20.

③ ［英］泰勒、［奥］龚珀茨：《苏格拉底传》，赵继铨、李真译，商务印书馆 1999 年版，第 55、128 页。

因而可能会像对待牛虻一样将他一巴掌打死，然后继续昏睡至死，除非雅典人受到神的眷顾另派一个接替者。苏格拉底指出，属于雅典这个因其智慧和力量而著称于世的最伟大城市的雅典人，只注意竭力获取金钱、名声和荣誉，而不关注或思考真理、理智和灵魂的完善，真是可耻！他听从神的命令把自己所有的时间都花费在试探和劝导雅典老少身上，使他们不是将自己的身体或职业而是将自己灵魂的最高幸福当作首要的、第一位的关切（《申辩篇》，29E，30A）。他说，与他人谈论与考察善和其他各种主题，是一个人能做的最好的事，“不经受这种考察的生活是没有价值的”（《申辩篇》，38A）。[①] 苏格拉底的使命就是要刺激人们思维，尤其是批判性思维！审思人的生命或生活！

然而，苏格拉底不是以权威自居向雅典人传授知识，兜售聪明。相反，当知道神谕说他是最聪明的人之后，他想竭力证明的是此为虚言。苏格拉底想方设法遍寻“聪明人”与之论辩，结果发现：神谕之正确正是在于苏格拉底知道自己无知，而这一点是那些“聪明人”缺少的。有些人之所以乐意花费大量时间与苏格拉底在一起，是因为他们喜欢听苏格拉底盘问那些自认聪明而实际上并不聪明的人。苏格拉底做这样的盘问既是一种乐趣，也是服从神之命令（以神谕、托梦等形式出现）的义务（《申辩篇》，33C）。在《美诺篇》（80A）中，美诺把苏格拉底比喻为“魟鱼”，[②] 无论何人碰上它就会中毒麻痹，什么话也说不出来。苏格拉底稍加限制就同意了这个比喻。这个比喻的正确性在于首先承认，魟鱼只有先麻痹自己然后才能麻痹别人，否则该比喻就不恰当。苏格拉底解释说，我并非自己知道答案（比如，什么是美德）而去使他人困惑，而是我自己将困惑传递给别人。他自己并不知道什么是美德，而美诺在与他交谈之前似乎知道，但经过与苏格拉底的对话之后，现在似乎也不知道了。因此，他准备和对谈者一起合作探讨问题（《美诺篇》，80C，80D）。[③] 这个隐喻

---

① ［古希腊］柏拉图：《柏拉图全集》第 1 卷，王晓朝译，人民出版社 2002 年版，第 19、27 页。

② 这是王晓朝的译法，见《柏拉图全集》第 1 卷，第 505 页。有些英译文献译为电鳐（electricray）。魟鱼和电鳐都能使人“麻痹”，魟鱼是靠毒刺，电鳐是通过自身的发电器。只不过，电是很久以后才发现的现象，因而英译可能造成时代错乱感。

③ ［古希腊］柏拉图：《柏拉图全集》第 1 卷，王晓朝译，人民出版社 2002 年版，第 22、505 页。

暗示苏格拉底有这样一种能力：他把他的对话者拉进对话，然后通过他的诘问，用他自己的困惑感染他的听众，打断他们的日常活动，用思考麻痹他们。一旦对话者与苏格拉底相互作用，他们就不能再满足于在没有透彻审思的情况下从事他们的日常事务。①

第三个比喻出现于《泰阿泰德篇》（149A），即“产婆”或“助产士”。② 苏格拉底自称是一个名叫菲那瑞特的产婆的儿子，他自诩使用一种产婆一样的技艺，而正是因为这个无知的世界不知道他身怀这种绝技，所以说他行为古怪、引诱他人、散播使人困惑无望的流言蜚语。这种技艺的要点是：“我怀疑你的心灵正处于在分娩它所孕育的某些思想的过程中，你本人也相信。那么，请接受一位自己也会接生的产婆的儿子对你使用这种技艺，尽你所能回答我的提问。在考察你的论断时，我可能会把其中的一些判定为假胎。③ 如果我对它引产，将它抛弃，请别像一位被夺走头生子的妇女那样说我残忍。人们经常对我怀有那样的感觉，并想指责我消除了他们孕育的某些愚蠢的观念。他们看不到我正在对他们行善。他们不知道神不会恶意对待人，也不知道我的行为并非出于恶意。我的所作所为只是因为我不能容忍对谬误的默认和对真理的压迫罢了。”④ 按阿伦特的解释，“产婆”有 3 种含义：她本身已无生育能力；接生别人的思想即他们意见的含义；希腊的产婆还有权决定孩子是否适合活着，或者用苏格拉底的话说，它只不过是一个“坏胎”。不过，阿伦特看重后两个意思。苏格拉底对话中的对谈者，没有一个所提出的思想不是坏胎。他清洗或净

---

① Sarah Davey Chesters, *The Socratic Classroom: Reflective Thinking Through Collaborative Inquiry*, Rotterdam: Sense Publishers, 2012, p. 35.

② 助产士比喻对于苏格拉底教学有双层意蕴。一方面，教师看护其学生的灵魂分娩，强调关怀和培育探究共同体；另一方面，在揭露其想法不一致或不健全的过程中，严酷的、不宽恕人的互动会产生窘迫和痛苦。这两个方面又与两类苏格拉底教学形式相联系。前者主要体现于中小学的苏格拉底教学，后者在法学院使用的苏格拉底方法中极为显著。苏格拉底看来也相信，窘迫在教学法上可能是有效的。不过，他通常对其对话者做出某些奉承，保证他们之间的和谐关系，使其能承受住他的“理智剥光”。可参见 Avi Mintz, “From Grade School to Law School: Socrates' Legacy in Education”, Sara Ahbel-Rappe and Rachana Kamtekar (eds.), *A Companion to Socrates*, Oxford: Blackwell Publishing Ltd., 2006, pp. 476 – 492。

③ 有英文文献译为 windegg（未受精蛋或无精卵），汉译另有残卵、坏胎等。看来坏胎比假胎更适合说“消除”或“引产”。

④ ［古希腊］柏拉图：《柏拉图全集》第 2 卷，王晓朝译，人民出版社 2002 年版，第 660—661、664 页。

化人们的“意见”，即那些妨碍思维的未经审思的前见（prejudgment）。[①]

这3个比喻所描绘的苏格拉底实际上为我们提供了一个典范。他不像“职业”哲学家，他能成为我们每个人的代表，他思考但无意当一个哲学家，而是“公民中的公民”。[②] 苏格拉底的言行集中体现了当今批判性思维概念的意蕴：对我们应该信什么或做什么所进行的合理的、反省的思维。通用的“批判性思维”这一普通的命名是为了坚持不懈地聚焦于问重要问题和客观地遵照引导我们走向答案的理由和证据。希腊人创造了很多观念，但也许最为革命性的观念是他们把自己的怀疑方法应用于一切事物，包括权威所说的让人相信、让人去做的事情。他们提出，权威人士并不总是正确的，应该以论证的形式给出理由和证据以支持所做出的各种主张，某些理由和解释实际上比其他的理由和解释更值得被接受。这个传统中的核心人物苏格拉底是这种质疑精神的化身。他挑战各种权威，揭示盛行的“官方事物观”中的不一致；作为偶像崇拜的反对者，他鼓励年轻人寻找更好的解释和更好的答案。[③]

第二节　苏格拉底方法

在日常论说中，苏格拉底方法是苏格拉底的代名词。与其他伟大的思想家相比，苏格拉底最主要的遗产是一种教育或教学法；不是内容而是过程。用稍许夸张的话说，对于苏格拉底，对于我们对他的理解而言，方法便是全部。[④] 苏格拉底方法（Socratic Method）有多种叫法。哲学（逻辑）上称为反驳（*elechus*）、辩证法、反讽；教育学称之为启发式教学法；还有假设的否定方法（negative method of hypothesis）以及探究性质疑（probing questioning）、苏格拉底诘问、探究的辩证方法（dialectic method of

---

① Hannah Arendt, “Thinking and Moral Considerations”, *Social Research*, Vol. 38, No. 3 (1971), pp. 417 – 446.

② Ibid..

③ ［美］费西万等：《作为普遍人类现象的批判性思维——中国和美国的视角》，武宏志译，《北京大学学报》2009年第1期。

④ Rob Reich, “Confusion about the Socratic Method: Socratic Paradoxes and Contemporary Invocations of Socrates”, S. Tozer (ed.), *Philosophy of Education*, 1998, Urbana, I. L.: Philosophy of Education Society, 1999, pp. 68 – 78.

inquiry）或者径称苏格拉底对话等。它是最古老但依然最有力的培养批判性思维的教学方法。[①] 苏格拉底相信，人人都有智慧的种子；人人必须通过与自己的严酷斗争，自己攻取真理。[②] 在阿伦特看来，苏格拉底的对话思维解冻了“被冻结的思想”，使人们在行动当中确实停下来进行思考。思维完全是否定的，它暗中破坏已确立的习惯和行为准则而又不用一种肯定的教义替代它们。正因如此，苏格拉底被认为对城邦是危险的。[③]

在苏格拉底和柏拉图时代，希腊雅典成了展示和推销新观念、新理论、新技巧和新教育形式的大市场。尤其在立法院和法院，有政治抱负的人通过展现口头论辩才能和技巧，希望走上权力的坦途。因此，讲授辩论术和法律诉讼技巧的职业人士，能诱来慷慨解囊的听众或富家子弟。同样，会饮和宴会场也成为各种思想论争的场所。那些作为教师的智者因发展了一种通过提问进行言语争论的形式而大出风头：在对话中，说者提出一个观点，他的对手则设法通过提问使言说者陷入矛盾或无话可说。有学者推测，这种技巧很可能源于雅典法律诉讼程序。雅典法律诉讼程序允许诉讼当事人让他的对手接受一连串提问，只允许做出简单的是或否的回答。苏格拉底将智者所发展的言语论战技巧用于严肃的哲学目的，将他们的问答游戏转变成一种对定义进行解构的会话策略，其本质是通过熟练而深刻的提问检验一般定义的一致性。这种所谓的“辩证法”具有破坏性检验的功能，可以揭露错误、幻想和无根据的意见。苏格拉底摆脱了用隐喻、老生常谈和格言论说的诗歌传统，用合理的表达方式，影响他的对谈者不得不更加注意适当的合理性标准。柏拉图的一些对话表明，逻辑论证方法在苏格拉底对话中已经开始发挥作用。[④] 苏格拉底提供了辩证法家工

---

① Laurance J. Splitter and Ann Margaret Sharp, *Teaching for Better Thinking*: *The Classroom Community of Inquiry*, Australian Council for Educational Research, 1995, pp. 56 – 57; Sarah Davey Chesters, *The Socratic Classroom*: *Reflective Thinking Through Collaborative Inquiry*, Rotterdam: Sense Publishers, 2012, p. 1.

② George Henry Lewes, *The Biographical History of Philosophy*: *From its Origin in Greece Down to the Present Day*, Vol. 1, New York: D. Appleton and Company, 1863, p. 156.

③ Joseph Beatty, “Thinking and Moral Considerations: Socrates and Arendt's Eichmann”, *The Journal of Value Inquiry*, Vol. 10, No. 4 (1976), pp. 266 – 278.

④ ［英］戴维·梅林：《理解柏拉图》，喻阳译，辽宁教育出版社、牛津大学出版社2000年版，第2、9、26—28页。

作的模型：运用共同或常见的论证形式探析对手论证的弱点。[①]

可以将古代世界所接受的辩证法的一般印象描绘如下：辩证法是一种由提问者和回应者通过提问和回答而相互推理的理性讨论艺术。它包括在整个对话序列中运行的论证和连接论辩步骤的链条。它既是争论的也是合作的，因而不同于争辩的或诡辩的单纯争吵。它常常探究或研讨一个有伦理意义的议题（比如，柏拉图对话中所描述的以苏格拉底为主角的对话），以双方的初始对立或分歧为基础。它的前提基于回应者的回答。这一过程的核心是所谓的“反驳”，即发现整个对话所用论证的缺陷、弱点、矛盾和谬误。有时，对话过程并没有以解决冲突意见而告终。即便如此，辩证法也颇有裨益：通过讨论澄清了歧义或含糊之处，检验了合理或不合理的假设，因而辩证对话有“助产”的作用。它的目标看来是要向所讨论事物的真相或真理进发，苏格拉底对话显示了如何达到这一目标。但是，辩证法也有阴暗面，它可能蜕变为反逻辑的和争吵的，狡猾的诡辩家可能为了蒙骗而滥用它。按照罗宾逊的概括，辩证法模型的特征可用4个规则来描述。第一，辩证法本质上是一个社会过程，其中至少两个参与者合作轮换提问和回答。第二，回答者或回应者必须按照自己的真实看法来回答问题。当然，在对话期间，该看法可能改变或修正，不过回应者被期望保持其意见的一致性。第三，回应者必须总是回答提问，不能只是表达无知。该规则防止回应者躲避提问（当然，有圈套预设的提问另当别论）。第四，辩证法不承认权威，不允许回应者以权威为基础接受任何东西。“辩证法”从芝诺悖论（归于不可能的推理）发端，苏格拉底扩大了辩证法概念，把它看作是通过问答探索真理的方法（助产术），柏拉图接受了这个描述，亚里士多德将其视为不同于“分析”的论证方法，辩证法被理解为通过会话的理性论证艺术。斯多葛学派认为，聪明人必须擅长辩证法。第欧根尼在描述斯多葛辩证法时写道，没有辩证法的研究，聪明人就不会在论证方面绝对可靠，因为辩证法区别真与假，澄清似真性和含糊的陈述。中世纪的经院辩证法更强化了辩证的规程格式，把它发展成为逻辑的一个技术性分支——义务游戏（竞赛）。在黑格尔和马克思的辩证

① Douglas N. Walton, Chris Reed and Fabrizio Macagno, *Argumentation Schemes*, Cambridge: Cambridge University Press, 2008, pp. 276 - 277.

法中，与“辩证的”频繁联系的概念是对立。不过，所有形态的辩证法都涉及对话、对立（矛盾）、对手（正、反）。在现代，辩证法被视为应用逻辑的一个分支，处理各种会话语境中的论证评估问题，[①] 比如范爱默伦等的语用—辩证的论辩方法、非形式逻辑学家沃尔顿的“新辩证法”等。新辩证法突出了古典辩证法的对话、意见对立，并强调对话程序规则。一般对话或论辩不同于辩证情境中的论辩，辩证情境有 3 个突出特性：[②] 包括冲突或对立；参与者寻求批判地解决某个问题；参与者的角色事先就规定了。[③]《斐多篇》表明，苏格拉底发现阿那克萨戈拉像其先辈一样，用同样任意的方式武断地对待自然，而苏格拉底觉得，如果我们不能用直接检查事物本身的办法来发现关于事物的真理，那就可以用检验我们做出的关于它们的陈述或理论的办法来尝试达到它。这种方法是我们获得任何真正知识的唯一机会。作为会话的辩证法假定：真理必须通过对话或争论来获取，这种对话可以在两个探究者之间进行，也可以在探究者自己内心里进行，即心灵的自问自答。真理是在对两种对立解释的批判性交锋中弄明白的，是作为一场争论的结果而获得的。[④]

有学者否认柏拉图对话中的苏格拉底有一种单一、统一的对话和论证的程序，即苏格拉底方法［如杰出的苏格拉底学者布里豪斯和史密斯（2002）、沃尔夫斯多（2003）宣称，“并不存在‘苏格拉底方法’这样的东西”］。而在那些相信苏格拉底确实有某种方法的人中间，对于如何描述它也颇有分歧。[⑤] 的确，苏格拉底对话的结构依时间和语境而变化，

---

① Douglas N. Walton, *Dialog Theory for Critical Argumentation*, Amsterdam: John Benjamins Publishing Company, 2007, pp. 47 – 48, 51, 55.

② 沃尔顿提出辩证情境的 8 个特征：包括两个相互推理的参与者、必须处理问与答、情景的和语用的、总是以存在两个参与者之间的深层对立为核心、论证不必基于知识或信念（基于接受即可）、基于那种表达普遍接受的意见的前提、既有形式的方面也有描述的或应用的方面、必须处理论辩中所用词项的意义和描述这些意义的定义。可参见 Douglas N. Walton, *Dialogue Theory for Critical Argumentation*, Amsterdam: John Benjamins Publishing Company, 2007, pp. 74 – 78。

③ James B. Freeman, *Acceptable Premises: An Epistemic Approach to an Informal Logic Problem*, Cambridge: Cambridge University Press, 2005, pp. 27 – 29.

④ ［英］泰勒、［奥］龚珀茨：《苏格拉底传》，赵继铨、李真译，商务印书馆 1999 年版，第 88 页。

⑤ Gary Alan Scott (ed.), *Does Socrates Have a Method?: Rethinking the Elenchus in Plato's Dialogues and Beyond*, University Park, P. A.: Pennsylvania State Press, 2002, pp. 1 – 3.

不过某些一般的特征还是有迹可循。亚里士多德《形而上学》（1078b，28—29）指出，有两件事情公正地归之于苏格拉底，归纳推理和普遍定义，这两者都与科学的始点相关。[①] 苏格拉底方法最流行的形式是苏格拉底对话。为了尝试性地回答一个自选的问题，参与者以多少有点结构化的方式探究真理和他们意见的价值。探究的材料是他们自己当下的经验，或者是过去的难忘事件。对话本身是一种交谈而非正式辩论。其中参与者设法相互理解，并从事某种共同事业。当然，这并不必然意味着，在一个成功的对话里，参与者必须找到对问题的共识答案。对探究复杂性的认识往往比建立共识更令人满意。苏格拉底对话的主要“奥秘”是，在全身心投入这种探究的过程中，迟早你可能以你自己当下的行为来体验和探究你所谈论的每一个主题。结果，答案不再是从“外部”的某个地方找到的，而是来自自我认识。[②] 最近，本森（Hugh H. Benson）给《剑桥苏格拉底手册》（2011）所写的“苏格拉底方法”一文认为，柏拉图的苏格拉底对话融贯地呈现了苏格拉底所践行的一种颇具特色的哲学方法，它具有共同的形式、共同的策略和共同的认识论预设。[③]

这个共同的形式是问诘法（*elenchos*）。苏格拉底相信，他被起诉是因某种哲学思维（philosophizing）的实践或方式，它是他和仿效他的那些人所特有的。正是通过这一方法，苏格拉底努力审查那些被尊为智慧之人的健全的知识主张。这样做有两个理由，一是苏格拉底旨在激励这些个体寻求他们所缺乏的健全知识，如果他们确实被发现缺少此知识的话；二是苏格拉底从他们那里获取自己所缺少的知识，如果他们被发现有此知识的话。人们看到，苏格拉底与其对话者从事简短的问答交换，这些对话者自认或被别人认作是聪明人。更具体地说，在苏格拉底审查他的对话者之聪明的交换中，显现了一种模式：苏格拉底从问对话者一个问题（常常是“什么是 F”）开始，对该问题的回答标志着对话者受到尊敬的智慧。接着，对话者回答这个初始问题，引起对话者回答的一系列其他问题被苏格

① 苗力田主编：《亚里士多德全集》第 7 卷，中国人民大学出版社 1993 年版，第 297 页。

② Kristof Van Rossem, “What is A Socratic Dialogue?”, *Filosofie*, Vol. 16, No. 1 (2006), pp. 48 – 51.

③ Hugh H. Benson, “Socratic Method”, Donald R. Morrison (ed.), *The Cambridge Companion to Socrates*, Cambridge: Cambridge University Press, 2011, pp. 179 – 200.

拉底用于得出对原来答案的否定。此时，对话者或者修正其原来的答案（如《游叙弗伦篇》10d，1—2）、提供一个全新的答案（如《大希庇亚斯篇》289e，2—4）、承认不能说他知道什么（如《拉凯斯篇》194b，1—4）、认可他的无知（如《卡尔米德篇》162b，9—10）、被另一个其智慧受到审查的对话者替代（如《高尔吉亚篇》461e，5—462b，2），或者恼怒地退场（如《游叙弗伦篇》10e，3—4）。问诘法的核心是反驳。[①] 自从罗宾逊（Richard Robinson）和弗拉斯托斯 50 年代关于苏格拉底方法的著述以来，尤其是弗拉斯托斯 20 世纪 80 年代早期有影响的论文"苏格拉底的反驳"发表以来，最近三四十年评注家使用"苏格拉底反驳"作为苏格拉底对话的哲学思维方式的标准标签。[②] 弗拉斯托斯认为，在柏拉图的早期对话里，苏格拉底的诘问显示了一种探究的模式。虽然即席辩论存在不稳定性，反驳性论证也可能采取好多不同路径，但可以从形形色色的变体中概括出"标准反驳"（standard elenchus）：对话者断定一个论点 p，苏格拉底认为 p 是假的并将它作为反驳目标；苏格拉底安全地同意进一步的前提，比如 q 和 r（每一个都可能是命题的合取）。这种同意是特设的，苏格拉底根据｛q，r｝进行论证，而不是论证它们本身；然后，苏格拉底论证 q 和 r 推出非 p，而且对话者对此同意；然后苏格拉底主张，他已表明非 p 为真，而 p 为假。[③] 弗拉斯托斯指出，苏格拉底的反驳没有诉求"受尊敬的真理"作为道德知识的"起点"。苏格拉底和亚里士多德都以共同同意的、无争议的真理为基础开展论说。不同之处在于，苏格拉底并不赋予它们认知特权地位，而在亚里士多德那里，它们得到这样的特权地位。对于苏格拉底来说，每一个命题都允许反驳的挑战。[④]

苏格拉底对话所用的共同策略是信念的融贯性或一致性。他通过检验对话者在常常以著名的"什么是 F（的性质）"这类问题开始的整个一系列诘问中的信念的融贯性，来审查他们的健全知识。苏格拉底审验对话者

---

① Hugh H. Benson, "Socratic Method", Donald R. Morrison (ed.), *The Cambridge Companion to Socrates*, Cambridge: Cambridge University Press, 2011, pp. 179 - 200.

② Gary Alan Scott (ed.), *Does Socrates Have A Method?: Rethinking the Elenchus in Plato's Dialogues and Beyond*, University Park, P. A.: Pennsylvania State Press, 2002, pp. 1 - 3.

③ Gregory Vlastos, *Socratic Studies*, Myles Burnyeat (ed.), Cambridge: Cambridge University Press, 1994, p. 11.

④ Ibid., p. 139.

智慧的一般策略就是，利用对话者根据自以为自己相信的东西而真诚地尝试回答苏格拉底的提问，来检验其信念的融贯性。不过，信念的不融贯也许并非全都是同样程度的不一致的、明确的信念的结果，而是不明确的或混淆的信念的结果，或者是接受或接近那些信念的结果。这种信念不融贯的证据没有为假定某些所谓的目标信念为假或其否定为真提供理由。苏格拉底频繁发现的信念不融贯揭露了对话者缺少智慧，这表明苏格拉底至少预设信念的融贯性是智慧的一个必要条件。这样一个健全的智慧概念在苏格拉底方法的另一个特性中展现出来。① 切斯特认为，苏格拉底方法首要的技术可概括为三点：（1）苏格拉底宣称没有可传授的知识，在讨论结束时像一开始一样坚决地承认无知。（2）在对话的每一步，苏格拉底向与他共事的、提供回答的探究者提出一个问题，这些回答转而会遇到苏格拉底的进一步质疑。他对问题的澄清导致他们的回答几乎总是变成不充分或不成功的。（3）虽然苏格拉底承认自己的无知，但他以微妙的引导促进了讨论。②

苏格拉底对话共同的认识论预设是，问诘是定义检验。14 个苏格拉底对话中有 6 个（《游叙弗伦篇》《卡尔米德篇》《大希庇亚斯篇》《拉凯斯篇》《吕西斯篇》和《国家篇》第一卷）主要是定义性的。还有 3 个对话实际上包括定义的章节（《普罗泰戈拉篇》312c—314d，《高尔吉亚篇》449a—466a 以及《美诺篇》71d—79e）。其中要寻求什么是虔诚？什么是节制？什么是勇敢？什么是美？什么是友谊？什么是正义？什么是智者？什么是修辞技艺（修辞学）？什么是美德？苏格拉底在这里不是问那种可以使用词典回答的问题即一个词的意思。他问的是就如科学家所问的那样一类问题（比如“什么是水？”要发现的回答是“水是 H_2O”）。苏格拉底追求的是与名义定义（nominal definition）相反的真实定义（real definition）。比如，关于虔诚，他要寻求所有虔诚的事物之为虔诚的形式本身。这就是问“什么是 F（性）”的问题，是在寻找使 F 事物成为 F 的东西。回答“什么是 F（性）”的问题是凭借所有且仅仅是 F 的事物进行的，对该问题的回答必须是所有且只有是 F 的事物称作 F 的东西。在对话中，苏格拉底通过问对话者有关“什么是 F

① Hugh H. Benson, “Socratic Method”, Donald R. Morrison (ed.), *The Cambridge Companion to Socrates*, Cambridge: Cambridge University Press, 2011, pp. 179 - 200.

② Sarah Davey Chesters, *The Socratic Classroom: Reflective Thinking Through Collaborative Inquiry*, Rotterdam: Sense Publishers, 2012, p. 34.

(性)”的问题来检验其所谓的智慧。他把对话者回答这类问题的知识当作对话者信念之融贯性的最低限度条件。[①]

由此看来，苏格拉底方法的反驳模型解释只具有局部的有效性。一个更为普适的苏格拉底对话模型可以描述为：

> 在关于某种道德品质（比如勇敢或正义）的本性或美德本质的会话中，一个问题出现了。
>
> 苏格拉底表露出对这些问题的迷惑或无知。
>
> 他的朋友（对话者）用一个说明（explanation）或解释来帮助他。这个说明变成一个论题。
>
> 苏格拉底通过提问细致审查这个说明。
>
> 面对苏格拉底的诘问审查，这位朋友不得不对该论题加以辩护。在某种初步的澄清之后，苏格拉底问一连串的问题，初看起来这些问题似乎并不直接对那个说明有什么影响，而回应者几乎总是要对这些问题给予“是”或“否”的回答。这种盘问是苏格拉底反驳的核心。
>
> 最终，苏格拉底归纳出他的朋友在回答这些问题的过程中所承认的东西，而这一归纳的结果与先前所提出的那个说明是矛盾的。
>
> 结果，那个说明现在要被修改或放弃。然后，更多这样的说明做类似的尝试，被修改或抛弃。[②]

也有学者认为，苏格拉底方法基本上是假说—演绎方法，这种方法与希腊自然哲学家的方法之不同，就如培根假定理论从事实归纳得出与牛顿把事实看作是用于检验理论的东西之间的不同一样，因而苏格拉底的方法在原则上是“直到我们的时代为止的一条通向科学真理的道路”。[③] 更有人将苏格拉底方法等同于波普尔的证伪方法，即通过审查某个信念之中所

① Hugh H. Benson, “Socratic Method”, Donald R. Morrison (ed.), *The Cambridge Companion to Socrates*, Cambridge: Cambridge University Press, 2011, pp. 179 – 200.

② John Hoaglund, “Critical Thinking: A Socratic Model”, *Argumentation*, Vol. 7, No. 3 (1993), pp. 291 – 311.

③ ［英］泰勒、［奥］龚珀茨：《苏格拉底传》，赵继铨、李真译，商务印书馆 1999 年版，第 100 页。

蕴含的矛盾来评估信念的一种手段。[①]

可以看出，苏格拉底方法的实质是，通过质疑通常的信念和解释，辨析它们中的哪些缺乏证据或理性基础，强调思维的清晰性和一致性。这典型体现了批判性思维的精神，因此苏格拉底被尊为批判性思维的化身。苏格拉底对批判性思维理论有两个关键的贡献：其一，过一种正直和道德的生活要求阐明良好思维的某些障碍。苏格拉底观察到，高质量思维的一个障碍是，人们往往不能理性地证明他们对知识的自信的主张，而且思想的不一致常常导致一种折中伦理和德性价值的倾向。其二，他不断展示并激励他人仿效诘问方法。因此，苏格拉底方法实际上被苏格拉底用作生存和道德生活的基本方法。[②] 我们认为，苏格拉底方法已经体现了当代批判性思维的两个重要维度：一是质疑、提问、理智之谦卑、思想开放的批判性思维态度。二是以反驳为手段，首先诉求逻辑的根本准则——不矛盾原则；其次强调概念的明晰性，这是批判性思维技能的展示。

第三节　新苏格拉底对话

细究起来，苏格拉底方法或对话有严格性程度不同的三种形式——以苏格拉底提问为核心的原始形式；"苏格拉底"或老师转为促动者的形式；任何不是以授课形式而是通过提问和回答而进行的教学法。[③] 苏格拉底教学法是一个通过作为构建知识和生成意义的对话进行反省性教育的过程。该过程不是个人的过程，而是以独立思考能力为教育目标和实践的公共过程。苏格拉底教学法不仅提升思维课程的潜力，而且也清晰地表达了

---

① Leonard Nelson, "The Socratic Method", *Socratic Method and Critical Philosophy. Selected Essays by Leonard Nelson.* New York: Dover, 1965, pp. 1 – 40. Editorial Note.

② Enoch Stephen Hale, *Project Demonstration Excellence: A Critical Analysis of Richard Paul's Substantive Trans-disciplinary Conception of Critical Thinking*, Dissertation. Union Institute & University Cincinnati, 2008.

③ 康德区分了苏格拉底式的和问答教授的对话。前者是通过诘问，通过老师使学生认识到学生自己的理性原则，增强学生对此的注意力来进行教授。问答教授的方法涉及的问题仅仅是对记忆提出的，只适用于经验性的知识和历史知识。与此相反，对话的或苏格拉底方法适用于理性的知识。参见［德］康德《康德著作全集（第9卷）：逻辑学、自然地理学、教育学》，李秋零主编，中国人民大学出版社2010年版，第149页。

联合国教科文组织关于“作为自由之思维”的研究关切。①

现代苏格拉底对话是由德国哲学家尼尔森（Leonard Nelson，1882—1927）及其最亲密的朋友和门徒赫克曼（Gustav Heckmann，1898—1996）在苏格拉底对话的基础上，于20世纪20年代开始发展起来的。当今频繁使用的一个词“新苏格拉底对话”（Neo-Socratic Dialogue）指自那时以来逐步形成的各种苏格拉底对话的演化形式。② 尼尔森将苏格拉底方法引入教育，将其提升为改革教育和政治的一个重要手段。他在卡塞尔附近创建了一所学校（Walkemühle School），目标之一就是将学生训练成文明和自由的公民。赫克曼保持了尼尔森方法的活力，并引入了“元对话”。③ 他们的苏格拉底对话是后康德主义“批判哲学”（CP）的一部分。因此，这种苏格拉底对话（Socratic Dialogue^{CP}）是要以激进的批判方式澄清人们关于真与正义的主张，是一个“理性法庭”。苏格拉底、尼尔森和赫克曼都是理性批判家。④《克里托篇》（46b）表明，当苏格拉底的朋友和学生克里托劝苏格拉底逃跑时，苏格拉底予以拒绝的理由是：“你知道，我决不从任何朋友那里随便接受建议，除非经过思考表明它是理性提供的最佳办法，这并非我的新想法，而是我的一贯做法。”⑤ 在苏格拉底和康德眼里，传统、常识、权威、情感、宗教、神、直觉、既定价值、多数人的看法、理想的人品、聪明人的内心洞察、内心之声，所有这一切并无权决定真与正义。它们都是理性法庭批判性审查的对象。追随康德和弗里斯的思路，尼尔森确信，苏格拉底方法会对创造更加反省的、批判的公民发挥作用；通过“追溯”隐含在赋予我们经验以意义之中的判断，群体中的参与者能一起批判地探究它们自己的信念和意见。尼尔森强调苏格拉底方法的践行意义，他有一句名言：苏格拉底方法不是教哲学的艺术而是教哲学

① Sarah Davey Chesters, *The Socratic Classroom: Reflective Thinking Through Collaborative Inquiry*, Rotterdam: Sense Publishers, 2012, p. 38.

② Erich Griessler and Beate Littig, “Participatory Technology Assessment of Xenotransplantation: Experimenting with the Neo-Socratic Dialogue”, *Practical Philosophy*, Vol. 6, No. 2 (2003), pp. 56 – 67.

③ Tim LeBon, “Interview with Jos Delnoij”, *Practical Philosophy*, Vol. 2, No. 3 (1999), pp. 28 – 31.

④ Horst Gronke, “Socratic Dialogue or Para-Socratic Dialogue? Socratic-Oriented Dialogue as the Third Way of a Responsible Consulting and Counselling Practice”, Jens Peter Brune and Dieter Krohn (eds.), *Socratic Dialogue and Ethics*, London: LIT Verlag Münster, 2005, pp. 24 – 35.

⑤ ［古希腊］柏拉图：《柏拉图全集》第1卷，王晓朝译，人民出版社2002年版，第38页。

思维的艺术，不是关于哲学家的教学艺术，而是使学生具备哲学家素质的教学艺术。苏格拉底询问、检查和盘问他的公民同胞，不是像一个教导者那样传达新的真理，而仅仅是指出可能发现真理的道路。那些当真希望传授哲学洞见的老师可能仅仅旨在教授哲学思维的艺术（the art of philosophizing）。他所能做的只是向他的学生表明，每个人如何从事提供洞察基本原则的艰苦复归（regress）。假如存在哲学教导这种事的话，那只能是对某人自己进行思考的教导。更准确地说，是抽象技艺之实践方面的教导，这种技艺必须由复归方法的规则来指导。哲学真理是通过探究我们日常思维过程的预设而发现的。像尼采和维特根斯坦一样，尼尔森认为，我们思维的最基本特性是最模糊的。他所谓的"复归方法"即搜寻一般假设的方法（这些假设是我们看待世界和我们自己之方式的深层基础），如果应用恰当，这种方法将既在理论哲学也在实践哲学方面揭示一套普遍的先验真理和绝对的有效性。尼尔森指出，苏格拉底通过提问将学生导向承认自己的无知，因而切断了他们的教条主义之根。对话作为一种教导工具会产生一种不可抗拒的强制力。讲课也能激发自发的思维，尤其对更成熟的学生。但是，无论这样的刺激会多有诱惑力，它也不是不可抗拒的。只有给直言不讳持久的压迫，迎接每一个反诘，陈述每一断言的理由，才能将这种诱惑的力量转化为一种不可抗拒的强制力。这种迫使思想自由的艺术构成苏格拉底方法的第一秘诀。苏格拉底第一个发现，人的心智认识哲学真理的能力与对这种真理的确信不会通过偶尔聪明的主意或呆板的教学来达到，有计划、不断地和始终如一地思考才能把我们从黑暗引向光明，这是苏格拉底作为一个哲学家的伟大之处。他作为一个教师的伟大之处基于另一个创新：他使学生进行他们自己的思考，并引进意见的互换作为对自欺的防范。苏格拉底方法的真髓就在于将教导从教条主义解放出来——从教导中排除所有说教的判断。①

批判哲学取向的苏格拉底对话（Socratic Dialogue^{CP}）可以概括为一个简单公式：$SQ + SM = SD^{CP}$。意为一组对话参与者试图以苏格拉底方式（SM）回答一个苏格拉底问题（SQ）。一个苏格拉底问题是一个哲学问题

---

① Leonard Nelson，"The Socratic Method"，*Socratic Method and Critical Philosophy. Selected Essays by Leonard Nelson*，New York：Dover，1965，pp. 1 – 40.

（或者能容易转换为一个哲学问题），它是如此一般和基本，以至于几乎不能以普通经验的形式唯一地予以回答，而是要纯粹靠思维。如：“什么是真?”“存在普遍的人权吗?”“我们的责任是什么?”它不是需要经验知识予以回答的那类问题，也非关于具体情景的问题；既非所谓的“如何”问题（如何改善团队合作），亦非相关情景的问题（应该加入欧盟还是不加入）。苏格拉底方式是在至少两个对话参与者之间的一种特殊的对话论证形式，所有人在一个苏格拉底式的促动者的帮助下，尝试发现关于对一个苏格拉底问题的真答案（真理）的最佳可能知识。这种苏格拉底对话有四个基本元素：第一，以苏格拉底方式进行的对话的主要取向是真理的发现，而非取向自我体验、良好的人际关系和理智娱乐。第二，苏格拉底式的思维意味着具体地思维。所有评论都应与真实经验相关，否则对话可能出现许多无意义的思索。第三，对话的参与者应该只接受“看起来对他最佳的”论证。独立思考要求人们提出自己的看法。第四，苏格拉底小组是一群普通的思考者，人人都信任他们的对话伙伴有发现真理的能力。因此他们有兴趣相互理解，就某一提出来的陈述达成相互一致的意见。①

新苏格拉底对话的具体形式之一是“苏格拉底小组作业”（Socratic Group Work），最先用于哲学和数学教学。苏格拉底小组作业与原始的苏格拉底对话有所不同。它不再是两个人的对话，而是一种“多角色对白”；苏格拉底（教师）不再是主角。讨论小组的每个参与者对该小组获得共享的哲学真理都起着“助产士”的作用。这些转变使得苏格拉底教师的作用在某些方面缩小了，而在另一些方面扩大了：他的助产士角色被小组接管，而由于小组讨论变得更为复杂，小组作业误入歧途的风险增大，因而对教师维持纪律，保持按规则展开群体过程的要求一般来说更多了。赫克曼进一步将苏格拉底小组作业从新康德主义的背景假设里（尤其在尼尔森的著作中）解放出来。按照尼尔森，哲学真理是通过探究我们日常思维过程的预设而发现的。在伦理学、认识论和政治学方面，尼尔

① Horst Gronke, “Socratic Dialogue or Para-Socratic Dialogue? Socratic-Oriented Dialogue as the Third Way of a Responsible Consulting and Counselling Practice”, Jens Peter Brune and Dieter Krohn (eds.), *Socratic Dialogue and Ethics*, London: LIT Verlag Münster, 2005, pp. 24 – 35.

森是严格的客观主义者，抱有一种“理性的自信”（self-confidence of reason），即人类自我反省的能力可以发现客观真理。在赫克曼看来，苏格拉底小组作业假设了一种更为自治的地位，独立于尼尔森元伦理学的先验论以及它与政治行动的实用联系。尼尔森所谓通过守纪律的、理性的小组讨论达成共识（可以等同“真理”）的理念是程序性的而不是认识性的地位。苏格拉底小组作业的方法论是一种哲学方法论，旨在实施苏格拉底的核心哲学理念，特别是作为一种实践而非理论，作为一种活动而非学说的伦理学。据此观点，教授伦理学不是教伦理学知识，而是通过一个人自己努力辨识难题、熟思、解决问题和反省性澄清，训练获得伦理学知识的能力。因此，哲学是一门艺术而非科学。其中的核心方法——复归抽象，是一种归纳程序。哲学思维要从学生外部和内部的具体现实开始，而不是从教科书中找到的学术问题开始，由此出发到达更高的抽象和概括水平。真理并不是通过反省论证的语言的和语用的方面发现的，而是通过反省表达判断的心理内容发现的。①

复归抽象的概念可以用荷兰学者凯塞尔（Jos Kessels）的“沙漏模型”——苏格拉底对话的程序加以说明。② 一般问题（general question）是新苏格拉底对话的出发点和焦点。单个案例中所考虑的例子（example）提供必要的事实、环境和行动或决定。判断（judgment）表达一个观点，它将在对话期间受到审查。支撑规则（backing rules）给出该判断的理由。原则或价值（principles or values）又给出那些规则的理由。③ 复归活动所采取的确切路线取决于所论问题的定义和所寻找概括的类别。若问题是一个概念的阐明，复归就从对当作出发点的那个实例之特性的探究开始，由此出发对更广泛的一组实例进行分析，再到另一组实例，最终达到一个暂时的完整定义。如果是认识论问题，复归就从使用某个案例的特殊标准的辨识开始，由此出发达到涵盖所假设的其他不同认识情景的概括，最终是

① Dieter Birnbacher, “The Socratic Method in Teaching Medical Ethics: Potentials and Limitations”, *Medicine, Health Care and Philosophy*, Vol. 2 (1999), pp. 219 – 224.

② Eva Wortel and Desiree Verweij, “Inquiry, Criticism and Reasonableness: Socratic Dialogue as a Research Method?”, *Practical Philosophy*, Vol. 9, No. 2 (2008), pp. 54 – 72.

③ Erich Griessler and Beate Littig, “Participatory Technology Assessment of Xenotransplantation: Experimenting with the Neo-Socratic Dialogue”, *Practical Philosophy*, Vol. 6, No. 2 (2003), pp. 56 – 67.

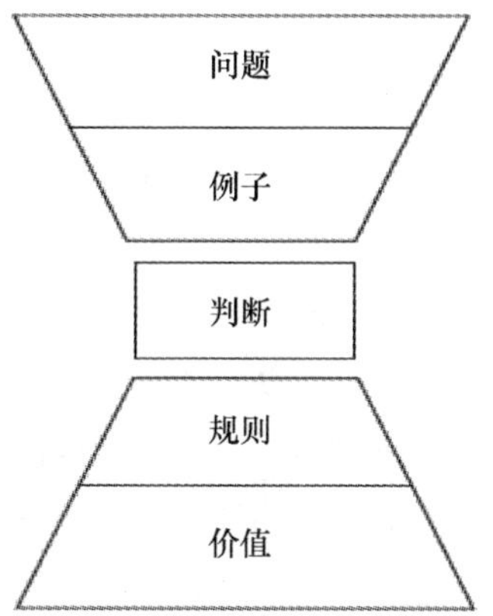

作为我们关于信念之良好根基的一般标准。[①]

苏格拉底小组作业的成功依赖于严格遵守控制苏格拉底教师和参与者之行为的对话规则。它与独立发展的露丝·科恩的“主题中心互动方法”（Theme-Centered Interaction，TZI）的规则极为相似。[②] 这种苏格拉底对话参与者为5—15人。对话规则大致有三类：程序规则、参与者规则和促动者规则。它的程序规则是：（1）小组决定要探究的问题。选择的问题要满足一些条件，比如适合用推理进行处理，即它的解决不需要该小组或促动者难以提供的经验或历史信息；应该足够复杂和不清晰，允许新的、有用的洞见；考虑到个体参与者的背景，它足够有趣，刺激他们投身于一段艰难的工作。（2）讨论的出发点是个人经验。参与者必须有可能从他们自己的经验中找到例证，而选中的问题在该经验里扮演核心角色。某一参与者的具体经验对所有参与者均是易获得的。对这一经验的系统反省由寻找共享的判断及其深层理由所伴随。（3）所提出的每一个重要思想都由促动者加以固定。通常参与者所做出的重要陈述写在一张活动挂图或写板上，以便所有人都能有一个总体了解，清楚地知道论说的顺序。（4）严格区分实质讨论和元讨论。元讨论反思小组作业的形式和程序的方面，有时可能涉及批评促动者和其他参与者行为的诸方面。在赫克曼的典型构想

① Dieter Birnbacher, “The Socratic Method in Teaching Medical Ethics: Potentials and Limitations”, *Medicine, Health Care and Philosophy*, Vol. 2 (1999), pp. 219 – 224.

② Ibid..

中，元讨论约占整个讨论时间的三分之一。(5) 努力达到一个共识。[①] 对话由训练有素的促动者指挥，他的任务不是教参与者而是引导他们得出自己的结论，其作用是执行规则，调节参与者的行为，保证讨论遵守纪律，使其成为一个连贯的、富有成效的、多样化的和开放的思维过程。他的任务不是提出其他哲学家的观点或发展他自己的理论和解决方法，而是通过创造一种接纳和个人热情的氛围，提高参与者进入开放辩论的积极性来促进讨论。促动者规则包括：确保参与者相互理解，涉及他们自己的经验，按部就班进行，保持聚焦于所讨论的议题，平等地参与对话，透彻地说明他们的贡献，证实他们的判断，争取达成共识，取得对话的进步。促动者记载对话的推理，并不直接对对话的内容做出贡献，但要明确、有力地表达不满和不安。参与者遵守以下规则：每一参与者的贡献都基于他体验过的事物而非基于他读到或听到的事物；思考和提问都是真诚的，这意味着只有对所言之事的真诚怀疑才应表达出来；所有参与者都有义务尽可能清晰而准确地表达自己的思想，这样每个人都能基于其他人在对话的早些时候所贡献的意见；参与者不应仅仅专注于自己的思想，而应该尽一切努力理解其他参与者的思想，必要时要求澄清；任何跟不上讨论问题或讨论路线的人应该寻求别人的帮助以弄清小组进行到什么地步了；抽象陈述应该以具体经验为基础，以便阐明该陈述；只要参与者坚持冲突观点或尚未达到清晰性，对相关问题的探究就继续进行下去。[②]

但是，苏格拉底小组作业的多年经验表明，其典型形式中的规则过于严格，难以适应使用该方法的各种语境的要求。苏格拉底小组作业发生的实际条件并非总是相应规则所预设的理想条件。比如，对于某些议题，可能没有现成的个人叙事，当作出发点的例子的范围也许被扩大，包括了来自传闻的例子或来自文学或电影的虚构案例。同时，典型形式保留着一个元讨论的完整阶段，但更为恰当的是，一旦一个或更多的参与者要求元讨论，就可以立刻中断实质讨论，以免参与者带着某些事情出错了的不舒服

---

① Dieter Birnbacher, "The Socratic Method in Teaching Medical Ethics: Potentials and Limitations", *Medicine, Health Care and Philosophy*, Vol. 2 (1999), pp. 219 – 224.

② Beate Littig, "The Neo-Socratic Dialogue: A Method of Teaching the Ethics of Sustainable Development", Chris Galea (ed.), *Teaching Business Sustainability: From Theory to Practice*, Sheffield: Greenleaf Publishing, 2004, pp. 240 – 252.

感觉（至少是某些参与者的感觉）继续对话。在促动者方面，苏格拉底方法的实践者一直在放松约束促动者的规则。越来越清楚的是，促动者方面的实质贡献有时可能极大地有助于使讨论摆脱卡壳的智力僵局。常常会有这样的情景：促动者非常熟悉手头的难题，这能给参与者提供他们未能获得的重要背景信息；如果参与者年纪尚小，只有促动者是年长者，那么他的生活经验在提供心理背景解释方面就非常有用，对于用更为广阔范围的相关例子丰富和加深讨论也很有用。对于程序规则，基于尼尔森新康德主义先验论的共识取向的规则，也在某种程度上宽松了一些。群体过程常常倾向于判断和态度的多元主义，在这些情况下，强迫一种共识无济于事。因而，共识取向必须用相互理解、宽容和妥协来替代。在更多的争论也似乎无法解决共识的情况下，促动者相应的任务也变成了总结达到一致的是什么，有歧见的又是什么，陈述精准的争议点。总的来看，苏格拉底小组作业有两方面的益处。在认知方面，它是一种在严格纪律和约束框架内的理性问题解决的训练；在情感方面，它允许在小组的支持框架内通过别人给出的反馈控制自我认知而获得一种对某人自己一些内心冲突的理解，通过移情认同他人的思维和情感。所以，同质的智力背景、期望、动机和交流风格对成功与和谐的活动极为有益，反之则困难重重。①

苏格拉底方法在美国也得以复兴，最早源于本科生层次的关于“名著”的讨论课堂。名著运动最早由阿默斯特学院的克尔约翰（Alexander Meiklejohn）、哥伦比亚大学的厄斯金（John Erskine）、弗吉尼亚大学的巴尔（Stringfellow Barr）和布坎南（Scott Buchanan）、芝加哥大学的阿德勒（Mortimer Adler）和赫钦斯（Robert Hutchins）于 1910 年到 1940 年间发展起来，开始将苏格拉底探究结合进他们的课程，开发了当时教学实践的架构。布坎南 1937 在圣约翰学院（Saint John’s college）创造了“苏格拉底研讨会”（Socratic Seminars）这个术语。之后这一理念由一些组织继续践行，比如苏格拉底践行中心（Center for Socratic Practice）、试金石计划（The Touchstones Project）、初级名著（Junior Great Books）、全国派迪亚中心（the National Paideia Center）和基础学校联盟（the Coalition of Essential

① Dieter Birnbacher, “The Socratic Method in Teaching Medical Ethics: Potentials and Limitations”, *Medicine, Health Care and Philosophy*, Vol. 2 (1999), pp. 219 – 224.

Schools)。该教学策略逐渐被各种类型的教育家采纳，如戈瑞（Dennis Gray)、拉姆布莱特（Lesley Lambright)、梅茨格（Margaret Metzger）等，开始将它应用于自己的课堂、课程内容和他们学生的学习。1982 年，阿德勒出版了《派迪亚计划：一个教育宣言》(*The Paideia Proposal*: *An Educational Manifesto*)。其中描绘了一种称作“助产术”的教学模型，它帮助学生“分娩”观点。这是流行的、最有影响的教学模式的一种扩展。阿德勒指出，仅仅给学生授课，希望他们获取教育者认为他们必须具有的技能是不够的，我们必须通过问问题、引导讨论、帮助学生将他们的心灵从较少的理解或评价状态提升到更多的理解或评价状态。阿德勒接着提出了实现这个目标的方法——使学生的心灵从事有价值的个体作业的学习，无论它们是文学还是别的，它伴随着对观念、价值和体现于各种形式的人造艺术产品的讨论。他通过名著基金会等相关组织积极推行儿童名著阅读活动，发展了“共享探究”（Shared Inquiry）的讨论型教学方式，要求讨论的参与者学会积极主动地阅读，提出有益的问题，有效地倾听和反馈，从而培养批判性思维、综合性阅读、文法和写作能力。阿德勒或许是最为有影响的呼吁苏格拉底教学的例证。此外，斯特朗（Michael Strong）《思考习惯：从苏格拉底研讨会到苏格拉底实践》（1997)、鲍尔（Wanda Ball）和布鲁尔（Pam Brewer)《固定课时中的苏格拉底研讨会》(2000）这样的著作以及保罗（Richard Paul）《如何通过苏格拉底提问教学》(2001）录像系列，都是那些想要在自己的学校实施苏格拉底教学的教师、校长和管理者利用的资源。①

第四节 苏格拉底方法泛化为一般批判性思维模型

全球闻名的批判性思维专家保罗和埃尔德将他们的思想八要素和理智标准与苏格拉底诘问相结合，把苏格拉底诘问抽象为一般的批判性思维模

① Avi Mintz, “From Grade School to Law School: Socrates' Legacy in Education”, Sara Ahbel-Rappe and Rachana Kamtekar (eds.), *A Companion to Socrates*, Oxford: Blackwell Publishing Ltd., 2006, pp. 476 - 492.

型。该模型早先由六类苏格拉底诘问组成（《如何让学生为急速变化的世界做好准备》，1993），后又扩展为八类（1996），最近（2007）又做了新的整理和概括。

苏格拉底诘问艺术与批判性思维密切相连，因为诘问艺术对优良思考很重要。将“苏格拉底的”这个词加到诘问艺术之上，意味着对评价思想之真或似真性的系统的、深入的和持久的兴趣。批判性思维和苏格拉底诘问有共同的目标。批判性思维为理解心灵如何发挥其功能（追求意义和真）提供概念工具；苏格拉底诘问在处理追求意义与真之基本问题时使用这些工具。批判性思维的目的是要建立一种更高的思维水平，理性的强大内心之声。苏格拉底讨论通过明确地聚焦于自我指导的、守纪律的诘问培养这种内心之声。苏格拉底诘问与其他提问的关键区别在于：苏格拉底诘问是系统的、自律的和深刻的，通常聚焦于基本概念、原则、理论、议题或难题。教师、学生或任何确实对深入探索思维感兴趣的人都能也应该构建苏格拉底提问，从事苏格拉底对话。苏格拉底诘问可用于探讨复杂观念，获得事物真相，打开议题和难题，揭示假设，分析概念，分清所知与未知，探清思想的逻辑含意。在教学方面，苏格拉底诘问可实现两个目标：一是深入探究学生的思维，帮助学生开始分清他们所知或理解的东西与他们不知或不理解的东西，由此帮助他们养成理智的谦逊；二是培养学生问苏格拉底问题的能力，帮助他们掌握苏格拉底对话的有力工具，能在日常生活中运用这些工具，质疑自己和别人。为此，对我们想要学生模仿和使用的诘问策略进行模型化是非常重要的。保罗和埃尔德将他们的批判性思维概念工具和苏格拉底诘问融合起来，提出了苏格拉底对话的几种机制或技术，基于批判性思维的概念提出了苏格拉底问题的分类系统。

首先，关于推理分析过程中要问的苏格拉底问题。按照保罗和埃尔德之前建立的思想八要素框架，以思维的这八个部件为目标的苏格拉底问题自然有八类——目的或目标、问题或议题、信息、事实资料和经验、推论和结论、概念和观念、假设、含意和后果、观点和视角。每一类之下有三五个苏格拉底问题。①

---

① Richard W. Paul and Linda Elder, “Critical Thinking: The Art of Socratic Questioning”, *Journal of Developmental Education*, Vol. 31, No. 1 (2007), pp. 36 - 37.

其次，关于评价推理的苏格拉底问题分类系统，即以推理质量为目标的苏格拉底问题。按照保罗和埃尔德关于普遍理智标准的架构，评价推理就是将这些标准应用于推理。这些标准有六个，因而形成六类苏格拉底问题：诘问清晰性、诘问正确性、诘问精确性、诘问相干性、诘问深度、诘问广度。

再次，保罗和埃尔德给出了苏格拉底诘问艺术的检核清单。这个清单用于培养学生守纪律的诘问。学生可能轮流领导苏格拉底小组讨论，在这个过程中，某些学生可能被邀来观察领导讨论的学生，然后使用以下指导方针（参加讨论的学生人手一份）提供反馈：讨论的领导者用进一步的问题响应所有回答了吗？（记住，提问者总是需要回应另一个问题的答案，他不应给出自己的看法）。检核清单包括四大类问题（每个有多少不等的子问题）：让参与者保持专注于思想的要素，让参与者保持聚焦于思想的系统性（对于主观问题、事实问题、需要在冲突观点之间做出有理由判断的问题，提问者在它们之间做出区别了吗？提问者让参与者保持意识到思考所论问题的不同方式了吗？），让参与者保持专注于思想的标准，让参与者保持积极参与讨论。①

最后，批判性思维的养成可以通过采用即兴的或自发的（spontaneous）、探索的（exploratory）和集中的（focused）的模式以及在每一模式之内应用苏格拉底诘问的正规机制来加强。自发的或无计划的苏格拉底诘问采纳了苏格拉底的精神，即一个人真正好奇，确实想知道学生是否在思考。一旦好奇心被唤起，就会自发向学生提出问题以探究他们的思维，诘问他们思维中发生的东西。苏格拉底精神要求他们开始关心理智标准，关心是否他们所思考的东西为真或为假，合逻辑或不合逻辑，合理或不合理。如果学生说，某一几何图形内的一个角与另一个角相等，人们可能自发地问，同学们如何着手证明或否证这个断言？假如学生说“美国人热爱自由”，老师也许自发地说出内心的疑惑，这个陈述是何意？意为美国人比其他人更爱自由？还是他们生活在一个自由国家？生活在一个自由国家又是何意？“自由”对所有美国人是相同的东西吗？这种自发的讨论提

① Richard W. Paul and Linda Elder, “Critical Thinking: The Art of Socratic Questioning, Part Ⅱ”, *Journal of Developmental Education*, Vol. 31, No. 2 (2007), pp. 32 – 33.

供了批判性聆听和探究所表达信念的模式。如果说及的某事物看起来是成问题的、令人误解的或虚假的，苏格拉底诘问就提供一种方式，帮助学生开始自我校正而非依靠老师的校正。自发的苏格拉底讨论在某些情况下特别有用：学生开始对一个论题感兴趣；他们提出一个重要议题；他们快要抓住或整合一个新洞见；讨论陷入停滞、困惑或敌对。尽管按照定义，一个特殊的自发讨论可能不是预先计划的，但熟悉而感到舒适的一般苏格拉底问题，发展用以下问题探究的艺术以激励和有助益的方式做出回应，都利于有所预备。自发的苏格拉底诘问可能是：请求一个学生就其提出的论点或老师提出的论点提供一个例子；请求赞成一个论点的证据或理由；提出一两个反例；问小组是否同意（人人都同意这个论点吗？有人不同意吗?）；提出相似的例子；提供类比说明一个特殊立场；请求解释一个对立观点；清晰和准确地复述学生的回答。探索的苏格拉底诘问为的是查明学生对各种各样的议题知道什么，有什么思考。比如，可用于评价学生在一个研讨会或单元对一个主题的思考。教师可以使用探索的苏格拉底诘问发现有趣和争议的问题域，或者查明学生在哪里和如何将学术材料整合到他们的思维和行为中。在引入一个主题让学生为分析一个论题做好准备或者在考试之前复习重要思想方面，也是有用的。这种诘问有助于确定学生从他们对一个主题或单元的学习中学会了什么，或者作为将来布置作业的指导。在探索性对话之后，可能在讨论中提出一个议题，在写作中发展他们自己对该议题的看法。也可能被要求组成进一步讨论该议题的小组。这类苏格拉底诘问提出和探索范围广阔的相互联系的议题和概念。要达到最大的成功，某些预先计划或事先思考是有助益的。比如，构建要问的可能问题清单，或预见学生可能回答的一览表。当然，一旦学生的思考被激发起来，不可能完全准确预见讨论发展到何种地步。集中的诘问模式是指教师在整个课堂上集中于特殊论题、特殊议题和特殊内容。它可能深入探究一个议题或概念；澄清、归类、分析和评估思想和视角；区分所知与未知；综合相关因素；构建知识。集中的苏格拉底讨论在理智上激发学生以各种视角进行思考。刺激他们清晰表达自己最基本的假设，激励他们考虑含意和后果。这种苏格拉底讨论给予学生从事一种广大的、有序的和完整的对话体验，他们从中发现、发展和共享思想和洞见。这需要预先计划，教师需要做某些预先思考的工作：一个议题的可能视角、结论的根据、问题的概念、含意和后果等。学生反思与一个议题相关的事实、有关的理智标准、基本的区分和概念，或同时发生或可能冲突的论点，都是重要的。在可能的情况下，预期学生对问题的回答也是有用的。[①]

这种对苏格拉底方法的一般化也得到其他人的追随。有人采用早先的苏格拉底诘问六范畴：澄清的问题；探查假设的问题；探析理由和证据的问题；有关观点或视角的问题；探究含意和后果的问题；关于问题的问题（所论问题的重要性、问题的假设、与哪些问题相同、问题的清晰性及双方对它的理解、双方对问题是否有一致理解、回答该问题必须先回答什么问题）。互相诘问一系列问题的关键不是要证明自己的观点是对的或证明他人的意见是错的，而是要共同发现哪个观点是最合理的，它们如何变得更合理。我们批判地和创造地思考自己想法的能力常常依赖其他人以这种方式的推动和帮助。在探究共同体中，所有参与者都充当苏格拉底的角色，互相问挑战性的、有助益的问题。[②] 也有人基于保罗和埃尔德的思想，建议更为一般化的苏格拉底诘问策略：

· 你必须理解，人们混淆谈判与质疑，所以，你带着移情开始你的质疑，这表明你倾听你正在与之讲话的那个人。

· 要求人们提供他们所信之物的理由和证据。

· 尊重和倾听人们在说什么。

· 信任他们通过提问艺术发现好思维的能力。

· 不担心你的某些问题失败。

· 愿意为你的问题而冒风险。

· 问那些有助于人们区分他们所知与只是他们所信的问题。

· 缓慢而温和地与那些一直未曾体现这一学习方法的人相处。

· 问那些要求人们以不同视角进行推理的问题。

· 问那些诱发例子、类比或隐喻的问题。

---

① Richard W. Paul and Linda Elder, "Critical Thinking: The Art of Socratic Questioning, Part Ⅲ", *Journal of Developmental Education*, Vol. 31, No. 3 (2008), pp. 34 – 35.

② Ya-Ting C. Yang, "A Catalyst for Teaching Critical Thinking in A Large University Class in Taiwan: Asynchronous Online Discussions with the Facilitation of Teaching Assistants", *Education Tech Research Dev*, Vol. 56 (2008), pp. 241 – 264. Laurance J. Splitter and Ann Margaret Sharp, *Teaching for Better Thinking: The Classroom Community of Inquiry*, Camberwell, Victoria: Australian Council for Educational Research, 1995, pp. 56 – 57.

· 帮助人们反省他们拥有或需要得到的信息。

· 要求人们澄清关键概念和在其他语境使用它们。

· 问他们需要他们反省自己的假设和结论的问题。

· 当人们没有回应时不放弃。

· 使你的问题与人们的生活相关，帮助他们将洞见迁移到日常体验中。

· 愿意扮演魔鬼辩论者的角色。

· 给人们机会，生成关于他们所思之物的问题，记住苏格拉底提问在没有会话时也能默默进行。

· 对人们的回答，允许充分的等待时间。

· 记住，它是一个有技巧的过程，其中一个人的力量和效力随时间展开。

· 要求人们提供阐明他们意思的例子。

· 总结人们之所言，然后问他们是否这是他们的意思或意谓的东西。①

哈尔博士认为，作为批判性思维模型的现代苏格拉底方法或过程有三个重要的特性。第一，思维天然是社交的。思维的社交性为苏格拉底方法的对话本质搭建了舞台，在这个舞台上，人们不仅同意合作讨论一个难题或议题，也因显露出来的、妨碍高质量思维的自我中心和社群中心主义而遭到挑战。挑战这些障碍，对于参与一种真实的社会交换是基本的；为了学会参与，必须具有一种理智上的谦卑感。第二，人们不应盲目主张自己"知道"。应该以这样一种态度开始：一个人的概念也许有缺陷、误传或在特定语境中不能被认为是正当合理的。苏格拉底方法要求人们批判地反省他们的假设。第三，真正的知识不能靠被动的方式接受或教授。要让知识进入一个人的心灵，思想者本身必须进行理智工作，要采用这样的方式：知识的逻辑能被阐明，其应用能被例示和具体说明。要成为一个纯熟的理性人，人们必须自觉地从事理智工作。这三个特性不仅代表苏格拉底

① Danny Weil, "Socratic Questioning: Helping Students Figure Out What They Don't Know", Joe L. Kincheloe and Danny K. Weil (eds.), *Critical Thinking and Learning: An Encyclopedia for Parents and Teachers*, London: Greenwood Press, 2004, pp. 414 – 419.

批判性思维的重要原则，而且其本质上也是实践性的。在杜威眼中，“苏格拉底的生活被理解为一种开放和好奇生活的符号”，在另一些人看来，苏格拉底是批判性思维者的完美榜样，他的实践表明我们如何可能有益地进行批判性探究。[①] 还有人进一步将关怀思维、创造性思维、批判性思维加以整合，形成苏格拉底教学课堂，把这些思维方式看作是整个问题解决过程中的有机组成部分。[②]

第五节 苏格拉底方法的应用

苏格拉底方法最持久和最广泛的应用在教学领域。从教学法角度来看，教育词典常常将苏格拉底方法描述为由教师引导的一个讨论过程，引导学习者质疑自己推理的有效性或达到一个正确的结论。它是一种系统的怀疑和向另一个人提问以引出真理的清晰表达方法。几个世纪以来，它一直被用作一种教育方法。在教学语境里，人们假定苏格拉底方法预设：知识在学习者自身内部，恰当的提问和评论能促使该知识显露出来。因而这种方法的关键是，教师提出的问题评论必须能使学习者自己显示意义。有人认为，没有任何策略比苏格拉底策略更适合提升批判性思维。[③] 苏格拉底诘问的泛化导致人们认为它与下列说法都是同义的：基于实例的学习（example-based learning）、引导发现式学习（guided discovery learning）、归纳教学（inductive teaching）、探究性学习（inquiry learning）、通过设计的学习（learning by design）、通过试验的学习（learning by experimentation）。[④]

苏格拉底方法在中小学和大学（主要是法学院）早已成为一种主流

---

① Enoch Stephen Hale, *Project Demonstration Excellence: A Critical Analysis of Richard Paul's Substantive Trans-disciplinary Conception of Critical Thinking*, Dissertation. Union Institute & University Cincinnati, 2008, pp. 16–21.

② Sarah Davey Chesters, *The Socratic Classroom: Reflective Thinking Through Collaborative Inquiry*, Rotterdam: Sense Publishers, 2012, p. 160.

③ Danny Weil, "Socratic Questioning: Helping Students Figure Out What They Don't Know", Joe L. Kincheloe and Danny K. Weil (eds.), *Critical Thinking and Learning: An Encyclopedia for Parents and Teachers*, London: Greenwood Press, 2004, pp. 414–419.

④ Norbert M. Seel (ed.), *Encyclopedia of the Sciences of Learning*, New York: Springer, 2012, p. 1009.

的教学法。不过，一般用“苏格拉底教学”指小学到高中的苏格拉底教育，用“苏格拉底方法”指法学院的苏格拉底教学。这两种形式的共同点是学生利用问题积极活动，都与纯粹的授课相对立。用问题教学的方式成了苏格拉底教育的同义语。[①] 在大学层次，正如努斯鲍姆（Martha C. Nussbaum）论证的，本科生的教育、自由教育，应该包括苏格拉底探究，因为它对民主社会有益，它能使学生发展批判地检视他们自己和他们的传统的能力。[②] 自由教育（liberal education）的目标是培养人性（humanity），这与培养世界公民相同。培养人性通过发展三种能力来实现。第一，批判自省和对自己文化和传统进行批判性思考的能力；第二，把自己看作是与所有人休戚与共的人之能力；第三，叙事想象的能力，即同情他人，将自己置于他人位置的能力。当把苏格拉底批评应用于别的文化时，实际上是尊敬它们的一种方式。努斯鲍姆的“积极的大学概念”（affirmative conception of the university）基于两个关键价值：苏格拉底理性（Socratic Reason）和尊重多样性。[③] 但是，对法学院的苏格拉底方法有一些争议。《力争上游》所塑造的金斯菲尔德教授在合同法课堂上使用苏格拉底方法恐吓学生的行为被夸大了，是一幅过时的苏格拉底方法的漫画。其实，苏格拉底方法完全不同于这种刻板印象。[④]尽管苏格拉底方法广受批评，一些报告说它的使用在下滑。但弗里德兰（Steven Friedland）1996年对美国法学院教学的调研报告发现，苏格拉底方法依然是法律教育的一个支柱。97%的教授在其一年级课堂上，大约包括平均59%的课堂教学，都使用苏格拉底方法。在二年级和三年级的课堂上，比例分别降到93%

① Avi Mintz, “From Grade School to Law School: Socrates' Legacy in Education”, Sara Ahbel-Rappe and Rachana Kamtekar (eds.), *A Companion to Socrates*, Oxford: Blackwell Publishing Ltd., 2006, pp. 476 – 492.

② Martha C. Nussbaum, *Cultivating Humanity: A Classical Defense of Reform in Liberal Education*, Cambridge, Massachusetts: Harvard University Press, 1997, pp. 9 – 13, 20 – 28. Martin Gunderson, “Book Reviews”, *Frontiers: The Interdisciplinary Journal of Study Abroad*, Vol. 6 (2005), pp. 245 – 248.

③ Nicholas C. Burbules, “Book Review-Cultivating Humanity: A Classical Defense of Reform in Liberal Education by Martha C. Nussbaum”, *Harvard Educational Review*, Vol. 69, No. 4 (1999), pp. 456 – 466.

④ Elizabeth Garrett, “Becoming Lawyers: The Role of the Socratic Method in Modern Law Schools”, *The Green Bag*, Vol. 1, No. 2 (1998), pp. 199 – 208.

和 47% 。[①]

明茨指出，法学院的苏格拉底方法与中小学的苏格拉底教学在 4 个方面有所不同：课堂背景、教师角色、探究共同体和主题内容。法学院的苏格拉底课堂规模比较大，常常超过百名学生，教授站在教室的前面，面朝一排一排的学生，接近于正式的课堂教学形式。[②] 而在中小学，苏格拉底课堂较小，理想的规模是 10—15 个学生，通常围成一个圈可互相面视，教师是其中一部分。就苏格拉底本人而言，他并没有正式的课堂，常常在集会、市场或有过客的地方展开他的会话。可见，中小学的苏格拉底教学可能更接近苏格拉底会话的非正式性。就教师的角色来说，在法学院的大课上，教授就是会话中的“苏格拉底”，提出问题并指引会话，学生有时被随机选中回答问题。被选中的学生可能是持续很久的焦点，也许与教授交替成为焦点。“苏格拉底”总是控制着对话，有时他在一个对话中与多人会话。课堂上的大多数评论跟随他的问题或评论。但在中小学苏格拉底教学中，教师的角色相当不同。教师一般提出一个问题，启动会话，之后他就让学生彼此进行对话。97% 的时间是学生在说话，教师起着推动和澄清问题的作用。围成圆圈面对面坐的学生的看法就变成对话的核心。在苏格拉底研讨会的大部分时间里，教师是静默的；苏格拉底教学希望生成一种环境，学生能在其中直接对另一个人言说，像苏格拉底一样考察其他人的评论，在共同前提的基础上生成对主题的理解。从苏格拉底教育中的共同体来看，法学院课堂规模较大，要克服个体的精神特质并在课堂上创造学生共同体比较困难。事实上，有许多人论证说，苏格拉底方法不仅没有

---

① Avi Mintz, “From Grade School to Law School: Socrates’ Legacy in Education”, Sara Ahbel-Rappe and Rachana Kamtekar (eds.), *A Companion to Socrates*, Oxford: Blackwell Publishing Ltd., 2006, pp. 476 –492.

② 赫弗南（William C. Heffernan）认为，那些训练年轻人面向陪审团发表有说服力演说的人，即在古希腊当时的法律教育者，是智者而非苏格拉底。案例方法是普罗塔哥拉式的，而不是苏格拉底式的。前者训练他的学生猎取论证的胜利，相反，苏格拉底寻求真理。对于普罗塔哥拉乃至当代法律教授而言，教学目的不是向学生揭示实质的知识点（虽然这是他们训练的副产品），而是通过这种教学用技术武装他们。这是智者的特性，是曾经激起外部观察者良心谴责的法律教育，不同于道德教导的苏格拉底方法。就法学院的苏格拉底方法保持法律人职业训练的正式性来说，这样一种课堂更类似于智者的正式教学而不是苏格拉底的非正式会话。可参见 William Heffernan, “Not Socrates, But Protagoras: The Sophistic Basis of Legal Education”, *Buffalo Law Review*, Vol. 29, No. 3 (1980), pp. 399 –423。

促进一个共同体的成长，而且实际上创造了一种自我主义的、竞争的气氛，这种批评尤其在法律教育的女性主义者中流行。“苏格拉底课堂本身变成了法律教育的一个系统的、理想化的代表，在其中赢者少而输者众。”甚至学生坐在课堂上为教授提问而提心吊胆（女生更可能感到恐惧），教授直言揭露学生的回答是不正确的或不充分的，其间可能伴有他的恐吓，有时还嘲笑学生，造成这样一种环境的苏格拉底课堂因而受到谴责。在苏格拉底方法与苏格拉底教学之间存在巨大鸿沟：前者强调公开主张一个人的看法并将它们暴露于别人的审查面前，不管这种审查给学生的感觉如何；后者强调由探究者共同体从事温和的、有礼的意见交锋。斯特朗（Michael Strong）使用华生－格拉泽批判性思维评价（Watson-Glaser Critical Thinking Appraisal）分析苏格拉底教学效果的两个经验研究报告说，那些在当年学习中进行苏格拉底实践的男女学生在测验分数上都有进步；少数女生测试分数有非常大的进步，和男生相比女生一般也有更大的进步。苏格拉底教学合作的、迷人的公共探究可能是女生获益的来源，中小学的苏格拉底教学是一种对不成比例的有益于男性的学习模式的摆脱，而在法学院的苏格拉底方法是一种倾向男性的教学模式。此外，中小学的苏格拉底教学力图让学生在礼貌的互动中严肃对待其同伴的评论，它让学生澄清立场，而且学会公民争论的语言。[①] 在主题内容方面，苏格拉底教学涉及的内容较为广泛，阿德勒曾将其分为两类：各种书（历史、科学、哲学、诗歌、故事、散文，但不是教科书）和人类艺术产品（包括音乐片段、视觉艺术片段、戏剧和舞蹈产品、电影或电视）。但是，也有学者认为苏格拉底教学通常并不使用文本作为知识的工具，而使用丰富的、复杂的作品扩大学生的经历，改善他们的思维过程。法学院的苏格拉底方法的中心是文本（这就是为什么苏格拉底方法常常被当作案例方法的同义词），但正如赫弗南指出的，使用文本学习对于智者相当普通，并不是苏格拉底通常使用的教学技术。在《普罗塔格拉篇》（338e—348a）中，智者使用诗歌作为其授课的一部分，而苏格拉底建议把诗歌撇在一边，相互

---

① Avi Mintz, “From Grade School to Law School: Socrates’ Legacy in Education”, Sara Ahbel-Rappe and Rachana Kamtekar (eds.), *A Companion to Socrates*, Oxford: Blackwell Publishing Ltd., 2006, pp. 476－492.

直接交谈（347e—348a）。苏格拉底会话不以文本而是以一个人就与其生活相关的某个议题所持有的信念为中心。[①]

中小学教学中有一种苏格拉底教学形式叫“苏格拉底圈”。苏格拉底圈是始于20世纪20年代的苏格拉底研讨班的原则和方法论的修改和扩展。阿德勒将“苏格拉底圈”定义为“就学生所读之物提出问题，以帮助其改善对基本观念和价值的理解”。阿德勒的仰慕者之一拉姆布莱特（Lesley Lambright）1995年把苏格拉底研讨班定义为“以文本为中心的探究性理智会话”。这种会话的本质和过程根本不同于教师引导的、问答的典型讨论。苏格拉底圈把绝大部分会话的引导和材料内容的所有权移交给学生。这种方法帮助学生达到以下学习结果：一群学生深刻理解所选的文本，改善他们的阅读理解、词汇、聆听、诉说和批判性思维的技能，获得了互相协作构建意义、解决问题和探索生活关系的经验。通常，苏格拉底圈以如下组件为基础：学生批判性阅读的一个短文本段落，学生组成的两个同心圈，一个圈集中于探索文本所表达的意义，另一个圈观察会话。在第一个圈考察和讨论了文本之后，第二个圈提供对所发生对话的质量与促进该对话的个人和小组动态的反馈。在这个反省期之后，两个圈的学生交换位置和角色，伴随着新声音和新想法，该过程在每一圈重演。当然，苏格拉底圈的每一方面都有许多变种，但保持讨论—反馈—倒换的模式是基本的。正是在内圈和外圈之间的互动，能使学生控制对话发生的方向和过程。苏格拉底圈不同于典型课堂讨论之处首先就在于这一事实：在要求学生担当某些角色的同时保持沉默。当内圈在讨论文本时，外圈的成员被指示想象他们是双向镜后面的科学观察家，他们可以看到、听到正在进行的一切，但不能以任何方式与内圈互动。同样，当外圈在提供有关所发生讨论质量的反馈时，内圈的成员必须沉默聆听。苏格拉底圈提供了一种真实世界的、以学生为中心的学习，在这里，教师仅仅起着保持讨论前行的作用，不管讨论的方向。正是学生而不是老师引导和指挥会话的焦点。当学生建构他们的讨论时，他们在激活先前的知识，建立连接，综合新图式，

---

① Avi Mintz, “From Grade School to Law School: Socrates’ Legacy in Education”, Sara Ahbel-Rappe and Rachana Kamtekar (eds.), *A Companion to Socrates*, Oxford: Blackwell Publishing Ltd., 2006, pp. 476－492.

在一种为理解而合作的探求中……致力于达成一种对文本的增大的理解，不仅仅是吸收它。[①] 苏格拉底圈最主要的是给学生和教师提供了践行和砥砺其批判性思维技能的机会。学生很快把批判性思维看作是前进中的、发展着的技能，而不是某些学生属于而某些不属于的秘密社会。苏格拉底提问和苏格拉底圈是教师能够激励学生的方式，让人们把批判性思维看作一种终身的、生命实现过程。

另一种苏格拉底教学法形式以李普曼（Matthew Lipman）儿童哲学为代表。它是合作性的、基于探究的教学和学习方法——“探究共同体”。儿童哲学的发展已有国际性的证明，比如在英国变成“与儿童在一起的哲学”（philosophy with children），在澳大利亚成了“学校里的哲学”（philosophy in schools）或更一般的“课堂上的哲学探究”（philosophical inquiry in the classroom）。李普曼认为，作为一种思维过程的探究共同体类似于室内乐，每一个演奏者都美化他人的想法和说明以跟随乐曲，在哲学探究情形下，跟随论证和逻辑的引导。[②] 范罗瑟姆（Kristof Van Rossem）认为，苏格拉底对话可以和主流学科比如数学和地理结合起来。他本人在语言课程、宗教课程，甚至在午餐时间或学校郊游期间使用苏格拉底对话。[③]

20 世纪中期，“教学机”（teaching machines）这种教学法装置的使用增多。教学机是声称建立知识基础的、有一系列问题的教科书。在单独的页面上列一些问题，学生能找到正确的答案以便他们核对自己的回答。在教学机和苏格拉底教学之间有明显的联系，比如，人们可以认为教学机和学习者之间的交流过程类似于一个现场老师使用苏格拉底方法教学生时所发生的情况。通过回答一系列问题，学习者从一种知识或技能状态被引导到另一种。有人主张教学机是苏格拉底式的，类似于法学教育里使用的苏格拉底方法，因为后者随机“冷不防提问”（cold-calling）学生列举一个

---

① Matt Copeland, *Socratic Circles: Fostering Critical and Creative Thinking in Middle and High School*, Portland, Maine: Stenhouse Publishers, 2005, pp. 6 - 13.

② Sarah Davey Chesters, *The Socratic Classroom: Reflective Thinking Through Collaborative Inquiry*, Rotterdam: Sense Publishers, 2012, pp. 2 - 3, 6, 8.

③ Kristof Van Rossem, "What is A Socratic Dialogue?", *Filosofie*, Vol. 16, No. 1 (2006), pp. 48 - 51.

案例的具体事实。像教学机一样，法学院教授有时使用一系列直接问句以引出正确答案。教学机和通过“冷不防提问”诱发事实信息是在最广泛层次上的教育中的苏格拉底应用，即对于那些号召教学机和冷不防提问的人而言，苏格拉底教育只意味着教师使用问题从学生那里获得信息。当然，也有乔丹（James Jordan）指出，教学机和苏格拉底在《游叙弗伦篇》苏格拉底使用的方法有所不同，苏格拉底真正是一个思想开放的探究者，在心里并无他设法引导他的对话者得到的正确答案。阿瑞达（Phillip Areeda）在其死后发表于《哈佛法律评论》上的关于苏格拉底方法的演讲也论证，苏格拉底方法并非想要学生列举事实，因而通过冷不防提问背诵事实并不是苏格拉底式的。他指出，苏格拉底方法的真髓不是背诵而是它迫使学生从指定的司法见解（法条或其他材料）出发，运用他所知（或以为他所知的）的东西进行推理和分析。他关注发生于苏格拉底方法中的提问部分，并论证在法学教育中，对于苏格拉底方法背诵只不过起着预备作用。要求事实背诵的问题仅仅建立了苏格拉底方法能从其中提取出来的一个具体基础。[①]

另一种取向的苏格拉底对话突出从对话者自身引出知识或自己得出结论这一特性。有一个相当流行的观点：只要教师使用提问，教育就是苏格拉底式的。这一看法频繁引证苏格拉底与一个奴隶男孩的对话（《美诺篇》，83b—c）作为依据。在对话进行到三分之一的时候，苏格拉底告诉美诺，他可以证明我们所谓的学习其实是回忆。通过问答，苏格拉底让奴隶男孩“回忆起”一个几何原则。许多人认为这是苏格拉底教育的一个经典例子。当然，这个对话与某些苏格拉底的基本洞见相符（例如，学习发生在一个人身上，人们能使用问题刺激这种学习）。但是，与美诺的对话相比，对奴隶男孩的教育并不是真正地通过挑战其信念的一致性而引出疑惑。同时，苏格拉底也没有真正让奴隶男孩作为一个探究的参与者。因此，奴隶男孩是一个非典型的苏格拉底对谈者，几何学讨论也是苏格拉底对话的非典型话题。有理由认为这个会话在苏格拉底教育会话的古代描

---

① Avi Mintz. From Grade School to Law School: Socrates' Legacy in Education. In Sara Ahbel-Rappe and Rachana Kamtekar (eds.), *A Companion to Socrates*, Oxford: Blackwell Publishing Ltd, 2006, pp. 476 - 492.

写中是异常的。仅仅为了在课堂上引出事实或对人们进行冷不防提问，与奴隶男孩的对话相类似。① 不过，如果我们紧紧抓住奴隶男孩对话中“自己得出结论”这个特点的话，这个对话所蕴含的积极思考的过程和方法依然是苏格拉底式的，而且会有重要的应用。例如，奥斯丁（Aleine Austin）1993 年 2 月在《月评》（*Monthly Review*）上发表了《工会少女》（*Union Maid*）一文，描述了她在全国航海工会作为工会教育指导者胡伯曼（Leo Huberman）的河港教育指导者助手工作的时候，看到胡伯曼如何运用苏格拉底方法开展工会教育。胡伯曼的第一课就是告诫奥斯丁：“不要讲课!”一个好教师要做的第一件事是让学生参与进来，一个讲师通常更关心所教的主题内容，而胡伯曼关心教人。讲课把学生变成被动的接受者，而正确的策略应该是激励学生变成积极的思考者。胡伯曼的做法是，从教育对象的经验、处境开始，问他们一些能够引出他们自己知识的问题。他让奥斯丁把教育一词分解为它的拉丁词根：E-duc-ation 即 out from-lead-the act of。胡伯曼说，“你看，lead out from 或 draw out from，那就是教育意思的起源。你引出你的学生所知道的东西——他们理解的种子就在他们的旧经验之中。你从他们引出他们早已知道的东西”。奥斯丁讲到一个案例。胡伯曼通过与船员的对话让他们自己得出建立工会必要性的结论。

胡伯曼：你和老板谁更强势？

船员 1：当然是老板。

胡伯曼：你如何知道的？

船员 1：我不得不到他那儿找工作。

胡伯曼：他有什么本钱能使他给你这份工作？

船员 1：他有船。

胡伯曼：为什么你自己没有船？

船员 1：我？我到哪里去搞那些钱？

胡伯曼：所以，要有你自己的船，你就需要钱或资本。同样，要有一间工厂或餐馆或任何雇佣他人制造产品或提供服务的生意，也是如此。可

① Avi Mintz, From Grade School to Law School: Socrates' Legacy in Education. In Sara Ahbel-Rappe and Rachana Kamtekar (eds.), *A Companion to Socrates*, Oxford: Blackwell Publishing Ltd, 2006, pp. 476-492.

是，为什么那使老板比某个个人要强——难道他不需要工人开船吗？（他指向另一个船员，要他回答这个问题）

船员 2：当然，没有我们，他的船开不起来。

胡伯曼：那么，你能决定你要的工资吗？

船员 2：我能决定我愿意要多少工资——但那并不意味着我会得到那样多的工资。

胡伯曼：为什么不能？（指向另一个船员）

船员 3：因为可能会出现某个其他障碍，所以接受更低的工资。

胡伯曼：可是，你不是有因感到工资太低而拒绝工作的自由吗？

船员 3：当然，我也有挨饿的自由——可我想要填饱肚子，不得不接受老板付的工资，不管有多低，因为假如我不干的话，别人愿意干。我没有权力，这就是一切。

胡伯曼：你能通过做某些事情而获得某种力量吗？

船员 3：好，我们试着谈谈怎样对付为如此低的工资而工作的问题。

胡伯曼：（向全班说）怎么做呢？

船员 4：现在，其他人做什么好呢？在老板注意到之前，你必须纠集所有港口船员拒绝低于某个价格的工作。

船员 5：那不会有什么用——他会去另一个港口，雇佣那里的船员。

船员 6：假如你使所有港口的所有船员拒绝，比如说低于每小时 5 元的工作，那么你就有了某种力量，不是吗？

胡伯曼：你的意思是通过一种联盟？

船员 2：你知道！联盟就是个人联合起来的时候。

胡伯曼：为何目的？

船员 2：为了控制他们的工资。

胡伯曼：控制？他们能得到他们想要的工资吗？

船员 5：肯定。他们现在坐在驾驶座上。

船员 2：呵，他们可能因要求高工资使老板难做生意。

胡伯曼：那老板会怎么做，假如联盟要求比如每小时 10 元，他感到会丧失金钱或破产呢？

船员 1：可能他许诺给 7 元或 8 元。

胡伯曼：你的意思是他开始和船员讨价还价？

船员 1：是的，我猜想那是你想要的。

胡伯曼：好。之前你不是说，你不得不接受所有者提供的东西，否则会挨饿？现在你是说他与你讨价还价。现在和以前有什么不同？

船员 1：以前，我只是一个人独自行动，没有任何讨价还价的力量。现在，与其他所有工人结成一个联盟，通过和其他船员一起参加，我获得了讨价还价的力量。

胡伯曼：听起来你像在引证高等法院的裁决。让我们读一下 1937 年做出的裁决的一部分。“很久以前，我们陈述过劳工组织的理由。我们说，他们组织起来是情境使然：单个的雇员在与雇主打交道时是无助的……工会主要是给劳动者争取**与雇主平等**的一个机会。那就是工会做的事情。他们并不使工人比雇主更强势；而是通过在决定他们的工资和工作条件时给予他们发声的一个机会，使得工人与雇主更平等。”有谁知道所谓的那种讨价还价吗？

船员 1：不是叫“集体讨价还价”吗？

胡伯曼：对。（船员们显出笑意）

奥斯丁说：“我也笑了。有一天我会像这样教，我对自己打包票。”①

这证明了苏格拉底提问既是认知的也是情感的，激起学生的思考，引起并探究他们的思维。苏格拉底方法不只是一种教学法的花招或技术，而是必须被培养的、有利于形成新的学习、生活和思维方式的心智习惯和价值。它所倡导的理念是，学生需要发现他们并不知道的、与他们认为他们之所知相反的东西，这会使他们发展激励创造性、发现、有力的想象、好奇心、拥护怀疑和质疑的必要性的价值和倾向，以及一种探究性取向和深层次的对他人生活的移情。简言之，苏格拉底提问是一个生成的过程。②

苏格拉底方法在哲学践行和哲学咨询中也有重要而广泛的应用。哲学践行（Philosophical Practice）或践行哲学（Practical Philosophy）秉承苏格拉底哲学活动的精神，旨在提高人们的批判性能力以及激发他们的创造力。哲学践行的理念与联合国教科文组织的哲学教育的观念相一致：哲学

① Danny Weil, “Socratic Questioning: Helping Students Figure Out What They Don’t Know”, Joe L. Kincheloe and Danny K. Weil (eds.), *Critical Thinking and Learning: An Encyclopedia for Parents and Teachers*, London: Greenwood Press, 2004, pp. 414 - 419.

② Ibid..

教育不仅是让学生机械地学习即获取信息然后复述，还应是关于寻找“为何这样”“如何改变”以及了解“你是谁”“如何从事社会生活”等一系列问题答案的工作。两个专业杂志都曾出过苏格拉底专辑——英国的《践行哲学》第2卷第2期（1999）的“苏格拉底”专辑和美国的《哲学践行》第5卷第3期（2010）的“苏格拉底对话”特刊。国际著名践行哲学家和儿童哲学家、联合国教科文组织的合作者奥斯卡·博列尼菲尔（Oscar Brenifier）博士曾在法国建立了“哲学践行研究所”（Institut de Pratiques Philosophiques）。他在早年的学习过程中就喜欢上苏格拉底诘问，并立志成为苏格拉底那样的哲学家。苏格拉底提出“什么是F”的问题是想找到一个基本的、不变的原则（就如爱因斯坦一直追求的特殊原理——原理的原理）。这就是从具体事物中提炼出抽象概念、从纷繁的案例中总结出敏锐的思想，就能更加准确地指导人们的思想与行动。提炼与总结意味着精简地进行思考，将精简的概念与思想用以指导复杂的生活意味着扩充思考。只有精简的思考才能够产生敏锐的洞见。博列尼菲尔承认在他的哲学践行中所运用的方法之一便是苏格拉底对话。这种追问方法是帮助人们进行思考以及澄清模糊想法的有力工具。第一个追问便是针对自己的生活：为什么我要这样做？为什么我会有这种期望？我想要什么？我知道什么？……①

20世纪80年代末，苏格拉底对话引入荷兰。荷兰学者凯塞尔（Jos Kessels）翻译了尼尔森的著作，引入“战略对话”（dialogue on strategy），首次实践“餐桌思考”（Diner Pensant）。荷兰哲学践行协会（Dutch Association for Philosophical Practice）主席、莱顿对话中心（Leiden Dialogue centre，在荷兰、英国、瑞士和德国组织了苏格拉底对话）创始人德尔诺伊基（Jos Delnoij）引入了在活动挂图上使用颜色清楚辨识对话内容（蓝色）、元对话（绿色）和战略对话（红色）。荷兰今天已有苏格拉底对话的六种变体。一些哲学家经常实践苏格拉底对话，一些人靠此部分地赚钱生活。1998年，荷兰哲学践行学会发起两个苏格拉底对话促动者课程：一个是荷兰的；另一个是国际性的。哲学践行的苏格拉底对话不仅进入荷

---

① ［法］奥斯卡·博列尼菲尔、龚艳：《哲学践行：从理论走向实践的哲学运动——奥斯卡·博列尼菲尔访谈录》，《南京大学学报》2013年第3期。

兰教育（如尼尔森做的），比如大学和中学，而且苏格拉底促动者也进入商界（如银行和商业咨询）以及非营利组织，如政治团体、警察机关和行政机构。[①] 凯塞尔在《市场中的苏格拉底对话》中把自己描绘为一个对话顾问（dialogue consultant），他试图将古代被忘却的辩证法技艺（实则是尼尔森类型的苏格拉底对话）运用于商业问题。苏格拉底方法曾被用于荷兰污水下水道系统预算优先顺序的问题上。"反思越多，浪费掉的金钱越少。"凯塞尔曾与银行家、税务稽查员、零售商、医务人员和警察"对话"。古希腊智者可能是首次把他们的技能用到市场上的职业哲学家：他们作为政治谋士和个人咨询师收取费用。职业哲学家作为"辅助商"帮助人们透彻思考他们的问题，所提供的服务在纽约每小时收费 100 美元，这早已让心理疗法这个行当吃惊了。荷兰哲学家、咨询哲学家协会（Society of Consultant Philosophers）主席穆利斯（Karin Murris）解释说，"我们关注人的概念史而非他们的情感史"，"人们的思维常常正好被卡住了"。泰勒（Christian Tyler）认为，苏格拉底对话值得引进董事会或委员会。在这里，苏格拉底对话实际上成了受监督的头脑风暴法。要使思考更令人愉快，哲学咨询师应该组织一场餐桌思维。就如凯塞尔所说的，经验表明在共同进餐期间会话开展得最好，因为这实现了轻松与专注的理想结合。[②] 荷兰哲学咨询家博尔腾（Hans Bolten）是活跃于荷兰和国外的苏格拉底对话促动者和管理训练家，近年曾为荷兰税务部开发并实施了一个与道德责任有关的培训计划，训练该部门的管理者在组织内促进苏格拉底对话。他也致力于从理论和实践方面改进苏格拉底方法本身，将苏格拉底对话与另一种体验式学习——拓展训练（outdoor training）结合起来。培养组织内的道德责任有两种方法，一种是首先设法灌输标准和系统；另一种是力图教道德决策和价值，以便"伦理思考"和让意识成为每一个管理者精神装备的一部分。而在后一种方法里，苏格拉底对话帮助管理者发展道德能力和责任。博尔腾得出这样的结论：关心伦理的组织不能依赖抽象的道德准则和规则。如果管理者要塑造他们既意见一致又能应用于实际的

---

① Tim LeBon, "Interview with Jos Delnoij", *Practical Philosophy*, Vol. 2, No. 3 (1999), pp. 28-31.

② Christian Tyler, "Socrates Joins the Board", *Financial Times*, 6-7 June 1998, Weekend section, 4.

道德指针，他们就需要以苏格拉底对话为工具。苏格拉底对话能培育管理者对说明其行动做好准备，为道德行动本身的含意（隐含的后果）做好准备，因此帮助创造出一种文化：道德上负责任的行动是规则而非例外，这种责任性说明一个人的行动有其正当的地位。①

通过哲学践行，苏格拉底对话已经变成咨询市场的一个新产品，对这一产品的需求还在逐渐增长。苏格拉底对话从外部给人们和组织提供一种克服他们达到目标之困难的手段。显然，苏格拉底的“思维审计”能影响个人和组织以良好方式做事。在此情况下，可以理解某些哲学家和作为自由作家或失业的其他知识分子尝试通过给公司和组织提供这种有哲学基础的产品来维持生计。不过，他们和我们中的一些人有赚钱的欲念，这本身并不是什么坏事，但可能是误用苏格拉底对话的一个来源，尤其是如果它导向苏格拉底对话、批判性思维的最初意图时，就会被迫倒退或遭毁坏。简言之，苏格拉底也许去市场，但他并没有变成市场的一部分。② 有专家也对日益红火的哲学咨询提出警示：苏格拉底方法发展思维和行动、思维与体验、思维与决断（或预判）之间的内在结合或联系，因而希望它推行到全世界。不过，一些哲学家过于激动，他们想现在而不是明天就开始推进苏格拉底方法。然而，合适地推进需要各种各样的技能和经验，不可过于急促。同时，这并不是说他们不能向其他促动者的做法学习，而是保护哲学；同样重要的是：在你准备好之前不要一开始就糟蹋你自己的市场！他希望有志成为一个苏格拉底式服务商的哲学家能践行忍耐的美德，直到经受充分的训练。③

新苏格拉底方法在德国、英格兰和荷兰颇为流行，甚至日本也自1999年引入以来一直使用它。尤其在医学伦理学中，苏格拉底对话成为主流研究方法。各类参与者一起讨论医疗保健制度里的权利与责任。参与者通过提出具体例子来回应手头的议题，通过讨论澄清与权利和责任相联

① Hans Bolten, “Managers Develop Moral Accountability: The Impact of Socratic Dialogue”, *Reason in Practice*, Vol. 1, No. 3 (2001), pp. 21 - 34.

② Horst Gronke, “Socratic Dialogue or Para-Socratic Dialogue? Socratic-Oriented Dialogue as the Third Way of a Responsible Consulting and Counselling Practice”, Jens Peter Brune and Dieter Krohn (eds.), *Socratic Dialogue and Ethics*, London: LIT Verlag Münster, 2005, pp. 24 - 35.

③ Tim LeBon, “Interview with Jos Delnoij”, *Practical Philosophy*, Vol. 2, No. 3 (1999), pp. 28 - 31.

系的道德原则和价值，这又形成他们关于那些经验的基础。在讨论过程中，参与者在辨识他们意见的共同点和分歧的同时，形成共享的价值系统，也要求他们评价自己的经验，尝试评价该方法本身的有效性。[①] 在欧盟关于异种器官移植（xenotransplantation）伦理问题研究的计划中，苏格拉底对话被用作与各种利益相关者讨论异种器官移植之伦理难题的手段。欧盟委员会的研究理事会资助一个研究计划——“增加公众参与异种器官移植伦理问题的辩论”（2002），涉及德国、西班牙、奥地利等。[②] 2004年这三国分别提出了“国家评估报告：新苏格拉底对话”。其实，苏格拉底方法在其源头上就与伦理问题关系密切。伦理问题讨论的程序即是苏格拉底对话的程序：从一个具体案例开始，辨识隐含在我们对其判断之中的标准和考虑事项，通过考虑假设的变体来抽象出一般规则，进而达到作为我们的道德思维和价值判断之基础的普遍原则。无论该方法应用在数学、认识论、伦理学还是在内省心理学中，核心的理念总是从具体经验和具体判断到一般规则和普遍原则的归纳概括。赫克曼抽象出的苏格拉底对话的典型形式对小群体医学伦理学教学有极大吸引力。它的策略是，从相关个人的个体经验开始，解释它并在一个主体间的交锋和证明过程中慎重地归纳它们；在教师方面，对于讨论的内容有非指向性的义务，在参与者方面，必须澄清他们自己的思维以及他们理解别人思想的方式，内容层面和元层次的讨论严格分开，尤其是在群体过程中，情感和动机资源的开发构成聪明的运用。但是，经验表明，苏格拉底小组的典型形式有一些弊端，它们可以通过放松某些规则的刚性得以克服。这些主要涉及禁止教师方面的实质干预以及坚持共识的形成（起源于尼尔森的新康德主义先验论）。[③]

苏格拉底诘问一直被当作“认知疗法的基石”。在认知行为治疗（CBT）中，苏格拉底提问给予治疗师和客户同样的机会揭示客户早已知

① Aizawa Kuniko, Asai Atsushi, Kobayashi Yasunori, Hoshiko Kuniko, and Bito Seiji, “A Neo-Socratic Dialogue for Developing a Mutual Understanding of Rights and Responsibilities in the Healthcare System”, *Contemporary and Applied Philosophy*, Vol. 2 (2010), pp. 10001 – 10016.

② Erich Griessler and Beate Littig, “Participatory Technology Assessment of Xenotransplantation: Experimenting with the Neo-Socratic Dialogue”, *Practical Philosophy*, Vol. 6, No. 2 (2003), pp. 56 – 67.

③ Dieter Birnbacher, “The Socratic Method in Teaching Medical Ethics: Potentials and limitations”, *Medicine, Health Care and Philosophy*, Vol. 2, No. 3 (1999), pp. 219 – 224.

道但未曾考虑或已忘记了的东西。通过灵敏的提问，客户被激励使用他们的所知，自己发现替代观点和解决办法。苏格拉底方法可能比询问范围更广。在 CBT 中最常用的苏格拉底技术是苏格拉底提问。认知治疗师发展良好的苏格拉底问题库，这是因为它具有激励一种个人对某种情境的回顾以及在态度、情感和行为上相关改变的效果。伯恩（David Burns）在其《自助书》（1980）中说，通过一个引人深思的问题，你发现了你挫败你自己的信念。通过再三重述以下问题，挖掘出你的难题的起源："如果消极思想是真的，那么它对我意味着什么呢？为什么它会使我烦恼？"在不引入某些治疗师的主观偏见、个人信念或理论偏好的情况下，你能客观地、系统地直接进入你的难题的根源。在辨识认知、影响、行为和恰当感受一个客户的困难的过程中，苏格拉底对话能详尽说明可能"遍布客户心灵"但先前没有完全被认识到的事情。像"你感觉如何？""你的思想经历是怎样的？"这样的简单问题能帮助客户澄清和明确表述情感和思想。其他有用的评价问题如：当它发生时，你做什么？当你思考或做那个的时候它对你意味着什么？你第一次有这样的思考是什么时候？你有任何其他感觉吗？也可以通过问一些问题帮助你检核由初步表述生成的假说来进一步报告该表述，如，当那发生时，你感觉如何？当你像那样感觉时，在你心里发生了什么？在那时，你容易干什么？这激励进一步探究，因此确立和修改表述。认知疗法的一个基本部分是教客户 CBT 技能，其中一些最好是通过教诲和体验而获得，比如教断言技能和呼吸技术。但是，思想和情感之间的联系以及它们对动机和行为的影响，通常使用苏格拉底方法合作地探索更好。审查这些联系的一个标准方法是，激励客户从事假设性练习，想象不同思考的后果。①

批判性思维专家埃尔德也认为，批判性思维的苏格拉底提问和反思有助于控制和消除消极情感。思维人和情感人的区分是一种概念上的错误。其实，作为人，我们每天都思考，都体验情感。思考与情感是同一硬币的两面。如果你认为某人不公正地对待你，你就会感到对此人的某种消极情感或情绪（生气或怨恨）。这种在精神上发生的感觉是你在该情境下的思

① David Westbrook, Helen Kennerley and Joan Kirk, *An Introduction to Cognitive Behaviour Therapy: Skills and Applications*, London: Sage Publications, 2011, pp. 137 – 140.

维方式的结果。同时，情感也能影响和驱动思维。情绪和情感是生活的重要组成部分，它们可能是积极的，也可能是消极的。它们是传递你按照积极的或消极的方式设想事物的信号。当然，情感或情绪可能是正当合理的，也可能不是正当合理的。谁都知道，人与情感的关联方式不同，可能造成生活质量的巨大不同。随着学会审查你的情感，探究说明其缘由的思维，你就能攻击导致自我强加的非积极效应的情感痛苦的那种思维。你能通过开始控制引起那些情感的思维来控制你的情感。如何用批判性思维控制情感生活？每当你经历一种消极情感时就问问自己：将你导向这个情感的是何种思维？看看你是否能辨识此情感背后的非理性思维；用更好、更合情理的思维抨击那种思维。一旦在新思维基础上采取行动，你的情感就会由此开始改变。如果你在生活中频繁地经历消极情感，那就仔细考察何种事物引起这种情感。除非你直面生活中引起消极情感的问题，除非你做某些事挑战该情境，否则消极情感会卷土重来。找到这种情感的思维根源，用导致有积极效应的行为与积极情绪的思维来攻击你原来的思维方法。通过分析引起消极情感的东西，你常常能识别你的思维和行为上的问题。①

在商业管理中，职员和管理工具辅导训练或教练（Coaching）在20世纪70年代开始蓬勃发展。现在它被用作个人辅导、团队和群体辅导、过程和计划辅导以及领导力辅导（针对年轻高管和最高管理者）。这种辅导训练的基本元素主要源于苏格拉底对话。苏格拉底对话的一个特性是对对话伙伴自我责任的要求和承认，它期待对变化有基本准备的、自己做决定的个人。有人把苏格拉底比作辅导训练中的“教练”。当个人、群体或团队想要澄清基本问题以便塑造他们的积极生活和建设性合作时，苏格拉底辅导训练总能派上用场。它通过与其他辅导形式特别是以解决方案为焦点的系统辅导训练和个人辅导的相互作用产生自己的效果。以解决方案为焦点的辅导训练的主要任务是确定目标和任务，澄清将它们付诸实施的步骤以及执行必要的行为。个人辅导的重点是潜能和资源的强化。特殊的个

① Linda Elder and Richard W. Paul, *25 Days to Better Thinking and Better Living: A Guide for Improving Every Aspect of Your Life*, Upper Saddle River, New Jersey: Pearson Education, Inc., 2006, pp. xxii, 29-30.

人生活史的评价是核心，基于一种融贯的自我评估支持内在稳定性和魅力。当这些辅导形式不能确保一种持久的从问题域向解决方法域转变或者用苏格拉底辅导能加强解决方法域时，苏格拉底辅导可以做出贡献。目标是要澄清被个体或群体阻止或推动的具体解决方法之努力背后的态度和基本信念。“我们互相热烈讨论了这个计划，但我们没有设法得出具体决策，我们应该谈论我们接受一个团队决策的条件吗?”结果证明，假如基础性的态度未被检视或实际上是矛盾的话，快速而情绪高涨地达成的“成功”可能很容易消退，问题域的故态复萌威胁相应的醒悟。苏格拉底辅导寻求为转变期建立一个确信的坚实基础，为随后的完成建立一个行动计划。事实上，辅导伙伴对辅导过程的重要贡献在于，参与者自己解决“苏格拉底问题”。一个使人感悟的苏格拉底问题是伙伴自己形成的，它可能是加速个人发展、团队和组织发展的有力工具。这个方法不是要求或寻求短期解决办法，其目的是要找到这样的问题：对它的回答使得一种行为上的持久变化成为可能。苏格拉底辅导保持情感和理性之间的平衡。一方面，重要的是涉及情感，开发行动的动机，产生的情感与对话过程密切相关（现在你对这个判断的感觉怎么样）；另一方面，明智的探究需要充分的情感超脱，以获得行动之可能取向的清晰图景。这可以通过从不同视角审查问题来达到。集中于共同审查与当下问题相似的一个过往情境被证明是精妙而有效的。（你能记得在过去的一年里出现过与这个问题相似的情境吗?）对于辅导伙伴，从反射距离来理解相关人比较容易。他们更可能接受对他们的假设和核心信念所作的建设性批评。按照这个结构，苏格拉底辅导的进程可分为7个主要行动阶段：（1）辨识当下的问题情境，确定主题；（2）规划核心的苏格拉底问题；（3）利用范例情境建立具体的练习方向；（4）记录行动（有意图、有目的的行为）、行为（对内部或外部刺激所做出的行为与反应）、情感和身体反应；（5）调查具体判断和最重要的论证；（6）揭示、表述和审查思维和态度的基本模式；（7）界定和整合新的或扩充的核心信念。从苏格拉底辅导的结构可以得出四条规则：（1）用具体语词提出（当下情境或范例情境）：一个重要的作用就是澄清该情境和它的指称。例如，哪个雇员对你说过这个？你多久经历一次？（2）得出结论（具体判断、行动和行为）：得出了与哪个要辅导的行为和情感相联系的判断，例如：“你能给我解释一下，为什么你以这种方式做出反应？你改变这个的理由是什么？你会如何向你的雇员解释它？”（3）广义化和深化（若—则规则，基础确信）：揭露和细致说明从辅导伙伴所提出的具体裁决和评价而来的假设，例如，总是？有时？一般说来？必然？在这样的情境中，你总是这样进行吗？你如何达到这个判断的？你如何表述你在这里所遵循的规则？（4）校验逻辑（情境—假设—判断之间的关系）：检核基本确信和假设，看看它们是否融贯，是否它们与被辅导者的生活、职业态度和价值是一致的，是否在那种情境里它们被充分使用。在这里，注意使用助动词（想要、应该、不得不）也是重要的。例如，这是你在所有情境中遵循的规则吗？这个价值与你关于……的看法如何相联系？你怀疑你有义务做或是否你想要做它？①

此外，玻姆（David Bohm）的“对话”应用于英国和欧洲的公司领导力项目和监狱。他将“元对话”置于核心地位，认为对话和思维的实际过程比内容更重要。他的对话可以帮助我们理解探究的公共维度以及在通过对话的真正互动之发展中，关怀所起的作用。玻姆用舞蹈比喻其对话方法中出现的关系类型。在合作性的课堂探究中，关怀是对探究的关心、对他人的关怀、对被认为有价值的问题的关注。② 人们还可以看到，苏格拉底方法是精神治疗师、律师、美国参议院调查委员会和一些双亲经常使用的技术。电视人物——神探可伦坡（Columbo）也使用现代苏格拉底方法。他总是问需要具体、正确回答的更好的问题。通过问这种看起来可笑、过于细致的问题，可伦坡能用片段拼成事件的一幅融贯图画，因而他每次都能抓到贼。③

罗素认为苏格拉底方法不适合经验科学，只适用于我们对之已有足够的知识可以达到正确结论的事物，然而由于我们思想混乱或缺乏分析的缘故而未能对我们所知的东西加以合乎逻辑地使用。即使这样的对话探究得出了结论也只是语言学方面的发现。当然，稍作推广，这种方法可以适用

---

① Horst Gronke and Jürgen Häußner, “Socratic Coaching in Business and Management Consulting Practice”, *Practical Philosophy*, Vol. 8, No. 1 (2006), pp. 28 – 38.

② Sarah Davey Chesters, *The Socratic Classroom: Reflective Thinking Through Collaborative Inquiry*, Rotterdam: Sense Publishers, 2012, pp. 7, 63 – 73.

③ Michael D. Whitley, *Bright Minds, Poor Grades: Understanding and Movtivating Your Underachieving Child*, New York: Penguin. 2001, p. 175.

于逻辑问题而非事实问题的争论。这是因为辩证法或无拘无束地辩论的习惯是有助于增进逻辑的一贯性的。但当其目的是要发现新事实的时候，这种方法便完全行不通了。①

有人把苏格拉底方法看作是完全否定性的方法，不鼓励和激发人们达到肯定性目标。人们将合乎逻辑地假设，持续重新审查的结果是虚无主义世界观和对“真理”概念的拒斥。在一个积极的社会里，沉思本身并不是目的，即使任何有用的社会目标能用这个批判方法来实现，那也是少之又少。而且，人们可能在判断自己或他人行为时不使用任何标准，这可能导致我们这样的高度组织化的竞争社会的毁灭性后果。我们当代社会所需要的是各种跨领域知识的内在关联，而不是对人生总体之零件的隔离的、人为的审查。苏格拉底方法是对问题的肤浅逻辑的简单化，普遍遗忘了对问题的更深的洞察。因此，如果苏格拉底教学方法以任何形式应用于我们当今的学校，它就是一种破坏社会的否定性地震，未能回答时代基本需求和问题。它将倾向于分解实际问题，进一步分裂知识而不是重整知识。②

维拉莫维茨（Ulrich von Wilamowitz-Moellendorff）在其《柏拉图(I)》（1919）中说，没有苏格拉底的苏格拉底方法只不过是一种教法而已，模仿某个有灵感的精神领袖清清他的喉咙，吐口痰，把他所谓的方法装进瓶子，然后想象这是在调剂生命之水。弗里斯也评论说，苏格拉底的教学方式充满错误。每一个聪明的、阅读柏拉图对话的大学新生都提出这样的反对：苏格拉底在最决定性的时刻从事独白，他的学生简直就是个应声虫，有时人们甚至完全不理解他们怎么得出的“yes”。③

使用苏格拉底方法的教师也提出一些运用方面的问题。比如，规划苏格拉底问题比较困难；苏格拉底方法天真率直的本性可能威胁教师的传统角色；当教师挑战学习者的概念时，后者常常感到威胁；在教师在与一个学习者对话的同时，同班的其他学习者可能失去兴趣；如果没有友好的气

① ［英］罗素：《西方哲学史》第 1 卷，何兆武、李约瑟译，商务印书馆 1982 年版，第 129—130 页。

② Justin Lewis, “Irrelevancy of the Socratic Method Today”, *Improving College and University Teaching*, Vol. 16, No. 3 (1968), p. 177.

③ Leonard Nelson, “The Socratic Method”, *Socratic Method and Critical Philosophy. Selected Essays by Leonard Nelson*, New York: Dover, 1965, pp. 1 – 40.

氛，教师的提问会被学习者视作挑剔和批评；没有清晰划定可测量的学习目标，没有标准的评估方式；等等。对法学院使用的苏格拉底方法的批评更为激烈。有学者认为标准的苏格拉底方法不利于女学生；它将大量课堂时间浪费在那些准备得糟糕或完全不理解所问问题的学生提供的回答上；它也常常因对学生来说十分隐蔽的正确回答而把学生搞糊涂了；在课堂上，学生必须学会大量复杂的和反直觉的材料，这对他们是一个严重的障碍；最终，苏格拉底方法的攻击性使用有时导致学生和教授之间的紧张和怨恨。虽然该方法的限制使用可能依然在许多大班级作为一种保证所有学生参与讨论的方式而有某种价值，但是，由于其缺点很严重，以致我们即使不完全废止它，也应该减少对它的使用。另一些学者承认苏格拉底诘问能帮助学生成长为自主的理性人，但是仅仅是论辩上的纯熟对于学生还不够。为了发展社会责任感，他们也必须关心伦理维度。①

苏格拉底方法应用的局限也与文化背景有关。寺田（Toshiro Terada）指出，在教学中践行哲学不单是一个课程问题而是一个文化问题。日本不是一种基于对话的文化，明显的差异主要是“把不愉快的事隐瞒起来”。在课堂上所鼓励的对话中有一个明确的胜利者。因此，鼓励竞争力的对话方法一致被认为是苏格拉底对话的特性，但这在日本会遇到麻烦。尽管有竞争，但参与者不愿意有冲突，因此很可能轻易达成了“一致”意见，但这种“一致”并不是来自严格审查的真正的一致。因而寺田建议改变真理是一致达成时获得的理念。②

不过，苏格拉底方法已有长足的发展，很多过去遭受诟病的缺陷已逐步得到克服。尤其是泛化为一般批判性思维模型的苏格拉底诘问，摆脱了某些苏格拉底方法的具体形式的束缚，也消除了其局限。现在剩余的一个重要问题或许是，运用过程中可能导致过度批判。

---

① Rob Reich，“Confusion about the Socratic Method：Socratic Paradoxes and Contemporary Invocations of Socrates”，S. Tozer（ed.），*Philosophy of Education*，1998，Urbana，I. L.：Philosophy of Education Society，1999，pp. 68 – 78.

② Sarah Davey，“Review：Ethics and Socratic Dialogue in Civil Society”，*Analytic Teaching*，Vol. 26，No. 1（2006），pp. 56 – 57.

第六章

批判性思维教学

经历了批判性思维运动的洗礼之后，批判性思维的价值现在已被普遍认可。批判性思维的三个基本问题成为主要的争论对象：如何界定、怎样教和怎么检测？虽然批判性思维教学伴随批判性思维运动早就如火如荼地开展起来，但学术界和教育界关于批判性思维的教学理念还存在分歧，对批判性思维的教学方法自然也存在不少尖锐的争论。不同的理论假设导致了不同的批判性思维教学策略和方法。正如批判性思维的定义百花齐放一样，今日依然有各种批判性思维教学技术的新探索。我们认为，就批判性思维教学而言，必须认识到三个层次的“多样化”：课程设置的多样化、教学策略和方法的多样化和跨文化的多样化。同时，也必须实行三个结合：与真实生活情境问题、专业学习科目和特殊文化背景相结合。

第一节　批判性思维教学方法的多样化

1983 年以来的“新浪潮”批判性思维逐步扩展到众多研究领域：思维、非形式推理、科学思维、思维架构、课堂言说、课堂讨论甚至学习和智能领域。在教育实践的历史上，很可能以往从来没有出现过教儿童批判地思考的推动力。在批判性思维运动中，批判性思维教学方法更是层出不穷。比如卡温顿的“生成性思维计划方案”（Productive Thinking Program），德波诺的 CORT 计划方案（即著名的“6 顶思考帽”训练方案）、工具丰富（Instrumental Enrichment）、儿童哲学、智能结构、问题解决和领会、奥德赛（Odyssey）[①]；许多州都构建

① John Follman, “Teaching of Critical Thinking/Thinking—Promises! Promises!”, *Informal Logic*, Vol. 9, No. 2&3 (1987), pp. 131 – 140.

了相关的思维培训计划，比如在马萨诸塞州就有适应中小学的“基本挑战”（Basic Challenge）计划、“资优教育共享方法”（Shared Approach to Gifted Education，SAGE）、“心灵的奥林匹克”（Olympics of the Mind）、“未来问题解决”（Future Problem Solving）等。①

但是，根据一些研究所揭示的这些计划方案效果不彰的情况，佛尔曼要求教学生批判性思维必须满足五个条件。第一，基于批判性思维/思维的一致意见；第二，心理测量的正确性（soundness）与发展新浪潮批判性思维检测的因素结构的分析，以决定批判性思维测试的结构，决定是否批判性思维的结构作为不同于语言能力、智商等的一种独特构造而存在；第三，批判性思维的定义与批判性思维测试因素结构的关系；第四，为了确定在过去哪个教学方法是有效的，需要对全部过往文献反映的批判性思维教学方法的效应量进行元分析和综合；第五，最为关键的是，要决定新浪潮批判性思维教学的某一方法在哪种条件下有效果，需要对这些教学方法的效应量进行独立的、方法论上正确的、复制的研究。②

批判性思维课程设置应该是独立教授（一般方法）的课程、注入现有学科领域教学之中、浸没在学生所学的具体学科中，还是用一种组合一般方法与注入法或浸没法的“混合模式”方法来教？这个问题可能是批判性思维运动中最有争议的问题之一，是争论最多、最持久的批判性思维教学问题。③不过从批判性思维教学实践来看，今天依然是百花齐放的局面。

批判性思维教学法涉及两个不同的理论假设。一些学者假定存在一般批判性思维技能，它可以独立于专业学习并在专业学习中提升和运用。持此观点的著名批判性思维学者有恩尼斯、西格尔、保罗、诺里斯等。而像梅可派克和威林厄姆（Daniel T. Willingham）等人不承认存在“一般的”

---

① Shari Tishman, *Teaching Critiacal and Creative Thinking: An Introduction to Programs and Practices*, Quincy, Massachusetts: Massachusetts Department of Education, 1986, pp. 4 – 22, 84.

② John Follman, “Teaching of Critical Thinking/Thinking—Promises! Promises!”, *Informal Logic*, Vol. 9, No. 2&3 (1987), pp. 131 – 140.

③ Robert H. Ennis, “Conflicting Views on Teaching Critical Reasoning”, Richard A. Talaska (ed.), *Critical Reasoning in Contemporary Culture*, Albany: State University of New York Press, 1992, p. 5.

批判性思维技能，认为批判性思维属于具体技能，是属于具体学科的，具有学科专属性。他们的争论集中反映在《批判性思维和教育》《教授批判性思维：对话和辩证法》等著作以及许多论文里。[①] 显然，在通识教育中流行的单独批判性思维课程基于第一个假设而反对这种课程，主张只能通过具体学科才能获取批判性思维的教学法是以第二个假设为基础的。这两个观点可以简称为“领域独立性”和“领域专属性”的批判性思维概念及其教学路向。

具体说来，“学科专属性”的观点有三种表现形式。其一，从经验角度论证。许多当代认知心理学家坚持认为，教授一般批判性思维技能并迁移到其他领域在经验上是不可能的。这个版本的学科专属性观点可以用三个原则来刻画：一个特定领域中的背景知识对于思维是本质的；批判性思维倾向和能力从某一领域到别的领域的简单迁移是不可能的，仅当具备以下两个条件时迁移才有可能：（1）各种各样的领域中有足够的实践；（2）有集中于迁移的教学。任何一般批判性思维教学不可能会有效果。大多数认知心理学家至少坚持前两个原则。三个原则一起构成恩尼斯所谓的“强领域专属性”，在这些原则的基础上，教授批判性思维的唯一注入方法就得到支持。格拉泽是这种方法的倡导者。不过，雷斯尼克（Lauren Resnick）和尼克尔森（Raymond S. Nickerson）并没有认可第三个原则，因而他们主张一种“温和的领域专属性”，他们或者支持注入方法，或者支持混合方法。恩尼斯指出了经验版本的三个原则的种种问题。[②] 领域专属性所提到的域、领域、学科、子学科和主题内容都具有含混性。如果经验专属性是正确的，那么在一个学科教授的批判性思维原则对我们在别的学科中就没有帮助，对我们的日常生活也无帮助。比如，我在大学新生的物理课程中学到这样一个原则：当在一个物理实验室里做出一个观察时，一般应至少获得三个读数，但这原则并不能用于我试图大致决定环绕我的居住区走一英里耗费多长时间的问题。但通常我确实应用它。按照经验专

---

① John E. McPeck, *Critical Thinking and Education*, Oxford: Martin Robertson, 1981. John E. McPeck, *Teaching Critical Thinking: Dialogue and Dialectic*, New York: Routledge, 1990.

② Robert H. Ennis, "Conflicting Views on Teaching Critical Reasoning", Richard A. Talaska (ed.), *Critical Reasoning in Contemporary Culture*, Albany: State University of New York Press, 1992, pp. 9–16.

属性，为了学会那种原则，使我能将它应用于社区规划的一门课程中，该原则不得不在这样的课程中加以教授；或者我不得不在社区测量语境中学会它。这好像太牵强附会了。[①] 其二，从认识论角度论证。按照认知评价标准，由于在不同的学科领域"构成各种信念的好理由"并不相同，因此批判性思维必定从一个学科领域到另一个学科领域是变化的。梅可派克、雷斯尼克和斯沃茨坚持此观点。不过，只有梅可派克由此得出较强的唯一浸没法教学的结论。恩尼斯指出，把学科专属性的认识论版本当作唯一浸没法教学之基础有几个问题。一是"域"这个概念的含混性（在图尔敏那里就是如此）。二是域间的共性——人们早就注意到不同域存在适用大多数领域的基本原则的共同核心，比如利益冲突构成对一个来源之可信性的不利因素，区别充分和必要条件很重要，等等，都是共同认可的。甚至图尔敏也提出了一般的、跨域的原则。三是迁移问题，比如某个领域学习的东西会迁移到日常生活领域吗？因而我们不应将自己局限于浸没方法。[②] 其三，从批判性思维或更一般的思维概念上来论证不存在"一般的"思维技能或批判性思维技能，因为思维总是关于某个主题的思维，任何脱离主题的"一般思维能力"在概念上根本就不能成立。对此，梅可派克有详细论证，当然也遭到一些著名批判性思维学者的有力反驳。人们容易发现一些重要的一般批判性思维原则，它们并不是学科专属的，比如许多领域都使用导致最佳说明论证的两个一般原则：如果存在一个似真的替代说明，一个假说就不应被赞成；在赞成一个假说之前，应该付出真诚的努力：（1）发现支持和反对的事实材料，（2）寻找替代假说。而在判断来源的可信性时，许多领域都使用两个一般原则：如果一个来源有利益冲突时，该来源的可信性倾向于变弱；假如一个来源没有该领域的经验，那么该来源的可信性倾向于变弱。[③] 梅可派克的前提"思维总是关于某事物的思维"是正确的，但是如何由此得出不存在"一般的思维技能

---

① Robert H. Ennis, "Critical Thinking Across the Curriculum: The Wisdom CTAC Program", *Inquiry: Critical Thinking across the Disciplines*, Vol. 28, No. 2 (2013), p. 34.

② Robert H. Ennis, "Conflicting Views on Teaching Critical Reasoning", Richard A. Talaska (ed.), *Critical Reasoning in Contemporary Culture*, Albany: State University of New York Press, 1992, pp. 16 - 20.

③ Robert H. Ennis, "Critical Thinking across the Curriculum: The Wisdom CTAC Program", *Inquiry: Critical Thinking across the Disciplines*, Vol. 28, No. 2 (2013), p. 34.

或批判性思维技能”呢？他的论证假设了这样一个事实：可能不存在与什么都无关的（或一般的关于一切的）批判性思维的例子蕴含着可能没有一般的批判性思维技能。而这个假设并没有证明。其实，梅可派克在与德波诺的争论中就使用了“肯定后件是一个谬误”的原则，他学会了该原则并加以应用，这表明他获得了一种一般的批判性思维能力。况且“域”概念也是含混的。[①] 恩尼斯从对批判性思维学科专属性观点的批评得出结论：基于存在一般批判性思维技能和倾向的大学一年级批判性思维课程并没有受到学科专属性挑战的伤害。因此，在他所构想的“智慧大学”的批判性思维课程体系中仍有一年级独立的批判性思维课程。[②]

也有学者同意，在某个范围内批判性思维是可一般化的。首先，理由评价成分是部分地可一般化的。在这里，专属论者和一般论者在一些重要方面都是对的。前者的正确之处在于，坚持学科专属知识通常对批判性思维是必要的，据以恰当地评价理由的某些标准也确是领域专属的或学科专属的。而后者的正确之处在于，坚持理由评价的某些标准（比如，决定有效的或谬误的推理形式的标准）不是学科专属的，而是一般的，它们可适用于极为广阔的各种语境。而且，批判性思维背后的认识论——拒斥相对主义，在理性证明（justification）与真之间做出重要区分，认可理性证明（不同于真却是真的可靠指示者），均完全可一般化。最后，“批判性精神”的要素即气质、态度、思想习性和性格特征、批判性思维者的特性，也是完全可一般化的。[③]

四种批判性思维教学法中的“一般方法”（The General Approach）指的是，试图脱离现有学科主题内容的表述来教授批判性思维能力和倾向，其目的不是教学科知识而是教批判性思维。一般方法的具体实例通常的确包含内容，例如国内外政治议题、学校自助餐厅的问题或之前学过的课程内容，都能够提供讲解批判性思维的材料。但是，主要目的是教学生在学

---

① Robert H. Ennis, “Critical Thinking Across the Curriculum: The Wisdom CTAC Program”, *Inquiry: Critical Thinking across the Disciplines*, Vol. 28, No. 2 (2013), p. 21.

② Ibid., p. 34.

③ Sharon Bailin and Harvey Siegle, “Critical Thinking”, Nigel Blake, Paul Smeyers, Richard D. Smith, and Paul Standish (eds.), *The Blackwell Guide to the Philosophy of Education*, Malden, MA: Blackwell Publishing, 2003, pp. 181 – 193.

校外进行批判性思考。不过，一般方法的概念并不必然要求有内容。比如逻辑教学可以按照变项之间的关系来阐述，“所有 A 是 B”蕴含着“如果某物不是一个 B，那么它就不是一个 A”这个原则在此意义上就没有内容，这就如在数学中教授 $A \times B = B \times A$ 一样。当然，一般方法在强调应用于内容的原则、强调抽象原则至少依赖于内容的本质以及提升批判性思维倾向和能力之间保持恰当的平衡。认为存在批判性思维普遍原则的学者往往坚持这些原则应该独立教授。一般批判性思维教学采取独立课程的形式，比如大学里的非形式逻辑课程或中学里的一门批判性思维课程（如李普曼的儿童哲学）；也可能是小学里的一个独立的学习单元，或者一条独立主线贯穿于现有学习科目序列中，就如写作是语言艺术科目（美国中小学设置的阅读、写作、辩论等学科）和英语课的一条主线一样。恩尼斯认为，在现有科目序列中的独立的批判性思维主线很可能是政治上最切实可行的批判性思维一般教学法。[①] 提供独立的批判性思维教学的一个好处是，它能确保充分关注批判性思维若干高级的或一般不为人所熟知的那些方面（如定义、假设辨识、抽样、基础统计推理、广义演绎推理和最佳说明的论证），由此保证所有学生把这些概念作为自己背景知识的组成部分，进而这些概念可以被应用到标准学科课程中。还有一个好处是，它确保判断标准、来源的可信性这样基本的初等观念被较早地介绍给学生，而后这些观念可以用不同学科的多样化实例得以巩固和精练。[②]

基于“学科专属性”生成两种教学方法，即“注入法”（infusion）和“浸没法”（immersion）。学科教学中的批判性思维注入式教学是用深刻、透彻、充分理解的学科内容教学，它鼓励学生在学科中批判地思考，而且在这个过程中，一般批判性思维倾向和能力的原则被明确展示出来。格拉泽、雷斯尼克和斯沃茨都倡导注入法。著名批判性思维专家斯沃茨在批判性思维教学的探索中逐渐感觉到，注入法是把思维教学引入 K—12

---

① Robert H. Ennis, “Conflicting Views on Teaching Critical Reasoning”, Richard A. Talaska (ed.), *Critical Reasoning in Contemporary Culture*, Albany: State University of New York Press, 1992, pp. 6 - 7.

② Robert H. Ennis, “Critical Thinking: Reflection and Perspective—Part Ⅱ”, *Inquiry: Critical Thinking across the Disciplines*, Vol. 26, No. 2 (2011), pp. 5 - 19.

课堂的“最自然、最正宗的方式”。课程不是孤立的信息比特的汇集，而是见多识广、有读写能力的人们用以做出判断的材料的汇集。极为基本的问题是，教育者教学生如何使用从学校学到的信息和概念有效地做出判断和解决问题。作为一种教授思维的方法，注入法基于信息的自然聚变：在某一内容领域用娴熟的思维形式所教的信息，人们将每天把它用于富有成效地过好他们自己的生活。课程体系为教授熟练思维提供了一个庞大的天然语境。任何教师都能在此语境中找到定位然后设计精巧的注入式课程，该课程旨在提升学生的内容学习，改善他们思考的方式。要做到这一点，教师必须懂得，日常思维活动如何能被熟练地执行，必须用帮助学生内在化并遵循这种执行的策略的方式来教学。这通常涉及帮助学生确认关键问题，这些问题是有效的思考者在做出正确判断时要提出并回答的，将这些问题组织成思维计划（thinking plans），这可用于引导好思维，用于在各种各样语境中使用这些计划的实践。

斯沃茨等提出注入法基本原理的三个主要原则：越是明确的批判性思维原则教学，对学生的影响越大；课堂教学越是包含一种关怀气氛，就越有利于让学生重视好思维；思维教学越是与内容教学相结合，学生就越多地思考所学的东西。[①] 注入式教学的结构包括四个组件：（1）课程介绍。老师通过具体证明进行好思维的重要性向学生介绍思维技能或过程。向学生介绍伴随课程内容的思维技能目标，这可以通过讨论或活动来达成：向学生证明他们早已知道要教给他们的思维技能，向学生表明为什么这类思维是重要的，帮助他们将这种重要性与他们自己的经验联系起来，给他们介绍熟练地进行思维的过程，介绍当他们反思所学内容的时候进行这类熟练思维的重大意义。（2）思维活动。在学生学习内容领域的概念、事实和技能的过程中，老师使用明晰的提示性语言引导学生进行熟练的思维实践。在学生参与的活动中，老师引导他们体验所教思维类型的熟练执行。在课程的这一部分，教授内容和教授思维技能是组合在一起的。有两种明晰的思维提示语引导思维活动：言语提示（常常

① Robert J. Swartz, Stephen David Fischer and Sandra Parks, *Infusing the Teaching of Critical Thinking and Creative Thinking into Secondary Science: A Lesson Design Handbook*, Pacific Grove, C. A.: Critical Thinking Books & Software, 1998, p. 2.

是提问）和图表。（3）对思维的思考。这是注入法的元认知部分。老师提出一些反省性问题，帮助学生拉开他们与他们正在思考的东西之间的距离，以便他们能开始注意他们在如何思考，并发展熟练这样做的一个计划。学生明确勾勒出自己的思维过程，评论该过程多易或多难，他们可能如何改善，这样的思维过程是否是思考这类议题的富有成效的方式，计划未来他们将如何进行同类思维。概括起来，元认知涉及三个主要问题：你所进行的是何类思维？你是如何完成的？这是从事这类思维的一个有效方式吗？（4）应用思维。老师帮助学生把课堂上所教的思维技能或过程应用于其他情境。这些迁移活动应在之前三步完成之后很快进行，应该在学习期间的其他活动中加以强化。“近迁移”和“远迁移”的实例都提供重要的附加实践机会。斯沃茨以美国中学 11—12 年级历史课（“二战”末期杜鲁门总统决定在日本广岛投原子弹的决策）为例，说明了教授熟练决策的批判性思维注入法。① 注入法的力量就在于它能提供很多重要语境（历史、艺术、音乐、科学、数学、工艺学习和业务学习）中的学习标准、好思维的原则和恰当的心智习性。它的局限是，课程体系中的标准科目常常并没有被构想为以学会批判地思考作为目标之一，尤其是它们并没有典型地让学生从事对道德难题或议题的批判性思考，这些问题超出了特殊规训的范围，属于保罗所称作的“多重逻辑问题”，需要用一些不同类型的知识来解决。

伯林等指出，不能认为我们必须在这些方法之中做出选择，很可能我们既需要批判性思维的注入法也需要批判性思维的特别课程，重要的是向学生例示恰当的心智习性和智力资源的合理使用，给予他们在极为丰富的语境中践行批判性思维的指导。② 恩尼斯根据自己和学生的经验，认为注入式批判性思维教学不仅突出了批判性思维技能，而且可以更好地让学生记住学科的内容；而在突出提升学生的批判性思维的技能和习性的同时，可能很少或者根本没有付出学生记住更少学科内容的代价。因为这种对批

---

① 参见 Robert J. Swartz, “Infusing Critical and Creative Thinking into Instruction in High School Classrooms”, Daniel Fasko, Jr. (ed.), *Critical Thinking and Reasoning*: *Current Research*, *Theory*, *and Practice*, Cresskill, N. J.: Hampton Press, Inc., 2003, pp. 207 – 251。

② Bailin, Sharon, Roland Case, Jerrold R. Coombs and Leroi B. Daniels, “Conceptualizing Critical Thinking”, *Journal of Curriculum Studies*, Vol. 31, No. 3 (1999), p. 299.

判性思维原则的明晰化为的是通过给学生提供能记住并应用的清晰原则而促进批判性思维迁移到其他语境，因而恩尼斯在智慧大学的跨课程批判性思维计划中也推荐注入法。[①]

浸没法类似于激发思考的那类学科教学，学生深深沉浸在学科中，而一般批判性思维原则没有被明确展示出来。沉浸法只要求学科领域的思维。梅可派克是浸没法的提议者。按照恩尼斯的经验，浸没法一般没有培养批判性思维的学习和批判性思维向别的学科或日常生活的迁移。这个观点得到一些学者研究的支持，非形式逻辑学家约翰逊也持此看法。[②]

恩尼斯、斯滕伯格、尼克尔森、珀金斯和所罗门等知名学者倡导一种混合法（mixed），这是一种组合一般方法与注入法或浸没法的批判性思维教学法。采用该方法时，有一个独立主线或独立课程旨在教授批判性思维的一般原则，同时学生也参与到特殊学科的批判性思维教学中。这种组合有多种可能性。最近，恩尼斯指出，与独立课程方法相比，混合方法有四个重要优势：第一，它提供大量的多种多样的批判性思维原则应用的实例；第二，它提供了学生会相信是重大的应用（假定他们认为自己的学科课程包含有重要意义的内容）；第三，提供一种初期的、有组织的、广泛的对批判性思维一般原则的表征和说明，这些原则在学生的日常生活和学习领域都是需要的，因此可以确保基本而广泛的一般批判性思维包含在每个人的教育中；第四，至少在智慧大学情境里，互联网上有智慧大学跨课程批判性思维计划中教授的基本原则的常见来源。[③] 斯顿伯格、恩尼斯等所谓的“混合法”有时以“跨学科的批判性思维”的面目出现，现在常常在“跨学科的写作”计划中实施，知名的如贝克大学（Baker University）通识教育方案中的50 学时以上的“批判性思维与写作”课程。该课程包括所有学生必修的三个特别设计的课程：两个学期的新生序列（LA101：“批判性思维与有效写作”和 LA102：“想法与阐述”）和一

① Robert H. Ennis, “Critical Thinking across the Curriculum: The Wisdom CTAC Program”, *Inquiry: Critical Thinking across the Disciplines*, Vol. 28, No. 2 (2013), p. 34.

② Ibid., pp. 34 – 35.

③ Ibid., p. 30.

个(LA401)大四顶峰体验（senior capstone）——“科学、技术与人文价值”。[①] 前两个课程给所有贝克大学新生提供形式逻辑和批判性思维技能方面的教学，表明这种知识如何能被成功地用于书面说明文（论说文）。后一个课程要求大四学生从当前科学或技术的发展中选择一个公共政策议题，然后研究、准备、提出和辩护一个立场论文（长度为15—25页），对有关该议题的一个具体公共政策做出论证。议题包括克隆、水使用政策、能源政策、生育问题、各种医学问题和国防政策等。文章的一个重要部分是批判性分析与对不同政策或对所建议政策之反对的回应，学生必须考虑每一个所考虑的选择的伦理后果。[②]

恩尼斯将这四种方法相对照，见下表：[③]

教学法	明确一般原则？	使用内容？	只使用标准学科内容？	使用标准学科内容和其他内容？
1. 一般方法				
抽象的	是	否	否	否
具体的	是	是	否	可能都有
2. 混合法	是	是	否	是
3. 注入法	是	是	是	否（不使用其他内容）
4. 浸没法	否	是	是	否（不使用其他内容）

恩尼斯后来只讨论三种批判性思维教法：独立课程、注入现有课程和跨学科的批判性思维（前两者的混合）。[④] 但是，恩尼斯提醒与批判性思

① LA401开始于1979年，教授该课程的教师不久就认识到，对于许多大四学生而言，写作一个批判的或论辩性文章是一个严重的挑战，主要困难是他们对逻辑缺少了解：论证是什么？如何构建和评价它？为了对付这个缺陷，贝克大学于1988年开始规划LA101和LA102。该计划得到“后高中教育改善基金”（FIPSE）和美国教育部提供的基金的资助。之后还得到来自“哈尔家族基金会”的四个基金系列的补充。大笔哈尔基金投向教员发展、宣传和评价。参见Donald L. Hatcher, “Stand-Alone Versus Integrated Critical Thinking Courses”, *The Journal of General Education*, Vol. 55, Nos. 3&4 (2006), pp. 247 - 272。

② Donald L. Hatcher, “Stand-Alone Versus Integrated Critical Thinking Courses”, *The Journal of General Education*, Vol. 55, Nos. 3&4 (2006), pp. 247 - 272.

③ Robert H. Ennis, “Conflicting Views on Teaching Critical Reasoning”, Richard A. Talaska (ed.), *Critical Reasoning in Contemporary Culture*, Albany: State University of New York Press, 1992, p. 9.

④ Robert H. Ennis, “Critical Thinking: Reflection and Perspective—Part Ⅱ”, *Inquiry: Critical Thinking across the Disciplines*, Vol. 26, No. 2 (2011), pp. 5 - 19.

维教学法有关的种种区别并不是绝对刚性的：教授批判性思维的四种教学法之间，学科专属性的三个版本之间，话题和学校科目意义上的学科之间，作为批判性思维的必要条件和作为充分条件的内容之间，在一个学科的深入的与肤浅的知识之间，没有共同的批判性思维原则和具有共同的批判性思维原则的领域之间，对某一特殊学科的思维与具有处理一系列学科中的那类事物的一般能力之间，没有内容的批判地思维（这是不可能的）与教授脱离具体内容的批判性思维原则（这是可能的）之间，把批判性思维教学限于学科内容领域（注入法和浸没法建议的）与把检测限于对学科专属的批判性思维测试（对于想要对日常生活的迁移进行测试而言这是个错误）之间，所有这些重要的区分虽然从概念上讲是清晰的，但在实践中常常陷入连续统一体，存在边界情形。[①] 当然，这四种方法也主要只是从课程体系角度来看的批判性思维教学法。

实际教学过程常常是人们在思考如何处理批判性思维时要首先考虑的。在开始教授批判性思维之前首先要弄清楚自己的目标。而我们将要教些什么是由教师所理解的批判性思维本质决定的。事实上，教师所接受的批判性思维概念其实相当于批判性思维课程目标的陈述。批判性思维的技能集和倾向集就是批判性思维教学的具体目标集。不过，放开视野来理解批判性思维教学目标的话，我们不仅应该教学生在他们所学学科或议题上进行批判地思考，还应该瞄准他们在其他学科以及生活各方面（包括他们的职业、公民以及个人生活）上的批判性思考。对批判性思维教学所做的大多数辩护都假设了其目标应是所有这些方面。可惜，很多科目的老师如果说对批判性思维有什么推进的话，那其实也只是推进了学生所学学科或议题上的批判性思维，他们假设自己所教的批判性思维原则会被学生自动迁移到日常生活或其他学科中去，或者他们以为教学生如何进行这样的迁移并不是他们的工作。恩尼斯指出，从整个人生视角来看批判性思维教学目标，其价值无论怎样估量都不为过。[②]

微观、具体的批判性思维教学方法更是数不胜数。按照穆恩结合具体

---

① Robert H. Ennis, "Critical Thinking: Reflection and Perspective—Part Ⅱ", *Inquiry: Critical Thinking across the Disciplines*, Vol. 26, No. 2 (2011), p. 23.

② Ibid., pp. 5 – 19.

教学资源或材料角度的分析，人们在使用 16 种教授批判性思维的具体方法。①

第二节　儿童批判性思维教学模式

我们常说，“……要从娃娃抓起”。这个口号也适用于批判性思维教学，因而儿童批判性思维教学成为批判性思维运动的一个重大成就也属理所当然。自 1969 年美国新泽西蒙特克利尔州立大学李普曼博士的儿童哲学（Philosophy for Children，P4C）第一本标志性著作《哈里·斯脱特迈尔的发现》（*Harry Stottlemeier's Discovery*）发表以来，作为批判性思维研究一个重要分支的儿童批判性思维已经走过了 40 多年的历程，涌现出的大量成果在许多国家得到了应用、丰富和发展，推动了儿童教育的发展，在全球产生了巨大影响。儿童批判性思维培养可以开设思维训练课程进行专门训练，也可以渗透在课程学习中。李普曼儿童哲学训练计划和保罗的儿童批判性思维指导手册为这两种途径构建了系统的训练模式，两种模式各有所侧重。

20 世纪 60 年代后期，李普曼在哥伦比亚大学任哲学教授，他发现自己的本科生缺乏推理和判断能力，然而有效提升他们的思维能力已为时过晚。于是，他构想了一个大胆的行动计划：在小学进行批判性思维训练，之后他用毕生的心血和努力实现了这一理想。为了让孩子喜欢思维训练课程，他专门编写了故事性的教材——《哈里·斯脱特迈尔的发现》（*Harry Stottlemeier's Discovery*），主人公的名字是古希腊哲学家亚里士多德（Aristotle）的谐音，寓意孩子发现哲学的意义和价值。1970 年他在美国小学进行了试验，取得了很好的效果。之后，他在蒙特克利尔州立大学建立了“儿童哲学发展研究所”（The Institute of the Advancement of Philosophy for Children，IAPC），从此儿童哲学逐渐形成规模，在美国中小学传播开来。李普曼的儿童哲学思想汲取了一些现代思想家的观点，可概括如下：②

---

① Jennifer A. Moon, *Critical Thinking: An Exploration of Theory and Practice*, London: Routledge, 2008, pp. 139 – 159.

② Saeed Naji, “Inteview with Matthew Lipman”, http//www. Montclair. edu/IAPC/2012 – 12 – 01.

学科专家	国籍、专业领域	儿童哲学吸纳的思想
杜威	20世纪美国哲学家	对孩子的强烈赞同，强调课堂思维，发现艺术创造力对孩子情感表达的重要性
布希勒（Justus Buchler）	20世纪美国哲学家	对人的判断本质的重要研究，以及对判断在儿童教育中所起的作用的理解
维果茨基	20世纪俄国心理学家	课堂讨论与儿童思维的连接；儿童与老师介绍的社会的连接；成人语言与孩子智力发展的连接
皮亚杰	20世纪瑞士心理学家、教育家	思维与行为之间的关系
赖尔	20世纪英国哲学家	语言、教学与自学之间的关系
米德（George H. Mead）	20世纪美国哲学家、社会心理学家	自我的社会本性
维特根斯坦	20世纪奥地利—英国哲学家	对复杂语言传递复杂社会关系的敏锐探索

儿童哲学的目标不是“培养小哲学家，而是帮助他们更好地思考问题”。“儿童哲学的终极目标不是获取知识，而是过更优质的人生。我们想建构人的生活和经验，这样的人生就会更加丰富、愉悦，更加有价值。”李普曼认为儿童哲学不是单一地培养孩子的思维技能，而是培养孩子的综合能力，包括：（1）兴趣。P4C在三个方面调动学生的兴趣：一是它的富有想象力的小说；二是探讨的问题是关于孩子自身的；三是它能引发儿童对有争议问题的讨论。（2）情感。P4C不只提升批判性思维。它认为思维可以很兴奋并富于感情色彩，它为孩子们提供谈论和分析情感的方法。（3）批判性思维。P4C包含批判性思维，但涉及的范围更广，也更有深度。批判性思维只是已有课程训练技能的累加，而P4C承认孩子在处理自己遇到的问题或困惑时的需要。（4）价值。孩子们很早就发现我们用歧义、模糊、混乱的方式对待价值问题。他们想通过自己的努力，准确、清晰地思考价值问题。这并不是说他们的思维没有激情或缺乏情感。当孩子们的思考不仅包含批判性，而且还包含关怀、欣赏和同情时，他们对涉及自己的事情会思考得更好。（5）创造力。好的思维需要想象力，如同我们全身心投入到一个故事中或推导一个假设时一样。因此，P4C在创造力培养方面尤其成功。（6）共享。哲学是对话：它强调与共同体所有成员开展公开对话的需要。换句话说，它强调共同探究。当人们

对无辜受害者给予同情时，他们会思考得更好。[①]

儿童哲学的培养方法包括这样一些要素。

（1）教学原则及教师角色。儿童哲学是一门以哲学为手段，通过“做”哲学来发展儿童的逻辑推理能力、批判性思维及创造性思维，创设群体探究的教育情境，以对话的方法展开教学活动，从而培养“通情达理的探究者”（the reasonable inquirers）的课程体系。[②] 教师在课堂上具体实施这一教育计划，根据指导手册来组织哲学讨论。在如何使用教材、如何鼓励孩子独立思考等方面教师需要参加培训课程以保证实施效果。教师是整个教学活动的组织者、助推者、参与者和机会分配者。

（2）教学方法及主要特点。儿童哲学采用苏格拉底式教学方法。苏格拉底方法的可取之处不仅在于它的对话方式，而且在于它高度的针对性和灵活性。在李普曼看来，苏格拉底教学法有以下几项要领：①讲授所有的概念都应提及认识这一概念的恰当步骤。②思维过程必须以学生的兴趣为出发点。③启发学生思维的最佳途径是对话。④ 优秀的思维应既合乎逻辑又基于经验，而且应富于想象力。因此，训练思维技巧的程序应同时强调逻辑和创造性的推理。儿童哲学的主要特征是：意义发现——对话的目的；探究共同体——对话的平台；群体探究——对话的过程；教学内容——对话的激发。[③]

（3）教材。儿童哲学使用的教材是专门为不同年龄段孩子编写的故事。李普曼认为故事让哲学更容易理解，因为读故事比读教科书容易得多。故事创造了独特的驱动力，它会让你不断读下去，教科书永远不会有这种效果。教科书是信息的累加，而故事则是一体完整的。故事中的孩子在探索，他们在调查和探究，他们试图发现他们需要的意义。他们给教室里的孩子树立了探究的榜样。不论多么大的孩子都想有个学习效仿的榜样，因为榜样向他们清晰地展示了探究的过程。以下是儿童哲学研究所针

---

① 参见 Saeed Naji，“Inteview with Matthew Lipman”，http//www. Montclair. edu/IAPC/ 2012－12－01。

② 邵燕楠：《“苏格拉底与六岁孩童”——儿童哲学课程管窥》，《外国教育研究》2002 年第 9 期。

③ 方展画、吴岩：《李普曼以对话为核心的儿童哲学课程及其启示》，《教育研究》2005 年第 5 期。

对不同年龄段儿童编写的系列教材。

"儿童哲学课程"的主要内容:①

年龄	儿童小说	教师手册	哲学范畴	教育范畴
3—6岁	《多尔的医院》	感知世界	形成概念	基本概念——什么是真、善、美等
6—7岁	《艾菲》	对想法进行推理	对想法进行推理	体验各种经历
7—8岁	《克奥和嘎斯》	汇集各种想法	对自然进行推理	环境教育
8—10岁	《小精灵》	对世界产生好奇	对语言进行推理	语言与艺术
10—12岁	《哈里》②	寻求意思	基本的推理技能	思维与逻辑
12—13岁	《李莎》	哲学诘问	伦理推理	道德教育
14—15岁	《苏姬》	伦理诘问	语言推理	写作与文学
16岁以上	《马克》	社会诘问	社会研究推理	社会研究

李普曼把世界各地使用的儿童哲学教材归纳为四类:①由IAPC提供的教材。其中部分材料已经被改编和翻译,在不同国家使用(有些被翻译但没有改编)。研究所提供的部分材料由于种种原因没有改编也没有翻译,这些材料目前还不适合在相关国家使用。②由其他国家的教育者研发的教材。这些材料的优势是在出版前不必改编和翻译,劣势是别的国家不太了解,因此不好在世界范围通用。③由IAPC提供的教材,但辅以本土大纲规定的课程。④教材主要是本土的,但是辅以其他材料,这些材料在出版前进行了改编和翻译。李普曼认为,儿童哲学的世界市场已经出现,能够改进和完善这些教材的唯一途径就是使用这些材料。③

(4)教学步骤。李普曼这样描述了儿童哲学课的教学过程:孩子们跟他们的老师围坐在一起以便互相看得见。学生朗读故事中的一个片段,一次只读一段(朗读时间平均分配给孩子们)。朗读结束后,老师问学生诸如此类的问题:"这段话里你有困惑吗?""这个故事情节你吃惊吗?"

① [美]罗伯特·费舍尔:《教儿童学会思考》,蒋立珠译,北京师范大学出版社2007年版,第21页。

② 全名为《哈里·斯脱特迈尔的发现》(*Harry Stottlemeier's Discovery*)。

③ Matthew Lipman, "Recommendations on The Problem of Adaptation to Different Cultures", *Philosophy for Children*, *Meeting of Experts*, 26 - 27, March 1998, Paris: UNESCO, 1998, pp. 71 - 73.

“你能用问题的形式把你的感受表达出来吗?”老师接下来在黑板上写出孩子们的问题，问题后面附上孩子们的名字和标识问题出现的页码和行数。然后老师问学生谁愿意开始讨论。老师从举手的孩子们中选出一个孩子讨论黑板上的一个问题。在适当的时候，老师可以针对这个话题从指导手册中找一个练习。假设问题是这样的：“哈里和比尔是朋友吗?”很快，孩子们就发现，友谊的概念不是模糊就是歧义或二者兼有，接下来老师就可以导入友谊本质的讨论计划。这样，孩子们就被引入了概念学习中。这不仅有助于提升他们的哲学知识，而且有助于他们对所有概念的学习。这种方法能激发他们一直思考下去，直到他们具备了**批判与自我批判**的能力，这种能力又促使他们的**自我校准**能力的形成。假如老师准备充分，孩子们在这个计划中会感到轻松自在，无拘无束，不愿意结束讨论。这是因为讨论激发了孩子们自己思考而不是让别人代替他们思考。还有，他们喜欢彼此能表述自己的观点，辩护自己的论证，并互相帮助弄清楚他们的假设的含义。①

从 1975 年到 1977 年间，李普曼及 IAPC 借助“外援”举办了七届儿童哲学师资培训班，每次都有 40 名左右学员，他们主要来自美国各地的高等院校，其中几次在耶鲁、哈佛举行，儿童哲学的研究和普及工作渐渐有了一定影响。与此同时，李普曼还设法通过实验证明儿童哲学计划有助于发展儿童的阅读和写作能力，引起了初等教育管理者和教师的关注。20 世纪 70 年代末至 80 年代中期，IAPC 的工作重心转到了对中、小学师资的培养上。李普曼从战略考虑出发，招收大批尚未找到工作的哲学博士为门徒，为儿童哲学的进一步发展储备力量。儿童哲学已在美国 5000 多所中、小学校开设课程，形成了规模。从 80 年代中期起，李普曼的目光转向海外。至今，已有来自墨西哥、巴西、加拿大、西班牙、葡萄牙、奥地利等十几个国家和我国台湾地区的数十名教授到哲学所接受培训。《儿童哲学丛书》已被翻译成包括中文在内的 18 种语言。儿童哲学思想正在产生世界性的影响。②

① Saeed Naji, “Inteview with Matthew Lipman”, http//www. Montclair. edu/IAPC/ 2012 - 12 - 01.

② 邓鹏：《把哲学的金钥匙交给孩子——李普曼及儿童哲学》，《教育发展研究》1999 年第 12 期。

1998年联合国教科文组织专家会议为推动儿童哲学发展提供了国际交流平台。1998年3月26—27日，联合国教科文组织总部在法国巴黎召开了哲学和道德方面研究的专家会议。代表14个国家的18位专家向大会提交了论文。大会针对儿童哲学的两种模式进行了探讨。一种就是由李普曼创建的模式，这种模式已经被许多国家采纳，包括阿根廷、奥地利和中国等；另一种模式是代表传统哲学教学的欧洲模式，这一模式类似于大学哲学课的教学模式。大会指出了儿童哲学研究中存在的问题，如术语和定义问题、教学问题、文化和政治问题等，并针对存在的问题提出了相应的建议。这次会议在全世界范围弘扬和宣传了儿童哲学研究，整合了儿童哲学研究资源，发现了存在的问题，推动了儿童哲学研究进程。

理智与情感是推动生命发展的原动力，如何驾驭这两种力量为生命的健康成长服务是个体一生需要学习和探究的学问；如何让个体及早感知和认识理智与情感在成长中所起的作用，为个体的全面发展和健康成长铺设轨道是儿童教育的职责和使命。李普曼对这一问题进行了富有成效的回答，他的儿童哲学思想和实践方法在不同文化背景下的国家和地区已经开花结果。儿童哲学也引进了中国。张诗亚、邓鹏主编的《儿童哲学丛书》(1997)是国内第一次系统译介儿童哲学。国内也开展了大量的实践活动。1997年夏天，中国和美国的哲学家互相配合，在云南省昆明市南站铁路小学举办了第一届国际儿童哲学培训班。同年，南站铁小开始了“儿童哲学”课程实验，在全国率先迈出对儿童进行早期哲学启蒙教育的第一步。1998年和1999年夏天，在云南省教委和昆明市哲学界的积极配合下，来自美国和澳大利亚的专家又在昆明市举办了两届国际儿童哲学研讨会。2002年南站铁路小学教师自己编写了《中国儿童哲学》一书。该书由云南科技出版社出版，分学生用书和教师用书。学生用书共18章106篇小故事，根据不同年级分低、中、高三个层次；教师用书结合每个小故事的内容提出主导观念和讨论计划两个部分。教材编写除了参考李普曼编写的教材外，还融入了中外童话、语言和成语故事，尤其是中国几千年流传下来的神话传说和哲理故事。①

---

①《儿童哲学活动情报研究综述》，http：//www.philosophyyol.com 2012－10－19。

儿童批判性思维的另一个领军人物是美国和国际批判性思维运动的主要领袖保罗（Richard Paul）。保罗的儿童批判性思维培养理念和方法主要体现在《儿童批判性思维微型指导手册》和《批判性思维概念与工具微型指导手册》① 中。在《批判性思维手册》（K—3 年级、4—6 年级和 6—9 年级）② 中，他以美国幼儿园和中小学不同课程的教材为例，系统地示范了教案改编的具体方法，把批判性思维具体技能和策略融入改编的教案中，使儿童批判性思维培养与课程学习有机结合起来。针对儿童的认知特点，保罗的儿童批判性思维培养遵循从抽象概念到抽象定义再到直觉理解的原则，直觉理解有助于连接抽象概念与具体应用。保罗用具体例子阐释了这些原则和理念。③

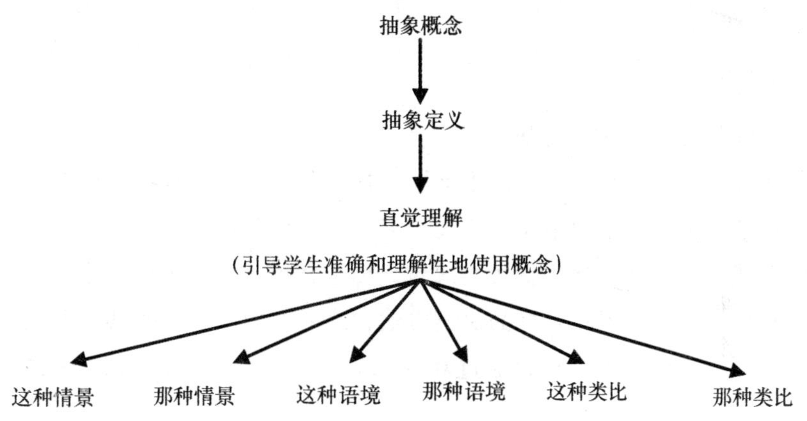

① Richard W. Paul and Linda Elder, *The Miniature Guide to Critical Thinking for Children*, Rohnert Park, C. A.: Foundation for Critical Thinking, 2006. Richard Paul and Linda Elder, *The Miniature Guide to Critical Concepts and Tools*, Rohnert Park, C. A.: Foundation for Critical Thinking, 2007.

② Richard Paul, A. J. A. Binker and Daniel Weil, *Critical Thinking Handbook: K-3*, Rohnert Park, C. A.: Foundation for Critical Thinking, 1990. Richard Paul, A. J. A. Binker, Karen Jensen and Heidi Kreklan, *Critical Thinking Handbook: 4 th - 6 th Grades*, Rohnert Park, C. A.: Foundation for Critical Thinking, 1990. Richard Paul, A. J. A. Binker, Douglas Martin, Chris Vetrano and Heidi Kreklau, *Critical Thinking Handbook: 6 th - 9 th Grades*, Rohnert Park, C. A.: Foundation for Critical Thinking, 1989.

③ Richard Paul, A. J. A. Binker and Daniel Weil, *Critical Thinking Handbook: K-3*, Rohnert Park, C. A.: Foundation for Critical Thinking, 1990, pp. 27-36.

例如：

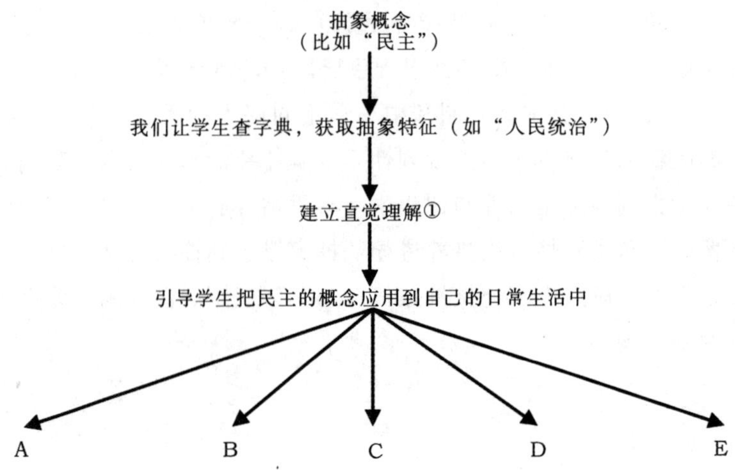

A 我猜想，好多决定都不民主。

B 我们家里从不投票，似乎有些事情由父亲决定，有些由母亲决定。

C 学校里很多事都不民主决定，老师是主要决策者。

D 我们试图在操场上做民主决定，但通常由某些孩子决定。

E 也许民主并不总是好的决策方法，或者我们需要改变做事方式。

保罗的教学方法主要是通过戏剧、实例和人物形象让批判性思维更加直观。

（1）戏剧。保罗认为故事和经验有直接关系。人们主要通过事件经历来了解世界，而经历从一开始就具有故事性。故事和戏剧化人物是变抽象为具体的一个有力方法，例如，在《儿童批判性思维微型指导手册》和《儿童批判性思维指导手册》中，保罗用三个人物形象地表征了三种批判性思维者的思维特点：天真的南茜代表缺乏批判性思维者；自私的山姆代表利己的批判性思维者；公正的福兰代表公正批判性思维者。

（2）示例法。用日常生活中的生动实例理解抽象概念。自然界中的

① 我们让学生用苏格拉底对话集中讨论诸如此类的问题：“人民统治是什么意思？”“人民决定是什么意思？”“你生活中什么情形下使用过民主？”“什么情形下用非民主的方式决定？”“有时不用民主的方式决定会更好吗？”

一切事物都是具体和特殊的。因此一切抽象的最终都必须转变成具体和特殊的。举例是一种帮助学生学习的有效方法。另外，评价学生的好方法之一是看他们能否就所学内容给出具体例子。

（3）推理和假设。

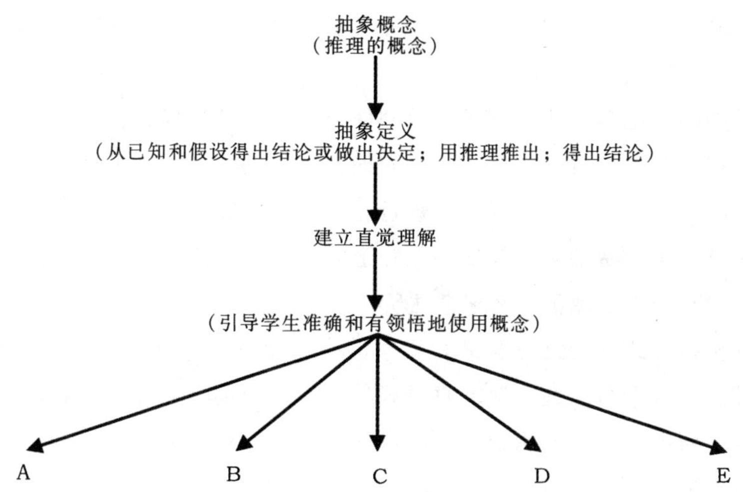

A 杰克迟到了，我断定他不负责任。这是一个推断。

B 车启动不了了，我断定电池没电了。这是个推断。

C 当我准备穿红色背心时想到它会跟我的棕色裤子不搭。这是个推断。

D 弗兰克走过去没跟我打招呼，我断定他生我的气了。这是个推断。

E 每读完一本书就断定它的意义，这是一系列推断的结果。

情景推断的例子：

甲：情景：“一个人躺在沟渠里。”

假设：“只有乞丐躺在沟渠里。”

推理：“那人是乞丐。”

乙：情景：“一个人躺在沟渠里。”

假设：“躺在沟渠里的任何人都需要帮助。”

推理：“那人需要帮助。”

（4）画面化：最有力的方式是用视觉化想象的过程展示抽象概念。

“一幅图画胜过千言万语。”但使用时要谨慎，因为一幅画会有多种解读。也可以借助可视物把批判性思维直观化。例如可以用天平解释“公正”，用“眼镜”代表看问题的视角；用“自由女神”代表“人权”和“自由”等。

保罗儿童批判性思维宏观策略为训练提供宏观指导，涉及教师角色、苏格拉底式提问方法和讨论式、用角色扮演来创建对立观点、区分事实、意见和理性判断等。①

教师的角色是：帮助分解问题和任务，使之易于操作；创造有意义的语境体现学习的价值；用重述和提问的方式帮助学生明晰思想；提出激发思考的问题；帮助讨论围绕主题进行；鼓励学生彼此解释事物；通过建议和介绍其他资源帮助学生找到必须知道的东西；确定学生公平对待每一个观点，没有观点被取消、忽略或丢弃。

苏格拉底式提问是对意义和真理的有声思考，包括：提出基本问题；由表及里深入探讨问题；探求有争议的地方；帮助学生发现他们自己的思想结构；帮助学生培养明晰性、精确性和关联性；帮助学生根据自己的推理进行判断；帮助学生关注主张、论据、结论、争议的问题、假设、含义、后果、概念、阐释、观点等思维要素。苏格拉底式讨论方式有三种：一是即兴式（spontaneous or unplanned）。每个老师的教学应该充满苏格拉底精神，要一直保持好奇心。这种情况下教师会即兴向学生提问，并跟他们一起探索答案。学生对一个话题感兴趣、提出一个重要问题、捕捉到一个想法或讨论变得歧义、混乱、敌意时，即兴苏格拉底式讨论在这些场合显得尤其有用。征求例子、论据或理由，举出反例，问其他同学是否同意一个观点，提出类似的情况或例子，让学生对相反观点进行解释，并清晰、明了地重述学生的回答，这些都是常用的讨论方法。即兴苏格拉底讨论可以归纳为两类：一类探讨范围广泛的问题；一类集中讨论某一具体问题。二是探究式（exploratory）。当老师想了解学生在想什么或思考什么，或想深入了解学生对不同问题的思考时，探究式提问是合适的提问方式。这种提问有助于提出或探索涉及面广的问题和概念，但需要适当准备。这

---

① Richard Paul, A. J. A. Binker and Daniel Weil, *Critical Thinking Handbook*: *K*－3, Rohnert Park, C. A.: Foundation for Critical Thinking, 1990, pp. 45－53.

种提问结构松散，可以准备一些适宜于话题或议题的一般问题、相关问题或重要概念，也可以预测学生可能提供的答案，准备后续问题。三是集中式（focused）。要深入探究一个问题或一个概念，使学生阐明、整理、分析和评价思想与看问题的视角，集中式讨论最为合适。它给学生提供深入探究假设、假设的含义以及意义的机会。

苏格拉底式的三种讨论都要求教师学习提问的艺术。教师要了解思维活动的多样性，选择恰当的讨论和提问方式。保罗把苏格拉底式提问分为六类：阐明性问题；探索假设问题；探索理由和论据问题；观点和视角问题；探索含意和后果问题；问题的问题等，并详细列出了每一类问题的具体问题。教师熟练掌握了这些问题后能更加有效地指导学生的讨论。保罗认为，在苏格拉底式讨论中，教师可以从四个方向引领学生：引导学生思考他们自己是如何思考给定题目的，目的是帮助学生反省他们的思考过程，用他们自己的叙述帮助他们找着思想的根源；引导学生思考支持他们想法的原因，目的是帮助学生表达支持他们想法的理由、证据和假设；引导学生反思接踵而至的内容，即思考带来的意义和后果，目的是帮助学生认识所有思考都包括“效应”或“后果”；引导学生思考与他们持不同观点的人会提出的合乎逻辑的反对意见或应该采纳的不同意见，目的是帮助学生更加开放、全面和公正地思考问题。

角色扮演，创建对立观点。人类思维的一个根本危险是狭隘。我们本能地不愿向意见不同的人敞开心扉。我们本能地用我们的智力和认知技能保护和维护我们的信念系统，而不是修正和扩展它，尤其是当思想根源不同时。我们永远不可能变得公正，除非我们学会理解、进入别人的思维，用他们的角度去推理，最终用他们看事物的方式看事物。学习如何准确构建别人的思考，如何角色扮演他们的思考是批判性思维培养的基本目标。

区分事实、意见和理性判断。生活中碰到的最重要的事情不仅仅是事实或个人喜好，许多事情的“讨论”都需要一个新的元素：我们在论证自己的观点时需要考虑别人的观点。作为老师，我们应该有意识地鼓励学生区分三种情况：只需要事实的情景；需要个人偏好的情景；需要理性判断的情景。学生最需要培养的是他们的理性判断能力。他们需要知道如何在他们的视角框架里用事实和自己的推断得出结论。

批判性思维微观策略涉及批判性思维的 35 个维度，分情感策略、宏

观技能认知策略和微观技能认知策略三大类:[①]

（1）情感策略（affective strategies）：S－1 独立思考；S－2 培养对个人或群体中心的洞察力；S－3 锻炼公正性；S－4 探求情感下面的思想和思想下面的情感；S－5 培养理智的谦逊和悬置判断；S－6 培养理智的勇气；S－7 培养理智的真诚或完整性（integrity）；S－8 培养智性的坚韧性；S－9 培养对理性的信心。

（2）认知策略：宏观技能（cognitive strategies：macro-abilities）：S－10 精练概括，避免简单化的概括；S－11 比较类似情景：把洞见迁移到新情景；S－12 培养人们的视界：创造或探索信念、论证或理论；S－13 澄清问题、结论或信念；S－14 澄清和分析词和短语的意思；S－15 发展评估的标准：澄清价值和标准；S－16 评价信息源的可信性；S－17 提出深入的问题：提出和探究根本的或意义重大的问题；S－18 分析和评价论证、解释、信念或理论；S－19 生成或评价解决问题的方法；S－20 分析或评价行动或政策；S－21 批判性地阅读：澄清或批评文本；S－22 批判性地聆听：无声对话的艺术；S－23 建立跨学科的联系；S－24 实践苏格拉底式的讨论：澄清和质疑信念、理论或视角；S－25 对话式地推理：比较视角、解释或理论；S－26 辩证地推理：评价视角、阐释或理论。

（3）认知策略：微观技能（cognitive strategies：micro-abilities）：S－27 比较和对照理念和实际应用；S－28 对思维进行精确的思考：使用批判性词汇；S－29 关注有意义的相似点和差异；S－30 考察或评价假设；S－31 区分相关和不相关的事实；S－32 做出合情理的推理，预测或解释；S－33 举出理由、评价证据和断定的事实；S－34 识别矛盾；S－35 探究含意和后果。

保罗批判性思维训练没有专门编写的教材，训练材料主要根据幼儿园和中小学现有教材的教案改编，年龄段涉及 K－3 年级、4—6 年级、6—9 年级学生，涉及语言艺术、社会科学、自然科学、数学、综合课等课程。保罗《儿童批判性思维指导手册》详细阐释了儿童批判性思维培养的原则、理念、方法和策略，并提供了每门课程教案的修订目的、原始教案摘

---

① Richard Paul, A. J. A. Binker and Daniel Weil, *Critical Thinking Handbook*: *K－3*, Rohnert Park, C. A.: Foundation for Critical Thinking, 1990, p. 60.

要、原始教案分析与评价、修改后的教案以及修改教案涉及的批判性思维微观策略和技能等具体信息。每门课程的教案改编例子多则二十几例，少则十几例，以下选取一例来说明教案改编的具体做法。

倾听的耳朵（幼儿园程度，语言艺术课）①

教案修改目的：（1）深刻理解听懂的重要性和困难；（2）通过重述其他同学的态度和观点练习批判性听力；（3）讨论自我中心是如何干扰听力的。

> 原始教案摘要：
>
> 本课介绍听的方法，首先让学生安静就座，听某种声音，然后讨论听到了什么。接着，孩子们看图：一张是兔妈妈和兔宝宝的（兔宝宝在竖着耳朵听）图片；一张是小男孩在跟他的小狗讲话（小狗在竖着耳朵）的图片；一张是学生在听交警讲话的图片。老师提问：谁在听？为什么听？为什么听很重要？
>
> 接下来讨论：学生回忆个人经历中倾听的重要性。最后，老师组织一个指方向的听力游戏，学生跟着做。

评价：尽管“倾听”的目的是学习注意听的重要性，讨论却局限在听权威指令的重要性上。批判性的教育要求学生倾听新思想和不同观点。除非我们彻底理解一个观点，否则我们不可能理性地同意或反对它。因为没有人全知全能，我们应该倾听别人的意见，区分他们知道的和不知道的，调试我们的信念以接纳我们学到的信念。原始教案没有区分一般的听和作为理解渠道的听，因此忽略了用听作为理解渠道的难度。孩子们应该了解倾听要比一般听难得多；它需要真诚的努力以理解听到的内容；倾听是积极的，最大的困难来自理解的复杂程序，而我们本能地抵制与我们不同的观点。我们不想听时，倾听最困难。

修改教案使用的策略：S－22 批判性地聆听：无声对话的艺术；S－3 锻炼公正性；S－7 培养理智的真诚或完整性；S－2 培养对个人或群体中心的洞察力。

---

① Richard Paul, A. J. A. Binker and Daniel Weil, *Critical Thinking Handbook*: *K*－3, Rohnert Park, C. A.: Foundation for Critical Thinking, 1990, pp. 122－123.

修改后的教案 S－22

把以上提到的关于倾听的理解融入学校实际问题的解决中很重要。教师应尽可能把倾听运用到各种问题、决定和辩论中。学生存在分歧时，让他们公平、准确地表达自己的观点。明晰问题，引出被忽略的观点。之后，帮助学生讨论学生描述倾听时遇到的问题，以及倾听的重要性。S－3

为了进一步鼓励学生思考倾听的重要性和倾听的困难，教师可以问以下问题：

* 为什么我们要听别人讲话？有没有因为你没有专心听而导致糟糕的事发生？什么时候？为什么我们应该听朋友的话？听家人的话？听同学的话？听老师的话？等等。
* 什么时候听比较困难？为什么？你能想出一次你不想听人说话的情景吗？谁在跟你讲话？你为什么不想听？你在想什么？为什么？S－7
* 你有没有不想听却似乎在听的时候？听和装听有什么区别？
* 当别人不认真听时你什么感觉？
* 以下情形倾听容易还是困难：（A）当你气愤、恐惧或激动的时候；（B）听你喜欢的人讲话；（C）某人讲了让你觉得愚蠢或发疯的事；（D）某人讲了你认为有意义或与你观点相似的事；（E）当你听不懂时。
* 你怎么知道某人不在听？好的倾听者和不好的倾听者的区别是什么？S－2

从掌握的有限文献来看，保罗的儿童批判性思维培养模式没有像李普曼的儿童哲学培养计划一样受到广泛的国际关注，但是保罗的培养模式与儿童的课程学习紧密相关，它不需要专门开设课程，也不需要专门编写教材，教师只要掌握了儿童批判性思维培养的原则、理念、方法和策略就可以在教学中实施这一训练模式。它因此更加实用和易于操作。另外，批判性思维技能渗透于课程学习中可以起到润物无声的效果。

李普曼和保罗在儿童批判性思维研究方面都做出了开拓性的贡献。除了这两个领军人物外，许多学者在这方面也有可贵的探索。一些新探索与李普曼或保罗的模式相关。罗伯特·费舍尔《教儿童学会思考》从理论和实践角度全面介绍了儿童批判性思维的培养方法，该书共七章，分别是为什么教哲学，哲学是关于思考的思考；“儿童哲学”课程：教儿童思考；团体诘问：创造道德教育的情境；读故事思考：通过读故事提高思考与读写的能力；苏格拉底式教学：促进哲学的讨论；课堂上的哲学：回顾讨论与鉴定讨论；跨课程的教学：提升思考和学习的质量。前六章涉及的儿童教育思想与李普曼的儿童教育思想大致相同，第七章针对不同学科阐释了儿童批判性思维培养的具体方法，与保罗的培养理念有相同之处。[①]海恩的文章“儿童哲学是教育‘治疗转向’吗?”澄清了以下问题：什么是“治疗转向”? P4C 被劫持了吗? P4C 的自我是“弱化的自我”吗? P4C“有疗效”吗? P4C 危险吗? 文章明确指出：“接受 P4C 教育的孩子不但不脆弱，相反他们富有哲理性，对世界充满好奇和疑问，想象力丰富，思想开放，在集体中善于对话和自我调试，道德上警醒，善于选择和判断，关注他人的健康幸福，善于概念上的探索和分析，是值得倾听的人。”[②]这是对儿童哲学的充分肯定。

也有学者发出了质疑的声音。李俊杰、周秀龙对 P4C 教学法进行了实验研究，得出结论：P4C 教学法的先进性体现在与素质教育的共融性和创新性，它的不足之处是知识密度小、计划性差、可控程度小；其次是没有正确答案，以自我发现的过程取代教师指导下的学习，容易产生偏颇。[③] 欧提兹在《哲学能提升批判性思维技能吗?》一文中，通过审视标准论证、文献回顾和实验三种方式，对学习哲学能提升批判性思维的论断进行了严格而详细的审视，得出结论：没有充足的证据支持学习哲学比学习其他学科更能提升批判性思维技能；学习哲学显得没有学习批判性思维本身有效。[④] 此研究是对已有权威论断的挑战，但得出的结论不确定，难以服人。

一些学者对儿童批判性思维进行了实证研究。沙弥尔的“基于同伴指导、元认知过程和多媒体的问题解决型学习：调停训练对批判性思维的

① ［美］罗伯特·费舍尔：《教儿童学会思考》，蒋立珠译，北京师范大学出版社 2007 年版。

② Joanna Hayne, “Is Philosophy for Children Characteristic of the ‘Therapeutic turn’ in Education?” http://www.yasni.co.uk/joanna + haynes/check + people/children2012 - 12 - 01.

③ 李俊杰、周秀龙：《美国 P4C 教学法实验研究》，《教育研究与实验》2000 年第 2 期。

④ Claudia Maria Alvarez Ortiz, “Does Philosophy Improve Critical Thinking Skills?”, MA Thesis. University of Melbourne, 2007. http://images.austhink.com/pdf/Claudia-Alvarez-thesis.pdf 2012 - 12 - 05.

影响”的研究，[①] 探索了解决问题过程中元认知技能对孩子批判性思维的影响。结果发现，实验组比控制组在批判性思维深度和话语质量方面表现得更为出色，这一结果支持了以往的研究结果，即嵌入元认知技能的同伴调停训练计划对提升孩子的高级思维能力有一定效力。克莱恩的研究证实了二者之间的正相关关系。孩子有机会发起和评价论证、听别人论证和审视论证、平等地参与解决分歧时，孩子的论证技能就得到了发展。对建议的批判性讨论涉及四种论辩能力：在问题情境中达成共识；倡导建议；辅助行为承诺；整合一致性。[②]

进入 21 世纪以来，人们开始研究新时期下的儿童批判性思维遇到的问题与挑战。金奇洛在“新童年与批判性思维”一文中对新时期的童年概念进行了重新界定：新时期童年指的是 1950 年以后的童年。由于经济条件和孩子接受信息渠道的革命性变化，新童年的孩子不再是传统意义上服从家长和权威、遵从社会规范的乖孩子。电视、电影、游戏、网络、DVD、音乐（戴耳机听）等各种电子媒介既为孩子创造了丰富多彩的封闭的个人世界，也为孩子提供了进入成人世界的便捷渠道。传统概念里孩子的天真程度和对成人的依赖感在降低。成长在信息时代的孩子对来自不同渠道的繁杂信息具有超强的处理能力。新童年表现出的复杂性和其他特点对儿童学校和家庭教育提出了新要求，对儿童批判性思维研究更提出了严峻挑战。[③] 坎尼拉在“早期童年教育”一文中对 1950 年以后童年的特点和教育方法也提出了类似看法。[④] 斯卡格斯在“童年和少年”一文中论述了童年和少年的认知差异和思维差异以及影响少年批判性思维形成的因素。他认为，少年是批判性思维发展特别重要的阶段。少年阶段，人们开始擅长于各种认知活动，这些活动让他们涉及批判性思维的各个方面。考

---

① Adina Shamir, “Peer Tutor, Metacognitive Processes and Multimedia Problem-Based Learning: The Effect of Mediation Training on Critical Thinking”, *Journal of Science of Educational Technology*, Vol. 17, No. 4 (2008), pp. 384 – 398.

② Susan L. Kline, “Influence Opportunities and the Development of Argumentation Competencies in Childhood”, *Argumentation*, Vol. 12, No. 3 (1998), pp. 367 – 385.

③ Joe L. Kincheloe, “The New Childhood and Critical Thinking”, Joe L. Kincheloe and Danny Weil (eds.), *Critical Thinking and Learning*, London: Greenwood Press, 2004, pp. 101 – 104.

④ Gaile S. Cannella, “Early Childhood Education”, Joe L. Kincheloe and Danny Weil (eds.), *Critical Thinking and Learning*, London: Greenwood Press, 2004, pp. 87 – 91.

察这种变化，两种主要理论视角特别重要：皮亚杰具体和形式运算思维阶段的描述；信息加工理论的启示。从 12 岁左右开始，少年进入皮亚杰所谓的认知发展的最后阶段——形式运算阶段。形式运算思维的特点是抽象、灵活、逻辑、科学。研究表明，形式运算思维被少数少年和成年人使用。另外，学校在少年最高认知能力的发展中起着重要作用。信息加工理论试图从它的构成角度探索人类认知。信息处理系统有三个构成部分：信息储存；用于感知、储存、提取、变形、执行信息的认知过程；操作协调系统的控制过程，即所谓的元认知或执行控制系统。这些组成部分在批判性思维中都很重要，也表现出相应的发展变化，这些变化对少年的思维有一定启示。三个因素有可能提升少年的批判性思维能力：一是深层知识；二是明确识别批判性思维蕴含的技能；三是批判性思维包含的态度和气质。少年时期批判性思维发展的特殊性对学校管理者、教师和研究者都提出了挑战。[①] 威廉姆斯 - 博伊德对少年批判性思维的发展以及目前存在的问题也给予特别的关注。[②] 此外，学者们还探索了儿童批判性思维文化、多元文化下的儿童批判性思维培养、儿童批判性思维与其他学科以及教学法之间的关系等问题。

李普曼儿童哲学和保罗儿童批判性思维虽然在培养理念和方法上有相似之处，但他们都形成了各自完整独立的体系。李普曼的教学体系适合在小学专门开设哲学课，侧重在探讨浅显的哲学问题的过程中培养孩子的思辨能力，提高他们的批判性思维技能和综合能力。保罗的教学体系适用于现行的课程教学。教师只要掌握了思维训练的原则、理念和现行教案的改编方法就可以达到相应的培养目标。李普曼儿童哲学和保罗儿童批判性思维构成了儿童批判性思维培养的主流模式，其他学者的研究丰富、完善和拓展了这一领域的研究成果。各种儿童批判性思维研究最终都殊途同归，奔向一个共同目标：培养他们的批判性思维意识和气质，从小就打下批判性思维的根基，成长为心智和人格健全的人。

---

① Kaia Skaggs, "Adolescence", Joe L. Kincheloe and Danny Weil (eds.), *Critical Thinking and Learning*, London: Greenwood Press, 2004, pp. 83 - 87.

② Pat Williams-Boyd, "Middle Schools: Curiosity and Critical Thinking", Joe L. Kincheloe and Danny Weil (eds.), *Critical Thinking and Learning*, London: Greenwood Press, 2004, pp. 92 - 96.

第三节　批判性思维教学法新构想和新技术

恩尼斯假想了一个“智慧大学”并给这个大学推荐一个“跨课程批判性思维计划”（CTAC）。[①] CTAC 有两个目标：帮助学生大学期间和毕业以后在日常的公民、职业、个人和学术生活中批判性地思考；通过批判地思考学科领域的议题或问题，使学生的课程学习体验更加令人兴奋、更令人难忘。在专业学习中运用批判性思维也可以帮助学生记住所使用的批判性思维原则。

CTAC 的基础课是给新生开设的两学期必修课——“批判性思维原理”，每学期上 14 周（共 28 周），每周三学时。课程目标聚焦于前述计划目标的第一个，但也涉及第二个。该课程由一般批判性思维倾向和能力组成（参见恩尼斯提供的清单）。在两个学期课程末也会有机会练习把一些批判性思维倾向和能力应用于具体学科领域。课程进度的安排是，在前 21 周，有各种各样的一般倾向和能力的示例，内容包括批判性思维的一般概念、原则和标准。接下来 6 周的每一周涉及一个领域（人文、社会科学、物理学、生物学、职业领域——商业、农学和教育；计算——概率、数学、统计和计算机）。一个或多个一般的或领域专属的批判性思维原则被应用于这 6 个学科领域。在这 6 周时间里，学科教员代表负责作业、内容、讨论和小作业等活动。课程的最后一周用于两学期课程的复习和终极性评价。当然，在整个学年也时常有各种形成性评价。教学方法应是互动式的（如议题导向的讨论）和内容导向的讲述方法。智慧大学也期望每一领域都做出贡献，发展自己课程的计划和方法，既促进每一专业学生的一般批判性思维，也促进多少有点学科专属的批判性思维。这种注入不仅常见于高级的博士学习和论文，也能扩展到本科生学习中。大多数课程应该给学生提供具体的机会发展和应用批判性思维技能和倾向。每个学生都要做一个专业或学科内的高年级项目，它的最终报告将不仅包括项目的描述，研究程序，说明和辩护其主要论题或论点，也要包括学生在做这个项目时所使用的一般的和学科专属的批判性思维倾向、能力、原则和

---

① Robert H. Ennis, “Critical Thinking across the Curriculum: The Wisdom CTAC Program”, *Inquiry: Critical Thinking across the Disciplines*, Vol. 28, No. 2 (2013), pp. 25 – 45.

标准的例示清单。项目受到一个学科或专业代表委员会或某个代表的建议、督导和评估，很可能也有批判性思维顾问的帮助。

CTAC 涉及整个计划的各元素的协调。要协调的元素有：批判性思维内容、漏洞和重复、词汇表、交流、工作人员和控制。对于教学，除了恩尼斯所推荐的 21 个策略和方法之外，还须应用 4 个根本的指导方针：进行互动（学生之间以及学生和老师之间）；使用多样化的实例；为迁移而教；使批判性思维原则和标准明确化。在批判性思维教学评价方面，恩尼斯设想基本责任属于 CTAC 中心办公室，由督导委员会监控，该中心的一位兼职成员作为评价专家，他促进和指导平常的课程专属评价和反馈以及整个智慧大学的评价和反馈。

恩尼斯认为，实际的批判性思维教学是许多具体情景化因素的制约结果，比如：教师的风格、教师的兴趣、教师的知识和理解、授课班级的大小、文化和社区的背景和期望、学生的期望和背景、同事的期望、最近的地方事件、教师在做完应做之事后还剩多少可用的时间、教师掌握批判性思维的程度。[①] 因此，没有一个适合于所有教学情景的批判性思维教学的统一配方。他所建议的批判性思维教学的一般策略和方法虽然得自多年来的经验、研究和别人的建议，但也只是一个指南，必须针对实际情境加以调整。恩尼斯建议的批判性思维教学策略包括三类（根基策略、基础策略和具体战术）21 种。[②]

根基策略——RRA。指三个底层策略——反思（Reflection）、理由（Reasons）和备择选项（Alternative）。（1）促使学生反思，停下来思考而不是仓促做出判断、接受头脑中闪现的第一个想法，或者自动接受媒体上出现的任何信息。（2）温和地问诸如此类的问题："你怎么知道?""理由是什么?""那是一个信息的好来源吗?"如此来督促使他们自己的观点有好理由，为别人的观点寻求理由。（3）强调对备择假说、结论、说明、证据源、观点、计

---

① 布莱尔最近也提醒注意加拿大 K—12 批判性思维老师本身批判性思维技能和倾向的状况是否能胜任批判性思维教学的问题。参见 J. Anthony Blair，"Who Teaches K－12 Critical Thinking?" Jan Sobocan and Leo Groarke（eds.），*Critical Thinking Education and Assessment*：*Can Higher order Thinking be Tested*? London：Althouse Press，2009，pp. 267－280。

② Robert H. Ennis，"Critical Thinking：Reflection and Perspective—Part Ⅱ"，*Inquiry*：*Critical Thinking across the Disciplines*，Vol. 26，No. 2（2011），pp. 5－19. Robert H. Ennis，"Critical Thinking across the Curriculum：The Wisdom CTAC Program"，*Inquiry*：*Critical Thinking across the Disciplines*，Vol. 28，No. 2（2013），pp. 25－45.

划等的警觉。

基本策略。（4）使用一个你觉得好用、站得住脚的批判性思维概念。（5）在各种语境里给学生提供大量指导机会，包括他们认为重大的真实情境中的大量机会，让他们通过把批判性思维原则应用于实例来践行批判性思维。（6）更具体地说，在期望迁移的地方，通过给予带有实例（其中一些需要迁移）的大量练习，为把批判性思维原则迁移到日常生活及其他学科而开展教学。让学生把注意力放在批判性思维原则和标准如何运用在迁移情境中，如果可行，给学生安排迁移应用的练习。（7）当你同意或不同意学生的观点，或者，你自己不确定或试图想搞清楚他们表达的意思时，有时问“为什么?”这样的问题。“为什么”有时具有逼迫人的意味，但它是引出理由的最简明方式。不咄咄逼人的提问方式是：“就那个问题，你能再多说一点吗?”（8）注重他们从别人视角看问题和成为思想开放的，包括在其他理由和论据出现的情况下愿意重新考虑。（9）用在该情境中充分有效和可靠的测试或其他评价程序来评估批判性思维的重要因素。除了特殊环境，要把课程评分结果与任何其他对学生有关系的报告结合起来，小心查明学生清楚这种结合，确保评价程序适配批判性思维教学。这常常要求在使用之前对评价进行适当思考。（10）在学生能开始学会一个学科内的批判地思考之前，他不需要成为学科内容的专家。这些东西能同时进行，彼此相互促进。学生对他们运用过的学科内容记得最好。当然，最终了解并熟悉要求批判性思维的那种学科和情境对于批判性思维是必不可少的。（11）在一门学科课程中，通常要证明批判性思维注入法的效果需要时间的检验。（12）这里的“注入”指的把批判性思维嵌入学科内容教学，即确保批判性思维原则和标准被明确展现出来（不论是教师还是学生陈述出来的）。注入法比浸没法在学科教学中更可能成功，因为知道原则能提升学习。

战术。（13）间或让学生论说一下对他们重要、有趣而你不知道答案的问题或有争议的问题。（14）给学生留点时间思考问题和情境。如果你等待的时间足够长，就有人会提供一个答案。（15）在讨论中，用学生的名字来标识他们的陈述（或者想法、回答、假说、立场、观点、反对、疑问等），以便引起学生的注意和承担某种责任。把陈述写在黑板上或屏幕上（不要担心这样做会浪费时间。这给学生思考和陈述想法提供机会）。邀请他们帮助表述你所写下的东西。鼓励他们互相讲出自己的立场，给出理由。提供等待的时间。(16) 让学生写下自己的观点，给出支持他们想法的理由，表明认识到对立观点和自己立场的弱点。根据观点的成熟度和可用的时间，将表述的长度限于几个句子、一页或两三页等。(17) 提供一套论文、报告、信函、建议或代表立场之语句的评判标准。该标准应该反映批判性思维原则，你已经告知学生这些原则是重要的。(18) 让学生互相阅读彼此写出的表明对问题所持见解的论文，运用这些标准并提出建议。然后让他们根据其他人的评论或进一步的思考反复修改。(19) 让学生组成小组讨论议题或问题，每一组向全班报告，每个人向其他人展示他或她所做的。学生们在同伴的眼里争强好胜（就像我们一样）。(20) 如果之前的作业内容没有被理解，那就准备好延期一次作业，因为理解是目标，而覆盖并不是。

中层策略。(21) 为补充根基策略 RRA，要求学生使用"FROSCO"和"SEBKUS"。FROSCO：当评价一个观点（不管是自己的还是别人的）时，至少处理下列因素：

F（焦点）：识别或弄清楚要点即结论

R（理由）：识别并评估理由

I（推论）：思考是否理由确立结论，考虑替代选择

S（情境）：关注情境

C（明晰）：确保意义是清晰的

O（概观）：把你的评价当成一个整体予以检查

SEBKUS：在进行评价、规划研究和其他行动时，充分使用并设法扩展你的敏感性（Sensitivity）、经验（Experience）、背景知识（Background Knowledge）以及对情境的理解（Understanding of Situation）。

恩尼斯提醒，除非思虑周全地加以落实，否则这些策略和战术都是空洞的口号和公式。每个教学情境都是独特的，没有什么不可违逆的普遍定规。他建议仔细考虑上面的忠告，但必要时可偏离它，运用 SEBKUS。换句话说，对教授批判性思维也要批判地加以思考。①

CTAC 的优势在于：(1) 它是一个引导实现我们在大学使命陈述中所

---

① Robert H. Ennis, "Critical Thinking: Reflection and Perspective—Part Ⅱ", *Inquiry: Critical Thinking across the Disciplines*, Vol. 26, No. 2, 2011, pp. 5 – 19.

发现的批判性思维目标的具体计划。（2）它不仅提升学生日常生活中的批判性思维能力，也提升学科学习中的批判性思维能力。（3）它与上述4个指导方针原则相一致，并鼓励学生思考自己的思维（元认知）。（4）当学生参与要求批判性思维的学科内容讨论时，它促进理解和记忆学科内容。（5）它的批判性思维的概念是综合的、详尽的，在我们的日常生活和各领域的学习中都很重要。（6）它提供协调活动，在追求批判性思维目标的过程中，当许多不同的学术兴趣结合到一块时就需要这种协调活动。通过这种协调，教员之间、学科之间的互动得到提升，而学生将会看到批判性思维在不同领域的相似性和相异性。当然，该计划难免有劣势，比如：需要根据许多参与者方面的变化而做出调整；由于把一些时间和精力投到批判性思维上，一些专业学习内容会减少；实施这项计划至少在计划开始阶段会增加机构的支出；教员，包括那些来自不同领域人员之间的新分歧，可能在他们努力承担或躲避新结构中的任务方面显露出来；高等教育共同体对这样的计划没有什么经验。①

恩尼斯更偏向于跨学科的批判性思维，但也看到它在某类情境下可能并不切实可行，因而需要鉴别性研究，对局部情境保持敏感。② 当然，在执行诸如此类的跨学科批判性思维项目的过程中存在一些非常现实的经济、制度以及文化方面的具体问题。比如，有人的担忧不无道理：把批判性思维设为一种先修的学科课程可能会降低学科内容覆盖的广泛性，从而妨害这个课程的先修功能。这种降低对于把批判性思维嵌入任何学科教学也是个问题。当然，在一门学科课程中介绍或许得到这样的结果：由于学生参与受指导的思考，他们对所包含的主题内容有更好的理解和记忆。关于到底该不该设置独立的批判性思维课程或模块也有相关问题。然而，谁来教一般批判性思维教学课程或模块？这是一个政治—经济议题：如果是增加人手来处理跨课程批判性思维计划的整合功能，那么如何选择这样的人手？怎样付工资？的确需要一些整合工作。比如，假若跨课程教授批判性思维，那么就提供一个批判性思维术语表并得到大家认可，否则学生很可能被一

---

① Robert H. Ennis, "Critical Thinking across the Curriculum: The Wisdom CTAC Program", *Inquiry: Critical Thinking across the Disciplines*, Vol. 28, No. 2, 2013, pp. 25–45.

② Robert H. Ennis, "Critical Thinking: Reflection and Perspective—Part Ⅱ", *Inquiry: Critical Thinking across the Disciplines*, Vol. 26, No. 2, 2011, pp. 5–19.

些词义搞迷惑了（比如哲学里的指称和内涵的区分就与英语中的不同）。在没有核心规划的情况下，一些学生会因在一些课程学习中未充分注意某些批判性思维原则而犯糊涂，而另一些则可能有理由反感批判性思维原则甚至教学示例的无计划、不必要的重复。另外，教师的教学胜任力以及对批判性思维的理解、同情和兴趣也甚为重要，因为有些教师在别的事情上训练有素，但可能对大学采纳的批判性思维概念理解得不好，没有多少共鸣或兴趣，也可能对批判性思维学习向日常生活和其他科目的迁移有疑虑，觉得是在与他们的学科知识教学争抢时间。批判性思维教学的灵活性也是不可忽视的问题。某些领域可能更适合于培育批判性思维的某些方面，而别的领域可能更适合培育批判性思维的另一些方面。因此，协调者的任务之一就是要考虑在不同的领域分配不同的重点。学院、大学、初中和小学与高中相比，在增加或修改课程、培养方案和课程创新上有更多的结构上的灵活性，要在高中课程体系中添加一门一般批判性思维课程是很难的。在高中更有可能的是，将批判性思维的一般方面纳入一个母语课程（在美国大多数地方是英语课）或社会研究课程，有时采用模块的形式，这要比独立批判性思维课程更有现实可能性，这当然聊胜于无。

恩尼斯要求对这些课程进行开发并明确加以标识。无论实施哪个课程，都应发布和澄清任何一般批判性思维课程或模板要教的批判性思维倾向和能力，让所有老师和学生都知道每一课程或模板要促进的是批判性思维的哪些方面，学生要从课程或模板学会的东西，使教师明白别的课程所发生的事情，进而规划，能就进步和前景相互协商。要促进学习向新领域的迁移，明智的做法是规划批判性思维原则和标准的反复应用，向学生指明各种课程中的相似应用就更胜一筹。恩尼斯特别强调相关的评价非常重要，需要研究把批判性思维嵌入学科教学增加或降低长期记住学科内容学习和批判性思维学习的程度，认真描述和评价三种方法的各种实施，使其结果能在学校之间共享，尤其是要评估批判性思维向日常生活迁移的程度（短期的和长期的），对精品课程的不同实施进行比较。对独立批判性思维课程和模块的批判性思维教材和方法的效果进行比较，进一步完善。[①]

---

① Robert H. Ennis, "Critical Thinking across the Curriculum: The Wisdom CTAC Program", *Inquiry: Critical Thinking across the Disciplines*, Vol. 28, No. 2, 2013, pp. 25 - 45.

恩尼斯号召青年学生、老师、社会科学领域（特别是心理学、教育学、社会学、经济学和心理测量学）的研究者以及所有对此感兴趣的公民关注批判性思维教学，敦促政府、学校理事会以及大学指导委员会支持并为所需要的变革和研究筹集资金，而管理人员必须担当起领导角色，专业性协会可以在批判性思维教学推广和评估研究方面发挥相当重要的作用。①

保罗也把自己的“思想八因素＋理智标准”的批判性思维教学模型称为“跨学科的”，该模型也属于混合法，因为一方面保罗强调所有思想都可以从八个元素——目的、问题、假设、信息、概念、推论、视角和含意（后果）来分析，对任何思想的每一元素都可以用清晰性、正确性、精确性、相关性、广度、深度、逻辑性、公正性等理智标准进行评价；另一方面，保罗强调在各学科或领域之内的“多元逻辑”思维，并将八因素分析和理智标准评价具体化为标准学习科目中的“领域专属的”批判性思维。保罗的批判性思维教学法的特色之一是突出人类天然的非理性倾向对批判性思维的妨碍，告诫人们时刻防范自我中心主义和社群中心主义的危害。② 批判性思维教学法的发展还表现在新技术的运用上，突出体现于利用计算机和网络技术的教学方法。这方面有大量实践。例如，利用网络把批判性思维的直接教学法、学生练习、反馈、在线讨论等整合成一个教学模型，试验发现能提升批判性思维教学效果。③ 有两款教授批判性思维的图解软件专门针对论证结构分析和评价开发。墨尔本大学哲学系的盖尔德（Tim Van Gelder）设计的 Reason！Able 是针对初级课程中更为基础的与评估结合在一起的论证构造（考虑相反的理由、主张）工具软件，它已得到很好的检验，非常简单而易用。而 Araucaria 新版本（V3.1，2006）包括了标准风格（可刻画对立论证和反驳）、图尔敏风格和威格莫尔风格的图解，更重要的是它包括了论证型式（包括批判性问题）作为

---

① Robert H. Ennis，“Critical Thinking：Reflection and Perspective—Part Ⅱ”，*Inquiry：Critical Thinking across the Disciplines*，Vol. 26，No. 2，2011，pp. 5 – 19.

② Richard W. Paul，“Reflections on the Nature of Critical Thinking，its History，Politics，and Barriers，and on its Status across the College/University Curriculum Part Ⅱ”，*Inquiry：Critical Thinking across the Disciplines*，Vol. 27，No. 1，2012，pp. 5 – 30.

③ Yu-Chu Yeh，“Integrating E-learning into the Direct-instruction Model to Enhance the Effectiveness of Critical-thinking Instruction”，*Instructional Science*，Vol. 37，2009，pp. 185 – 203.

推理规则。[①] Compendium 则是一个集图示化工具、略图工具、实体交叉参考工具等为一体的一个强大的整合工具包。荷兰开放大学教授基斯纳（Paul A. Kirschner）等使用 Compendium 模型化学术和商业决策中的论证。Compendium 整合像 Araucaria 这样的较简单图解技术不能利用的文章、电子数据表和图像等材料。它是以基于议题的信息系统（issue-based information system）为基础的论证分析模型。最近一个有趣的发展是 Compendium 被改良后用于论证型式图解，和 Araucaria 风格不太一样。[②]

虽然对批判性思维教学法的探索付出了很多努力，形形色色的教法也各有千秋，但批判性思维教学法所推行的互动教学情况并不令人乐观。据哈佛大学前校长博克引证说，对来自大量不同学校的 1800 个授课者的调查表明，73%—83% 的人仍以说教式方式教学为主。这个结论既适用于较大的大学也适用于较小的文理学院。例如，从得克萨斯大学（奥斯汀）不同学科的 19 个课堂录音发现，88.5% 的有效时间耗费在讲授上，只有 5% 用于学生谈论。教授所问问题的大多数其实是管理性的或者要求学生回忆事实信息。仅有极少的教师用需要高阶推理的问题挑战学生。最近的证据也暗示，“讲授依然是最为常用的典范教学方法”，平均来说，教授的讲授超过 2/3 的时间，尤其在大多数规模较大的大学里。即使那些允许学生参与的教授，也常常邀请听课人提出一些有关讲课的问题或重复包括在指定读物中的信息。考试以多项选择为主，测试信息回忆而非分析技能。对 40 所研究型大学的考试情况的考察表明，36.98% 的问题仅仅是要求回忆信息，25.38% 测试是对课程材料的理解，只有 17.71% 要求批判性思维。对伊利诺伊大学的考试调查也披露，82% 学生报告说，大多数是要求他们回忆事实信息的考试。按照一项对学院教员的调查，26% 的回答者使用多项选择考试，35.2% 使用简答考试。虽然 43.6% 的被调查者说他们使用论文考试，但这些数据没有披露要求批判性思维的论文有多少，简答要求学生概要事实材料的又有多少。研究也表明，在课程结束时，学生仅能回忆起 42% 的信息，在一周后仅仅是 20%，在一月或一年后甚至

① Chris Reed and Glenn Rowe, “Translating Toulmin Diagrams: Theory Neutrality in Argument Representation”, *Argumentation*, Vol. 19, No. 3, 2005, pp. 267 – 286.

② 武宏志、周建武、唐坚：《非形式逻辑导论》，人民出版社 2009 年版，第 431—432 页。

更少。其他研究发现，如果通过自己的心理努力获得材料，学生能记忆得更长。因此，那些不得不使用所获得的概念和信息解决问题的学生倾向于比他们仅仅听课要记得更长时间。当基本批判性思维技能被合适地教授时，尤其可能被记住，因为它们是通过重复实践和程序使用而获得的，而且在学生毕业以后在日常生活中被再使用。博克指出，有些教授通过指出基于问题的讨论对研讨班好，但对于较大的学院课程不大可能，当然，在许多较大的大学里，中等班级的学生少于 20 人或 30 人，这提供了大量积极讨论的丰富机会。而且，法学院长期以来发现，甚至达到 150 人的课堂也能用讨论方法有效教学。[①]

与批判性思维教学相关的另一个问题是始终困扰着人们的教学效果评价，因为不同的调查报告了矛盾的结果。例如，博克引证说，大部分本科生在毕业之时显著地改善了他们的批判性思维技能。帕斯卡雷拉（Ernest Pascarella）和特伦兹尼（Patrick Terenzini）的结论是：和新生相比，高年级学生是更好的抽象推理者或批判性思维者，在使用理由和证据处理结构不良问题方面更熟练。在他们更善于理解一个复杂议题的多面向和发展处理复杂性的更为纯熟的抽象架构的意义上，他们有更大的智力灵活性。在评论证据之后他们发现，在批判性思维上的进步，刚进大学时认知技能等于新生人群第 50 百分位数的学生，很可能在其毕业时改善到大致等于该学生群的第 69 百分位数。阿斯丁（Alexander Astin）对来自有代表性、较大大学的 24000 样本学生的研究发现，38. 8% 感觉他们已经成为批判性思维方面的“很强者”，32. 5% 相信他们的分析技能是“非常强的”。在包括 26 个学术遴选机构 30000 个最近毕业生的规模更大的研究中，几乎一半的回答者感到大学对他们的分析技能有“巨大”贡献。一些研究者发现，学生在某些类型的推理技能方面的发展可能受到他们本科主修选择的影响，例如概率推理（使用风险或特殊结果发生概率的评价做出判断）主要在社会科学（这些学科通常教统计学及其应用）学生中有显著改善。另外，批判性思维成熟度与认知发展阶段相联系，但不完全对称。娴熟的

① Derek Curtis Bok, *Our Underachieving Colleges: A Candid Look at How Much Students Learn and Why They Should be Learning More*, Princeton, N. J.: Princeton University Press, 2008, pp. 120 – 123.

批判性思维是做出对没有明确答案问题的深思熟虑之判断的必要条件而非充分条件。在大学期间，大多数学生有重大进步（从无知的确信到理智的困惑），但绝大部分停留在素朴相对主义阶段——被说服相信许多问题没有唯一正确的答案，可能的答案中没有一个必然比别的更好。只有极少数高年级学生表现出相信结构不良问题是对基于证据的理由充分的判断，某些答案比其他答案更恰当。博克认为更令人困惑的依然是这样的发现：绝大多数高年级学生没有令人信服地显示出，对于难以对付的复杂问题，按照他们“适合”的可利用证据和论证得出结论。[①] 由此看来，批判性思维教学任重道远。如果再考虑到文化因素对批判性思维的制约或阻碍，批判性思维教学恐怕是所有批判性思维研究课题中最艰巨的。

---

① Derek Curtis Bok, *Our Underachieving Colleges: A Candid Look at How Much Students Learn and Why They Should be Learning More*, Princeton, N. J.: Princeton University Press, 2008, pp. 120 – 123.

第七章

通识教育中的批判性思维与逻辑教学

从纽曼“大学的理念”到当代高等教育系统对批判性思维重要性的反复强调，表明通识教育与批判性思维水乳交融。在通识教育的几乎每一个讨论中，都提及跨课程的一般批判性思维和问题解决技能。[①] 阿斯汀说，在被认为是自由教育目标之基础的所有技能中，批判性思维很可能处于技能清单的首位。[②] 各种批判性思维研究路向或理论，特别是批判性思维的规范性研究，都将逻辑（广义）当作基本元素之一。美国和加拿大等国的批判性思维运动或思维技能运动的第一波，更以“基于非形式逻辑的批判性思维”为特征。以批判性思维为宗旨的大学逻辑教学，对传统的逻辑教学内容进行取舍，重组了逻辑知识体系，突出了技能培养和实际应用；尤其是论证逻辑视角的课程，比较全面地体现了批判性思维的技能和气质，它所显现的一系列特性使传统的论证理论脱胎换骨，形成了有利于学生将批判性思维技能迁移到各学科学习过程的教学形态。

第一节　通识教育中的批判性思维

通识教育（general education）是现代自由教育或博雅（通才）教育（liberal education）的一部分。21 世纪所需技能的培养和高等教育目标的实现，不可能仅仅凭借技术性的专业学习来完成，因此通识教育成为当代教育

① T. Dary Erwin and Steven L. Wise, “A Scholar-practitioner Model for Assessment”, T. Banta and Associates (eds.), *Building a Scholarship of Assessment*, San Francisco: Jossey-Bass Publishers, 2002, pp. 67－81.

② Alexander W. Astin, *Assessment for Excellence: The Philosophy and Practice of Assessment and Evaluation in Higher Education*, Phoenix: Oryx Press, 1993, p. 47.

之必需。在历史上早已是“自由技艺”（*Artes Liberales*）组成部分的逻辑教学，在当今通识教育中有不可或缺的作用，可以依据它与21世纪技能和高等教育目标——批判性思维的密切联系，得到有力辩护。而逻辑教学的内容与方法也需要在广阔的视野下做出相应调节。以信息社会、全球化和可持续发展为重大议题的21世纪，要求一系列生活技能。人们公认，批判性思维是21世纪的基本技能之一。尤其是就业市场对大学毕业生特质的要求由下至上倒逼大学强化通识教育的批判性思维。在一段时间里，关于就业能力以及高等教育如何采取措施增强学生就业能力的辩论成为热点，出现了雇主驱动的“软”技能议程（employer-driven ‘soft’ skills agenda），认为对于准备求职的人来说，口头和书面交流、团队合作、聆听、批判性思维和问题解决等软技能与学历一样重要。最近（2009），英国工商业联合会（Confederation of British Industry）更为明确地表示需要批判性思维者和具有其他“软”技能的毕业生。重要的是，这些“软”技能可应用于任何层次，而正是批判性思维技能与更高责任、更高地位和更高薪水的工作相联系。对于要成为更灵活、更适应的“终身学习者”的劳动者而言，批判性思维能力也极为重要，因为对适应性挑战有更好准备的批判性思维者能够发展新的与可转换的技能和知识，应对职业变化、新的职业要求和新的工作模式。① 所以，高等教育要面向21世纪，就必然要以教育学生获得这些技能为己任。这也是为什么从世界高等教育大会（1998，2009）到各国教育行政机构和高等院校，都把批判性思维规定为高等教育的目标之一的缘故。美国批判性思维专家保罗等1997年的一项调查也表明，89%的教员认为，批判性思维应该是高等教育的基本目标。② 实现这个目标除了在专业教育中渗透批判性思维之外，更重要的是在通识教育中贯穿批判性思维。

按照美国学院和大学联合会（AAC&U）的描述，当今自由教育的学习成果常常包括：获得理智技能或能力（批判性思维、分析性阅读和写作、用多种方法解决问题的能力、技术的熟练使用）；理解专家如何在相关知识领域进

---

① Brian Critchley, “Critical Thinking in Business Education”, *Investigations in University Teaching and Learning*, Vol. 7, No. 2 (2011), pp. 5 – 15.

② Richard W. Paul, Linda Elder and T. Bartell, “Study of 38 Public Universities and 28 Private Universities to Determine Faculty Emphasis on Critical Thinking in Instruction” (http://www.criticalthinking.org/articles/research-findings-policy-recom.cfm 2010 – 09 – 10).

行思维和研究；发展社会、公民和全球的知识；获得自我认识和伦理价值；至少深入学会一个学科；整合跨学科领域的知识。[①] 一种真正的自由教育是使我们为在一个发生巨大变化的世界里过着尽责的、富有成效的和创造性的生活做好准备的教育。它是培养一种基础牢固的理智适应性、具有终身学习气质和为我们的观念与行动的伦理后果承担责任的教育。自由教育要求我们理解关于自然、文化和社会之知识和探究的基础；掌握感知、分析和表达的核心技能；陶冶尊崇真理的思想感情；承认历史和文化语境的重要性；探索正规学习、公民和服务社会之间的联系。通过从事诚实的、富有挑战的和重要的智力工作，通过使我们自己准备好以负责任的方式运用知识和能力，我们体验自由学习的好处。由于自由学习旨在将我们从无知、教派意识和短视的桎梏中解放出来，它奖赏好奇心和竭力拓展人类知识的疆域。因此，就其本质而言，自由学习是全球的和多元的。它包容具有社会的、自然的和理智世界之特色的观念和经验的多样性。承认以各种形式表现的这种多样性，既是一种理智的承诺，也是一种社会责任，同样也是为了使我们能理解我们的世界，追求成功的生活。严格而创造性地思考、学习与表达自己思想和情感的能力，理解具体情况下的观念和议题的能力，在社会生活中承担义务以及渴求真，是我们人类的基本特性。自由教育以这些品质为中心，是对我们共同未来的最佳社会投资。[②] 通识教育指自由教育中所有学生共享的那部分课程，涉及本科生在其大学教育期间应该学会的一般知识、技能和能力。[③]

---

① James J. F. Forest and Kevin Kinser, *Higher Education in the United States: An Encyclopedia*, Santa Barbara, C. A.: ABC-CLIO, Inc., 2002, p. 402.

② The Board of Directors of the Association of American Colleges & Universities, *Statement on Liberal Learning*, October, 1998 (http://www.aacu.org/About/statements/liberal_learning.cfm 2010-09-04).

③ 通识教育和自由教育这两个术语常常被互换使用。但是，通识教育源于 20 世纪早期，是自觉反对自由教育的一个运动。自由教育强调西方文化遗产的学习，为的是促进学生的智力发展和文化鉴赏，而杜威的工作和其他 20 世纪进步论者的转向所启发的通识教育运动聚焦于知识的整合，目的是应对当代文明的问题。Steven Brint, Kristopher Proctor, Scott Patrick Murphy, Lori Turk-Bicakci and Robert A. Hanneman, "General Education Models: Continuity and Change in the U. S. Undergraduate Curriculum, 1975 - 2000", *The Journal of Higher Education*, Vol. 80, No. 6, 2009, pp. 605 - 642. 米勒曾指出，自由教育基于理性主义者的假设，取向为本质主义，基于逻辑的方法，与抽象理念相联系，与多少年世代相传的普遍真理的保存相关，关心智力的发展。通识教育基于工具主义者的假设，取向为存在主义，基于心理学方法，关心现在和未来的问题，与个体的发展相关。二者之间的差异是根本性的。Gary E. Miller, *The Meaning of General Education: The Emergence of a Curriculum Paradigm*, New York: Teachers College Press, 1988, p. 183.

许多大学采取核心课程方案（本科毕业所必需的一组课程）;[①] 大多数大学的方案更像一种“自助餐”，允许学生从包罗万象的课程范围内进行选择（极少有对个体课程的特殊要求）。现在，通识教育辩论的大部分问题是，学院和大学应该如何组织和表述这些要求。[②]

从历史上看，通识教育一直与批判性思维相联系。纽曼（John Henry Newman，1801—1890）《大学的理念》是对高等教育的公共理念产生最大影响的英文著作，今天依然被当作考虑高等教育理想架构的一个基础文献。同时，关于有教养心灵（educated mind）或哲学心灵（philosophical mind）的独特阐述，使纽曼被尊为最重要的批判性思维思想家之一。他所使用的一系列概念，特别是描绘真正有教养的人的语汇，建立了理智框架、优质思维和学习的原则，因此哈尔认为，纽曼的教育概念体现了与实质批判性思维概念相吻合的基本原则。[③] 纽曼把大学视作可以而且应该给个人提供广泛知识、批判性思维、高尚道德和社会敏感度的人文机构，它

① 对核心课程的主要论证是，存在一种可辨识的知识核心。如果一个公民要能够做出见多识广的政治决策，获得教育或就业成功的机会，完满地实现各种社会生活角色，那么，这些知识核心就是成熟的、理智的、受过教育的和有公民责任心的市民应该拥有的。但是，核心课程的批评者认为，不应该强迫学生学习反映了教授价值系统的知识传统以及追求武断选定的目标。相反，学生有权按照他们自己的专业志向和个人志趣选择课程和知识领域；核心课程的前提漠视了基本的教育原则即学习计划应该细心地剪裁以适合学生的能力和学习的进度；一种多元和多文化的社会预设课程的丰富多样性，而非所有人必修课程的死板处方；要求一种核心课程的哲学与教授的专业自治相冲突，教授应该承担课程的目标、内容、顺序和教学过程的主要责任。此外，核心课程有效性的经验研究也产生了相冲突的证据。一种研究发现，高度处方化的核心课程产生了明显的教育效果。不过，这个研究集中于明显同质的学生总体的小学校。另一个研究考察多样化学生构成的学校，结果发现了不利于核心课程对提升学生智力发展效果的证据。有人建议，经验研究的焦点应该转向哪种课程模式和顺序对哪类学院学生发展产生效果的问题。核心课程的结构有各种模型，包括导论性核心课程、垂直次序（vertical sequenced）的核心计划和课程群。导论性课程用于给学生介绍各种学科以及它们的意义，也介绍重要的文本研究，给通识教育中学习的学生提供基础。垂直的核心计划这样设计，它将核心学习延伸到较高部门的本科课程，将自由教育核心的学习与主修中的工作连接起来。课程群方法通常发现于人种或民族上多样化的规模较大的大学，其中教员并不倾向于采纳单一的模型作为核心。James J. F. Forest and Kevin Kinser, *Higher Education in the United States*: *An Encyclopedia*, Santa Barbara, C. A.: ABC-CLIO, Inc., 2002, pp. 135-136.

② James J. F. Forest and Kevin Kinser, *Higher Education in the United States*: *An Encyclopedia*, Santa Barbara, C. A.: ABC-CLIO, Inc., 2002, p. 273.

③ Enoch Stephen Hale, *Project Demonstrating Excellence*: *A Critical Analysis of Richard Paul's Substantive Trans-disciplinary Conception of Critical Thinking*, Dissertation, Union Institute & University, 2008, p. 28.

通过开放式教育塑造所谓的“绅士”。教育实质上被设想为规训的、思想开放的和实践的，因为一个人的理智技能和能力可以在多个领域批判地发挥作用和迁移。[①] 教育的主要原则是要促进那种能很好思维和为实践目的而应用其技能的学生的发展。理智的培养（intellectual cultivation）是终生的过程。我们需要的东西是……理智的力量，坚定、广泛性和多功能性，控制我们自己的力量，当事物呈现于我们面前时，本能地公正评价它们；它也的确是一种自然禀赋，但通常没有大量的努力和多年的实践不会获得。……这是真正的心灵培养。理智的培养是一种被规训的、积极的和思想开放、能生成适合的重要洞见的形式。一种规训的心灵是清晰和精确使用概念的心灵。“开放心智、校正它、精练它、使它能知道、消化、熟练、控制和使用它的知识，给它超过它自己能力的力量、应用、灵活性、方法、精确的批判、准确的判断、机敏、演讲、清楚的表达，都是明显的目标，是和德性的培养一样明显的目标。”真正的教学趋向理智的培养；它是一种基于形成理由充分的判断和一个大的理智共同体向另一个理智共同体学习的教育。[②] 这种方式的思维与未规训的、有缺陷的和被割裂的思维——“理智的病弱”形成鲜明对照。学生“没有将原则放在心里作为建立理智的基础；他们没有区分确信，没有把握结果。因此假如他们谈论得更多的话，他们就随便谈论，不能有助于辨别。他们只不过对现象惊异不已，而不是按其本性理解事物”。[③] 而指导者和大学当局是理智培养的进一步障碍。哈尔认为，纽曼既论述了批判地思维的本质，也论述了成为一个批判性思维者意味着什么，强调有价值的和必要的理智技能与重要的理智倾向。[④] 耶鲁大学校长莱文在论述创建世界一流大学时指出，和纽曼主教开始倡导通识教育的 19 世纪一样，今天的知识经济依然要求，一个受到良好教育的人既要掌握专业知识，也要拥有对所有新资讯进行透彻理

---

① John Henry Newman, *The Idea of a University*, New Haven, C. T. : Yale University Press, 1996 (Original work published 1899), pp. 8 – 9.

② Ibid. , pp. 7, 77, 90 – 91, 106.

③ John Henry Newman, *The Idea of a University*, New Haven, C. T. : Yale University Press, 1996, p. 8.

④ Enoch Stephen Hale, *Project Demonstrating Excellence: A Critical Analysis of Richard Paul's Substantive Trans-disciplinary Conception of Critical Thinking*, Dissertation, Union Institute & University, 2008, p. 34.

解和解决问题的能力。学生们需要的是能够适应瞬息万变的形势，面对新的挑战和创造性解决问题的能力。要培养以上习惯，需要配合一种适当的教学方式：要跳出让学生们被动学习和单向式吸取知识的模式，同时要让他们学习独立思考，学会组织和捍卫自己的论点；或在面对新的资讯冲击和有理有据的批评的情况下，能对自己的论点加以修正。美国顶尖大学的考试极少要求学生死记硬背，相反，学生需要解决一些从没遇到过的问题，或是从正反两面分析论点并提出自己的立场。①

20 世纪三四十年代，包括哈钦斯在内的芝加哥和哥伦比亚大学的一群教授开启了所谓的“通识教育运动”（general education movement）。哈钦斯任芝加哥大学校长所采取的首批行动之一就是于 1931 年建立本科生通识教育基本要求。他的“新计划”把大学的系分为四部分：人文学科、社会科学、生物科学和物理科学，同时，把本科学院（undergraduate college）建立为大学里有自己教员的单独部门。在此新计划之下，本科生需要接受四个整整一年的上述四部分的导论课程，并有对每一学科的广泛考试。哈钦斯相信，一种真正的民主制度要发挥作用，它的所有公民必须接受足以做出理性的、智慧的选举决定的教育。这一信条成为通识教育的哲学基石之一。1946 年，哈佛委员会在发展通识教育的一个培养方案的基础上，发布了关于通识教育的研究报告，即著名的《自由社会中的通识教育》（“哈佛红皮书”）。作者呼应此前哈钦斯等人的观点，讨论了全国大学和中学层次通识教育的必要性。对通识教育日益增长的关切是因为知识快速膨胀、教育系统的成长以及社会的日趋复杂，这些因素要求“共同遗产的教育和面向普通公民的教育”。按照该方案，通识教育占到学士学位课程的三分之一，包括所谓的“名著文献”（荷马、柏拉图、圣经、但丁、莎士比亚和托尔斯泰）的人文课程、称作“西方思想和制度”的社会科学课程（重要的作者如阿奎那、卢梭和穆勒）。红皮书的影响巨大，美国的大多数学院在此书出版的随后几年也创设了自己的通识教育要求。当时，在法西斯主义威胁的余波之后，要发展冷战文化，教育家感到有一种维护西方文化和民主价值的需要（红皮书的标题暗示了这一点），红皮书适逢其时，因而引起了全国注意。同时，战后退伍军人依据比尔法

① 理查德·莱文：《亚洲大学的崛起》，《清华大学教育研究》2010 年第 2 期。

案注册进入大学，使学生人数剧增，也是红皮书产生重大影响的一个因素。[①]

红皮书指出，通识教育是完整教育的一部分，它首先关注作为负责任的人和公民的学生的生活，而特殊或专业教育关心学生在某种职业上的能力。生活的这两个方面并不是完全分离的。通识教育某种程度上具有自由教育的意思。自由人的试金石是：他是自由的即他能自己判断和计划，因而他能真正地控制自己。要做到这一点，他必须拥有能够自我批判的心灵；他必须照苏格拉底所说的一个自由人的独特价值，过一种自我审查的生活，因而他将拥有内在自由和社会自由。他克服地方主义，是客观的，是所有时间和所有存在的一个旁观者。而这正是民主社会本身的目的。由于无人能成为所有领域的专家，因而大家都不得不在大部分活动领域相信别人的判断。这样，人们就需要一种睿智，靠它来区分专家和冒牌货、更好的专家和更差的专家。从这个视角看，通识教育的目标可以定义为：提供辨识任何领域中的胜任力的广阔批判感或批判意识（critical sense）。对于每一种活动都存在标准和风格，受过教育的人应是在他自己的领域之外能看出来健全可靠的工作和冒牌工作的人。民主社会之所以特别需要通识教育，是因为在这样的社会中公众挑选其领导人和官员，普通公民必定要有足够的辨别力，以便不会被表象欺骗，并选出在其领域智慧的候选人。通识教育不同于专门教育不是因其主题内容，而是根据方法和眼界。自然科学与人文学科的差异在于，前者描述、分析和说明，后者评价、判断和批判。在一个学生变得关注他所使用的方法，批判地认识他的预设的范围内，他学会超越其专业专长生成一种自由的眼界。红皮书在“心灵特质”一节指出，教育不只是告诉知识，而是培养年轻心灵的某些性向和态度。有效地思考、交流思想、做出相关判断、在价值中做出辨别是通识教育要培养的能力。有效思维（effective thinking）首先是逻辑思维：从前提得出合理（sound）结论的能力。这里的逻辑思维不是指专家的装备或学生从形式逻辑课程里学到的那种东西。作为一个平常的公民，学生将在实践情境中（选择一个职业、决定投谁的票或者买什么房子、选择一位妻子）

---

① Anne H. Stevens, “The Philosophy of General Education and its Contradictions: The Influence of Hutchins”, *The Journal of General Education*, Vol. 50, No. 3, 2001, pp. 165 – 191.

践行他的逻辑技能。逻辑思维是从特殊情况抽象出普遍真理，从一般规律推断特殊情形的能力，更严格地讲，是识别关系模式的能力：一方面，把一个问题分析为它的组成元素；另一方面，把这些元素组合起来，为了解决问题常常要使用富有想象力的洞察。它的范型是数学。逻辑思维在某种程度上也包括对一幅绘画的结构分析。在向结论移动的过程中，训练有素的心灵会有一双锐利的眼睛看到相关因素而积极排除不相干的一切，按照重要性安排相关因素。偏见将不相干的因素带进来，而逻辑将把它们拒之门外。有效思维从逻辑开始，同时进一步前进到包括一些广阔的心理技能。一个有效的思维者能用技能处理术语和概念，不混淆语词和事物；他不满足于仅仅记录事实，而要看出它的意涵；不把意见错认成知识。有效思维包括理解复杂和流动的情境，把逻辑方法当成是不充分的心理工具。虽然思维永远不能违反逻辑规律，但可能要使用精确数学推理之外的那些技术。在社会研究、历史学和日常生活问题中，证据往往不完全，有时不可靠，但实际情境要求必须做出决定。对于这些复杂和流动的情境，我们需要相关的思维，搜寻领域之间的交叉定位，即一种语境中的思维。尽管达不到某种精确性程度，但可以获得对历史的、社会的材料以及人的关系的某种理解。有效思维的一个更深层的要素是想象力。人们也许反对想象力与有效思维有什么关系。然而，想象力在人的关系领域是最有价值的。我们需要微妙地感知我们伙伴的希望、担心、品质和缺陷，这能唤起一种具体丰富的整体人格。在实际事务中，想象力提供打破习惯和常规的能力，看得更远，展望新的替代选择，它是发明家和革命者的马刺，不亚于对艺术家的作用。人们也许注意到，有效思维的三个面向——逻辑的、关系的和想象的，大致对应于学习的三个部门——自然科学、社会研究和人文科学。①

20世纪40年代末，杜鲁门高等教育委员会的《为了美国民主社会的高等教育》报告所列出的11项通识教育日标的最后一项是："获得和运用批判性思维和建设性思维的技能和习惯。"报告指出，思考和推理能力应该是一个受过教育的人的最明显标志。推理能力、批判性评价的习惯应

① *General Education in a Free Society: A Report of the Harvard Committee*, Cambridge: Harvard University Press, 1950, pp. 51, 53–54, 56, 59, 64–67.

该是每一领域、每一层次的所有教育的不变而普遍渗透的目标。要达到目的，获得持久的效果，就要强调学生熟悉探究和发现的过程。唤起和刺激理智好奇心，将这种好奇心引导到主动和规范的研究之中，发展收集、分析和评估证据的技能，这一切应该构成从小学到大学的每一个教师的基本工作。开放和探询的心灵以及严格和训练有素的探究习惯是自由人的标志和自由社会的肌腱。因而通识教育将集中于能使学生自己认识、自己思考整个生活的动机、态度和习惯的充分可能的发展。由此，通识教育的重点有三：强调见多识广的重要性以及将决定、行动和意见建立在准确事实基础上的重要性；强调懂得从哪里、怎样获取信息；为形成有效判断而评价、联结和整合事实的能力。报告认为，一种好的通识教育有助于发展任何职业所要求的那些品格和个性特质。那些找到支配其生活之善的人对价值和标准已有某些洞察，能够定义问题，将批判性思维习惯落实到他们的解决办法上，能够清晰地交流想法，具有以友好和体贴的方式对待他人的能力，所有这些（也许要比我们所认为的更为普通）是职业能力的要素。这些都属于通识教育旨在发展的心灵品质之列。报告还指出，社会需要智慧的领导，他的素质之一是“掌握严格的批判性思维方法”。①

1950 年，美国教育委员会（American Council on Education）发起通识教育评估的合作研究。委员会形成六个探索目标：社会科学、科学、交流、人文学科、态度（价值和个人调节）与批判性思维。最后两个领域被描述为“无处不在的目标”，其他四个领域容易等同于主题内容学科。该研究的一个有趣结果是，所有委员都承认，批判性思维之外的五个领域的评估检验设计和开发都显示了批判性思维的重要性。合作研究伊始就同意批判性思维是通识教育的重要成果之一。无论一个委员会是否标识自己的特点是“批判性分析和判断”“批判性思维”或者“阅读现时科学材料的能力”，似乎要包括的技能都很类似。无论思想观念上的相似性可归属于某些基本品性或是仅仅归属于亚里士多德、培根和杜威的影响，这个共同的关切强调批判性思维的重要性，建议广义的批判性思维或许是一般通

---

① *Higher Education for American Democracy*, Vol. 1, *Establishing the Goal*: *A Report of the President's Commission on Higher Educaiton*, Washington: U. S. Goverment Printing Office, 1947, pp. 57 - 58, 63, 71.

识教育课程的重点。因此，“我们会建议，批判性思维可能在其他原则失败之处发挥作用，我们将尝试证明这个立场的有效性”。尽管所有六个委员会都对批判性思维能力感兴趣，但唯有学院间批判性思维委员会（Intercollege Committee on Critical Thinking）最具有代表性。具体能力被组织成八个能力集群，题为“问题解决的批判性思维方面的试验性清单”（A Tentative List of the Problem-Solving Aspects of Critical Thinking）：1. 确认问题存在的能力：（1）辨识一个情境中的相互关联的条件；（2）辨识一个情境中的冲突和议题；（3）定位一系列思想或事件中“缺失的环节”；（4）辨识尚未解决的问题。2. 定义问题的能力：（1）确定问题的本质；（2）理解什么是问题所涉及和需要的东西；（3）确认表述问题的措辞方式；（4）用简单、具体和熟知的术语定义问题里的困难的和抽象的元素；（5）将问题的复杂元素分解为可操作的部分；（6）确定问题的核心元素；（7）将问题之元素排列为可被处理的顺序；（8）从问题中排除无关的元素；（9）将问题置于其语境中。3. 选择与问题解决有关的信息的能力：（1）区别可靠与不可靠的信息来源；（2）辨识信息选择与拒斥所基于的偏见；（3）确认与解决问题相关的信息；（4）挑选充分而可靠的信息样本；（5）组织或系统化信息；（6）从与问题解决相关的个人经验选择信息。4. 辨识影响问题的假设的能力：（1）辨识未陈述假设；（2）辨识未得到支持的假设；（3）辨识不相干假设。5. 形成相关假说的能力：（1）发现解决问题的线索；（2）在信息和假设的基础上形成各种假说；（3）选择更有希望的假说首先予以考虑；（4）检核假说与信息和假设的一致性；（5）做出有关未知信息和必需信息的假说。6. 从假设、假说和相关信息有效地得出结论的能力：（1）发现术语和命题之间的逻辑关系；（2）辨识必要和充分条件；（3）辨认因果关系；（4）确定和陈述结论。7. 判断导向结论之过程的有效性的能力：（1）区别有效地得出结论与其他选定的结论，比如哪些是因为与价值、偏好和偏见相一致而选定的结论；（2）区别必然推理与可能推论；（3）发现论证中形式的、逻辑的不一致。8. 按照其应用评估一个结论的能力：（1）确认对验证结论所需要的那些条件；（2）确认结论不可应用的那些条件；（3）判断一个结论作为问题之解决的充分性。该试验性清单后来被简化为五个一般能力，题为“批判性思维能力的简要清单”：1. 定义问题的能力；2. 为问题解决挑选相关信息的能力；3. 辨识陈述和未陈述的假设；4. 形成和选择相关的、有希望的假说的能力；5. 有效地得出结论和判断推论有效性的能力。[①] 德雷泽尔和梅休（1954）指出，考虑批判性思维的一个出发点是，大学生受教育经历的一个成果应该是能够完成超过简单回忆和复述教科书或教师在课堂上表述的概念、事实、原则等更为复杂的那类心理或智力活动……通识教育的一个主要目标是使学生获得与应用批判性思维和建设性思维的技能、习惯。[②]

在美国，对通识教育的兴趣在20世纪80年代浪涛汹涌，学术文章比前一个十年增长了75%，杂志和报纸的文章增长了100%。通识教育的热议和批判性思维运动不仅在时间上重叠，而且批判性思维渗透到通识教育（核心课程）之中。学院理事会（The College Board）早已指出，推理与批判地思考的能力是所有其他基本学术才能的基础和不可缺少的组成部分。美国教师联盟（American Federation of Teachers，AFT）前主席尚克尔（Albert Shanker）曾指出，AFT正在将批判性思维融入基础课程作为其最优先的任务之一。第六届批判性思维与教育改革国际会议（索诺马州立大学，1988）在其会议主题陈述中写道，学生在课程的开始就被告知，课程如何为不仅促进学科内容的掌握而且促进批判能力和理智个性而设计。一般的批判性思维课程能用作所有学生的“核心”课程，它聚焦于跨学科议题和一般批判性思维技能。

某些教育系统曾经以行政命令的方式要求在通识教育中以各种方式教批判性思维，纽约、康涅狄格、宾夕法尼亚、南卡罗来纳、犹他、威斯康星和阿拉斯加等州都以这种或那种方式下达过批判性思维教学的正式命令。例如，加利福尼亚州1980年11月1日发布338号行政命令“通识教育—非本专业必修课”，[③] 要求各大学、学院和社区学院从1981年秋季开始，对注册学生实施遵照这个命令制订的培养方案。该命令关于教学

---

① Paul L. Dressel and Lewis B. Mayhew, *General Education: Explorations in Evaluation*, Washington: American Council on Education, 1954, pp. 179 – 181.

② Ibid., p. 153.

③ *California State University Issued Executive Order* 338, *General Education-Breadth Requirements*, Long Reach, California: The California State University and Colleges Office of the Chancellor, 1980, pp. 2 – 4.

目标写道：通识教育—非本专业必修课是为每一个攻读学位者完成专业主修计划和课程选修而设计的，它们将保证毕业生朝着成为真正受过良好教育的人获得重大进步。特别是，这些非专业必修课的目的是给毕业生提供他所依赖的手段：A. 获得清晰地和逻辑地思考的能力，寻找和批判地审查信息的能力，口头和书面交流的能力以及完成数量运算的能力；B. 获得有关自己身体和心智的一定知识，关于人类社会如何发展、现在如何运转、他们生活于其中的自然界、与他们共享这个世界的其他人的生活方式、他们的文化财富和文明遗产的知识；C. 达到对人类探索中使用的原则、方法论、价值系统和思想过程的理解和评鉴。以这种方式规划和组织的通识教育—非本专业必修课，意图在于使学生获得作为相互联系的元素而非孤立碎片的能力、知识理解和评鉴。该命令指出，批判性思维方面的教学是为达到理解语言对逻辑的关系而设计的，它应该导致分析、批判和辩护看法、归纳和演绎地推理的能力，基于根据无歧义的知识或信念陈述进行的正确推论，得出事实的或评判的结论。就批判性思维教学的成功而言，所期望的最低能力应该是区别事实与评判、信念与知识的能力，以及基本的归纳和演绎过程的（包括理解语言和思维之形式的和非形式的谬误）技能。此外，在对英语交流的要求中，也提到“批判性思维方面的交流包括考虑常见推理谬误”。要求应用性课程将交流（从修辞视角）看成是重点在于交流过程的人类符号的互动过程：推理和辩护、组织、准确性；发现、批判性评估和信息报告；有效地读、听、说、写。

1996 年制订的华盛顿州立大学学士培养方案中的通识教育目标和成果（General Education Goals and Outcomes within WSU's Baccalaureate Programs）规定，学生应该达到六个能够：批判性地推理（定义和解决问题，整合和综合知识，评价发现与结论的准确性和有效性，理解人们如何思考、推理和做出价值判断，理解多种多样的观点、歧义和不确定性，理解不同的哲学和文化）；实施自主定向或独立的学习计划；理解标准观点和价值（包括伦理的和审美的角色）；用口头和书面形式清晰、准确和有效地交流结论、解释和含意（implications）；以各种模式、在各种语境中获取和消化知识，辨识不同的学科观点和方法；理解人类知识和文化包括西方和非西方文明的历史发展。同年，华盛顿州立大学的教、学与技术中心，通识教育计划和写作计划合作发展了一个七向度的批判性思维规程，为改善学生在其完成大学课程期间的高阶思维技能提供一个工序，为测量这些技能提供手段。该工具确认批判性思维的七个关键领域（向度）包括：问题辨识；就议题或争议点建立一个清晰的视角；确认可供选择的视角；语境辨识；证据确认和评估；辨识隐含的假设或由一个议题的表达所陈述出来的假设；基本假设的辨识；评价含意和潜在的结论。根据这个规程，2001 年颁布了批判性思维定级指南（Guide to Rating Critical Thinking），规定了在每一个方面的欠缺和大体上成熟的框架标准，而每一门课程教学、作业和学习效果评价都根据这两个文件具体做出规定。

一些观察家相信，通识教育使学生为主修专业化做好准备，另一些人则相信它是主修专业化的解毒剂。最近，对通识教育的辩护的趋向尤其以多元文化主义为特征。塑造公民依然是高等教育的至关重要的功能，因为学生必须为文化上的多样性和国际化世界做好准备，这就需要阅读来自多种文化的文本。西方传统著作能帮助学生批判考察包括他们自己在内的人和文化，给予他们思考情感和其他文化中的人的价值的能力。这种使人们挣脱自己束缚的能力，对于在以人的多样性（种族、性别和性取向）为标志的世界中生活是关键的。许多大学依然在寻找能使学生的学习、兴趣和潜能最大化的通识教育模式。[①] 加利福尼亚大学的通识教育革新（2007）的重点之一是“课程被设计成培养分析性思维和批判性思维”。[②]

2008 年 11 月 19 日到 2009 年 2 月 16 日，哈特研究公司对美国学院与大学联合会成员机构的 433 位主要教务官员或指派的代表进行了一项在线调查，测量目前高等教育中规定的学习成果（learning outcomes）的流行程度，证明通识教育领域最新的课程变化和评价。名为《通识教育中的新趋向和新实践》的报告显示，大多数会员机构（78%）说，它们对自己的所有本科生都规划了共同的学习成果集，这些成果涉及非常广泛的技

---

① James J. F. Forest and Kevin Kinser, *Higher Education in the United States: An encyclopedia*, Santa Barbara, C. A.: ABC-CLIO, Inc., 2002, p. 275.

② University of California Commission on General Education in the Twenty-first Century, *General Education in the Twenty-first Century*, Berkeley: Center for Studies in Higher Education, 2007, p. 20.

能和知识领域。其中最为广泛涉及的技能是：写作技能（77%）、批判性思维（74%）、量化推理（71%）和口头交流技能（69%）。[①] 值得注意的是，AAC&U 成员机构现在强调的许多学习成果也正是2006 年的调查中雇主们期望学院和大学强调的。68% 的大学在其院系学习成果评价中，包括了一般技能如写作和批判性思维。52% 的大学评价通识教育学习成果。半数以上（56%）的管理者说（公立机构 64%，私利机构 48%），过去 5 年，对他们机构来说，通识教育的优先性增强了，只有 3% 说正在变得不那么优先。管理者表示，他们的通识教育计划在不断推进。绝大多数（89%）机构也在评价其计划，包括正式检讨他们的计划（19%），讨论改变的建议（22%），落实过去 5 年采纳的变革（18%），执行通识教育的学习成果的评价（30%）。只有 11% 说他们现在没有对通识教育计划做修改。[②] 2013 年哈特研究公司代表美国学院与大学联合会进行了类似的调查。为了在当今更为复杂的环境中让自己的公司获得成功，参与调查的 93% 的雇主同意，一个求职者所展示的批判地思考、清晰地交流和解决复杂项目的能力要比他的本科主修专业更为重要。大多数雇主相信，两年和四年制的高校应该更多地强调各种各样的关键学习成果，以增加毕业生在当今全球经济中的成功机会。总体上，雇主们最可能相信存在对日益强调批判性思维、复杂问题解决、交流和把知识应用于真实世界背景的能力。对于“是否学院和大学应该更多、更少或同样地强调 17 种不同学习成果以便帮助学生在当今全球经济中取得成功？”的问题，大多数被访者相信，学院和大学应该同样或更加强调所有 17 个学习成果。对于 17 个学习成果测试，大多数被访者（70% 以上）相信学院应该更加强调其中的 11 个。而 82% 的雇主认为最应强调的是批判性思维和分

---

① 有学者甚至认为，所有博士培养方案都应该在其课程中包括至少一个必修的批判性思维课程。显然，要像一个博士生那样思考，就必须是聪明的。但是，仅有智力是不够的，必须能以你对概念的理解和发现“为什么”为基础。你必须能够生成逻辑论证；必须能独立地思考；必须坚韧。恰恰要像一个博士生一样看到思维中的一些步骤。Jason Karp, *How to Survive Your PhD: The Insider's Guide to Avoiding Mistakes, Choosing the Right Program, Working With Professors, and Just How a Person Actually Writes a 200 - Page Paper*, Naperville, I. L.: Sourcebooks, Inc., 2009, p. 46.

② *Trends and Emerging Practices in General Education Based On a Survey Among Members of The Association of American Colleges And Universities*, Washington, D. C.: Hart Research Associates, 2009, pp. 1, 5 - 6.

析性推理、复杂问题解决和分析（81%）、书面和口头交流（80%）、真实世界背景中知识和技能的应用（78%）、定位、组织和评估来自多种来源的信息（72%）、创新和创造性（71%）。雇主赞成自由教育的概念：学院教育提供各学习领域的各种广泛的知识以及特殊主修或兴趣领域的知识，也帮助学生发展社会责任感、跨越所有学习领域的理智的和实践的技能，比如交流、分析的技能、问题解决技能和展示把知识应用于真实世界背景的能力。94%的雇主认为提供这类教育对当今的学院是重要的，其中51%认为非常重要。74%的雇主向自己的孩子或他们了解的年轻人推荐自由教育的概念。①

2009年9月23日，佐治亚州大学系统核心课程评估委员会的“核心课程方针”（USG Core Curriculum Evaluation Committee: Core Curriculum Policy）要求所有院校都发展和评价每一核心区（A—F共六个）的学习成果，同时要给核心课程加上三个新的学习目标即美国视角、全球视角和批判性思维。该建议例举的批判性思维学习目标如下：学生成为主动的、独立的和自主定向的思维者和学习者，将他们的思维技能和创新应用于解决问题；学生勇敢面对不明晰的情境，并超越传统方法，构想更为有用和有利的解决方法；学生有效地辨识、分析、评估和提供令人信服的理由支持结论；学生具有考虑和容纳对立观点的能力；学生具有辨识何时需要信息的能力，具有定位、评价和有效使用所需信息的能力；学生具有确认听众、意图、价值和信息的可能来源的学科视角的能力。该建议要求大学必须有一个核心课程的批判性思维计划，以保证完成A—F区的学生达到有关基本批判性思维技能的学习成果，同时鼓励各校在他们的批判性思维计划中创新；选择包括但不限于：在A—F区设计一个或多个课程作为批判性思维课程，并要求作为完成A—F区的要件，每个学生必须接受至少一个批判性思维课程；要求学生发展一个由来自A—F区的课程作业材料组成的批判性思维文件夹，该文件夹由指定的教员予以评估；要求学生取得全国性组织的批判性思维测试的分

① The Association of American Colleges And Universities, *It Takes More Than a Major: Employer Priorities for College Learning and Student Success*, Washington, D. C.: Hart Research Associates, 2013, pp. 1, 7-8, 13-14.

数（如加利福尼亚批判性思维测试，GRE 一般测试的分析性写作部分、SAT 写作测试）。[①]

第二节 以培养批判性思维为目标的逻辑教学

可以从三个层次——批判性思维教学、逻辑取向的批判性思维教学和非形式逻辑（论证逻辑）视角的批判性思维教学，来考察通识教育中的批判性思维教学。大学以培养学生批判性思维技能和气质为己任，并提供多种途径。授课和阅读提供了训练心智处理不同问题的方法的无数例子；讨论会为参与者表达他们对挑战性问题的思考与倾听教授和同辈的反应提供了机会；学期论文和课外作业诱发学生缜密深思问题，并有知识丰富的指导者批评他们的工作；在课堂之外，本科生就他们阅读中出现的问题、他们的教授提出的问题以及其他许多议题进行争论；校园报纸和文学杂志、集体宿舍委员会（dormitory councils）和辩论队的工作，在政治俱乐部和学生会，他们持续参与导致他们独立思考的讨论，并将他们的思想暴露于别人的批评之下。在这些际遇中，各种背景、价值和视角表达出来，学生挑战参与者，考察他们的前提、迎战新颖的论证，针对新信息和出乎意料的想法来检验他们的推理。所以，毫不惊奇，大学绩效的研究者发现，大部分本科生在毕业之时，他们的批判性思维技能显著地得到改善。在对 26 个大学的 30000 名最近的毕业生调查中，几乎一半的回答者感到大学对他们的分析技能有“巨大”贡献。[②]

北美的许多学院和大学现在提供特别为提高他们学生的批判地思考能力而设计的课程，作为通识教育要求的一部分。[③] 通识教育中的批判性思维教学方式五花八门。辛普森学院的批判性思维小组建议三类批判性思维

① A1 区：交流技能；A2 区：量化技能；B 区：制度选择；C 区：人文、美术和伦理学；D 区：自然科学、数学和技术；E 区：社会科学；F 区：较低要求的主修必修课（http://core.usg.edu/uploads/CorePolicy2009 - 04 - 20. pdf 2013 - 09 - 20）。

② Derek Curtis Bok, *Our Underachieving Colleges: A Candid Look at how much Students Learn and why they should be Learning more*, Princeton, N. J.: Princeton University Press, 2008, pp. 110 - 111.

③ Diane F. Halpern, “Teaching Critical Thinking: Helping College Students Develop the Skills and Dispositions of a Critical Thinker”, *New Directions for Teaching and Learning*, No. 80 (1999), pp. 69 - 74.

课程：第一年课程（first year courses）、学科课程（disciplinary courses）和顶峰课程（capstone courses 大致为高年级最后阶段的精品课程）。这些课程在重点、目标和执行方面各有不同。他们强调，不存在“思维”课程和“非思维”课程的区别，因此反对给课程贴上批判性思维的标签。①

有些大学虽然没有独立的批判性思维课程，但可能将批判性思维教学活动放在一年级的研讨班中。另一些可能开设与批判性思维相关的专题课程。比如，哈佛大学2010—2011 年的课程目录中就有“关于环境与公共卫生的批判性思维”（继续教育学院）和“批判性思维与研究报告写作”（文理学院）。加州州立大学心理学教授哈尔彭（Diane F. Halpern）认为，罗宾斯坦的问题解决课程、伍兹的商议规划和监控以及洛克黑德的分析性推理程序，是批判性思维早期的成功教学模型，它们甚至明显改变了那些

---

① 第一年课程：焦点——关注和密切考察与批判性思维相联系的理智技能和倾向。目标——推动元认知；清晰表达这样的期望：学生将从高中水平的“观念和意见的接受者”转变为后高中水平的“自主的批判性思维者”；建立一个能被用于评价批判性思维成长的标准。执行——通过认真选择脚本或问题，学生将深入探索影响批判性思维的定义、过程和变量。他们将创造一个代表他们基于该脚本或问题的批判性思维能力的重要产品；课程可能是现有课程（LAS 即 Liberal Arts & Sciences）的一个重要元素，或者独立的课程；一年级学生“分享共同经验”将并不以特殊内容为基础，而是以一个过程为基础，即开启接下来四年作为批判性思维者成长的过程。学科课程：焦点——在所有学科课程语境内发展批判性思维；目标——运用他们的第一年经验作为共享经验的基础，学生将在各种学科语境内考察和从事批判性思维；学生将考察批判性思维的否定性方面：当“纯熟的判断”变成“诡辩”等时，批判性思维可能怎样出错、“虚假”的批判性思维技术如何被滥用；非形式逻辑和形式逻辑；理论在做出判断过程中的角色；批判性思维与问题解决的关系。执行——所有领域的所谓评价标准都基于这样一些标准：清晰性、精确性、正确性、相干性、重要性、公正性、逻辑、深度和广度、证据支持、可能性、预见或说明的力量。激励既在专业领域也在个人生活中运用这些理智标准，以这样的方式教所有学科是可能的。所有课程都将在课程语境内设计融入提升学生批判性思维成长的活动，比如出现于课程大纲中。某个系可以在他们的培养方案/主修中以具体课程为目标，特别是增加以发展批判性思维技能和倾向为中心的重要活动或作业。批判性思维的顶峰体验（Capstone experience）：目标——基本上重复第一年的批判性思维经验，但是，现在是在学生所选的领域的一个更高水平上；创造一个能被用于评价个人成长和发展的标准；学院批判性思维学习目标的总体评价。执行——批判性思维（或许还有问题解决）成为高年级学术报告会的主题；教员挑选每一部分的论题/内容，提供多种多样的论题/语境/脚本，学生能从中选择；尽最大可能是跨学科范围的；采用第一年的模式，基本上重复，但对学生的表现有更高期望；班会更聚焦于促进过程而非讲课和内容；学生课题的报告：一天用于辛普森批判性思维会议（Simpson Critical Thinking Conference），同时在校园各处报告学生课题，出席类似的论坛（低年级和一年级学生必须出席）；通过比较他们的第一年和最后一年的课题，学生自我评价和反思他们作为批判性思维者的个人成长，报告的一个组成部分是与听众共享自我评估的某些方面；所有教员共享的课题评估的详细规程促进高年级学术报告会（http：//www. simpson. edu/academicdean/committees/lpwg/CriticThinking%20（2）. pdf2013－09－20）。

坚定的批评者的态度。[①]

博林格林州立大学（Bowling Green State University）经济系布朗（M. Neil Browne）和凯利（Stuart M. Keeley）数十年来努力将批判性思维融入他们的经济学、法律、历史和心理学课程，他们开发的袖珍或“迷你”型批判性思维课程的教科书——《恰当地提问：批判性思维指南》风行全球。埃默里和亨利学院（Emory and Henry College）哲学系的丹莫尔（T. Edward Damer）开发的批判性思维袖珍课程（教科书是《攻击有缺陷的推理》），则通过揭示常见论证谬误，引导建构好论证。

由于批判性思维作为一种教学法渗透到学科教学，一些课程的教学内容和方法发生了相应的变化。比如，有一些全国性的尝试，企图将统计学作为一种广泛适用的批判性思维技能而非数据分析技术来教授。[②] 马里兰大学一年级过渡课程“大学导论”中的批判性思维教学，旨在帮助学生从高中向大学转变。学生既不是在一个学科领域内接受这个课程，也不是注册一个批判性思维课程，而是被指定学习更多关于大学资源、适应学院生活的内容以及批判地思考校园议题。[③]

20 世纪 80 年代，加利福尼亚的 19 个院校，要求本科生修一门批判性思维课程，但允许批判性思维在不同专业具体化。例如，由社会学家所教的一般化的方法论课程，心理学家所教的问题解决课程，历史学家所教的文本诠释学，英语课中教授的论辩性散文，新闻专业提供的媒体分析课程等，都被视为完成修一门批判性思维课程的要求。[④]

从批判性思维教科书来看，其类型也丰富多彩，侧重点各有不同：侧重综合性思考过程（如查菲《批判地思考》）、全新思维习性（如保罗《批判性思维：成就你的专业生活和个人生活的工具》）、问题解决（如迈

---

① Diane F. Halpern, “Teaching Critical Thinking: Helping College Students Develop the Skills and Dispositions of a Critical Thinker”, *New Directions for Teaching and Learning*, Vol. 1999, No. 80, 1999, pp. 69 – 74.

② Paul C. Smith, “Assessing Writing and Statistical Competence in Probability and Statistics”, *Teaching of Psychology*, Vol. 22, No. 1, 1995, pp. 49 – 51.

③ Lauren G. Ruff, *The Development of Critical Thinking Skills and Dispositions in First-Year College Students: Infusing Critical Thinking Instruction Into a First-Year Transitions Course*, Dissertation. University of Maryland, 2005, p. 41.

④ Linda Bomstad and Perry Weddle, “Editors’ Introduction”, *Argumentation*, Vol. 3, No. 2 (1989), pp. 111 – 114.

耶《思维、问题解决和认知》)、决策（如道斯《不确定世界里的理性抉择》)、认知过程（如拉比诺维茨《教学的认知科学基础》)、逻辑（如恩尼斯《批判性思维》)、批判性讨论或论辩（如弗里莱和斯坦伯格《论辩与辩论：做出合理决策的批判性思维》、沃尔顿《批判性论辩基础》)、阅读或写作（如保罗和埃琳达《思考者写文章指南：实体写作艺术》，卡西帕格等《阅读和写作与批判性思维》）以及与各专业结合（如甘布里尔《临床实践中的批判性思维：改善判断和决策质量》、鲁本菲尔德和谢弗《护士批判性思维技巧：跟踪、评价和培育改善基于能力的思维策略》、杰克逊《研究方法和统计学：一种批判性思维路向》、科里尔和艾默曼《律师助理学习：一种批判性思维路向》)。[①] 我们还发现，与柯比式“导论逻辑”相比，批判性思维教科书的再版周期也大大缩短。[②] 全国各地的学院、大学和高中，现在都需要批判性思维课程或在全部课程中融进批判性思维目标。20 年前，批判性思维也许主要是哲学和修辞学教授的科目，而今天，任何一门学科的教师都有可能结合自己的专业教授批判性思维。

---

① John Chaffee, *Thinking Critically*, 2ed. Boston: Houghton Mifflin Company, 1988; Richard W. Paul and Linda Elder, *Critical Thinking*: *Tools for Taking Charge of Your Professional & Personal Life*, Upper Saddle River, New Jersey: Financial Times Prentice Hall, 2002; Richard E. Mayer, *Thinking*, *Problem Solving*, *Cognition*, New York: W. H. Freeman, 1992; R. M. Dawes, *Rational Choice in an Uncertain World*, Orlando, Fla: Harcourt Brace, 1988; M. Rabinowitz (ed.), *Cognitive Science Foundations of Instruction*, Hillsdale, New Jersey: Erlbaum, 1993; Robert H. Ennis, *Critical Thinking*, Englewood Cliffs, New Jersey: Prentice-Hall, 1996; Austin J. Freeley and David L. Steinberg, *Argumentation and Debate*: *Critical Thinking for Reasoned Decision Making*, Boston: Cengage Learning, 2008; Douglas N. Walton, *Fundamentals of Critical Argumentation*, New York: Cambridge University Press, 2006; Richard W. Paul and Linda Elder, *Thinker's Guide to How to Write a Paragraph*: *The Art of Substantive Writing*, Dillon Beach, C. A.: The Foundation for Critical Thinking, 2006; Maria N. Cusipag, et al., *Critical Thinking Through Reading and Writing*, Manila: De La Salle University Press, 2006; Marilyn F. Moriarty, *Writing Science Through Critical Thinking*, London: Jones & Bartlett Learning, 1997; Eileen D. Gambrill, *Critical Thinking in Clinical Practice*: *Improving the Quality of Judgments and Decisions*, Hoboken, N. J.: John Wiley and Sons, 2005; M. Gaie Rubenfeld and Barbara K. Scheffer, *Critical Thinking Tactics for Nurses*: *Tracking*, *assessing*, *and Cultivating Thinking to Improve Competency-based Strategies*, Sudbury, M. A.: Jones & Bartlett Learning, 2006; Sherri L. Jackson, *Research Methods and Statistics*: *A Critical Thinking Approach*, Belmont, C. A.: Cengage Learning, 2008; Katherine A. Currier and Thomas E. Eimermann, *Introduction to Paralegal Studies*: *A Critical Thinking Approach*, New York: Aspen Publishers Online, 2009.

② 柯比《逻辑导论》从 1953 年到 2011 年共出 14 版，平均再版周期约为 4.2 年；卡亨《逻辑与当代修辞学：日常生活中理由的使用》从 1971 年到 2009 年共出 11 版，平均周期为 3.4 年；摩尔和帕克的《批判性思维》从 1986 年到 2008 年共出 9 版，平均周期为 2.4 年；布朗《恰当地提问：批判性思维指南》从 1981 年到 2009 年共出 9 版，平均周期为 3.2 年；弗里莱《论辩和辩论：做出合理决策的批判性思维》从 1962 年到 2009 年共出 12 版，平均周期为 3 年。

这从另一个侧面反映了批判性思维课程的燎原之势。

批判性思维教学有两个假设：一是，存在明显可辨识和可定义的思维技能，可以教学生识别并恰当地应用它们；二是，假如这些技能被识别和应用，学生就会成为更有效的思维者。[①] 但是，这些技能中是否有所谓的一般批判性思维技能，却引起了广泛争论，并导致批判性思维教学法的两条基本路线，进而产生了两类批判性思维课程设置，即基于学科的（discipline-based）课程和独立的课程。独立的课程大多由原来的逻辑教师承担，并在新生第一学期开设。正如有人特别向新生提示的那样：如果你想要学习更多的批判性思维，那就注册一个批判性思维课程。……你自己将有机会沉浸于这个主题之中，并会对其他课程的学习大有裨益。在你的整个大学生涯中，尽可能早地学习这样的课程也许最好。[②] 现在外国大学普遍将两种方式相结合，即在低年级有批判性思维独立课程，又要求在所有通识教育课程甚至主修课程中运用批判性思维教学方法，培养学生的批判性思维技能和倾向。

从批判性思维的不同教学路向看，逻辑取向是批判性思维教学的主流。批判性思维和逻辑有本质的联系。首先，从批判性思维的本质看，逻辑元素构成其基本成分。批判性思维涉及的核心问题是我们应该信什么和做什么，而对该问题的答案是理由或证据决定的，换言之，对该核心问题的任何回答都需要提出论证。论证的优劣由一系列“理智标准”来衡量，其中包括逻辑标准。正如西格尔指出的，聚焦于理由和使信念和行为正当化或合理化的理由的力量，正是批判性思维的本质。批判性思维者就是依据理由恰当地采取行动的人：他有根据理由相信和行动的倾向，具备在理由起作用的语境中评价理由之力量的能力。逻辑（形式的和非形式的）和理由的评价或决定理由的好坏相关。这种决定是批判性思维的中心。[③] 恰当的理由是由逻辑分析的原则和规范决定的。批判性思维者和理性人之间

---

① Diane F. Halpern, “The Nature and Nurture of Critical Thinking”, Robert J. Sternberg, Henry L. Roediger and Diane F. Halpern (eds.), *Critical Thinking in Psychology*, Cambridge: Cambridge University Press, 2007, pp. 1 – 14.

② Kathleen Hartman and Thomas Stewart, *Investing in Your College Education: Learning Strategies With Readings*, Boston: Cengage Learning, 2009, p. 136.

③ Harvey Siegel, “Informal Logic and the Nature of Critical Thinking”, John E. McPeck, *Teaching Critical Thinking: Dialogue and Dialectic*, New York: Routledge, 1990, pp. 75 – 85.

存在概念上的深刻联系。以批判性思维为目标的教育，就是以合理性的养成和理性人的发展为目标的教育。[①] 把思维刻画为“批判的”，就要判断它满足可接受性的相关标准或规范，由此恰当地认为思维是“好的”。[②]

从目前所获得的批判性思维定义的共识看，逻辑要素都是其重要组成部分。美国哲学学会提出的批判性思维定义（1990）及其六大技能——解释、分析、评估、推论、说明和自校准，明显突出逻辑的作用。恩尼斯依据自己的批判性思维定义——“聚焦于决定相信什么或做什么的合理的、反省的思维”——所列举的更具体化的 12 种技能“操作”，大多数在本质上也是逻辑的。它们既是批判性思维的课程目标集，也可作为批判性思维检测或评估程序具体化的基础。[③] 可以说，所有为取得相对共识的批判性思维定义或技能元素一览表中，都将逻辑元素作为重要成分，更不用说著名批判性思维研究者提出的大量定义了。

批判性思维的逻辑取向课程正是企图提供批判性思维的工具，所以，大多数为教授批判性思维而设计的教科书和单独开设的课程，旨在发展分析论证、探查推理中的错误（谬误）和构建令人信服的论证。[④] 按照沃尔特斯的说法，批判性思维以逻辑教学作为主要载体还有三个实际的原因。第一，运用逻辑分析技术的能力对于成功地学习各种课程显然是一个必要条件，批判性思维教学偏向逻辑主义的一个重大因素是训练学生分析策略的现实需要所导致的。正如保罗指出的，任何学科都有一种逻辑，它们有目标和关于那些目标的逻辑结构集：假设、概念、主题、事实、理论、主张、含意、推论（后承）等。正是每一学科都有这样的逻辑，因此，要掌握一门学科的知识，必须运用逻辑。而学生在学科学习中表现不佳，被认为是因缺乏思维或推理能力。第二，大多数批判性思维课程是由那些受

---

① Harvey Siegel, *Education Reason: Rationality, Critical Thinking, and Education*, New York: Routledge, 1988, pp. 32 – 34.

② Sharon Bailin and Harvey Siegle, “Critical Thinking”, Nigel Blake, Paul Smeyers, Richard D. Smith and Paul Standish (eds.), *The Blackwell Guide to the Philosophy of Education*, Malden, M. A.: Wiley-Blackwell, 2003, pp. 181 – 193.

③ 武宏志:《论批判性思维教学中的逻辑主义》,《延安大学学报》2006 年第 1 期。

④ Joanne Kurfiss, Critical Thinking: Theory, Research, Practice, and Possibilities, *ASHE-ERIC Higher Education Report*, No. 2, Washington, D. C.: Association for the Study of Higher Education, 1988, p. 13.

过严格而系统的逻辑专业训练的哲学家教授的，标准教科书的大多数作者也是哲学家。这样，被哲学系欣赏的思维技能，充分反映在批判性思维课程中，形成对逻辑分析高度重视这一特点。实际上，批判性思维的教学任务也一直由哲学系承担。第三，在构造以逻辑技能为中心的课程时，教师有可供利用的大量资源。在市场上，还很少有采取非逻辑视角的思维技能教学方法的主流教科书。因此，教师要采用非逻辑取向的教学方法，就不得不用其他材料和自己制作的讲义来补充主流教科书。此外，非逻辑取向的教科书使用起来也比较困难。[①] 有学者甚至将批判性思维学者分为两大类：一类人关心论证过程；另一类人关心学习、知识、认识论、价值、信念和生活所必需的理念之间复杂的和建构的相互关系的管理。[②]

凸显批判性思维中的逻辑元素构成了批判性思维运动第一波（1970—1982 年）的鲜明特征，所以常常被称为“基于非形式逻辑的批判性思维运动”或“思维技能运动”。第一波以逻辑、论辩和推理理论为焦点，以哲学家为主流，关注设计批判性思维或非形式逻辑的单独课程；批评形式逻辑作为“真实世界”推理和论辩的分析与评价工具；发展谬误理论；发展非形式逻辑、推理、说服、修辞学和论辩等的理论；探索因阐明非形式逻辑、推理和论辩的理论发展而引起的哲学问题。在第一波批判性思维实践中，主流范式来自哲学和逻辑，目的是要建立批判性思维的基础课程，表现为一种形式逻辑或非形式逻辑课程，它将给刚进校的新生提供他们在大学期间成功所必需的基本理智技能。[③] 按照库菲斯的说法，大学水平的批判性思维课程很可能是大多数学生必须将关注的焦点放在他们自己的推理过程上的首个机会。论证的分析也提供了学术上重要技能的实践，如阅读理解、概要、分析、比较和对照以及思想评估。通过使学生注意到组织论证的方式，批判性思维课程使他们把握文本的结构和逻辑，而谬误的辨识激励精读文本。最为重要的是，批判性思维的课程提供了与其他学生讨论想法的

---

① Kerry S. Walters (ed.), *Re-Thinking Reason: New Perspectives in Critical Thinking*, Albany, New York: State University of New York Press, 1994, pp. 5 - 6.

② Jennifer A. Moon, Critical Thinking: *An Exploration Of Theory And Practice*, London: Routledge, 2008, p. 40.

③ Richard W. Paul, "The Critical Thinking Movement: 1970 - 1997" (http: //www. criticalthinking. org/articles/documenting-history. cfm).

机遇。争议迫使学生面对他们的偏见，也许刺激他们重新思考自己的想法、寻找新的证明，或者依据更好的论证来修改自己的想法。[①] 菲茨杰拉德（D. Fitzgerald）也指出，大学一年级的批判性思维课程能培育学生批判性思维的技巧、能力和气质的意识，这些东西将在随后各学期的学习中显露出来，而且，学生能开始客观地自我评估其学习过程。[②]

逻辑取向的批判性思维教科书有 4 种形式。第一种是“更名式”，即直接给导论逻辑冠以批判性思维之名，如布兰克《批判性思维：逻辑与科学方法导论》、萨尔蒙《逻辑与批判性思维》、亨德里克森等《罗曼与利特菲尔德批判性思维手册》等。[③] 第二种是“扩展式”，即在导论逻辑基础上添加相关内容。这种扩展主要采取两个方向：一是引入论证理论等相关内容（论证分析与评价），如摩尔和帕克的《批判性思维》；二是引入可用于日常推理的新逻辑分支的部分内容，如《论证：批判性思维，逻辑和谬误》。[④] 后者有更广阔的主题范围，包括非单调逻辑、相干逻辑、次协调逻辑、决策论、信念动力学、专家系统理论；论辩、法律讨论、经济讨论和人工智能的章节；还讨论了大量的悖论（说谎者悖论、抽彩悖论、亨佩尔猎食悖论、古德曼绿—蓝悖论、阿罗投票悖论、囚徒困境等）。它以论证特别是日常论证为基本出发点和轴心来整合这些广泛的内容。第三种是“革新式”，即大量非形式逻辑或论证逻辑新体系，强调技能和应用，因此必然导致对传统逻辑内容的加减。如约翰逊和布莱尔

---

① Kerry S. Walters (ed.). Kerry S. Walters (ed.), *Re-thinking Reason: New Perspectives in Critical Thinking*, Albany, New York: State University of New York Press, 1994, pp. 23 – 24.

Lauren G. Ruff, *The Development of Critical Thinking Skills and Dispositions in First-Year College Students: Infusing Critical Thinking Instruction into a First-Year Transitions Course*, Dissertation. University of Maryland, 2005, p. 34.

③ Max Black, *Critical Thinking: An Introduction to Logic and Scientific Method*, Englewood Cliffs, N. J.: Prentice-Hall, 1952; Merrilee H. Salmon, *Introduction to Logic and Critical Thinking*, Orlando: Harcourt Brace College Publishers, 1995; Noel Hendrickson, Kirk St. Amant, William Hawk, William O'Meara, and Daniel Flage, *The Rowman & Littlefield Handbook for Critical Thinking*, Lanham, Maryland: The Rowman & Littlefield Publishing Group, Inc., 2008. 但是，没有任何数理逻辑教科书想和批判性思维联系起来。

④ Brooke Noel Moore and Richard Parker, *Critical Thinking*, New York: McGraw-Hill, 1986, 2008 (9 th ed.); John Woods, A. D. Irvine and Douglas Neil Walton, *Argument: Critical Thinking, Logic and the Fallacies*, Toronto: Prentice Hall, 2000, 2004 (2nd ed.).

《合乎逻辑的自辩》、费舍尔《批判性思维：一个导论》。[①] 第四种是与专业（商业、医学、社会工作、写作等）相结合的批判性思维教科书，核心内容仍是逻辑，如《商业学生批判性思维》《基于证据的实践：医学中的逻辑和批判性思维》《逻辑地写作，批判地思维》《批判性思维、阅读和写作：论证的简明指南》。[②]

正如布莱尔所说，尽管在细节上，众多的批判性思维定义变化很大，但是似乎都会同意，批判性思维至少可被理解为一种评估性思维，即使用恰当的标准评价信念或行动。这个概念和哲学家专心于信念和行动的理性证明（由正确论证构成）这一事实，一起影响了很多哲学家将批判性思维构想成牵涉论证评估的判断。因此，教授论证评估的课程被等同于批判性思维课程；加之逻辑又被构想为好论证的独有标准，结果，教授逻辑的课程被看作是批判性思维课程的当然选择。如果这对于导论逻辑课程是真的话，那么，对于新的非形式逻辑课程就更不在话下，它们的提倡者甚至被认为更擅长教授论证评估。所以，在许多人的脑子里，无论是标准导论逻辑课程还是非形式逻辑课程，都被当成是批判性思维课程。[③]

第三节　论证逻辑视角的批判性思维教学

对于逻辑学教师而言，全球的批判性思维教学尤以第三个层次——论证逻辑视角最值得关注。此种采取逻辑新视角的批判性思维教学不仅与批判性思维技能与气质诸方面达到了最佳吻合（比如，美国哲学学会 1990 年的批判性思维技能构成元素：解释、分析、评估、推论、说明和自校准，在论证逻辑中通过论证的语言、论证结构、论证评估、论证类型、论

---

① Ralph H. Johnson and J. Anthony Blair, *Logical Self-defense*, New York: International Debate Education Association, 2006; Alec Fisher, *Critical Thinking: An Introduction*, Cambridge: Cambridge University Press, 2001.

② Linda Dyer, *Critical Thinking for Business Students*, Concord, Ontario: Captus Press, 2006; Milos Jenicek and David L. Hitchcock, *Evidence-based Practice: Logic and Critical Thinking in Medicine*, Chicago: AMA Press, 2005; Sheila Cooper and Rosemary Patton, *Writing Logically, Thinking Critically*, New York : Longman, 2004; Sylvan Barnet and Hugo Bedau, *Critical Thinking, Reading, and Writing: A Brief Guide to Argument*, Boston: Bedford/St. Martin's Press, 1993, 2010 (7 th ed.).

③ J. Anthony Blair, "Informal Logic's Influence on Philosophy Instruction", *Informal Logic*, Vol. 26, No. 3 (2006), pp. 259 - 286.

证批判等加以落实），而且突出了逻辑教学重点从知识到能力、理论到应用的转换，有助于解决长期争议的批判性思维可迁移性问题。因为，所有学科都在使用论证，而使用来自不同学科的多样化实例，明确地为迁移而教思维技能时，学生能学会以跨学科迁移的方式改善他们的思考。有研究表明，逻辑规则、统计学、因果推演和成本代价分析能以普遍适用于各种情境的方式来教授。当学生遇到新问题，甚至在没有与学校相关联的语境线索时，也能自然地应用所学的思维技能；通过使用来自许多不同领域的真实情节给学生教授归纳推理，学生能在后来的测试中使用这些技能。[①] 因此，采用论证逻辑视角的批判性思维学者相信，从各个领域的具体论证概括出来的一般论证原理，可以迁移到使用论证的所有领域，比如，目前典型的应用有法律论证、循证医学和科学修辞学等。

论证逻辑以论证为核心或主线来重组逻辑学理论内容，不仅以突出能力和应用为宗旨，对传统理论内容做了取舍，[②] 而且构建了论证的完整理

① Diane F. Halpern, "The Nature and Nurture of Critical Thinking", Robert J. Sternberg, Henry L. Roediger and Diane F. Halpern (eds.), *Critical Thinking in Psychology*, Cambridge: Cambridge University Press, 2007, pp. 1 - 14.

② 大多数论证逻辑视角的批判性思维教科书舍去了与数理逻辑相联系的内容，比如真值表、演算，以及传统逻辑理论中应用价值不大或重叠的工具，如三段论的格与式。此外，有些通识教育课程的批判性思维教学采取一种整合的方法，把批判性思维教学和学科课程教学融为一体。美国贝克大学（堪萨斯州）通识教育中的课程就将批判性思维和写作课程整合在一起，改为一年级的两个连续学期的课程——"批判性思维和有效写作"与"观点和阐述"（之后另有高年级的"顶峰研讨班"——"科学、技术和人的价值"），由哲学或逻辑专业以外的教师讲授，弱化了逻辑内容（没有真值表等），主要围绕论证问题和论辩性文章。按照哈彻的分析，类似的综合课程至少有三种方式。第一，在某一学科的一门标准课程中只教授专属于该学科的那些批判性思维技能。比如，英语系可能把教授文学批判方法的课程当作一门批判性思维课程来开设，其中给学生教授文学批评家批判文学作品的各种方式。第二，只集中于学科专属的批判性思维的另一种课程是把一般逻辑技能（通常出现在典型的非形式逻辑/批判性思维教科书中）教学与提供其他一般学术技能（比如口头或书面交流技能，它们也有跨课程的价值和应用）的教学整合起来，比如在一门言语交际的课程中包括逻辑和论辩的教学。第三，确认一组一般批判性思维技能并向学生展示它们如何应用于学习或课程的某个特殊领域，比如向学生表明演绎和归纳逻辑的标准如何帮助我们评价社会科学研究或科学中的控制试验。哈彻认为，像他那样在通识教育的一门课程中整合批判性思维教学与写作教学的实践表明，各学科教师可以把批判性思维教学作为他们所教的普通课程的构成部分，而不必依赖教授批判性思维技能独立课程的哲学系教师。从效果来看，虽然威廉姆斯和沃斯 2001 年的一项广泛调查表明，批判性思维专门课程在提升批判性思维技能方面普遍取得了成功，而把批判性思维活动渗透进学科课程的企图只取得了无足轻重的结果。但贝克大学 15 年的研究表明，教授批判性思维的这种整合式方法在各种标准化批判性思维测试中学生前测到后测的成绩要比典型的批判性思维或非形式逻辑独立课程的成绩要好，至少在心理学或写作课程中是如此。Donald L. Hatchwe, "Why Critical Thinking Should Be Combined With Written Composition", *Informal Logic*, Vol. 19, Nos. 2&3 (1999), pp. 171 - 183. Donald L. Hatcher, "Stand-Alone Versus Integrated Critical Thinking Courses", *The Journal of General Education*, Vol. 55, Nos. 3&4 (2006), pp. 247 - 272。

论，包括了论证的本质、语言、类型、结构、评估、建构、批判、谬误等。教学方法也从逻辑推演转向案例分析、结构不良问题、苏格拉底方法和语篇层次文本分析。有人认为这种论证逻辑就是传统逻辑，其实完全不妥，因为论证逻辑对传统逻辑理论至少进行了10个方面的变革，更切合实际论证的本真情况。

1. 论证的概念。融合了逻辑学（支持关系）、辩证法（对话、意见分歧）、修辞学（语境、听众）和言语行为论（说事和做事、言语行为的恰当性条件——论证的预设），突出了论证的交际或说服功能。

2. 前提的可接受性。论证的前提可以是多种情况：真、概然真、合理假设、对方接受。

3. 语境决定评估标准。不同语境中的论证适用不同的证明标准：演绎必然、高概率、证据优势或暂且可接受。从保真（truth-preserving）的规范向保权（entitlement-preserving）的规范转移。前者指的是有效论证前提真时结论不可能假；后者指前提可接受（合情理 reasonable）时，人们有权利得出可废止的结论。用品托的公式可表示为：（S）（t）（x）假如S在t时以为（期望、肯定、假设等）x是F，那么，在t时缺少削弱（undermining）或压倒性（overriding）证据的情况下，S在t时以为（期望、肯定、假设等）x是G是合情理的。[①]

4. 六因素的论证基本结构。图尔敏从法学论证提炼出来的论证六因素模型，有更强的概括力，区分了前提的不同功能，包容了多样的论证形式，融进了对话元素（反驳）和各种支持力等级（模态限定词）。

5. 合情论证型式的分析和评价。这是传统理论压根没有考虑的第三类论证，甚至将其混同于谬误。批判性问题评估法提供了加强论证与反驳或削弱论证的突破口。

6. 论证结构类型和可能回应的关系。一些逻辑导论虽然也描述了线性、组合、收敛和发散式论证结构类型，但并不理解这些结构类型对应于另一方回应（质疑）的性质，因为它们没有在对话框架中来理解论证。

① Robert C. Pinto, "Evaluating Inferences: The Nature and Role of Warrants", David Hitchcock and B. Verheij (eds.), *Arguing on the Toulmin Model: New Essays in Argument Analysis and Evaluation*, Dordrech: Springer, 2006, pp. 115 – 143.

质疑理由——线性论证；质疑相干性——组合论证；质疑充分性——收敛论证。

7. 假设和证明责任。这一对概念为解决论证中的“诉诸无知”等提供了可能。

8. 论证建构。语篇层次的论证建构突出听众和语境的作用。

9. 论证批判。论证批判的一般原则和区分反驳和削弱的不同功用，削弱的多种形式。

10. 新谬误论。相对于主体的类型、主体可利用的资源以及适合于特定语境的恰当的执行标准，才可以说一个对话中的推论或移动是否谬误。谬误总是与一个语境上合适的标准相联系（伍兹）；谬误是合情论证模式的误用（沃尔顿）。

在叙述策略上，论证逻辑采用了与自然语言中的批判性思维词汇相联系的大量概念，比如，论证、理由、证据、结论（论题或主张）、相干性、充分性、不一致、预设、支持、削弱、反驳等。在课程结束以后，学生依然在生活和学习中反复遇到和使用这些术语，因而使其获得了“使用者友好性”。[①]

我们可以考察一下闻名全球的批判性思维专家罗伯特·恩尼斯的批判性思维定义及其技能系统或清单与论证逻辑元素的对应关系，来说明批判性思维技能与论证逻辑教学内容的高度吻合。恩尼斯数十年来（1962 年，1964 年，1980 年，1981 年，1985 年，1987 年，1991 年，1993 年，1996 年，2002 年，2011 年）所发展的批判性思维能力和倾向的分类系统，囊括了其他各种批判性思维表述中内含的大多数技能和倾向。其中 6 组 15 种批判性思维技能都是做出信什么或做什么之决定过程中的重要因素，而且与一些忽略判断的相应标准或规范的批判性思维阐释不同，恩尼斯给各种子技能适配了标准。技能及其标准既是批判性思维课程的目标集，也可作为批判性思维检测或评估程序具体化的基础。可以看出，“能力”部分包括的正是非形式逻辑的内容，而“气质”部分本质上也是实践非形式逻辑原理和规

---

① Ralph H. Johnson, “Critical Reasoning and Informal Logic”, Richard A. Talaska (ed.), *Critical Reasoning in Contemporary Culture*, New York: State University of New York Press, 1992, pp. 69 – 88.

则的意愿。此外，恩尼斯还从该庞大清单中抽象出一个简要的 FRISCO 模式，它们是批判性思维技能的基本要件：焦点（focus）——识别焦点或核心关切；理由（reason）——识别和判断理由的可接受性；推论（inference）——在假定理由是可接受的情况下，判断推论的质量；情境（situation）——密切关注情境；清晰（clarity）——进行检查以肯定语言是清晰的；全面考察（overview）——回顾并把全部因素作为一个整体予以考察。不用说，这个简要模式也是论证逻辑取向的批判性思维教科书的主体内容。例如，斯克里文《推理》（1976）把非形式逻辑的谬误批评方法（卡哈尼、约翰逊和布莱尔等）转变为具有严格诊断步骤的论证评估方法。[①] 而适合于批判目标的丰富词汇早已存在于自然语言中：理由、证据、结论、论题、相干的、充分的、不一致、蕴涵、预设、反对、假设、歧义、含混等。评估论证的程序分为七步：（1）意义的澄清。以最清晰的方式表达论证中的每一个命题。在某些情形下，这需要决定论证语段中无关的因素。（2）前提和结论的辨识。将每一个命题辨识为前提或结论。理解论证的关键一步是辨识最终结论。（3）论证结构的描写。使用论证图解方法。[②]（4）未陈述假设的明晰化。这是重建论证最困难的部分。（5）前提（表达出的和隐含的）和推论的批评。这是该程序的核心，先前的步骤都是这一评估步骤的预备。（6）其他相关论证的考虑。严格地说，这一步并不是论证评估中的一步，但是，如果止于步骤（5），将会不了解评估者自己要思考的东西。[③]（7）在第（1）步到第（6）步的基础上，对论证的总体评估。斯克

① Michael Scriven, *Reasoning*, New York: McGraw-Hill, 1976, p. xvi.

② 第 2 步可以包括在第 3 步中。Wayne Grennan, *Informanl Logic*: *Issues and Techniques*, Montreal & Kingston: McGill-Queen's University Press, 1997, p. 55.

③ Michael Scriven, *Reasoning*, New York: McGraw-Hill, 1976, p. 44。格瑞安认为，这一步放到第 7 步"总体评估"之后更好，在做出对手头论证的总判断之前，不该考察其他论证。Wayne Grennan, *Informanl Logic*: *Issues and Techniques*, Montreal & Kingston: McGill-Queen's University Press, 1997, p. 57. 但我们认为，根据约翰逊提出的论证概念，典范的论证除了有一个推论核而外，还应该包含一个辩证层，即考虑反论证或其他异议，对某一论证的整体评价必须将对同一议题的不同论证特别是对立论证纳入考虑范围。一个论证的力量取决于它自己的证明力和对相反论证的反驳力。在此意义上，斯克里文的步骤顺序更好，第 6 步在某种意义上讲也包括在恩尼斯的"全面考察"中，因为他在谈到"全面考察"的"情境"因素里问道："你成功地从别人的视角考察了事物了吗？""你是见多识广的吗？"要求与别的人和别的书核实一下。Robert H. Ennis, *Critical Thinking*, New Jersey: Prentice-Hall, Inc., 1996, p. 368.

里文提示看看第（6）步的结果可能有助于看出初始论证寻求的东西。

恩尼斯的批判性思维概念所包含的丰富的批判性思维倾向和能力，几乎可以囊括所有其他批判性思维概念所蕴含的具体倾向和能力。这些具体的倾向和能力体现其他批判性思维学者所概括的批判性思维的特性及其定义。[①] 2011 年恩尼斯对自己的批判性思维定义和元素构成进行了最新

---

① 例如，美国哲学学会的批判性思维定义（1990）：批判性思维是有目的的、自我校准的判断。这种判断表现为解释，分析，评估，推论以及对判断赖以存在的证据、概念、方法、标准或语境的说明。Peter A. Facione，*Critical thinking：A Statement of Expert Consensus for Purposes of Educational Assessment and Instruction*（*Executive Summary*），Millbrae，C. A.：California Academic Press，1990，p. 2. 保罗的定义是（1995）：批判性思维是积极地、熟练地读解、应用、分析、综合、评估支配信念和行为的那些信息的过程。这些信息通过观察、实验、反省、推理或交流收集或产生。在其典范的形式里，批判性思维以超越主题内容的普遍智力价值为基础：清晰性、准确性、精确性、一致性、相关性、可靠证据、好理由、深度、广度和公正（http：//www.criticalthinking.org）。菲舍尔和斯克里文（1997）：批判性思维是熟练地、能动地解释和评估观察、交流、信息和论辩。Alec Fisher and Michael Scriven，*Critical Thinking：Its Definition and Assessment*，Point Reyes，C. A.：Edgepress. Edgepress，1997，p. 20. 非形式逻辑家约翰逊（1992）：以适当的标准或规范为基础，判断一个智力产品，包括信念、理论、假说、新报道和论证。Ralph H. Johnson，"The Problem of Defining Critical Thinking"，S. Norris（ed.），*The Generalizability of Critical Thinking*，New York：Teachers College Press，1992，p. 49. 西格尔：批判性思维者是"依据理由而恰当采取行动"的人。因此，批判性思维者必须能够评价理由并具有证明信念、主张和行动之恰当性的能力，即"恰当地评估理由的能力"和"将一个人的行为和信念置于理由之上的意愿、渴求和意向"。支配理由评估的原则有两种类型："学科专属"（subject—specific）原则和"学科中立"（subject—neutral）的原则，后者构成逻辑的原则，既是形式的又是非形式的。Harvey Siegel，*Educating Reason：Retionality*，*Critical Thinking and Education*，New York：Routledge，1988，pp. 23，34. 儿童哲学的奠基者李普曼（1988，1991，2003）：促成好判断的娴熟的、合理的（负责任的）思维。因为它依赖于规范，它是自我校正和对语境敏感的。Matthew Lipman，*Thinking in Education*，Cambridge：Cambridge University Press，2003，pp. 28，212. 甚至杜威"反省性思维"的定义、格拉泽在杜威定义的基础上对批判性思维概念的具体化以及布隆姆的认知目标分类中的分析、综合和评估（常被等同于批判性思维），都可以在恩尼斯的批判性思维一览表中得到充分反映。威林厄姆最近概括的批判性思维的三个特性也体现在恩尼斯的倾向和能力的一览表中。按照认知心理学家的观点，通常所说的"批判性思维"的心理活动实际上是三种思维类型的子集。即是说，我们在所有时间里，以推理、做出判断和决定以及问题解决这些思维，但只是有些时候以批判的方式思维。比如，决定阅读某篇文章并不是批判性思维。但为了决定是否相信它之所言而仔细掂量其提出的证据却是批判性思维。批判性思维有三个特性：有效力（effective）——批判性思维避免常见缺陷，如片面看问题、低估否证自己看法的新证据、根据激情而非逻辑进行推理、没有用证据支持陈述等；新颖（novelty）——并不是简单记忆一个解决方法或足以引导你的类似情景，如通过应用若干步骤的运算来解决一个复杂但熟悉的物理问题并不是批判性思维，但想出一个新的运算却是批判性思维；自我导向（self-direction）——不同于这种上行下效的思考者，批判性思维者是自我导向的。Daniel T. Willingham，"Critical Thinking：Why is it so Hard to Teach?"，*American Educator*，Summer，2007，pp. 9 – 19.

改进。

他认为自己的定义（聚焦于决定信什么或做什么的合理的和反省的思维）抓住了批判性思维运动中使用该术语方式的核心。概言之，理想的批判性思维者倾向于设法“做得正确”，诚实、清晰地表达立场，关怀他人；能够澄清、寻求和判断一个看法良好的基础，在此基础上精明地进行推论，想象地推定和综合，迅速地做这些事情以及具有敏感性和修辞技能。恩尼斯认为，要对这些倾向和能力做出辩护，需要遵循两个一般路径：考察现有成功的探究学科中的好思维传统；考察我们在试图决定信什么或做什么时出错的方式。

批判性思维倾向。

理想的批判性思维者倾向于：

1. 关心自己的信念是真的，决策是正当合理的，即关心尽可能“做得正确”。包括：

（1）搜寻替代假说、说明、结论、计划、来源等，用开放态度对待它们；

（2）认真考虑别人的观点，而不只是考虑自己的观点；

（3）努力成为见多识广的；

（4）只有在一个立场被可利用的信息予以证明的程度上才对它认可；

（5）运用自己批判性思维能力。

2. 愿意诚实和清晰地理解和提出自己和别人的立场，包括：

（1）发现和倾听他人的看法和理由；

（2）搞清楚所说、所写或其他所交流东西的意欲之意，寻求情境所要求的精确性；

（3）确定结论或问题并保持将焦点集中于此；

（4）寻找和提供理由；

（5）考虑整个情境；

（6）反省地认识自己的基本信念。

3. 关怀每一个人（这是一个辅助的而基本的倾向。虽然对人们的关怀不是基本的，但没有它的批判性思维可能是危险的）。关怀的批判性思维者：

（1）避免用自己的批判性思维威力胁迫别人或把别人搞糊涂；虑及

他人的情感和理解力水平；

（2）关切他人的福祉。

批判性思维能力。

包括基础澄清（1—3）、决策基础（4—5）、推论（6—8）、高级澄清（9—10）、推想和集成（11—12）以及辅助能力（13—15，不是批判性思维能力的要素，但非常有助益）。理想的批判性思维者具有以下能力：

1. **聚焦**于问题

（1）识别和表述一个问题

（2）为判断可能回答而确认和表述标准

（3）牢记问题和情境

2. 分析**论证**

（1）辨识结论

（2）辨识理由或前提

（3）归属或识别简单假设（也见能力 10）

（4）辨识和处理不相干[①]

（5）看出一个论证的结构

（6）概要

3. 提问和回答的澄清或挑战**问题**，比如：

（1）为什么？

（2）你的要点是什么？

（3）你的 X 是何意思？

（4）哪个东西将是一个实例？

（5）哪个东西将（虽然接近，但）不是一个实例？

（6）如何适用这个案例？（描述一个看起来是一个反例的案例）

（7）它所形成的差异是什么？

（8）事实是什么？

---

① 在恩尼斯的《批判性思维：反省与展望：部分 1》中，误将（3）和（4）都标成了同一个序号 c。见 Robert H. Ennis，"Critical Thinking：Reflection and Perspective：Part I"，*Inquiry：Critical Thinking across the Disciplines*，Vol. 26，No. 1（2011），p. 16。

（9）这是你所说的东西 X 吗？

（10）你会对它再多说些吗？

4. 判断来源的**可信性**。主要**标准**（但非必要条件）：

（1）专家意见

（2）没有利益冲突

（3）与其他来源一致

（4）声誉

（5）常规程序的使用

（6）知道冒声誉的风险（该来源知道假若出错的话声誉所具有的风险）

（7）给出理由的能力

（8）仔细的习惯

5. 观察与判断**观察**报告。主要**标准**（除了第一个，均为非必要条件）：

（1）包括最低限度的推论

（2）观察和报告之间较短的时间间隔

（3）由观察者而非其他人报告（即该报告不是传闻）

（4）提供记录

（5）证实

（6）证实的可能性

（7）良好的观察机会（good access）

（8）在技术适用的情况下，技术的恰当使用

（9）观察者（以及报告者如果不是同一人的话）满足上述能力 4 中的可信性标准

（注：以上两个决策基础之外的第三个基础是你自己确立的结论）

6. 演绎和判断**演绎**：

（1）类逻辑

（2）条件句逻辑

（3）逻辑术语的解释，包括：

①否定和双重否定；②必要和充分条件语言；③“只有”“当且仅当”“或”“有些”“除非”和“并非都”这样的语词。

（4）特定解释的演绎推理（因实践目的而放宽的演绎推理）①

7. **进行实质推论**（约等于“归纳”）：

（1）**概括**。广泛考虑：①数据资料的代表性，包括适合情境的有效抽样；②大量实例；③实例到概括的相符性；④具有处理离群值（异常值）的原则性方法。

（2）**说明性假说**（IBE：导致最佳说明的推论）：

①说明性结论和假说的主要类型：具体和一般的因果主张；关于人们的信念和态度的主张；作者所欲之意的解释；特定事件曾发生过（包括犯罪指控）的历史主张；报道性定义；② 某个命题被用作未明言之理由的主张。

②典型的探究活动：设计实验，包括规划控制变量；寻找证据和反证，包括统计显著性；寻求其他可能的说明。

③**标准**：以下前四个是基本的，第五个是值得追求的。所提出的结论将说明或有助于说明证据；所提出的结论与所有已知事实一致；竞争的备择说明与事实不一致；付出真诚努力寻找支持的和反对的事实材料以及备择假说；所提出的结论看起来是合情理的、简单的、符合更广阔的图景。

8. 形成**价值判断**并对价值判断进行评判。重要因素有：

（1）背景事实

（2）接受或拒斥该判断的后果

（3）可接受原则的初步应用

（4）替代选择

（5）平衡、估量和决定

---

① 考虑到演绎推理在实际语境中的应用，恩尼斯认为有三种情况可以看作是宽泛意义上的演绎推理：一是推理中的前提虽然没有确定为真，但排除合理怀疑为真，若用了有效演绎形式，则可视为正确的（sound）演绎推理。二是“松散的推导”（loose derivation），即前提或结论带有“一般地”“很可能地”这样的限定词，恩尼斯建议，可以先将这些限定词去掉，进行演绎推理，得出结论后再将限定词加上。这有点像加标演绎的方法。三是严格的演绎推理的前提和结论是完整的，但实际使用往往隐含前提或结论，省略演绎推理是宽泛意义上的演绎。见 Robert H. Ennis, *Critical Thinking*, Upper Saddle River, N. J.: Prentice-Hall, 1996, pp. 154 – 155, 157 – 158, 161 – 164. Robert H. Ennis, “Critical Thinking: A Streamlined Conception”, *Teaching Philosophy*, Vol. 14, No. 1 (1991), pp. 5 – 25。

② 旨在准确报告用法的定义。详见 Robert H. Ennis, *Critical Thinking*, Upper Saddle River, N. J.: Prentice-Hall, 1996, pp. 321 – 327, 398。

9. 定义术语，使用合适的标准判断**定义**。三个基本维度是形式、功能（行动）和内容。第4个是更为高级的维度，用于解决歧义。

（1）定义形式。（①—④和⑥的标准见恩尼斯《批判性思维》第12和13章；[①] 见恩尼斯“操作定义”一文[②]）。①同义词定义；②归类定义；③范围定义；④等价表达定义；⑤操作定义；⑥例子和非例子定义。

（2）定义的功能（行动）。①报告一个意义（标准：说明性假说之5）；②规定一个意义（标准：便利、一致、避免有不好影响的歧义）；③表达关于某一议题的立场（立场定义，包括“纲领性”定义、“说服性”定义），标准：恩尼斯2001年关于一个立场定义的那些标准。[③]

（3）定义的内容。

（4）辨识和处理歧义（恩尼斯，1996）。

10. 归属**未陈述的假设**（属于基础澄清和推论之下的一种能力）。

（1）轻蔑的意味（可疑或虚假）：经常但并非总是某种程度上与不同类型相联系。（标准：见前述8）

（2）类型：①预设（一个命题有意义的必要条件）；②所需的假设（一个要达到最强但并非达到逻辑必然性的推理所需的假设，恩尼斯，1982。希契柯克1985年称作“论证的假设”）；③所用的假设（用假设检验标准判断，恩尼斯，1982。希契柯克1985年称作“论证者的假设”）。

---

① Robert H. Ennis, *Critical Thinking*, Upper Saddle River, N. J. : Prentice-Hall, 1996, pp. 329 - 354. 与论证逻辑对定义的叙述大致相似，恩尼斯以归类定义（相当于传统的属加种差定义）为中心，在“定义的其他形式”的名目下简述了其他定义。定义的标准相当于定义规则（五条），但主要是关于归类定义的。

② Robert H. Ennis, “Operational Definitions”, *American Educational Research Journal*, Vol. 1, No. 3 (1964), pp. 183 - 201. 此文考察了各种操作定义形式，总结出三个基本形式，提出了五条“指南”：1. 操作定义应该开始于由研究者用一个条件子句说明可执行的操作之本质；2. 操作定义应该包括一个隐含关系，它把握何时一个特定的操作已被完成。这个关系可能是必要（而非充分）的，充分（而非必要）的，或者是必要且充分的；3. 如果操作定义还不是虚拟语气的话，它应该可以转换为虚拟语气；4. 不该认为每一个操作定义都要求各自的概念，某一概念可能会有许多操作定义；5. 操作定义应该明确或隐含地包括诸如“近似地”“很可能地”和“在标准条件下”这样的限定词或短语。

③ 恩尼斯此处说明有误。2001年的文章［Robert H. Ennis, “Argument Appraisal Strategy: A Comprehensive Approach”, *Informal Logic*, Vol. 21, No. 2. (2001), pp. 97 - 140］虽然讨论了很多标准，但压根就没有涉及定义，更不用说立场定义的标准了。其实，关于立场定义的相关讨论是在《批判性思维》中，见 Robert H. Ennis, *Critical Thinking*, Upper Saddle River, N. J. : Prentice-Hall, 1996, pp. 345 - 349, 351 - 352, 357。

11. 考虑前提、理由、假设、立场与其他自己不同意或怀疑的命题，并根据这些进行推理，不让分歧或怀疑妨碍自己的思维（“假设的或**虚拟的思维**”）。

12. 在形成和辩护一个决策的过程中整合倾向和其他能力。

13. 以一种适合于情境的有序方式进行。

（1）遵循**问题解决**步骤。

（2）监控自己的思维（即从事**元认知**）。

（3）使用合理的批判性思维**检核清单**。

14. 对**他人**的情感、知识水平和老练程度是**敏感的**。

15. 在（口头的和书面的）讨论和表达中使用合适的**修辞策略**，包括以恰当的方式使用“谬误”标签，做出反应。谬误标签的例子如，“循环”“诉诸流行”“以先后定因果”“歧义”“推不出”和“稻草人”。①

熟悉非形式逻辑（论证逻辑）教学体系或内容的人立马可以看出，这个技能清单几乎就是论证逻辑教科书的一个纲要或要目。当然，如前所述，论证逻辑视角的批判性思维教学也只是逻辑学家理解批判性思维的一种视角。心理学家可能从问题解决或认知发展的角度来看批判性思维，教育学家也许从学习过程考虑批判性思维。根据批判性思维的多面孔、多向度的特性，论证逻辑只不过是哲学视野下的批判性思维，绝非批判性思维的全部。因此，论证视角的批判性思维课程也只能看成是一种“起航”课程，不能指望一个学期的一门课程就实现培养学生批判性思维的宏大目标。同时，我们还须注意约翰逊和布莱尔提出的警告，不要奢望在一门一学期的课程里实现太多的教学目标，以致将批判性思维课程或者相关课程搞成“狗的早餐”——目标太多的大杂烩。②

---

① Robert H. Ennis, “*The Nature of Critical Thinking*: *An Outline of Critical Thinking Dispositions and Abilities* ”, http: //faculty. ed. uiuc. edu/ rhennis/documents/TheNatureofCriticalThinking _ 51711_ 000. pdf; 另一个相同的版本可见 Robert H. Ennis, “Critical Thinking: Reflection and Perspective: Part Ⅰ”, *Inquiry*: *Critical Thinking across the Disciplines*, Vol. 26, No. 1 (2011), pp. 4 – 18。

② Ralph H. Johnson and J. Anthony Blair, “Teaching the Dog's Breakfast: Some Dangers and How to Deal with Them”, *Newsletter on Teaching Philosophy*, Vol. 9, No. 1 (2009), pp. 2 – 5.

第八章

批判性思维评价

20 世纪 80 年代，大学的很多课程（比如英语、经济学、阅读、心理学，更不用说哲学课程）都迎合批判性思维的要求。两个基本问题顺理成章地摆在人们面前：如何发展某种更为客观而合意的统一的批判性思维概念以及了解学生发展批判性思维情况的评价工具。然而，在 1989 年，“评价”在许多教员办公楼中已经变成了引起直接鄙视的一个词。许多人文学科的教员认为，批判性思维太复杂，难以表达，更不用说被测量了。但是，全国各地的教员都在给学生评定批判性思维课程的分数，因而至少他们中的一些人相信存在某种要被测量的东西。[①] 这就是接下来美国哲学学会德尔菲计划（Delphi Project）以及“洞见评价”（Insight Assessment）要完成的任务。可见，一旦将批判性思维确立为教育的目标，随之而来对批判性思维定义、教学方法和评价方法的探索就势所必然。批判性思维评价的理论和实践是整个批判性思维理论体系的重要组成部分，这种评价的一般形式是批判性思维测试。批判性思维评价可能有各种各样的目的，每一种评价程序或测试手段只能达到某些目的，不可能实现所有评价目的。大部分批判性思维评价工具是伴随批判性思维运动开发出来的，它们所涉及的范围和重点各有不同，而且，不同的测试工具是与相应的批判性思维定义匹配的。美国近十年批判性思维运动的新特点就是通过注重和改善批判性思维测试来促进批判性思维教学乃至整个教育，进一步落实全社会对学生批判性思维技能和倾向的要求。不过，批判性思维评价确实是一个棘

① Peter A. Facione and Noreen C. Facione, “Critical Thinking for Life: Valuing, Measuring, and Training Critical Thinking in all its Forms”, *Inquiry: Critical Thinking across the Disciplines*, Vol. 28, No. 1 (2013), pp. 5 – 25.

手问题，卡尔·西林（Karl Shilling）曾把批判性思维称作“评价的越南”（the Vietnam of assessment）。①

第一节　批判性思维评价的目标、功能和陷阱

20 世纪 90 年代，著名批判性思维专家保罗和诺西齐受美国教育部国家教育统计中心教育研究和改善办公室委托，研究了全国高阶思维评价的模型，其中提出了高阶思维评价的 21 个宏观目标：

1. 应该评价学生的分析、综合、应用和评估信息的技巧和能力。

2. 应集中于能以最大灵活性在各学科、情境、语境和教育层次使用的思维技能。

3. 应该既说明学科之间的重要差异，也说明对所有学科关键的技能、过程和情感倾向。

4. 应聚焦于基础的、持久的理智能力，这些能力既适应加速变化的步伐也根植于各学科的进步史。

5. 评价将容易导致教学的改善。

6. 应澄清我们的知识与能力之间的相互关联性，澄清为什么一个领域的专家意见不能与其他领域的发现相脱离，不能与对学科间集成之需要的敏感性相脱离。

7. 应该评价对成为职场负责任的决策成员所需要的那些多面的、基本的技能。

8. 评价应该基于清晰的概念，制定周密、理性、明确表达的目标、规范和标准。

9. 应该说明交流技能、问题解决和批判性思维的整合，应在没有放弃它们任何一个基本特性的情况下予以评价。

10. 应该通过集中于所有文化中有用的共同核心技巧、能力和特质，实现尊重文化差异。

---

① Richard Fliegel and John Holland, “Quantifying Learning in Critical Thinking”, *The Journal of General Education*, Vol. 62, No. 2&3 (2013), pp. 160 - 203.

11. 对教学方面而言，所检测的思维是使学生能够从事的思维活动，促进学生主动进行他们知识的构建和理解的那种思维。

12. 应集中于评价交流的基本认知结构。比如阅读和倾听的能力（10个方面）、写作和论说的能力（8个方面）。

13. 我们作为公民、作为见多识广和思考的消费者、作为共生的世界经济的参与者，具有某种权利和责任；我们在对这些角色理解的基础上做出决策，采取行动，需要某些核心的技巧、能力和态度，应该对这些技巧、能力和态度进行评价。

14. 应该避免任何还原论，因为它允许以并不充分反映整体的过分简单化的各部分为手段，来评价多面向的、理论上复杂的、确实可用的能力和倾向。

15. 评价应该能使教育者看到何种技能是未来的基础。

16. 所评价的有价值的技能应该包括适用于教育界内外大多数民众所看到的真正问题的那些项目。

17. 评价所包括的项目既有评价从给定选项中熟思地选择最合理答案的技能的项目，也有评价所表述的问题本身，做出对相关替代选项的初步选择的技能。

18. 测试项目尽可能多地包括人们将必须想清楚并依其行事的那种现实生活问题和议题的例子。

19. 应能负担得起测试成本。

20. 应能使学区和教育者评价他们在教授高阶思维上所取得的收获。

21. 评价应该提供给依据国家标准的成就测量。①

值得注意的是，这里所列举的目标以及保罗和诺西齐提出的评价建议已经预见到了当今批判性思维评价的某些新探索，比如测试项目包括真实生活问题，注意具体学科的批判性思维测试以及考虑测试的文化背景等。

另一位著名批判性思维专家恩尼斯早先也提醒注意：在选择、批评或开发批判性思维评价程序时，不仅要有一个站得住脚的、精致阐述的批判

---

① Richard W. Paul, *Critical Thinking*: *What Every Person needs to Survive in a Rapidly Changing World*, Tomales, C. A.: Foundation for Critical Thinking, 1993, pp. 82 – 84.

性思维定义，而且必须要对评价目标有一个清晰的观念。[①] 恩尼斯概括出7个批判性思维评价的主要目标：

1. 诊断学生的批判性思维水平。教师要想知道他的教学重点应放在何处，通常最好从他们所涉及批判性思维的具体方面开始，评价程序披露学生批判性思维的强或弱（比如辨识假设的能力），能给设置教学重点提供一些帮助。

2. 向学生反馈他们自己批判性思维技能的水平。这种反馈使学生了解他自己的具体优势与弱点，因而可以让他们更好地把握需要改善的重点。

3. 激励学生在批判性思维方面做得更好。尽管当作一种激励手段的测试和其他评价程序常常被误用，但测试确实能够激励学生学会要被评价的东西。虽然有许多教育者心存反感，质疑这种测试又成了考试指挥棒，不过很明显，如果评价程序排除了对批判性思维的测试，学生就会倾向于忽视批判性思维。

4. 让教师了解他们教学生批判地思考的努力是否成功。除了那些正式发布的测试工具，教师可能使用自己的、系里的、他们学区的、所属州的或全国性的评价程序或测试，来获取他们的批判性思维教学获得多大成功的信息，并证明这些程序或测试完全适合他们的情境。

5. 帮助进行批判性思维教学疑难和议题的研究。不对各种方法进行仔细比较，就不可能回答批判性思维教学和课程组织方面的困难问题，而为了能做出比较就需要进行评价。

6. 为决定是否某个学生能进入某一教学计划方案提供帮助。在一些领域，早已使用批判性思维技能水平评价帮助做出录取决定，比如医学、护理、法学和一般研究生院。不过，现有的识别良好批判性思维者的工作效力尚不明确，有好多研究工作要做。

7. 为学校承担其学生的批判性思维技能水平之责任提供信息。批判性思维评价最为流行的一般目的是给学校和老师施加“测试”压力，让

---

① Robert H. Ennis, “Critical Thinking Assessment”, Daniel Fasko, Jr. (ed.), *Critical Thinking and Reasoning: Current Research, Theory, and Practice*, Cresskill, N. J.: Hampton Press, Inc., 2003, pp. 293 – 313.

他们承担学生测试结果的责任。

恩尼斯认为，最后两个典型构成了“高利害”（high-stakes）测试，因为往往测试结果可能起极为关键的作用。① 同时，恩尼斯还警告在追逐一些目标的过程中还有很多陷阱。他于 2003 年分析了 9 大陷阱，2008 年针对“斯佩林斯委员会”建议推行对大学生的大规模统一、“透明”而“可比”的批判性思维评价方案，系统分析并列举了 16 个方面的问题和危险。② 在最近（2011）总结性论文中，恩尼斯概括出 20 个评价陷阱：

1. 对哪个因素该对测试结果担责的错误归属。比如，只说教师该承担责任，其实也可以说父母、文化、同龄人或者教授批判性思维的有效时间等都对特定测试结果负有责任。

2. 在没有充足证据的情况下，假设所谓的同一测试的不同形式实际上是等价的。

3. 测试的广泛性不足。有些重要的批判性思维方面在测试中没有得到反映。

4. 测试成绩判定不恰当。比如，在对多项选择测试评分时，所确定的作为评分依据的答案其实是错误的或基于不充分信息；在申论方式的测试中，评分只是计算给出了多少理由而不是依据评估理由的支持力和相干性；或者，只是数一下“因此”“我的第一个理由是”“另一方面”“不同的是”“由……推断”等，或者误解了学生的表述；等等。③

---

① Robert H. Ennis, “Critical Thinking Assessment”, Daniel Fasko, Jr. (ed.), *Critical Thinking and Reasoning: Current Research, Theory, and Practice*, Cresskill, N. J.: Hampton Press, Inc., 2003, pp. 293 – 313.

② Robert H. Ennis, “Nationwide Testing of CriticalThinking for Higher Education: Vigilance required”, *Teaching Philosophy*, Vol. 31, No. 1 (2008), pp. 1 – 26.

③ 波斯因（Kevin Possin）最近的对“大学学习评价”（CLA）的评论也提出相似的警告，他不仅指出它在实作任务、分析任务和批判论证诸方面的评分存在问题，而且进一步以详细的材料证据分析了“大学学习评价”（CLA）的“致命弱点”：评分者只见森林不见树木，他们被训练仅仅采取批判性思维的整体观，而忽视了批判性思维的组件技能（这往往是遭到教育援助委员会蔑视的选择题型测试的重点）。虽然 CLA 的目标、评估准则和评分标准都完全正确，但是，当评分者显然相信这些标准被满足的时候，他们实际上被许多非形式谬误、老生常谈和躲闪回避给忽悠了，被完全没有令人信服的论证和批判说服了。判断学生的回答要更多地基于批判性思维技能组件而更少基于修辞技巧。当然，波斯因还是肯定了 CLA 是值得推荐的评价工具，只是需要正确地使用。Kevin Possin, “A Serious Flaw in the Collegiate Learning Assessment [CLA] Test”, *Informal Logic*, Vol. 33, No. 3 (2013), pp. 390 – 405.

5. 让学生完成的测试是用他们并不擅长阅读的测试语言表述的。

6. 测试的编制者、评分者和被试之间在关于世界的词汇和背景信念方面有冲突。

7. 学生对测试所使用的有些内容不熟悉。

8. 期望被试接受测试编制者的意识形态。

9. 企盼在两次测试之间学生的批判性思维有不合情理的巨大进步。

10. 评价所用的批判性思维定义或概念不同于测试用户被期望拥有的批判性思维定义或概念。

11. 所用的测试在那种情景中并不充分有效或可靠。

12. 把可靠性当有效性对待。

13. 高利害情景（比如承担责任）中的压力（比如改变了学生的回答）导致降低被试之间的差异（由于减低了标准差使组间的差异显得更大），免除差生参加测试的责任（导致误导的高平均分），导致老师给学生教授特定测试题。

14. 上限下限效应问题，即因为测试的上限和下限掩盖了显著差异，一个尖子生过多的学院可能没有显示出较多的改善，即使学生在两次测试中表现都极好。与此类似，一个有大量差生的学院也许显示不出什么改善，即使他们在批判性思维水平上取得很大进步。①

15. 无效地使用计算机给自由回答的测试评分。

16. 差劲的测试安全性。

17. 在没有对照组的情况下把前后测试比较当作决定性的。

18. 根据一个实验做出概括。

19. 由于过分强调其他事项的责任评价造成对教授批判性思维的忽视。

---

① 一些名校（如宾夕法尼亚大学、弗吉尼亚大学）校长也指出，他们的新生进校时就已经达到大学学习评价（CLA）分数的最高位，因而在他们学校使用 CLA 毫无意义，因为按照这个评价他们的学生会显得很少或没有成长。不过，开发 CLA 的教育援助委员会的测量科学家斯蒂德尔（Jeff Steedle）在访谈中回应说，在我们的数据中确实没有发现与存在上限效应这一事实相一致的证据，我们看到的是大学的一种正态分布，甚至在那些选择性大学之中，学院的平均收益非常类似于选择性不强大学的平均收益。如果有上限效应我们会看到的。在那些更多的是选择性的学院看到的平均收益比在那些选择性不强的学院小一些。结论是，当事实上并不存在支持存在一种上限效应的统计证据时，以声称存在上限效应来搪塞你的分数是不公平的。Roger Benjamin, Stephen Klein, Jeffrey Steedle, Doris Zahner, Scott Elliot and Julie Patterson, *The Case for Critical-Thinking Skills and Performance Assessment*, New York: Council for Aid to Education, 2013, p. 13.

20. 操纵设定成功率以调整给人们留下的印象。

恩尼斯特别警告注意三个问题：根据一个实验做出概括、心理测量的测试可靠性与测试的情境有效性以及多项选择试题与开放式试题的优劣。恩尼斯指出，根据一个实验做出概括相当于从一个实验的结果推广到某一典型情境中的代表性群体，这种从内部有效性推及外部有效性常会有严重的问题。这一点已有学者提出过警示。心理测量中的可靠性指的是一致性，它与日常用法的有效性（大体上近似于正确性）是不同的。一个测试尽管有心理测试意义上的高度可靠性，但它不见得在给定情境中是有效的，可靠性只是一个必要条件。恩尼斯认为，测试有效性特别是情境化的测试有效性是一个重要的、有用的概念，它涉及批判性思维测试者想要得到什么。一个给定的测试是对 X 的一个情境上有效的测试要达到这样的程度：它是使用该测试的一般情境或特殊情境中的 X 的一种准确测量。恩尼斯的这个观点推进了权威心理学家的看法：不存在任何测试能够对所有目标或在所有情境中是有效的。[①] 恩尼斯比较了多项选择试题与开放式试题，认为对于大范围测试前者要经济得多，可以容易而节俭地迫使学生注重一些已决定的特定事项。开放式试题只在小范围内使用不那么代价昂贵，诸如生成相关证据、构想或生成反例，形成假说、规划试验的创造性过程都显然需要在开放式测试中加以评估。不过，开放式测试的评分要求更高。最近已有对开放式测试标准化的尝试，比如开发计算机作文评分系统，但恩尼斯对这样的做法并不看好。[②]

最近，培生集团的研究报告也指出了批判性思维评价遇到的挑战。批判性思维技能评价也提出了类似于其他测量语境中所遇到的那些挑战。标

---

① 哈彻对恩尼斯－韦尔批判性思维申论测试和加利福尼亚批判性思维技能测试的实测结果比较发现，前者所得的效应值竟可以是后者的两倍。分析发现，哪个测试是对学生批判性思维技能更准确的测量取决于测试所基于的批判性思维概念（比如是否强调演绎逻辑等）以及评价的最终目标（针对预先建立的某个常模测量学生的表现，还是测量学生多大程度上达到了具体培养方案的教育目标或达到了课程目标）。Donald L. Hatcher，“The Institutional Assessment of Critical Thinking：A Fifteen-Year Perspective”，Jan Sobocan and Leo Groarke（eds.），*Critical Thinking Education and Assessment*：*Can Higher Order Thinking be Tested*? London：Althouse Press，2009，pp. 229－246. 也可参见 Donald L. Hatcher，“Which Test? Whose Scores? Comparing Standardized Critical Thinking Tests”，*New Directions for Institutional Research*，Vol. 2011，No. 149（2011），pp. 29－39。

② Robert H. Ennis，“Critical Thinking：Reflection and Perspective—Part Ⅱ”，*Inquiry*：*Critical Thinking across the Disciplines*. Vol. 26，No. 2（2011），pp. 5－19.

准化测量根据使用多项选择题测量批判性思维的有限几个方面，也许能满足可靠性标准，但容易遭到其构成无充分代表性（construct underrepresentation）的批评，因为打算测量的那种构成的一些重要方面没有充分体现。基于实作的评价（performance-based assessments）被认为更有效地代表这样的构成，但可靠性较低，缺乏跨任务（当任务发展和管理不能被标准化时）的普遍性。当这种标准化不能得到保证时，实作性评价不应被用于对学生的彼此比较、追踪学生一段时间里的进步或成长。另一方面，实作性评价被用于低利害关系的课堂评价目的，对严格标准化的需要可能降低了。教育者被鼓励使用开放式问题，考虑学习活动，评价使用真正的现实生活问题语境的任务。① 此外，指出了与现有测量的可靠性和有效性相联系的一些难题；流行的测试工具（CCTST，恩尼斯系列、沃森－格拉泽系列）没有一个打算适用4年级以下的学生，这些评价工具是一般批判性思维评价而不是学科专属的批判性思维评价。② 尼古拉斯和拉贝格最近的调查研究也发现，人文学科的教师论证说，本身作为最终产品的工件（artifact）对于传达创造它的批判性思维深度并不充分，某些作业中的批判性思维只有在发展过程中而不是最终产品中才能得到更好的评价。这突出了使用基于结果的标准化测试对评价整个通识教育课程的批判性思维是不合适的。教师们拒斥选择题型测试作为批判性思维的有效测量工具。虽然自然科学和哲学教师似乎更倾向于容忍使用选择题型测试和小考试，但他们都强调这种评价批判性思维方法的局限性。这样的态度是他们使用选择题型标准化测试亲身体验的结果。对许多学科（化学、物理、生物或生态学、哲学或伦理学、语言、影视艺术或形象设计、经济学、社会学和心理学）教师评价学生批判性思维的方法的研究发现，教师各有自己的评价方法，因而大规模采用统一的、基于结果的或标准化的批判性思维评价方法并不合适。③

① Emily R. Lai, *Critical Thinking: A Literature Review. Person's Research Report Series*, San Francisco, C. A.: Pearson Education, Inc., 2011, pp. 43－44.

② Ibid., pp. 37－38.

③ Mark C. Nicholas and Chalmer E. Labig Jr., "Faculty Approaches to Assessing Critical Thinking in the Humanities and the Natural and Social Sciences: Implications for General Education", *The Journal of General Education*, Vol. 62, No. 4 (2013), pp. 297－319.

第二节　三个流行的批判性思维测试系列

人们公认，最流行的批判性思维测试工具是沃森－格拉泽系列、康奈尔系列（恩尼斯－韦尔批判性思维测试）和加利福尼亚系列（CCTST和CCTDI等）。美国教育部的“斯佩林斯报告”（The Spellings Report，2006）强调美国高等教育的问责制，四年制公立院校对该报告的响应是所谓的“自愿问责系统”（Voluntary System of Accountability），它号召其成员自愿披露批判性思维等技能的“持续、清晰和可比较的”进步，以避免高等教育中的直接政府干预，并推荐沃森－格拉泽批判性思维技能测试、康奈尔批判性思维测试和加利福尼亚批判性思维技能测试作为测量通识教育中一般批判性思维的测试工具。[①]

最早的批判性思维测试是伴随进步教育运动出现的。20世纪30年代，进步教育协会的“八年研究”提出了批判性思维的四个测试：“数据资料的解释”“科学原则的应用”“逻辑推理原则的应用”和“证明的本质”。按照《美国教育冒险》（*Adventures in American Education*）5卷系列之第三卷《评价和记录学生进步》，其中“思维的诸方面”分别报告了测量每个目标的相应评估工具的开发、其他测量工具、有效性和可靠性分析等。[②] 1941年批判性思维的一个重要测试工具《沃森－格拉泽批判性思维评价》（*Watson－Glaser Critical Thinking Appraisal*）发布。[③] 另一个较早的批判性思维测量是德莱赛和梅休1954年开发的《批判性思维测试》（*Test of Critical Thinking*），评价五种被认为是必不可少的批判性思维能力：明确一个问题；为解决一个问题选择相关信息；辨识陈述出来的和未陈述的

---

① Mark C. Nicholas and Chalmer E. Labig Jr.，“Faculty Approaches to Assessing Critical Thinking in the Humanities and the Natural and Social Sciences：Implications for General Education”，*The Journal of General Education*，Vol. 62，No. 4（2013），pp. 297－319.

② E. R. Smith and R. W. Tyler（eds.），*Appraising and Recording Student Progress. Adventures in American Education*. Vol. Ⅲ，New York：Harper & Brothers，1942，pp. 35－156.

③ Goodwin B. Watson and Edward M. Glaser，*Watson-Glaser Critical Thinking Appraisal. Form Am*，Yonkers，New York：WorldBook Company，1952.

假设；构想并选择相干的和有希望的假说；得出有效的结论。① 这个时期被广泛使用的测量是 1964 年《沃森－格拉泽批判性思维评价》，② 它采用了《批判性思维测试》的理念，评价类似的技能集，比如根据信息进行推论、辨识假设、使用演绎、进行解释、评估论证等。不少使用这些测量的纵向研究发现，学生在经历大学教育之后在批判性思维技能方面取得了重大改进。不过，按照罗德里格兹的分析，这些第一代批判性思维测试工具有两个局限：其一，测试题目不是用来评价在一个给定任务里人们批判地思考做得有多好，而是表述被认为抓住了批判性思维某些重要方面的多种多样的逻辑问题。比如，沃森－格拉泽批判性思维评价的推论问题让学生阅读一个段落，然后就有关所陈述事实之真实性选择五个可能回答（真，一定程度上真，事实数据不充分，一定程度上假，假）之一。另一个局限是，对答案的计分方式并没有反映参与者被指示要做的事情。参与者被要求仅仅使用给出的信息作为其回答的基础，可是某些正确的得分需要参与者使用自己的"一般知识"从那个信息得出恰当的结论。同时，测量学者也指出良构问题与非良构问题的区别是重要的。与回答前一类问题不同，对第二类问题，批判地思考不是关于达到一个正确结论的能力，而是达至一个理由充分的和被充分证明合理的解答。③

沃森－格拉泽系列。该系列测试的开发是由把批判性思维理解为态度、知识和技能的综合体的批判性思维概念推动的。批判性思维包括：识别存在的问题和接受对支持所断定事物为真之证据的一般要求；有效推论、抽象和概括之本质的知识，包括合乎逻辑地确定各种证据的分量和精度；应用上述态度和知识的技能（这个批判性思维三元素定义在格拉泽 1941 年的论著中阐明了）。沃森－格拉泽测试工具的前身是哥伦比亚教师学院（Columbia Teachers College）的教授沃森（Goodwin Watson）1925 年

---

① Paul Leroy Dressel and Lewis B. Mayhew, *General Education: Explorations in Evaluation*, Washington, D. C.: American Council on Education, 1954, pp. 179 – 180.

② Goodwin B. Watson and Edward M. Glaser, *Watson-Glazer Critical Thinking Appraisal Manual*, New York: Harcourt Brace & Company, 1964.

③ Fernando Rodriguez, *Do College Students Learn to Critically Evaluate Claims? A Cross-Sectional Study of Freshmen and Senior Psychology Majors*, Dissertation. The University of Michigan, 2011, pp. 12 – 19.

开发的《公正心测量》,[①] 以及格拉泽（Edward M. Glaser）1937 年开发的测试。[②] 1941 年，第一个全面修订的《沃森 - 格拉泽批判性思维评价》出版。接下来就有一系列旨在创造并行形式、减少题目数量、改进测试的修订版。1964 年心理学公司（The Psychological Corporation，现为 Harcourt Assessment，Inc.）出版了该测试的形式 Ym 和 Zm。每个形式包括 100 道试题，替代了早先的测试版本形式 Am。1980 年，为了清晰、使用通用语词用法与消除种族和性别成见对形式 Ym 和 Zm 进行了修改。修改后的测试工具以形式 A 和形式 B 发布，每一形式都包括 80 道试题。1994 年简易格式发布,[③] 提高了该测试在企业的流行度。2009 年 6 月，培生教育机构出版了《沃森 - 格拉泽Ⅱ 批判性思维评价》，引入了易于使用的批判性思维 RED 模型（R—辨识假设、E—评估论证和 D—得出结论）。《沃森 - 格拉泽批判性思维评价》已有英语（澳大利亚、英国、印度英语）、法语、荷兰语和西班牙语版本。

该评价工具为测量批判性思维所涉及的重要能力而设计，它广泛用于各种各样教育背景中对工作能力的预测，多年来也是行政、管理、监督和技术行业流行的选拔工具。当结合来自有关应试者的技能、能力和成功潜力的多种来源信息后，该测试能极大地提高组织选拔程序的质量。用于评价成人求职申请人、与雇用相关的培训候选人、职业与行业受辅者、大学生、技校学生和成认教育计划。作为沃森 - 格拉泽形式 A 的简本，简易格式使用形式 A 脚本和题目的一个子集来测量同样的批判性思维能力。形式 A、形式 B 和简易格式也用于批判性思维教学计划和课程之成功的评价，用于高中水平的遴选资优班学生以及录取大学层次的荣誉课程计划（给尖子生开设的有深度、进度快、强调高阶思维的课程）的学生。《沃森 - 格拉泽Ⅱ 批判性思维评价》和《金色人格类型分析器》组合使用，所得的测试结果给管理者、教练和培训师提供某一个体的全方位图景。后

---

① Goodwin B. Watson, *The Measurement of Fairmindedness. Contributions to Education*, New York: Bureau of Publications, Teachers College, Columbia University, 1925.

② Edward M. Glaser, *An Experiment in the Development of Critical Thinking. Contributions to Education*, New York: Bureau of Publications, Teachers College, Columbia University, 1937.

③ Goodwin B. Watson and Edward M. Glaser, *Watson-Glaser Critical Thinking Appraisal*, *Form S manual*, San Antonio, T. X.: The Psychological Corporation, 1994.

者通过提供与决策和人际风格相关的偏好的洞察，扩展了从前者所得到的可用信息。今天，《沃森－格拉泽批判性思维评价》是评估专业人士认知能力的首选工具，甚至成为挑选伟大管理者和发展未来领导者的最为广泛使用的工具。

《沃森－格拉泽批判性思维评价》包括 5 个方面的测试：推断——识别根据给定数据资料得出的推论之真或假的程度；辨识假设——辨识给定陈述或断言中未陈述出来的假设或预设；演绎——确定是否特定结论从给定的陈述或断言的信息必然推出；解释——权衡证据并决定是否基于给定数据资料的概括或结论是得到担保的；论证评估——区分有关某一特殊议题的强或相干的论证与弱或不相干的论证。每一测试的组成是，阅读包括问题、陈述、论证和数据资料解释的短文或脚本，这些东西与每天在工作中、在课堂上、在报纸或杂志文章中所遇到的相类似。每个脚本都配以一些应试者要回答的问题。问题有两类：中性的和有争议的。中性的脚本和问题处理并不引起强烈情感或偏见的主题，比如天气和科学事实或实验。有争议内容的脚本和问题是指那些常常唤起强烈情感反应的政治、经济和社会的议题。这 5 个方面的测试总分数生成批判性思维能力的可靠测量。沃森－格拉泽批判性思维评价简易格式设计为提供该测试的一个简短版本，测试构成的基本性质没有改变。形式 A 和形式 B 所需要的时间将近一小时，适合学校背景下的一节课的时间，但该测试在成人评价中的成本增大而实用性降低，尤其是在招聘选用的背景下。简易格式包括选自形式 A 的 16 个脚本，40 道题，约花 30 分钟完成笔答或基于计算机格式的测试，另加 5—10 分钟阅读测试指示和样题。简易格式用形式 A 的一半时长进行更为实用的批判性思维能力测量，但保留了等价的性质。组织为了再测试或其他目的需要替代简易格式的话，可以使用标准长度的形式 B。《沃森－格拉泽批判性思维评价》的三个形式适合用于至少有 9 年级教育的人。①

不过，有学者发现沃森－格拉泽批判性思维评价形式 A 存在一些问题。首先，在其测试指导语中有概念混淆，例如把推论（inference）解释

---

① Goodwin Watson and Edward M. Glaser, *Watson-Glaser Critical Thinking Appraisal®* *Short Form Manual*, San Francisco, C. A.: Pearson Education, Inc., 2008, pp. 2-4.

成一个“结论”（conclusion），学习过批判性思维的学生可能被搞糊涂了；甚至在“测试1推论”中，inference一词有三个意思；再如，对否定（contradicts）、矛盾和假的解释也有混淆，给那些具有相关批判性思维技能的学生造成了混乱。其次，80道题分在5个测试中（推论，假设辨识、演绎、解释和论证评估），每一测试包括16个问题。但是，由于第4、5、14、16、37、45、60、63、64、65、66、67题这些试题存在问题（或有混淆，或答案不妥等），因而测试1、测试2、测试4和测试5在内容上的严重缺陷使该测试质量不合格，因而不可接受。这意味着沃森－格拉泽批判性思维评价形式A的80个问题中仅有测试3中的14道题满足可接受的批判性思维标准。这些差错表明该测试可能对那些有更好发展的批判性思维技能的学生之表现做出“虚假否定”的评价。①

康奈尔或恩尼斯系列。恩尼斯及其同事开发了多个批判性思维测试工具，其中三个被广泛使用：康奈尔批判性思维测试（X级和Z级）、恩尼斯－韦尔批判性思维申论测试以及康奈尔演绎测试。

20世纪50年代，恩尼斯在参与其老师史密斯主持的伊利诺伊批判性思维计划（The Illinois Project on Critical Thinking，1954年开始）的过程中就已认识到批判性思维测试在批判性思维运动中的重要作用。他的博士论文《批判性思维测试的发展》（1958）里开发的选择题测试为后来的（20世纪60年代）康奈尔批判性思维测试Z级（与恩尼斯康奈尔大学的同事、心理测量学家吉森·米尔曼合作开发）奠定了基础。康奈尔批判性思维测试Z级（Cornell Critical Thinking Test，Level Z）适合成人、研究生、本科生和天资聪慧的高中生。形式是选择题，包括归纳、可信度、预见、实验设计、谬误（特别是歧义谬误）、演绎、定义和假设识别等部分。② 最新版是2004年版（恩尼斯、米尔曼和汤可研发），包括52道选

---

① 福克斯等人的文章在《探究：跨学科批判性思维》杂志刊登了两次。见Don Fawkes，et al.，“Examining the Exam：A Critical Look at the Watson-Glaser Critical Thinking Appraisal Exam”，*Inquiry：Critical Thinking across the Disciplines*，Vol. 20，No. 4（2001），pp. 19－33；Don Fawkes，et al.，“Examining the Exam：A Critical Look at the Watson-Glaser Critical Thinking Appraisal Exam”，*Inquiry：Critical Thinking across the Disciplines*，Vol. 21，No. 3（2003），pp. 31－46。

② 费舍尔和斯克里文认为“该测试似乎是市面上最成熟的”测试。Alec Fisher and Michael Scriven，*Critical Thinking：Its Definition and Assessment*，Point Reyes，C. A.：Edgepress，1997，p. 129.

择题，其中 17 道属于演绎，23 道属于归纳，其余题目涉及观察、可靠性、假设和意义，50 分钟内完成。

康奈尔批判性思维测试 X 级（Cornell Critical Thinking Test，Level X）适合初、高中学生，但使用特定程序可适用于下至 4 年级学生。形式是选择题，包括归纳、可信度、观察、谬误、演绎和假设识别等部分。1956 年恩尼斯为伊利诺伊批判性思维计划开发的一个测试成为 1958 年开发的恩尼斯－韦尔批判性思维申论测试（The Ennis-Weir Critical Thinking Essay Test，与埃里克·韦尔合作开发）的基础。恩尼斯－韦尔批判性思维申论测试包括批判性思维书籍和软件，针对 7 年级到大学阶段的学生，也可用作教学材料。包括提出论点，看出理由和假设、陈述观点、提供好理由、看出其他可能性（包括其他可能的说明），回应和避免歧义、不相干、循环、颠倒若—则（或其他条件句）关系、过度概括、可信度问题和使用情绪语言说服等。该测试在批判性思维研究中广泛使用，但出版商已停止发行，很可能因为，与能够廉价地由机器评分或由一个职员评分的选择题测试相比，它作为一种申论测试的评分需要更多的时间和批判性思维的杰出技能。

20 世纪 60 年代，恩尼斯与其同事（威廉·L. 伽德、理查得·莫罗、迪尔特·保路斯和路西里·瑞格尔）开发了两个选择题型演绎测试（1965），针对 4—14 年级学生，它们是康奈尔批判性思维预备计划（Cornell Critical Thinking Readiness Project）的一部分。一个是康奈尔类推理测试（Cornel Class Reasoning Test，1964），各种形式的（演绎的）类推理测试。另一个是康奈尔条件句推理测试（Cornell Conditional Reasoning Test，1964），各种形式的（演绎的）条件句（“若—则”）推理。在《青少年期的演绎逻辑》（1965）的研究报告中，恩尼斯提出几个重要的看法。第一，演绎逻辑是批判性思维的核心部分。第二，大多数真实论证的有效性似乎取决于其他考虑，前提与结论的联结并不是像演绎逻辑模型中那样严格。第三，演绎逻辑有三种类型：语句逻辑（命题逻辑）、类逻辑（语句的组成部分是主词和谓词）和序逻辑（ordinal logic）。序逻辑处理大小关系（size relationships），比如比什么更大、与什么相等、小于什么，不比什么大等，有点类似于亚里士多德的“更大更小”的论式。恩尼斯认为还有其他逻辑类型，比如模态逻辑、认识逻辑、道义逻辑等。他认为两个极为常见和重要的逻辑类型是类逻辑和条件句逻辑。值得注意的是，这种演绎推理测试与实质蕴涵意义上的演绎不同，即不是指大学“逻辑”课程里的那种严格的符号逻辑推理。[①] 在《条件句逻辑与小学儿童》（1970）中，恩尼斯报告了使用他的同事爱德华·史密斯和乔安尼·斯特金开发的面谈条件句逻辑测试（用于1—3年级学生的试验研究）的结果，发现许多小学儿童早已掌握了条件句逻辑的基本原则，只是我们所使用的教学技术导致没有重大改善。[②]

1989—2001年间，恩尼斯与玛格丽特·芬肯和玛丽·怀特开发了一个从康奈尔批判性思维测试X级挑选的20道试题构成的《康奈尔批判性思维测试X级版本书面辩护》的测试工具，简称康奈尔WJX。该测试要求学生给出每一问题的标准选项答案，并写出对自己回答的辩护。对于长期以来普遍使用的选择测试题型，恩尼斯建议改变其基本格式，在确定选项之后，写下对选择的简要证明即理由，比如：[③]

以下哪个更可信？选择一个：

A：卫生官员研究之后说，“所提供的饮用水是安全的”。

B：其他一些人是士兵，他们中的一个说：“所提供的水不安全”。

C：A和B同等可信。

你的理由是：

1993年，恩尼斯与玛格丽特·芬肯开发了《伊利诺伊批判性思维申论方式测试》（*The Illinois Critical Thinking Essay Test*），他们通过给《伊利诺伊目标评估方案》的评价规准加上更多的批判性思维对其进行了改编。合成的评价规准供了一个六因素的分解的和整体的评分系统。分解的评分组件由五个因素组成，每一个因素都要求一个独立的评分。整体组件要求

---

① Robert H. Ennis, *Deductive Logic in Adolescence* (*Cooperative Research Project No.* 1680), *ERIC # ED* 0381, Ithaca, N. Y.: New York State College of Agriculture at Cornell University, 1964, pp. Ⅱ, 2-7.

② Robert H. Ennis, "Conditional Logic and Primary Children", The Annual Meeting of the American Educational Research Association, Minneapolis, Minnesota, March 6, 1970. ERC ED 038 186, p. 11.

③ Robert H. Ennis, "Critical Thinking Assessment", Daniel Fasko, J. Cresskill (eds.), *Critical Thinking and Reasoning: Current Research, Theory, and Practice*, N. J.: Hampton Press, 2003, pp. 293-314.

一个总体印象。该测试实行的是最小限度的结构，只提供一个议题，借用了史蒂夫·托泽（Steven Tozer）《伊利诺伊批判性思维作文比赛》（1986）中当时美国学生很感兴趣的一个议题："MTV 应该加以管制吗?"测试要求学生提出一个论点并加以辩护。希望他们考虑对立观点，运用他们认为相关的知识（比如 MTV 例子中有关美国宪法的人权法案的知识），既有创意也有评估。学生花费 40 分钟课堂时间完成的论文用 6 分钟时间给出评级。①

加利福尼亚或费西万系列。20 世纪 90 年代费西万（Peter A. Facione）主持了美国哲学学会的批判性思维研究项目，提出了批判性思维的二元结构（技能和倾向）定义，开发了配套的技能和倾向测试工具——《加利福尼亚批判性思维倾向测试》（CCTDI，1991，2000）和《加利福尼亚批判性思维技能测试》（CCTST，形式 A，1990；形式 B，1992 年以及 2000 年版本）。如今，基于德尔菲计划批判性思维概念的评价工具被美国所有 50 个州以及世界各地 60 余国的教育、医学、军事、法律和商业组织使用。在过去 20 年，"洞见评价"内部拨款计划已经给涉及所有学科的各国 250 余名博士生应用该测试工具提供了资金支持。该测试的心理测量的实力现已得到国际公认，科学审查委员会将其当作科学调查的"金标准"。②

加利福尼亚批判性思维测试基于 1990 年美国哲学学会发布的《德尔菲报告》（*The Delphi Report*）中的批判性思维概念而设计。加利福尼亚批判性思维倾向测试是一种精心设计的检测批判性思维情感和态度的测量工具。CCTDI 出台于 1991 年。1992 年春季，从 250 个题目中筛选 150 个进行样本试验，之后剔除了影响效度的题目，最终保留了其中的 75 道题，构成 2000 年版本的测试内容。测试语言为标准英语。CCTDI 提供 8 种分数：7 个量表的单项分和总分。每种量表的得分区间为 10—60 分。总分的可能得分区间为 70—420 分。每一量表得分处于 10—30 分区间，表明批判性思维倾向较

---

① Robert H. Ennis, "Critical Thinking: Reflection and Perspective—Part Ⅱ", *Inquiry: Critical Thinking Across the Disciplines*. Vol. 26, No. 2 (2011), pp. 5 - 19.

② Peter A. Facione and Noreen C. Facione, " Critical Thinking for Life: Valuing, Measuring, and Training Critical Thinking in all its Forms", *Inquiry: Critical Thinking across the Disciplines*, Vol. 28, No. 1 (2013), pp. 5 - 25.

差；处于40—60分区间表明批判性思维倾向较强；对每一量表，建议40分为批判性思维倾向的正面倾向和负面倾向的分界值，建议目标分为50分。总分在210—280分之间者，表明被试的批判性思维倾向处于不明确范围；低于210分者，表明被试的倾向与批判性思维严重对立；达到或高于350分者，表明批判性思维倾向全面强。如果CCTDI与CCTST或其他批判性思维的测试一起使用时，为保证测试结果的客观性和准确性，应先测试CCTDI。CCTDI包括7个量表。1. 求真量表（The Truth-seeking scale or the T-scale）：包括12道题，测试一个人渴望探求真理、勇于提问以及对探究表现出的诚实和客观程度的倾向，即便结果不支持已有的兴趣或想法。求真者在乎探求真理而不是赢得论辩。这个量表细化、突出和扩展了德尔菲报告里描述的性格特征，即"当诚实的反思表明变化是正当时，乐于重新考虑和修正一个人的观点"，"理性选择和运用标准"和"考虑其他选择和意见的灵活性"等。2. 思想开放量表（The Open-Mindedness scale or the O-scale）：包括12道题，测试一个人思想开放和容忍不同意见方面的倾向，考虑到自己的意见或观点可能存在偏见。思想开放的人对别人持有的不同意见表示尊重。这个量表细化和突显了德尔菲报告描述的性格特征——"理解他人的见解""考虑到不同的世界观因而思想开放"。思想开放不同于求真倾向，它们的区别在于，求真的人倾向于追求知识，目的是学习或了解最佳信息和观点，不管这种学习是否使他质疑和放弃自己现有的观点和信念。思想开放更多地与容忍有关，即认可别人持有自己观点的权利。在这个意义上，思想开放对于相对主义者而言较为容易，这些人会认为这种容忍是对人们，包括他自己，拥有自己想法的普遍许可。一个人可能思想开放却不能求真，或者能求真但不能思想开放。此时，思想开放和求真两种倾向表现为不相容。3. 分析性量表（The Analyticity Scale or the A-scale）：包括11道题，测试对潜在问题的机敏度，对可能发生的结果或后果的预见能力，对理由和证据运用的重视，即使手头的问题富于挑战性和有一定难度。善于分析的人对不管是思想上的还是行为上的潜在困难都保持机敏，始终如一地期待将提早干预、提供理由和寻找事实作为有效解决问题的方法。这个量表与德尔菲报告描述的性格特征——"对批判性思维的运用机会具有机敏性""信赖理性探究的过程""陈述问题的清晰度""遇到困难的执着心"等密切相关。4. 系统性量表（The Systematicity Scale or the Sscale)：有11道题，测试有组织、有条理、专注和勤奋的探索倾向。具备系统化倾向的人努力用有条不紊、集中精力和勤奋探索的方式解决具体争端、疑问和难题。系统化能力量表与德尔菲报告描述的倾向，即“处理复杂问题的有序性”“勤于寻找相关信息”和“关注将注意力集中于眼下所关心的问题”等相一致。5. 批判性思维自信心量表（The CT Self-Confidence or the C-scale)：含9道题，测试一个人对自己推理过程的自信程度。批判性思维自信的人相信自己能做出好的判断，也相信别人一样对他们有信心，因为他们相信别人期待他们解决问题、决定如何去做，并对所探究的事物拿出理性的结论。批判性思维自信心量表以德尔菲报告中描述的“对自己推理能力的自信”为基准，并有所扩展。6. 好奇心量表（The Inquisitiveness scale or the I-scale)：包括10道题，测试一个人的理智好奇心。好奇的人注重广博的见识，想了解事物的运行方式，并注重学习，即使当下的回报不明显。该量表的测试目标为德尔菲报告中描述的性格特征——“对广泛事物的好奇心”“想成为和保持为通常意义上的消息灵通人士”。7. 成熟度量表（The Maturity scale or the M-scale)：有10道题，测试一个人深思熟虑做决定的倾向。成熟量表涉及认知成熟度和认识能力的发展。那些在解决问题、探索和决策时，能意识到某些结构不良的问题、有些情境会有不止一种可能的选择、很多时候需要依据标准、语境和证据做出判断的人，在CCTDI的测试中会得高分。成熟量表完善和扩展了德尔菲报告中的研究结果。它包括并扩展了如下性格特征：“评价推理的公正性”，“悬疑、判断和改变判断的审慎性”以及“主题和环境所允许的精确性”等。①

批判性思维技能测试2000年版（CCTST 2000）是在1990年版（Form A）和1992年版（Form B）的基础上修订而成的一套测试题，它增添了各种图表，使测试内容更加直观。CCTST的各项测试题是从长达20年对批判性思维研究的200项储备题中选出的。各项试题的总体目的是外显批判性思维的复杂性。测试题型为单项选择题。2000年版保留了

① Peter A. Facione, Noreen C. Facione and Carol Ann F. Giancarlo, *Inventory Manual: The California Critical Thinking Disposition Inventory*, Millbrae, C. A.: California Academic Press, 2001, pp. 2-4, 13-14.

A 版的 22 道题，新增加了 12 道题，共 34 道标准化测试题。CCTST 测试内容是在德尔菲批判性思维的概念范围内选取的，每一项测试题都在理论上与德尔菲报告相关联。测试内容试图覆盖批判性思维的六个核心技能，即分析（Analysis）、解释（Interpretation）、自我校准（Self-regulation）、推论（Inference）、说明（Explanation）和评估（Evaluation）技能。内容趋于中性，不受学科、性别、专业和文化背景的限制。CCTST 2000 由分析、评估、推论三个主量表组成。1. 分析量表：包括 9 道题，测试分析和解释能力。这里的“分析”一词有两重含义。一是指“对大量不同经验、情境、数据、事件、判断、惯例、信念、规则、程序或标准等的含义或意义的理解和表达”，它包括分类、解码意义和明晰意思等子技能。二是指“在一些命题、问题、概念、描述或其他形式的表述中识别意欲的和实际的推断关系，这些表述形式意欲表达信念、判断、经验、理由、信息或见解”，它包括审查观点，检测论证和分析论证构件等子技能。2. 评估量表：包括 13 道题，测试说明和评估技能。这里使用的“评估”一词有两个含义。它指“评价陈述或其他表述形式的可信度，这些陈述是对一个人的洞见、经验、情境、判断、信念或意见的描述；评价存在于命题、描述、问题或其他表述形式之间的、实际的或隐含的逻辑力量”，它包括评价论断和评价论证等子技能。同时，它也指“对推理结果的陈述；对推理从证据、概念、方法、评价标准、语境等方面进行说明，这些方面是推理的基础；用有说服力的论证形式表征一个人的推理”等，它包括陈述结果、证明程序的正当性和表达论证等子技能。3. 推论量表：有 12 道题，测试推论技能。所使用的“推论”一词指“识别和确定得出合理结论所需要的元素；形成推测和假设；考虑相关的信息和从数据、陈述、原理、证据、判断、信念、观点、概念、描述、问题或其他表征形式所推出的结果”，它包括质疑证据、推测不同选择和得出结论等子技能。

CCTST 中的另外两项（演绎推理和归纳推理）子测试更多地遵循传统的推理概念，即把推理分为演绎和归纳两类。值得注意的是，在不同学科中，“归纳”和“演绎”指称的歧义性众所周知。这就是为什么 CCTST 中没有出现“演绎”和“归纳”这些词语的原因。然而，考虑到这种区分的连续性使用问题，CCTST 还是提供了这最后两项子量表。34 道题中，有 30 道能很容易地再分为归纳或演绎两类推理。按当代主流逻辑学家的观点，CCTST 根据推理所意欲的逻辑强度来区分演绎和归纳。在这里，“演绎推理”指前提被假定为真，据信结论也必定为真。传统的三段论属于此类推理，代数、几何和数学里的集合论证明（包括数学归纳）也是演绎推理的范例。全称命题的代入也是演绎推理，因为它们是基于诸如传递性、自返性和等同性原理的推理。对于有效演绎论证来说，结论为假而所有前提为真在逻辑上是不可能的。CCTST 中使用的“归纳推理”指前提被假定为真，据信担保（但并非必然担保）结论也为真。科学证实和实验否证是归纳推理的例子。每天引导我们推论在熟悉的情景中会发生什么，或者推论一件事如我们期望的那样发生，都是归纳推理。统计推论是归纳推理，即使这种推论是基于一般原理（气象规律）和一系列观察，对极为可能的特定事件的预测（今天下雨）。将根据所了解的相似性、实例、先例的适用或相关案例（这些在法律推理中是典型情况）进行的推论用于指导判断，也是归纳推理。即便在逻辑上有不确实之处，归纳推理也是日常对话和类比推理的常见而有力的说服工具。在强归纳论证的情形下，结论实际上为假而所有前提为真是不太可能或很不可能的，但或许有这种逻辑可能性。由此看来，CCTST 的归纳推理是广义的，包括了概称推论等合情推理。[①] 另外，费西万还提供了一个简要的《批判性思维整体评分法规准》（*Holistic Critical Thinking Scoring Rubric*），由两个评定人用来评估论文、作业、计划和表现，成绩分为四个等级。[②]

基于德尔菲报告专家共识的批判性思维定义，加利福尼亚学术出版社的分支机构“洞见评价”在费西万主持下开发了“加利福尼亚批判性思维技能测试家族”（California Critical Thinking Skills Test Family），这些工具包括：加利福尼亚批判性思维技能测试—计算能力（California Critical Thinking Skills Test-Numeracy）、商业批判性思维技能测试（Business Critical Thinking Skills Test）、商业批判性思维技能测试—计算能力（Business Critical Thinking Skills Test-Numeracy）、商业推理测试（Business Reasoning

① Peter A. Facione, Noreen C. Facione, Stephen W. Blohm, Kevin Howard and Carol Ann F. Giancarlo, *Test Manual: The California Critical Thinking Skills Test*, 2002 *Revised Edition*, Millbrae, C. A.: California Academic Press, 2002, pp. 5 - 6.

② Peter A. Facione and Noreen C. Facione, *Holistic Critical Thinking Scoring Rubric*, Millbrae, C. A.: California Academic Press, 1994.

Test)、加利福尼亚批判性思维技能测试 M 系列（CCTST M-Series，适用于儿童和青少年）：CCTST M1B，CCST M20 和 CCTST M25、医学推理测试（Health Science Reasoning Test）、医学推理测试—计算能力（Health Science Reasoning Test-Numeracy）、日常推理测试（Test of Everyday Reasoning）、日常推理测试—计算能力（Test of Everyday Reasoning-Numeracy）、法科推理测试（Legal Studies Reasoning Test）、军事国防批判性思维详表（Military & Defense Critical Thinking Inventory）以及设计用于挑选某个要求战略决策之职位的人员以及拥有强大教育背景的专业人员、科学家和技术专家的 CCT – G835。还有 CCTDI 之外的一些测试批判性思维倾向的工具。①

"洞见评价"开发的工具号称国际批判性思维测量，有 60 多国、30 种语言使用。但是，这个系列的测试工具也遭到一些学者的批评。福克斯等指出 CCTST 形式 A（1990）有 9 道题（第 6、7、8、19、21、23、24、29、33 题）的内容存在缺陷，编制者给出的标准答案不妥。这些题目中的一些与 CCTST 2000 年版本中的试题相同：CCTST 形式 A 中的第 6、7、8、23、24、29 题分别就是 CCTST 2000 年版本中的第 3、18、5、23、12、25 题；这就是说，CCTST 2000 也有 6 道题有问题。这些问题造成批判性思维方面的误差，因而把统计结果对学生加以执行也是不可接受的。同时，作为与设计成在约一小时内完成的任何测试一样，考试的范围也相当有限，从这种考试得到的分数只能理解为是对被测试技能的最低限度能力的测量，而不是批判性思维的充分测量。②

格罗尔克最近对 CCTST 2000 测试批判性思维的作用予以完全否定，指出 CCTST 的一些答案是错误的或是未经反省的；人们可以合理地辩护与它所提供的答案相冲突的回答；③ 所使用的推理例子是含混和人为编造

---

① 关于一般批判性思维测试工具的使用介绍也可参见 Kevin Possin，"A Field Guide to Critical-Thinking Assessment"，*Teaching Philosophy*，Vol. 31，No. 3（2008），pp. 201 – 228。

② Don Fawkes，Bill O' Meara，Dave Weber and Dan Flage，"Examining the Exam：A Critical Look at The California Critical Thinking Skills Test"，*Science & Education*，Vol. 14，No. 2（2005），pp. 117 – 135.

③ 格罗尔克认为 CCTST 不妥当的标准答案涉及试题第 1、5、8、12、17、19、23、24、33、34 题共 10 道题。Leo Groarke. What's Wrong with the *California Critical Thinking Skills Test*? CT Testing and Accountability，In Jan Sobocan and Leo Groarke（eds.），*Critical Thinking Education and Assessment：Can Higher Order Thinking be Tested*? London：Althouse Press. 2009，pp. 35 – 54.

的；没有确认批判性思维的许多基本组成要素；[①] 偏颇地赞成一个陈旧的批判性思维概念；几乎没有理由相信它所包括的无问题的试题能为批判性思维技能提供哪怕是一种粗糙的测量。[②]

第三节 其他批判性思维测试工具

按照著名批判性思维专家恩尼斯的归类，众多的批判性思维检测可分为两大类。一类是检测批判性思维某一方面的测试；另一类是检测一个以上批判性思维方面的测试。这些测试也可按学科内容和一般内容分类。学科批判性思维测试评价批判性思维在一个标准科目里的情况，而一般内容批判性思维测试使用不同领域的内容，这些内容被认为是测试者熟悉的（这是大部分已有批判性思维测试要做的）。美国国家学术教育委员会建议研发学科高阶思维测试题（《国家教育报告卡》，1987），人们对此没有异议。要充分了解一个学科主题，人们当然需要在那个领域能够很好地思维。不过，恩尼斯只发现了两种学科测试，其实是某种程度的批判性思维综合测试（没有学科的、一个方面的测试），尽管有些测试的部分内容（如 ACT 中科学推理部分，大学理事会 AP 测试的批判性思维倾向测试部分）属于学科测试。因此，应该像美国国家学术教育委员会建议的那样，发展更多的学科批判性思维测试。但是，恩尼斯指出，也不能忽略一般内容的思维测试，我们需要一般内容的测试题来检测批判性思维技能在日常生活中的运用。[③]

---

① 格罗尔克认为，以下一些在现实生活语境推理中起关键作用的推理诸方面在 CCTST 中是缺失的：贯穿在批判性询问中的论辩交流原则；在各种环境中支配辩证交换的不同预期；说服、偏见以及论证、听众和品格（ethos）之关系的技术；对谬误以及在日常推理中扮演中心角色的论证型式的深刻理解；现实生活语境中对待论证的辩证义务；我们周遭电视、广告和因特网上的视觉论证和说服的本质。可以说，这是基于论辩理论最新发展提出的批评。Leo Groarke，“What's Wrong with the California Critical Thinking Skills Test? CT Testing and Accountability”，Jan Sobocan and Leo Groarke（eds.），*Critical Thinking Education and Assessment: Can Higher Order Thinking be Tested?* London: Althouse Press，2009，pp. 35－54.

② Ibid..

③ Robert H. Ennis，“Critical Thinking Assessment”，Daniel Fasko，Jr.（ed.），*Critical Thinking and Reasoning: Current Research, Theory, and Practice*，Cresskill，N. J.: Hampton Press，Inc.，2003，pp. 293－314.

有一些一般内容的、覆盖批判性思维多方面的测试。比如：

罗思高阶认知过程测试（Ross Test of higher Cognitive Processes, 1976）。约翰·D. 罗斯和凯瑟琳·M. 罗斯研发，学术疗法出版社（Academic Therapy Publications）出版。针对4—6年级的学生。选择题型，包括词语类比、演绎推理、假设识别、语词关系、句子排序、解释问题答案、数学问题中的信息充足性和关联性、分析复杂的简笔人物画的特点等部分。

探询技能测试（Test of Enquiry Skills, 1979），巴利·J. 弗雷泽研发，澳大利亚教育研究理事会发布。针对7—10年级的学生。选择题型，包括使用参考材料部分（图书馆用法、索引和目录）；解释和处理信息（量表、平均数、百分比、比例、图表）；科学思考（科学读物理解、实验设计、结论和概括）部分。

新泽西推理技能测试（New Jersey Test of Reasoning Skills, 1983）。弗吉尼亚·希普曼研发，蒙特克莱尔大学儿童哲学促进研究所测试中心。针对四年级到大学的学生，选择题，包括三段论、假设识别、归纳、不同类型和程度的好理由等。

推理与交流评价（Assessment of Reasoning and Communication, 1986）。推理子测试（与写和说一体的子测试），属于美国大学测试项目（ACT）。针对大学毕业生，也可用于其他水平的学生。开放性试题，要求学生写3篇短文和3篇短小的演讲。局部评分，要求评分者就学生回答的贴切性、相干性、似真性、合理性和现实性进行评价，依据回答结果给分，分数区间为0—4分。根据美国大学测试项目专家的要求分级。总分为子测试总分加社会推理、科学推理和艺术推理部分的分数。

阅读理解中的推论能力测试（Test of Inference Ability in Reading Comprehension, 1987）。琳达·M. 菲利普斯和辛莎·帕特森研发，阿尔伯特大学南部教育中心读写能力研究中心发布。针对6—8年级学生，测试根据短文推断信息和解释的能力，有选择题型版（两作者共同完成）和构答反应版（菲利普编制）。

批判性思维测试（Critical Thinking Test, 1989）。美国大学测试CAAP实施项目，美国大学测试项目系列大学学业水平评估测试之一，通过ACT进行。针对二年级期末的大学生，也可用于其他级别的学生。根据阅读段落回答选择题，具体要求：辨识结论、不一致性和模糊的含义；判断支持的方向、理由的力量、数据的代表性；做出预见；探查替代选项；揭示某人思考所做出的假设。

批判性思维任务测试（Tasks in Critical Thinking，1993）。教育考试服务中心研制。用多样化的真实任务测试批判性思维，需要受过专门培训的评分员评分。

批判性思维（Critical Thinking，1996）。研发者不详。阿来克·费舍尔对试题研发起了重要作用。针对后高中教育（包括本科教育，研究生教育，职业教育）学生。有两部分：15 个论证评估选择题，30 分钟；1 小时短文写作，要求批判地评价论证以及进一步进行论证。

ICAT 批判性思维短文写作测试（Critical Thinking Essay Examination，1996）。跨文化思维评价中心开发。提供 8 个标准（提前告知学生，受过专门训练的评分员据此评分），学生针对一篇社论（由考官选择）写一篇短文，概括社论，识别焦点，评价其力量与弱点（ICAT 指 Interactive Computer-assisted Testing 电脑辅助互动测试）。

批判性思维面试（Critical Thinking Interview，1998）。盖尔·休斯研发。对象为大学生和成人。一对一的半小时面试。就面试者选定的议题进行访谈，依据他们展示的主题知识和推理评定成绩。重点是清晰性、语境、焦点、可信性、来源、熟悉主题、假设辨识以及诸如概括、最佳解释推理、演绎、价值推理、类比推理这些推理策略的恰当运用。

日常推理测试（The Test of Everyday Reasoning，1998）。费西万研发。源于 CCTST，选择题型，但加上了证明理由。

詹姆斯·麦迪逊批判性思维测试（James Madison Test of Critical Thinking，2004）。批判性思维公司开发。针对 7 年级到大学学生。着重基本演绎逻辑，也处理非形式谬误和假设归属。选择题型。

学术熟练程度与进步测量（Measure of Academic Proficiency and Progress，2005）。教育考试服务中心研制。测试大学水平的人文、社会科学和自然科学语境中的阅读、数学、写作和批判性思维。标准形式用两小时，简化形式用 40 分钟。有 Web 提交形式。

大学学习评价（Collegiate Learning Assessment，2000）。美国兰德公司下属的教育援助委员会（CAE）主席罗杰·本杰明主持开发，2004 年正式发布。计算机执行任务的构答反应题型，90 分钟内完成。该测试的主要理论基础是“真实性评价”和“增值评价”（学校给就读期间的学生增加了多少价值，尤其是在一般性技能的提高方面），并在题目设计、评分、结果分析等完整过程中加以体现。主要测试批判性思维、分析性推理、问题解决和书面交流能力。该测试的题目是一系列与学生的现实生活有紧密联系的真实情景，呈现出一系列可用于分析、判断的信息，同时提出具体问题，要求学生根据全部信息发表自己的观点，提出可能的解决方法。显然，这种测试的答卷评分要比标准化考试评分困难，测量误差的控制也更有挑战性。该测试可以了解高校对学生发展的实际作用——“净效应”。它的主要影响在机构层面，一般用于高校或院系教学的问责和质量改进。

国际批判性思维阅读和写作测试（The International Critical Thinking Reading and Writing Test，2006）。理查德·保罗和琳达·埃尔德编制，批判性思维基金会出版。针对不同专业的大学生，包括两部分共 100 分：第一部分（80 分）要求学生阅读社论、短评等材料，根据要求回答 8 个问题，涉及文章的目的、争议问题、信息、结论、假设、概念、含意、作者的论证角度或参照系等，每个问题占 10 分；第二部分（20 分）要求学生根据论证的评价标准评价社论或论文的质量。该测试提供详细的评分标准和使用方法，对试题的效度和信度也做了充分论证。

批判性思维能力量表（Critical Thinking Capability Inventory，2007），索弗研发。该评价工具基于这样一个批判地思考的定义：辨识和挑战假设的能力，该能力本身就是一种决策谋略。由此可以确认要能够将这种能力发展到一个满意的水平需要至少六种技能。索弗首先（2004）引进自我评定问卷——“批判性反省量表”（Critical Reflection Inventory），使用六个维度简称为 CODEON：认知觉知（Cognitive awareness）、观察（Observation）、差异（Difference）、移情或共感（Empathy）、开放（Openness）和非个人化（Non-personalization）。2007 年索弗开发了“批判性思维能力量表”（Critical Thinking Capability Inventory），测量一个人对自己理智能力的自我认知的评价工具。它报告一个人的分析技能与对思考和加工信息能力的感知。CTCI 着眼于通过小组活动提升教学和意识；发展关于隐含的和明确的假设的技能；完成一个反思性学习日志。它由 21 个项目组成，安排成 3 个区域，A 区有 6 个项目（领导和管理技能），B 区有 7 个（批判地思考技能），C 区有 8 个（集中于诸如提问、鼓励、扮演魔鬼代言人以及有说服力地使用语言等其他特殊或专门技能），每个项目都配有 7 个选择（用 1—7 表示），7 表示被试认为自己在某一特定领域的技能是完美的，1 表示感到缺乏该技能。[①]

还有包括一般内容的、批判性思维特殊方面的测试工具。除了康奈尔类推理测试和康奈尔条件句推理测试而外，还有比如：

逻辑推理测试（Logical Reasoning，1955）。阿尔弗瑞德·赫特扎和 J. P. 伽利福德研发。谢里登心理服务公司出版。针对高中生、大学生和其他成年人。选择题型，测试（演绎的）类推理技能。

评价观察测试（Test on Appraising Observations，1955）。斯蒂芬·P. 诺里斯和鲁斯·金研发，阿尔伯特大学教育政策研究部出版。针对 7—14 年级学生。选择题型，测试判断观察陈述的可信度。选择题型，也有构答反应版。

加利福尼亚心理动机测量（California Measure of Mental Motivation，2000，2004，2006），吉安卡洛－希藤斯（Carol Ann Giancarlo-Gittens）和费西万开发。评价儿童、青少年和成人批判性思维倾向的工具。有级别Ⅰa，Ⅰb，Ⅱ和Ⅲ多个形式。Ⅰa 适合幼儿园到二年级（小学）学生，Ⅰb 针对小学 3—5 年级（小学高年级），Ⅱ适合中学生，Ⅲ用于中学后学生和成人。所有 4 个形式全都测试批判性思维的 4 个主要倾向：学习定向（learning orientation）、精神专注（mental focus）、认知完整性（cognitive integrity）、创造性问题解决。[②]

特殊学科的批判性思维多方面测试，比如：

科学推理（Science Reasoning，1989）。美国大学测试 CAAP 操作项目，美国大学用 ACT 测试大学生学术水平系列测试之一。针对大学二年级期末的学生，也适用于其他程度的学生。题型为根据段落、图解和表格设计的选择题。对科学知识的要求并不深，但该测试期望学生对科学词汇

① Francesco Sofo，Cinzia Colapinto，Michelle Sofo and Salvatore Ammirato，*Adaptive Decision Making and Intellectual Styles*，New York：Springer，2013，pp. 75，112－114.

② Carol Ann Giancarlo-Gittens，"Assessing Critical Thinking Dispositions in an Era of High-Stakes Standardized Testing"，Jan Sobocan and Leo Groarke（eds.），*Critical Thinking Education and Assessment：Can Higher Order Thinking be Tested?* London：Althouse Press，2009，pp. 17－34.

和概念具有一定的熟悉度。使用自然科学内容，要求学生阅读理解、识别结论、解释数据、评价实验、从数据中得出很可能的结论、提出最佳说明的假说等。

数据包（Packets，1994）。教育考试服务中心（ETS）。一组实际生活问题，在为得出结论而选定要收集的数据、设计和执行程序的过程中要求数学的诸方面。针对中学水平。

学术概貌测试（Academic Profile，1998）。高等教育评估工具。教育考试服务中心（ETS）。针对大学二年级期末的学生，也适用于其他阶段的学生。选择题型检测大学程度的"读、写、批判性思维、人文、社会科学和自然科学语境中的数学"。短版要求 40 分钟完成 36 题；长版要求 2 小时 30 分钟完成 144 题。测试包括写作基本技能，但大部分测试项目似乎是评价指定学科领域里的批判性思维能力。批判性思维得分不限定在某一学科领域，它似乎结合了评价人文、社会科学和自然科学领域中的批判性思维的那些项目，所以这个分数说明这种测试可以当作一般批判性思维测试来使用。但是，数学得分看来只有一种可能解释，即它是数学中的批判性思维的得分，这使它成为一种学科批判性思维分数。选择性的短文问题要求人文、社会科学和自然科学中的批判性思维适用于按照 ETS 提供的评分指导（常规参考答案和标准参考答案评分标准）进行局部评分。

近年来，基于加利福尼亚批判性思维测试，"洞见评价"开发了一些专业或职业批判性思维测试，比如：

专业判断评价表（The Professional Judgment Rating Form，1998），费西万夫妇研发。为评价新手专业人员在需要批判性思维的职场背景中的判断质量而设计。现有英文和繁体中文版本。评价包括两大组，第一组包括 10 个主要与批判性思维态度相关的维度；第二组包括 10 个主要与批判性思维技能相关的维度。根据新手对 20 个描述符做出的是与否回答情况对其进行评价。

医学推理测试（Health Science Reasoning Test，2006），费西万夫妇研发。特别为评价医科教育方案的实习生（大学生和研究生）与职业医科从业者的批判性思维技能而设计的测试工具。该工具所得到的分数用来预测成功的职业许可和高临床表现评级。选择题型，50 分钟完成。量表还是 6 个。有英语、荷兰语、中文繁简、阿拉伯、朝鲜语和波斯语版本。同样有相配的医学推理测试—计算能力（Health Science Reasoning Test-Numeracy）。

商业批判性思维技能测试（Business Critical Thinking Skills Test，2008），费西万等研发。为评估 MBA 学生、本科商业学生和在职专业人士的批判性思维技能而设计的测试。试题不要求商业知识，但以熟悉的商业相关语境为背景。它是一种案例推理技能评价，有时以图像和图表形式表达与商业相关的主题。50—60 分钟完成。测试包括 6 个量表：分析、推论、评估、归纳、演绎和总体推理技能。可以进行在线测试。开发者建议与《商业特质量表》（*Business Attribute Inventory*）或 CCTDI 共同进行。有英语、西班牙语和阿拉伯语版本。与该测试相配的还有商业批判性思维技能测试—计算能力（Business Critical Thinking Skills Test-Numeracy），测试定量推理（数字、算术、测量和数学方法）能力。相近的商业推理测试（Business Reasoning Test）测量兼职、临时性工作以及全职商业和专业职位所需要的入门级水平的批判性思维技能。选择题型，45 分钟完成。

法科推理测试（Legal Studies Reasoning Profile，2008），费西万夫妇和吉安卡洛－希藤斯研发。测试律师、法律工作者、法科或预备法科学生以及法律助理的核心批判性思维技能和个人特质。包括两部分。第一部分测量法律推理的思维习惯和被认为是对法律学生和从业专业人士基本的职业特性，包括精神专注、理智诚实性、严谨精神、远见、认知成熟性、职业自信、交际自信、团队合作、表达和指向性，使用熟悉的“同意—不同意”格式；第二部分是客观测试，即在法律教育和职业活动背景中对于目标指向的反省判断基本的核心推理技能，包括整体推理技能、分析、推论、评估、演绎和归纳。两部分一起提供对法律推理的优势与不足综合度量。该测试不是法律内容知识的检测。推理技能问题在专业的、教育的或普通法律职场情景中提出，题目提供了推理技能应用的必要内容，但并不需要专门的法律知识。使用选择题型，90 分钟完成。有在线测试。

军事国防批判性思维量表（Military & Defense Critical Thinking Inventory，2009），吉安卡洛－希藤斯和费西万夫妇研发。测量对军事人员、政府承建商和那些负有国防工业领导责任的人必备的核心批判性思维技能、心灵规训和个人特质。也用于候选人评估培训目标和教育方案的评估，包括两部分：一部分涉及核心批判性思维技能；另一部分涉及与成功从事复杂和新颖问题并做出信什么和做什么的深思熟虑决策相联系的关键个人特质。有 16 个子量表。

所使用的主题都与军事和国防相关，但题目本身以思维而不是内容知识为目标。90分钟完成，有书面作答格式和在线测试系统。

此外，美国大学考试（ACT）的科学推理部分，医学院入学新测试（MCAT）、学院委员会高级安置方案测试（AP），爱荷华教育发展测试（IT-ED）的许多内容，以及研究生入学考试（GRE）、法学院入学考试（LSAT）的分析和逻辑推理，都包含批判性思维的测试内容。近年来，我国也模仿类似测试，并在各种应用硕士考试和公务员考试中采用相似测试方法。

第四节 批判性思维评价方法的新探索

从种种迹象看，当今的批判性思维研究进入到反思过去30多年批判性思维运动对批判性思维基本问题的探索：批判性思维是什么？批判性思维如何教？批判性思维怎样评价？突出的标志有两个，一是批判性思维的专门杂志《探究：跨学科批判性思维》近3年来约请恩尼斯、保罗和费西万等批判性思维领军人物回顾和评论批判性思维研究概况；二是索伯坎和格罗尔克编辑出版的《批判性思维教育与评价：高阶思维能测试吗?》（2009）围绕批判性思维评价问题讨论了批判性思维界定和教学等问题，尤其集中反思了批判性思维标准化测试。人们现在思考的问题有：

批判性思维的不同说明以及测试和评价的不同方法；

判断测试工具和测试语境的有效性标准；

批判性思维在民主社会教育中的角色以及评价；

那些广泛使用的、声称部分或整个测量批判性思维的实作性或标准化成绩测验的有效性（或无效性）；①

① 索伯坎和格罗尔克针对有效性列举了10个问题。1. 如何能确定学生是否获得了代表批判性思维者特征的品质？2. 如何能确定K—12和高等教育课程中教授批判性思维的程度？3. 如何确保教学/学生学习与作为教育目标的批判性思维之间的某种一致性？4. 如何能更有效地使用多项选择工具测量批判性思维？5. 怎样看待现有测试？6. 当测试成为课堂教学之成功的度量时会对教学有何影响？7. 其他类型的课堂评价和评估能用于测量批判性思维吗？它们是更好的测量吗？8. 应该基于何种根据在批判性思维计划和课程的不同路向中进行选择？9. 如何能确保用来了解课程发展的比较收益数据是可靠的？10. 如何确保我们所收集的数据为了改善学生的学习而被民主地使用？Jan Sobocan and Leo Groarke, "Introduction", Jan Sobocan and Leo Groarke (eds.), *Critical Thinking Education and Assessment: Can Higher Order Thinking be Tested*? London: Althouse Press, 2009, pp. 1 – 12.

围绕高阶思维测试的政策议题；

批判性思维和创造性思维之间的关系，应如何评价创造性。①

人们容易高估标准化测试能实现的任务，尤其是当终极目标是批判性思维或高阶思维的发展时。对大规模的批判性思维标准化测试的一般异议主要有三个方面。第一，问责性的测量并不改善教育。标准化测试不是显示教学表现的某种水平，而是助长了一种机械的、“为死记硬背考试的教学”。在学会死记硬背的信息和这种不鼓舞人的教学所怂恿的题型方面的竞争，完全与培养独立或深刻的思维者的目标背道而驰。第二，大规模测试和教师检测危害专业自主权和教师的自由，他们受到为考试而教的需要的威胁，人们根据他们提升学生分数的能力来判断他们，使得教师难以注重更广阔、更重要（但不好通过考试检测的）的理智发展这样的目标。第三，需要关注，使用考试分数可能以某种方式产生歧视，即对冒险的学生、创造性思维者或学生多样化的群体不利。主流之外的学生更可能在为一般用途设计的考试上表现不佳。实际上，仔细想一想，越来越多的标准化考试构成了当下教育氛围的特征，而这正是在教育者和教育系统把批判性思维奉为教育基本目标的时期出现的，这多少有点反讽的意味。因为批判性思维运动所倡导的教育模式是，教育应该促进所有公民获得高阶思维技能，这将使他们成为批判的、自我反省的和创造的。如此构想的教育不是要生产只是拥有受局限的知识和信息以便能对付更容易更廉价考试的学生。人们难以看出他们的能力如何能用仅仅包括多项选择和短回答试题的那些不发达的工具及其刚性的、内嵌式的（正确或不正确）评分标准来检验。许多评论家相信，构成批判性思维的技能和倾向太复杂了，以致难以用一种标准化格式予以把握和量化。②

人们围绕流行的测试工具来深思这些批判性思维标准化工具是否是测量批判性思维技能的充分手段。首先，标准化测试工具覆盖的批判性思维技能的范围太小。恩尼斯就承认，他们所研发的康奈尔批判性思维测试 X 级就未包括对“意义”和“倾向”的直接测试，Z 级未包括对“倾向”

---

① Jan Sobocan and Leo Groarke, “Introduction”, Jan Sobocan and Leo Groarke (eds.), *Critical Thinking Education and Assessment: Can Higher Order Thinking be Tested?* London: Althouse Press, 2009, pp. 1－12.

② Ibid..

的直接测试，而价值判断在这两个测试中均没有检测。[①] 福克斯等发现，测试工具试图测试的能力范围与人们所列举的批判性思维技能清单相比要小得多，例如，CCTST 测量的仅仅是 250 个以上基本批判性思维技能中的 17 个。对于为在大约一小时完成而设计的任何批判性思维选择题型的测试来说，有限的范围也许是难以避免的。这样的测试结果可能对被测量的技能的胜任程度给出某种指示，但这样的结果一般不可能起到充分测量批判性思维技能的作用。而且，即使是做得较好的这种测试也由于三个原因只能提供初级水平的指示：大多数批判性思维技能涉及"提供"应答而非"选择"应答（即大多数批判性思维技能涉及发动应答而非从给出的选项中选择）；大多数批判性思维技能涉及对这些"提供"应答本身的反思（对思维的思考）；许多批判性思维技能涉及原创思想，然后认真审查它，根本不是做出任何应答。因此，任何使用这样的测试企图承认考试的任何信用方式，搁置任何批判性思维的要求，或者做出有关这种考试分数是能力指示的确定主张，都是绝对愚蠢的。获取和评价批判性思维技能的良好地点在传统课堂（小班教学，没有选择题型考试，要求学生向有批判性思维技能的老师解释每一个答案，老师有足够的关心和时间阅读、聆听和回应每一个回答和每一个解释），没有捷径可走。[②]

其次，测试没有体现批判性思维的一个突出特征——辩证技能（dialectical skills）。这是著名非形式逻辑学家约翰逊基于他自己的二元结构的论证概念对以恩尼斯系列测试为代表的流行批判性思维评价工具提出的批评。约翰逊指出，大多数理论家都同意，一个批判地思考的思维者必须能对付论证，即必须能构建、解释、评价和批判论证。一个批判性思维者也应该具有处理论证的能力：直面对他自己观点的批判并批判地对待他人的论证。[③] 这与约翰

---

① Robert H. Ennis, "Investigating and Assessing Multiple-Choice Critical Thinking Tests", Jan Sobocan and Leo Groarke (eds.), *Critical Thinking Education and Assessment: Can Higher Order Thinking be Tested?* London: Althouse Press, 2009, pp. 75－97.

② Don Fawkes, Bill O' Meara, Dave Weber and Dan Flage, "Examining the Exam: A Critical Look at The California Critical Thinking Skills Test", *Science & Education*, Vol. 14, No. 2, 2005, pp. 117－135.

③ Ralph. H. Johnson, "The Implications of the Dialectical Tier for Critical Thinking", Jan Sobocan and Leo Groarke (eds.), *Critical Thinking Education and Assessment: Can Higher Order Thinking be Tested?* London: Althouse Press, 2009, pp. 55－74.

逊之前提出的二元结构的论证概念完全吻合。“一个论证是一个语篇或文本形式——论辩实践的精华——其中论证者通过产生支持它的理由以说服他人一个论点是真的。除了这个推论核（illative core），论证还有一个论证者在其中履行他的辩证义务的辩证层（dialectical tier）。”① 事实上，作为任何论证之基本构件的辩证层的概念长期以来早已被论辩的实践所认可，哲学家和其他人的论辩都是如此，当学生被教给论辩方法时，他们总是被忠告要考虑可能的反对。因而约翰逊认为，在范例情形下，论证者有辩证义务：他不能只给出支持结论的理由，而忽略收集到的辩证材料（反对、批评、不同的选择）。② 当然，与论证遵守的一般规范相似，辩证层也有一个辩证恰当性的问题。约翰逊认为，在履行辩证义务时，要遵守准确性、充足性和适宜性这三个标准。第一，论证者公正、准确地处理每一反对（不要犯“稻草人”这样的典型错误）；第二，论证者对反对的回应是充分的（满足相干性、充分性和可接受性的标准），尤其要对付最强有力的反对；第三，论证者处理适宜的（迫切、重大的）反对。当然，选择回应哪个挑战有时是兴趣问题。③ 从这种理论来看，批判性思维具有一种“辩证的”意思，而批判性思维者有一种辩证的特质，即具有某种辩证的习惯和技能：他克服对批判的抵抗，甚至要把对自己看法的批判找出来；他懂得什么有利于、什么反对他的观点；在适当的时候（比如在面临强有力反对或不同立场时），他会改变自己的想法；他成为批判性思维者是因为将辩证技能诉诸实施而非因为嘴上说说。但是，大多数批判性思维教科书和大多数批判性思维测试预设了传统的论证说明，忽视或最小化了与辩证维度相联系的技能。人们可以发现，评价人们推论能力的、处理前提—结论结构能力的测试并没有对批判性思维的辩证维度给出多少说明。恩尼斯-韦尔批判性思维申论测试的巨大力量在于注重核心批判性思维技能——论证或论辩（argumentation），它也要求被试阐明他们的思维而不只是思维的结果。但是，该测试检测的是在推论核水平上发现论证缺陷的技能，

① Ralph. H. Johnson, *Manifest Rationality*: *A Pragmatic Theory of Argument*, Mahwah, N. J.: Lawrence Erlbaum Associates, 2000, p. 168.

② Ralph H. Johnson, “Manifest Rationality Reconsidered: Reply to my Fellow Symposiaste”, *Argumentation*, Vol. 16, No. 3 (2002), p. 331.

③ Ralph H. Johnson, “The Dialectical Tier Revisited”, Frans H. van Eemeren (et al., eds.), *Anyone Who Has a View*: *Theoretical Contributions to the Study of Argumentation*, Dordrecht: Kluwer Academic, 2003, pp. 41 – 53.

没有太多的检测被试的辩证技能。由于批判性思维的辩证元素没有被透彻地检测，因而虽然该测试检测了批判性思维的“思维”维度，但并没有足够充分地检测“批判的”维度。①

最后，测试没有反映批判性思维过程中的创造性元素。恩尼斯在评论选择题型批判性思维测试时指出，选择题型测试往往忽略了批判性思维的创造方面，比如形成假说，规划试验的创造性部分，形成定义和恰当的问题等。这些方面需要更为开放的测试来评价。② 对标准化测试来说，看来要开发能把握“所有可想象的回答”这么大范围的答案是不可能的。考察学生是否能发现一个推理中的标准逻辑或语言的缺陷相对容易些，但评价学生是否能发展看事物的新方式，然后按照“新颖性”或某种想象程度来评定分数，这是远为困难的事。更为深刻的是，人们或许担忧，是否大多数标准化测试所强调的生搬硬套技能的、无想象力的练习鼓励本质上缺乏自由和创造性的思维习惯。这样看来，似乎创造性思维是不可测试的。但实际上，不仅有学者论证教学和批判性思维恰恰建立在被想象、开放和创造性所围绕的信念基础之上，更有学者倡导一种基于艺术的探究（arts-based inquiry）的批判性思维，并以加拿大安大略中学读写能力测试（The Ontario Secondary School Literacy Test）为例，说明测试创造性的批判性思维（creative critical thinking）是有可能的。③

针对批判性思维评价遇到的一些挑战，研究者提出了一些建议。第一，开放式问题类型可能比传统多项选择格式更适合评价批判性思维。有效的经验证据表明，开放式测量更好地把握了批判性思维的构成，因为它们比多项选择测量对批判性思维倾向方面更为敏感。由此，有人建议使用混合题格式测试，既有多项选择又有开放式问题，更完整地代表批判性思维的认知和倾向的诸方面。第二，评价任务应该也反映“真正的”问题

---

① Ralph. H. Johnson, “The Implications of the Dialectical Tier for Critical Thinking”, Jan Sobocan and Leo Groarke（eds.）, *Critical Thinking Education and Assessment*: *Can Higher Order Thinking be Tested*? London: Althouse Press, 2009, pp. 55 – 74.

② Robert H. Ennis, “Investigating and Assessing Multiple-Choice Critical Thinking Tests”, Jan Sobocan and Leo Groarke（eds.）, *Critical Thinking Education and Assessment*: *Can Higher Order Thinking be Tested*? London: Althouse Press, 2009, pp. 75 – 97.

③ Sobocan and Leo Groarke（eds.）, *Critical Thinking Education and Assessment*: *Can Higher Order Thinking be Tested*? London: Althouse Press, 2009, pp. 125 – 126.

语境和表现。这就是说，评价应该以模拟近似于现实生活问题和议题为基础。评价还应该使用结构不良的问题，即测试题应该要求学生超越任务中的可利用信息进行推论或评估。当然，问题应该有不止一个合情理的或可辩护的解决办法。应该在任务里有足够的信息和证据能使学生支持多元观点。第三，有学者指出，批判性思维是一种“刺激约束的现象”（stimulus-bound phenomenon），即特定的外部任务特征可能影响在给定的评价语境中引起批判性思维的反应。比如，刺激的特征集中于是否刺激提出了一组有序的、组织良好的和融贯的材料，还是一组不确定的、不明确的、无组织的和矛盾的材料。实验研究发现，某些语境的刺激变量似乎要紧，而别的不那么要紧。比如，刺激文本的内容水平——按照文本中包含的独特命题的数量——对被试使用批判性思维的倾向没有主要影响，而刺激材料之内的一致性或没有矛盾的水平确实有主要影响，有不一致或矛盾的材料比一致和融贯的刺激材料更可能激起批判性思维。研究还发现，某类任务比别的任务更可能引起批判性思维。比如，与仅仅集中于理解刺激文本中提出的材料那种任务相比，需要使用判断的任务对于评价批判性思维更好。尤其是，要求考生接受或拒斥一个待出版手稿的任务比要求考生辨识一组材料的主要论题或说明刺激材料中所描述的科学研究引出了对信念的更多质疑和对思维的核查。第四，研究者提倡根据学生支撑其立场的论证的质量而不是回答的“正确性”来评价学生。批判性思维评价应该超越要求学生回忆或重述学会的信息，任务应该要求学生在新的或新奇的语境中巧妙处理信息。这种评价任务应该通过要求学生在支持判断、选择、主张或断定的过程中提供证据或逻辑论证，使他们的推理成为看得见的。第五，有学者论证，需要测量高阶技能的新评价模式，也有一些使用新颖试题格式的批判性思维测试。比如教育援助委员会（Council for Aid to Education）开发的《大学和工作准备评价》（*College and Work Readiness Assessment*，CWRA，2013），给学生提出 90 分钟的任务，接触某个主题的各种各样的书面材料，它们典型代表现实生活的问题。然后要求学生做出判断，制定一个解决办法。哈佛教育研究生院和国家科学基金会开发的评价和教学方案——《水城研究计划》（*River City Research Project*，2008），使用交互式的虚拟环境给中学生提出模拟的现实生活问题，学生必须通过科学过程（生成假说，检验假说，分析结果得出推断和结论）的应用加以解决。全国评估、标准和学生考试研究中心（The National Center for Research on Evaluation, Standards, and Student Testing）的研究者开发的《力量源》（*Power Source*, 2006），把高阶思维技能与基础数学内容的掌握相结合，用叙事主题或图像小说的形式来实现中学数学的评价。要求学生应用数学原则，并阐明他们的推理。许多州也在探索更为创新的测试方案、允许学生开放的和自由回答的测试题格式。据学者报告，在马萨诸塞州，对257名10年级英语、数学和科学老师的研究发现，教师在他们的教学上正在做出可观察的改变，更多地强调创造性思维和批判性思维、基于探究的学习和问题解决活动。这一教学变化被归因于帮助学生执行好马萨诸塞综合评价系统（Massachusetts Comprehensive Assessment System）的愿望。该系统是基于实作的评价工具，1998年以来就在该州使用。研究也发现，课堂上基于问题的学习策略能导致批判性思维倾向方面的收获。前述评价工具"大学学习评价"，按照在机构水平上而非个体学生水平上学生学习的收获来确定"附加价值"。它使用开放问题格式，要求回答者提供叙述性回答，集中于学生在一个实作任务语境中做出论证和批判论证的能力来评定分数。①

近几年，由于美国教育部的"斯林佩林报告"推荐"大学学习评价"（CLA）作为全国统一的批判性思维评价工具，已有700个机构采用该测试，因而对这一新的批判性思维评价工具产生了热烈讨论。CLA是适应这样的大背景而提出的：高等教育中的技能教学正在变化；重点更多地放在批判性思维技能，比如分析的和量化的推理、问题解决和书面交流。需要测量批判性思维技能的标准化评价。像CLA这样的实作评价不仅评估学生学会当今劳动力所需要的批判性思维技能的程度，也激励教学法上的教育进步。CLA向学生提出一些脚本，它们代表学生在现实世界中会遇到的那类问题，要求他们生成对这些问题的解决。与多项选择题不同，CLA这样的开放式评价能测量学生在多大程度上形成假说、辨识谬误推理和确认隐含的、可能不正确的假设。唯有开放式任务能真正处理这类批

① Carol Ann Giancarlo-Gittens, "Assessing Critical Thinking Dispositions in an Era of High-Stakes Standardized Testing", Jan Sobocan and Leo Groarke (eds.), *Critical Thinking Education and Assessment: Can Higher Order Thinking be Tested?* London: Althouse Press, 2009, pp. 17 - 34.

判性思维，能发现以融贯的论证组织和表达思想的能力。

CLA 首先由全国性非营利组织教育援助委员会（纽约市）于 2000 年发起，2004 年发布。该测试工具不是检测在特殊课程或主修方面的具体内容知识的获得或长进，而是要评价通过 4—6 年的本科教育在课堂内外发生或没有发生的集体的和累积的结果。用实作评价来评价批判性思维技能是一种新颖的教育测试范式，现在已被美国整个 K—16 教育系统接受。CLA + 是 CLA 的增强版（增加了学生层次的可靠性，附加小分，引用标准的报告，更灵活的评价选择，作为一种许可工具的效用），CLA + 评价的批判性思维技能包括：分析和问题解决，写作的有效性，写作技巧、科学和量化推理，批判性阅读和评估，批判论证。该版本将其范围扩大到测量定量推理。它针对英语的核心元素和数学的共同核心标准。这意味着它可以用各种方式将 K—12 和中学后教育连接起来。CLA + 继续服务 CLA 的标志性目标，即评判高等院校给其学生的学习所提供的附加价值增长。不过，它也可以用在大学预备方面：有关即将进来的大学新生在批判性思维技能方面之不足的诊断信息，机构可以用来调整课程和教学以消除这些不足；那些受测试学生的诊断信息可用于改善他们的批判性思维技能，作为关于他们技能水平的附加信息可以发送到暑期雇主那里，或者在大学期间追求其他机会时发送出去。也可用于要毕业的高年级学生：评估能力本位的本科培养方案的效力；给学生提供他们可以发送给自己所选的可能雇主的证明成绩，为进入或退出社区学院的学生和本科教育任何阶段上的学生提供证明考试潜力的证明；提供接续成绩单的测试分数，或用于以各种方式建立毕业生最低学习水平（熟练程度），教育援助委员会（CAE）将为确定熟练程度提供推荐性标准，也将帮助机构或机构系统建立自己所瞄准的熟练标准；为问责要求提供相关证据。①

CLA 的推荐者相信，当今知识经济中的教育改革发展的许诺在不使用开放式的实作评价的情况下不可能兑现，这不仅在中学后教育里是如此，在中小学教育中亦是如此。多项选择与实作评价所涉及的认知过程根

① Roger Benjamin, Stephen Klein, Jeffrey Steedle, Doris Zahner, Scott Elliot and Julie Patterson, *The Case for Critical-Thinking Skills and Performance Assessment*, New York: Council for Aid to Education, 2013, pp. 1 -3.

本不同。忠实现实世界经验常常被看作是实作评价胜过选择题型测试的主要优势。实作评价的另一重要优势是，它们被看作是值得被教的考试。实作评价的“为考试而教”应该鼓励，因为上课时间用到了让学生准备好把知识和技能应用到复杂的现实世界问题上，这种时间耗费是值得的。如果实作评价与问责系统相结合，通过激励教师培养批判性思维技能方面的能力发展，就有对课堂实践产生正面影响的潜能。CLA 基于这样一个得到研究支持的信念：学习是高度情景化的和受语境影响的。但是，通过某一特殊学科领域的实践，学会的知识变成充分一般化的，能使它迁移到增强推理、问题解决和决策技能的领域。这些广阔的能力可以在认知架构中与其他主要技能和能力联系起来后被理解。CLA 所测试的批判性思维技能是在诸多领域学会和适用的广泛的能力，它不测试普遍认为是智能的一般推理能力，也不测量限于一个或一些学科的领域专属性的技能。CLA 承认存在批判性思维核心元素的重要共识，似乎接受“德尔菲”项目的批判性思维定义，基于此，采纳帕斯卡雷拉和特伦兹尼（2005）在欧文（2000）工作基础上提出的一个操作定义：辨识论证的核心议题和假设，辨识重要关系，正确引用数据，从所提供的信息或数据资料推出结论，解释是否结论基于给出的数据资料而得到担保，评估权威的证据，做出自我校正和解决问题。[①] 在其他 CLA 文件中也采用非常广阔的批判性思维定义，包括了分析性推理和问题解决。在评分过程中，基于诸如分析性推理和问题解决这些批判性思维技能对学生做出判断，紧扣学生在其作业中所展示的品质，如评估证据的可靠性和相关性，辨识他人论证中的逻辑缺陷和漏洞，分析和综合各种来源的数据资料，得出有效的结论并用证据和实例加以支持，讨论对立观点。

CLA 代表测试中的范式转换，是实作评价有效使用的典范。它基于理性主义、认知建构主义和强调语境的社会—历史哲学的综合。CLA 所使用的规范抽样方法假定，整体大于其各部分之和，若复杂任务要求分解

---

① Ernest T. Pascarella and Patrick T. Terenzini, *How College Affects Students: A Third Decade of Research*, San Francisco, C. A.: Jossey-Bass, 2005, p. 156. 本杰明等认为，前哈佛大学校长博克《我们学习成绩不良的大学》（2006）提出的批判性思维定义也与此类似。Roger Benjamin, Stephen Klein, Jeffrey Steedle, Doris Zahner, Scott Elliot and Julie Patterson, *The Case for Critical-Thinking Skills and Performance Assessment*, New York: Council for Aid to Education, 2013, pp. 6 – 7。

成独立构件就不能测量作为诸多能力之集成的整个任务的执行水平。CLA样本任务来自“现实世界”王国，取自生活体验的整体的、现实世界的任务，要求构答反应（而非选择），引起复杂的批判性思维、分析性推理和问题解决技能。在这些任务中，学生用60分钟考察一组与现实世界问题相联系的文档，写下自己的回答来阐明对文档的分析，提出对手头问题的一种解决方法。混杂着可靠和有疑问信息的文档采取了报纸文章、研究摘要、电子邮件、网页、（根据录音或笔记整理的）文本、图形、地图和其他书面和视觉媒介形式。实作任务出现于各种语境，包括艺术、社会科学、自然科学、商业、教育、政治学和其他领域，但不要求预先的学科知识。要求学生撰写书面回答，而这要求他们整合来自不同文档提供的信息，并用有关事实和观点支持他们的决定。最近有25个具有实作任务风味的选择性应答被加上，它们和实作任务相结合而提高个体学生结果的可靠性。

CLA由3个批判性思维任务组成：实作任务、构建一个论证的任务和批判一个论证的任务。实作任务设法模仿现实生活情节，要求学生评估和从一些信息来源得出结论。比如，给学生提出一个两难：一个公司在采购一架小型私人飞机的过程中，他们有兴趣采购的那种样机最近失事了。要求学生考察不同来源的17个信息（一些是相干的，一些是不相干的），提供一个书面备忘录，论述是否这种飞机有某些安全问题，是否存在事故发生的其他可能原因，是否他们会推荐采购这种飞机。构建论证的任务要求学生陈述他们关于一些议题的观点，比如是否更多的政府资金应该花在预防犯罪而不是强制执行惩罚犯罪上，提供相关理由支持自己的立场。批判论证的任务要求学生阅读有关日常话题的论证，评估该论证的逻辑正确性和合情理性（reasonableness）。比如，读到的论证是：那些最终分居或离婚的婚姻在稳定增长，一个异常的比例量来自6月的婚娶。因为6月婚娶在文化上是如此令人满意，等到夏季月份到来之前，一对新人往往订婚较长时间了。离婚数字随着一年一年消逝而增长，最新的统计显示，三分之一以上的婚姻以离婚告终。因此，给年轻恋人的一个明智忠告是，缩短他们的婚约，挑选6月之外的月份举办婚礼。

CLA使用一种整体方法给这些任务评分，训练有素的研究者使用一种李克特式量表评估来评判学生回答的多维度，比如他们是否得出恰当的结论，使用相关信息、认识到信息的优缺点。这些分数范围是 1 到 6，1 反映出回答是落后的或不提供信息的，6 反映出回答清晰地确认了支持或反驳一个论证或证明一个主张的重要事实和想法。不过，考虑到每一个提示强调一个具体的批判性思维技能，回答也按照这些具体技能评分，比如是否一个学生在批判论证时识别出信息的 18 个关键片段。通过平均实作和两个论证任务之一（学生完成构建论证或批判论证的任务）的分数，得出总分。①

当然，像任何批判性思维测试工具一样，围绕 CLA 也有一些批评和反批评。②

荷兰语用—辩证学派的范爱默伦和加森认为，他们的批判性思维测试就是语用—辩证技能测试，测试学生以多种方式分析、判断和参与批判性讨论的洞见和能力。为了实践理性，分析和评估测试一般整合在一个综合性的测试文章中。学生被要求创作一个文本的分析性概述并提供批判性评论。在整合自己的分析时，学生必须给出对书面论辩（argumentation）片段（论说文、报纸专栏或给编辑的信）的完整和系统的概述。学生可以自由支配他们的分析，但被期望以显示其完成各种任务之能力的方式做出应答。范爱默伦和加森还提出了一个《语用—辩证的标准测试》，包括两部分：做出分析性概述（6 项任务）；评估论辩（5 项任务）。他们认为，语用—辩证的理论框架给具有不同理智成熟度的各类教育培养方案留下了空间。他们的教学和测试方法已被成功用于荷兰和其他国家的许多不同类型的教育语境，包括在高中课堂上，在大学为非专家开设的一般写作计划以及为法律人和其他专业人士开设的特殊课程中。所有这些课程依学生的层次、需求和期望在范围和难度上有所变化，但保持不变的是，教育的重心在于通过分析和评估论辩性语篇，生成论辩性文本，进而做出理由充分的决定。这种决定是批判性思维的核心，对它的

① Fernando Rodriguez, *Do College Students Learn to Critically Evaluate Claims? A Cross-Sectional Study of Freshmen and Senior Psychology Majors*, Dissertation. Education and Psychology in The University of Michigan, 2011, pp. 12 – 19

② Roger Benjamin, Stephen Klein, Jeffrey Steedle, Doris Zahner, Scott Elliot and Julie Patterson, *The Case for Critical-thinking Skills and Performance Assessment*, New York: Council for Aid to Education, 2013, pp. 11 – 15, 21 – 23.

教学和测试可以建立在对论辩性语篇的批判性反省的基础上，而语用—辩证的理论是其根本。[①]

最近出现了被称作“评估准则”（rubrics）的指导开放性试题评价的批判性思维评价工具。这种测试由构建性应答（constructed-reponse）题目构成，要求学生自己构建一个合适的回答。它是为测试高阶思维技能语境中的批判性思维技能而设计的，被用于一个故事的解释。例如，可能用五个等级（深刻、有启迪、有看法、解读和字面阅读）的评估准则来评定对故事的“批判性解释”的成绩。与此相近，还有另一种“定量评估准则”（quantitative rubric），这里用到“定量”是因为标准里使用了“很少”“有些”“许多”“大多数”“有限”“一般”“不完全”“完全”等。但这些语词的解释取决于具体语境，因而定量准则实际上仍是定性准则。[②]

著名批判性思维学者哈尔彭最近开发的《哈尔彭批判性思维评价》（*Halpern Critical Thinking Assessment*，2010）也属于实作评价。该测试所基于的批判性思维概念是哈尔彭早先提出的：批判性思维是那些增大合意结果之可能性的认识技能或策略的使用。批判性思维习惯上描述有目的的、理由充分的和目标制导的思维——涉及问题解决、做出推论、计算可能性和做出决策的那种思维，此时思维者在使用对特殊语境和某类思维任务周全而有效的技能。批判性思维不只是思考你自己的思维或做出判断和解决问题，它在使用会使得“合意结果”更可能的那些技能和策略。关于哪个结果是合意的决定根植于一种价值系统。哈尔彭钟爱的批判性思维定义之一发表于50多年前（1960），非常接近当代批判性思维概念：批判性思维是按照某种先前接受的标准评估或归类的过程……这似乎包括态度加事实的知识再加某些思维技能，这就是拉塞尔提出的等式：态度+知识+思维技能=智能思维（Intelligent Thinking），一种作为可习得技能的批判

---

① Frans H. van Eemeren and Bart Garssen, “Putting Pragma-Dialectics into Practice”, Jan Sobocan and Leo Groarke (eds.), *Critical Thinking Education and Assessment: Can Higher Order Thinking be Tested?* London: Althouse Press, 2009, pp. 247 – 262.

② Frederich S. Ellett, Jr. and Allan Pitman, “Testing Critical Thinking in a Pluralistic Democracy”, Jan Sobocan and Leo Groarke (eds.), *Critical Thinking Education and Assessment: Can Higher Order Thinking be Tested?* London: Althouse Press, 2009, pp. 99 – 122.

性思维概念。[1] 哈尔彭提出了一个由四部分组成的教授批判性思维技能的模型并详加阐述：(1) 明确的批判性思维技能教学；(2) 鼓励学生努力思维和学习的倾向或态度；(3) 以增加跨语境迁移之可能性的方式指导学习活动；(4) 使元认知监控明确显示和公开。[2]

《哈尔彭批判性思维评价》(HCTA) 测试5个批判性思维子技能：语言推理技能（理解和抵制根植于日常语言的说服技法）；论证分析技能（辨识结论、评价理由的质量、决定一个论证的总强度）；作为假说检验的思维技能（与运用在科学探究中的相同）；使用可能性和不确定性（在日常决策中正确使用概率和可能）；决策和问题解决技能（能用多样的问题陈述来定义问题、识别可能的目标、生成和评估解决方法）。给每一个子类提供5个脚本。考生要分析和批判的25个日常脚本来自各种学科，包括医学研究、社会政策分析和考生在媒体和日常生活中通常接触的其他领域。比如，要求考生想象，他们的朋友要他们就选择两个瘦身计划中的哪一个提出建议。然而一个计划报告说，顾客平均减了25磅，另一个报告说平均减了30磅。在选择哪个计划之前，回答者要生成他们愿意回答的问题。回答者首先回答与脚本相关的开放式问题，然后对与该脚本相关的强迫性选择问题做出回应。HCTA的执行和评分用电脑处理。程序自动计算定量（强迫性选择）回答。定性（开放式的）回答由训练过的评分员在计算机评级提示指导下评定，比如，在对上述例子的回答里，考生可能报告说，他们想要知道有多少人长久保持体重。计算机评级系统提示用一系列问题评级，比如：回答者的回答显示他们需要知道多少顾客在启动该计划时称过体重，回答者的回答显示回答者想要知道多少人减了那么多重量，回答者询问坚持一年或更长时间的减肥人数。分级机指示是否回答者的回答清晰地显示这一点，不太清晰显示这一点，或者根本就没有显示这一点。回答者因准确和全面的应答得到更高的分数。HCTA的分数可能是从0到194这么大的范围。被试使用构答反应和识别格式显示自己思考日常话题的能力。计分系统带有简单计分提示语言，这对于书面回应的评

---

① Diane F. Halpern, *Thought and Knowledge: An Introduction to Critical Thinking*, 4th ed. Mahwah, N. J.: Erlbaum, 2003, pp. 6 – 7.

② Ibid., pp. 14 – 21.

分者间的高可信度至关重要，因而该测试工具把开放式回答的生态有效性与可靠的评分系统相结合。有三种分数：批判性思维总分数（合并构答和强迫性选项项目分数），构答反应分数，强迫性选择回答分数。对每一个批判性思维子技能也有三个类似的独立分数。该测试工具已被许多不同的样本验证。有英语、西班牙语、汉语、越南语、葡萄牙语、荷兰语（很快就有德语等其他语言）版本。适用于15岁以上被试者，主要应用于三大领域：教育心理学（学生达到批判性思维的过程，可能的录取准则）；工业/组织心理学（雇佣前测试，升职，留任决定）；军队（战略完善，人员选拔）。耗时60—80分钟。①

布特勒的研究发现，HCTA预测了批判性思维的现实生活结果。这一发现为HCTA的心理测量特性提供了进一步支持，它将HCTA的校标效度（实证效度）扩大到学术界之外的行为，它表明HCTA能对各种各样背景人们同样好地预测现实生活结果，表明批判性思维在我们的日常生活中起重要作用。批判性思维涉及能予以测量和预见的现实结果，也可能涉及避免负面生活事件。②

---

① Heather A. Butler, "Halpern Critical Thinking Assessment Predicts Real-World Outcomes of Critical Thinking", *Applied Cognitive Psychology*, Vol. 26, No. 5 (2012), pp. 721 - 729. Diane F. Halpern, *Halpern Critical Thinking Assessment. SCHUHFRIED* (*Vienna Test System*) (http://www.schuhfried.com/vienna-test-system-vts/all-tests-from-a-z/test/hcta-halpern-critical-thinkingassessment - 1/2014 - 05 - 02).

② Heather A. Butler, "Halpern Critical Thinking Assessment Predicts Real-World Outcomes of Critical Thinking", *Applied Cognitive Psychology*, Vol. 26, No. 5 (2012), pp. 721 - 729.

第九章

批判性思维之批判

批判性思维已确立为一种“价值”。然而，批判性思维运动伊始就遭到异议或批判。这些批判有来自批判性思维运动内部的声音，也有来自外部的多视角检讨。一些批判多多少少掺杂了对批判性思维本身的误解，需要进行澄清；另一些批判的理论立足点并不稳固，需要从更深的理论层次提出反批判。实际上，直到现在，也不是每一个美国人都赞成批判性思维。据《议论焦点备忘录》（*Talking Points Memo*）“扒粪者”栏目①和《华盛顿邮报》② 报道，得克萨斯共和党2012年的施政纲领包括了反对中学的“批判性思维技能”教学的条款，认为“批判性思维技能”教学是个错误。讨论“基于知识的教育”的政纲条款说，我们反对高阶思维技能（价值澄清）、批判性思维技能和类似的计划，它们只不过是基于结果的教育（精熟学习）的新标签而已，它集中于行为矫正，以挑战学生的确定信念，削弱父母的权威为目的。接受提问的得克萨斯共和党通讯联络主任埃兰（Chris Elam）回答说，“共和党反对挑战学生信念和削弱父母权威性的价值澄清方法”。

第一节　对批判性思维的全盘否定

在美国20世纪80年代的教育改革运动中，就有与批判性思维对抗的

---

① Valerie Strauss, “Texas GOP Rejects ‘Critical Thinking’ Skills Really”, *Washington Post*, 9 July 2012 (http://www.washingtonpost.com/blogs/answer-sheet/post/texas-gop-rejects-critical-thinking-skills-really/2012/07/08/gJQAHNpFXW_ blog.html 2014-05-23).

② Eric Lach, “Texas GOP's 2012 Platform Opposes Teaching Of ‘Critical Thinking Skills’ ”, *TPM Muckraker*, 29 June 2012 (http://talkingpointsmemo.com/muckraker/texas-gop-s-2012-platform-opposes-teaching-of-critical-thinking-skills 2014-05-23).

不同声音。最为著名的就是“文化（读写）能力”理论。“文化（读写）能力”（cultural literacy）[①] 这个词通过赫希（Eric Donald Hirsch）的《文化读写能力：每个美国人都需要知道的》一书，在20世纪80年代的美国教育改革洪流中声名大噪。这个词与赫希对美国教育问题的诊断和处方相联系。

与批判性思维学者对美国教育问题的诊断不同，赫希认为美国教育中“最大的隐藏问题”是缺乏文化（读写）能力，或者说，文化（读写）能力的下降是美国学校系统读写能力问题背后的深层问题。这个问题进一步被定义为，学校没有教学生特别是青年学生有关美国文化的基本“事实”，高中毕业生不知道充分互相交流的共同知识，[②] 而他重新发现了了解具体信息之重要性的“古老真理”。然而，本该作为所需文化信息的基本传送者的学校却没有履行自己的这个功能，因而该受责备的不是电视、学生的父母或贫困，而是学校。基于这一诊断，解决之道是简单而直接的。

赫希论证说，有一种离散的、相对较小的具体信息体为全体受过教育的美国人所拥有，这种信息不仅是美国文化的基础，也是读写能力和教育的关键。因为存在一种“受过教育的美国人实际上所拥有信息的描述清单”，“为了有效地发挥作用，人的群体必须有效交流”，“有效交流要求共享的文化”，“所有人类共同体都建立在特殊共享信息的基础之上”，“共享的文化要求把特殊信息传递给儿童”，“唯有通过积聚具体的相互共享的信息，孩子们才能学会与共同体的其他成员一起参与的复杂合作活动”，“要成为在文化上受过教育的人就要拥有在现代世界从容应对所需要的基本信息”，因此“人的共同体的基本教育目标是文化适应”。[③] 他举例说，书和报纸假设一种“普通读者”，即知道在那种文化中的其他受过教育之人所知之事，任何不具有此假设知识的读者在阅读这些书和报纸时事实上就特殊的著述片段而言是个文盲。由此，他将离散信息体的拥有不仅与学会阅读也与成为受过教育和获得成功的人联结起来。他说，我们对

---

① 另有“文化常识”“文化素养”等译法。

② Eric Donald Hirsch, *Cultural Literacy: What Every American needs to Know*, Boston: Houghton Mifflin, 1987, pp. 1, 8.

③ Ibid..

阅读和写作所需要的知识的肤浅性，对于那些谴责肤浅学习，赞美批判性思维优于信息的人来说，可能是一个讨厌的消息。在他看来，在文化上有读写能力的人往往以一种“电报式的、含混的和有限的”方式拥有共同文化内容。但另一方面，那些关心批判性思维的人只关心“抽象技能”而不关心“文化内容”。然而，使学生能够阅读、写作和获得成功完全是靠有限量的“文化内容”。因而我们现在对记忆的更为虔诚的厌恶，对死记硬背学习的批判，都是错误的。在早年，当儿童记性好的时候，他们对学习特殊部落的传统有一种近乎直觉的强烈欲望。在那个年龄段，他们似乎着迷于信息目录，渴望掌握能证明他们是成人社会之一员的那些材料。[①] 由于“普遍能力与民主社会不可分离”，“应该激励人们学会把有读写能力与文盲、依赖与自主区分开来的不足百页的信息”。每一个人，不只是社会的强势成员，能学会他们需要知道的东西，因此他的书名是《文化能力：每个美国人都需要知道的》。接受他的方案的唯一“成本”不过就是揭破读写文化的神秘面纱。[②] 由此，赫希相信他已经找到改善美国教育的“锁钥”：“传统的读写能力知识”“受过教育的美国人共享的信息态度和假设”如果（哪怕是肤浅地）传递给学生的话，就会使他们成为文化上有读写能力的。一旦教育者承认这些事实，改革教育的“一个直通计划”就能启动。按此计划，教育者将把“抽象的形式主义”和构想拙劣的、以批判性思维和“抽象技能”为焦点的构想抛在一边，以完成三个任务取而代之：（1）就国家词汇表的内容和呈现它的良好顺序达成一致；（2）把幼儿园到8年级使用的阅读材料改变成事实信息和传统知识方面的更强基础；（3）为学校教育三个不同的阶段开发一般知识测试。这些简单的步骤会确保所有公民将变成文化上有读写能力而且也是自主的个人。[③]

赫希说，他对文化读写能力感兴趣主要是为了穷人和文盲，他只是谴责当时的“能力教育理论”，责备实行“浪漫的形式主义”的学校正在教技能而不是教传统的美国信息。阅读正在被当作一种技能来教授，而教科

---

① Eric Donald Hirsch, *Cultural Literacy: What Every American needs to Know*, Boston: Houghton Mifflin, 1987, pp. 13, 15, 26 - 27, 30.

② Ibid., p. 143.

③ Ibid., pp. 140 - 143, 217.

书的内容被忽视了。他认为，学生在学校课程中阅读故事、小说的章节、关于人类情感的散文以及其他这类选本，其实是在浪费时间。学生们需要传统美国知识的“事实性叙事”。[①] 小学生，包括弱势儿童，会从包括“文化内容”的材料而不是从“发展抽象技能”的那些材料获得更多的好处。学生们需要知道同样的事情以便互相交流，因而不必给予他们“大商场”型的教育。文化内容是最重要的，不是因为其内在价值而是因为它被共享。

赫希断言，没有人缺乏认知发展，只缺信息，因而反对教授一般技能。对他而言，强调教“技能”——批判性思维、抽象思维和心理发展，是一种被误导的“自由的”“进步的”议程。他认为研究已经证明，文化上弱势的五年级学生与社区学院层次的学生都具有良好阅读所需要的心理发展，仅仅缺乏背景信息、文化读写能力。他似乎暗示，既有文化读写能力又有批判性思维在课程中不能共存。他对批判性思维提议者的态度极为对抗，好像他们是文化读写能力和良好教育的敌人。他认为，学生并不需要批判性思维教学，况且批判性思维也不能被教授。[②]

甘纳韦指出，赫希认为文化上弱势的五年级学生与社区学院层次的学生都具有良好阅读所需要的心理发展，仅仅缺乏背景信息、文化读写能力，显然表明他没有在许多社区学院新生英语课堂上待过。赫希的论述有些歧义和矛盾之处：[③]“尽管教孩子们民族主流文化并不意味着强迫他们非批判地接受其价值，但它的确能使他们理解那些价值以便预见其他美国人的典型态度”；他也承认自己清单上的项目，按照某种判断标准以未经确认的“文化制造者”为由而被接受或被拒斥。在《文化读写能力》的末尾，赫希似乎完全颠倒了他的立场，宣称我们的学校“有义务教授广泛接受的文化价值”，但学校也有义务“对持续辩论的主题不采取政治立场”。[④]

---

① Eric Donald Hirsch, *Cultural Literacy: What Every American Needs to Know*, Boston: Houghton Mifflin, 1987, p. 27.

② Ibid., pp. 23 – 24, 62, 132.

③ Gloria Gannaway, *Transforming Mind: A Critical Cognitive Activity*, Westport: Greenwood Publishing Group, 1994, pp. 4 – 7.

④ Eric Donald Hirsch, *Cultural Literacy: What Every American needs to Know*, Boston: Houghton Mifflin, 1987, pp. 24, 84, 137.

批判性思维专家保罗认为赫希的推理有许多问题。他的计划像所有灵丹妙药、所有将复杂和多面向归约为简单和单纯的方案一样，过分简单化。阅读、文化和教育要比赫希净洁而整齐的世界中的阅读、文化和教育要深奥得多。需要做出的区别要比赫希接受的多得多，他所肤浅分析的概念需要更细致、更精确的分析。要理解如何帮助学生成为在现代世界茁壮成长的有力的读者和自主的个人，我们必须比赫希所建议的更为小心和深入地打好我们的基础，必须小心区别和处理他所忽略的具有复杂性的概念。保罗提出以下要求：1. 必须注意区分拥有信息与拥有知识。赫希把信息和知识当作同义词，但信息可能是虚假的、偏见的、不完全的或误导的。知道某事物并非只是相信，掌握了说明或使其直觉上为真的证据或理由才够得上有某个知识，因而教育不能满足于学生成为信息的记事簿。应该让他们学会如何质疑向他们提出的所谓真理，要他们按部就班地寻找支持理由和证据，反驳别人简单地、非批判地接受的东西，让他们理解自己所学之事物。2. 必须认识到社会和文化的复杂性，它们在何种程度上必然是知识分子和社会辩论的中心点。不同的群体都对文化和社会的进化和变革感兴趣，他们同样也对如何叙述他们的历史有兴趣。保守主义与自由主义对社会和文化的说明就不同。尤其是对一个事件讲授多长时间，应该如何描述，从中应该学会些什么，颇有分歧。就文化所说的那些特征究竟是一种理想还是一种实践，在赫希那里也是含糊的。① 保罗指出，赫希没有说明我们传承文化的方式塑造我们的文化是什么。如果我们传承自己的文化以让年轻人非批判地把谬见当作事实予以接受，那么我们培养的是非批判的思维，非批判地把谬见认同为我们文化的一部分。但是，假如我们传承自己的文化，是让学生必须面对定义我们文化的挑战，因而学生听到且必须回应对我们文化的各种不同的概念化，那么我们就是在培养批判性思维和思想的独立性作为我们文化的一部分。这种差异对我们理解在阅读中显现的文化读写能力的过程有重要意义。3. 作为一种文化读写能力的模式内在地是批判地质疑所读之物的模式。赫希承认阅读内在地是一种思维模式，但他所理解的推论过程基本上是一种非批判的或机械的过程，一

---

① Eric Donald Hirsch, *Cultural Literacy*: *What Every American needs to Know*, Boston: Houghton Mifflin, 1987, pp. 98 - 99.

个依靠“电报式的、含混的和有限的”意义和联想的过程。他似乎忘记了我们为构建意义而使用的信息是多种类型的，其中一些导致我们扭曲或误解文本。拙劣的读者所做出的推论与好读者一样多，有偏见的人做出的推论也与相对无偏见的人做出的一样多，他们都阅读文本和解释情景。需要洞察我们误读和误释的多样方式。阅读本身无所谓好坏，只有它促进我们的理解，使我们充实，能使我们更真切、更诚实地看穿事物，才是好的。同样，体验本身也是如此。阅读所需要的是一种批判的读写能力(critical literacy)。4. 具有批判性读写能力的读者必须学会辨别他们用于做出推论的那些概念的来源，更重要的是必须理解那些概念的逻辑。要区别文化联想与经验事实，数据资料与解释，证据与结论、相信与所知(knowing)，确信与顽固，做出判断与审判，会话与闲聊，征服与武断操纵。比如，在文本中遇到“民主”这个词，有批判能力的读者并不是想到民主党和共和党的会议、气球和电视上广告的形象，苹果饼图、母爱、我们的政府、林肯等这样的文化联想，而是抓住“民主”一词的本质，比如“人民统治”。他们不断区分未经规训的（往往是误导的）文化联想与受过教育者的用法。赫希似乎遗忘了这个必要规训的基本洞察。他从未提及与有教养的使用相比，非批判地追随一种文化联想犹如乱飞的苍蝇，可能导致读者误构一个文本。5. 对于为了理解的阅读而言，背景逻辑而非背景知识是关键元素。保罗指出，背景逻辑有四个维度，有教养的批判性读者能够探查：（1）观念或概念的来源；（2）观念或概念的结构；（3）观念或概念的意涵或后果；（4）此观念与其他观念的相似和相异的关系。由于阅读是我们用自己的思维勾勒他人的思想，因此批判性读者尝试根据他们自己的思考和经验的模型来形成关于作者可能意思的假说。人们开始于这样的假设：作者是合乎逻辑的和一致的，尽量把作者之所言解释为符合最强、最富有洞见的、与文本一致的。想象地、感同身受地对待作者的假设，设法根据作者的假设进行推理，找出支持作者之所言的证据和经验。仅当不能发现这样的证据和支持时，批判性读者才接受该文本可能在概念上或经验上是有缺陷的可能性。阿德勒（Mortimer Adler）早在其杰作《如何读一本书》（1940，1972）中就描绘了这个批判性阅读的模型。他强调，训练有素的批判性读者能勾勒出一个文本的基本逻辑，即使在没有更多背景知识使阅读更容易的情况下。况且，拥有一个文本预设的背景知识是个程度问题。有批判性读写能力的读者就像一个解码者，能根据所给出的东西通过分析地推理重建没有给出的很多东西。对那些缺少丰富背景的学生来说，更重要的是好读者必要时查阅未知的参考，返回再读。即使是最好的读者也不会立刻理解读到的一切，他们需要联系学会这类阅读以及在他们已有的背景基础上联系阅读材料。①

赫希及其合作者还推出《文化读写能力新词典》（1988，1993，2002）具体落实"每一个美国人都需要知道的"文化常识。第一版导言指出，与专家知识不同，文化常识是每个人所共享的。它是我们的文化已经建立的有用的信息流体，因而值得保存。作者提出确认和定义公共话语所假设的知识的几条原则：第一，文化常识介于太专业化的专家知识和太一般化的信息之间；第二，我们的文化中被广为人知的信息项目，即很可能被大多数受过教育的美国人所知的条目进入该词典。大部分日报所提及的未经定义的事件、人或物很可能构成我们共同知识的组成部分，因而是文化常识，它们的定义就出现在该词典里；第三，文化常识不是时事的知识，尽管它有助于我们理解所发生的那些事件，要成为文化常识的组成部分，一个项目必须具有持久的意义。本词典中的某些材料自从我们建国以来就在我们的民族意识里保持不变。当然，我们文化的不断变化当作新事物添加上，而别的被忘记，新的关系被形成和打破，因而定义文化常识是一个进行中的项目。②

赫希指出，该词典的基础是《文化读写能力》（1987）所勾勒的概念。事实上，阅读能力不是一种可一般化的技能，可以用篇幅长的样本来充分诊断检验。假如一个少年对蛇了解很多，但对湖知道极少，那么他就会在关于蛇的一段文字上获得好分数，但在关于湖的段落上不会有那么好的分数。因而，要获得有关他整个阅读能力相当准确的图景，我们必须抽样检查他如何处理各种各样的主题。由于我们把新的加到旧的之上时就会最容易地学习，那些已经知道很多的人倾向于比那些所知不多的人更快更容易学会新东西，因为前者早已知道新概念中的许多关键要素。阅读能力

① Richard W. Paul, *Critical Thinking: What Every Person needs to Survive in a Rapidly Changing World*, Tomales, C. A.: Foundation for Critical Thinking, 1993, pp. 527 – 533.

② Eric Donald Hirsch, Jr., Joseph F. Kett and James Trefil, *The New Dictionary of Cultural Literacy*, 3rd ed. Boston: Houghton Mifflin, 2002, pp. x – xi.

不仅依赖广阔的知识也依赖共享的知识，因此学习依赖交流，而有效的交流依赖共享的背景知识。读写能力下降的一个重要原因是在中小学各年级使用"技能取向"的"相关的"材料，随之去掉早先文学文化的课程（即传统历史、神话和文学）是个天大的错误。按照少年儿童对现代材料比对古老故事和神话有更大兴趣的理论，现代一般读者不断更新教给少年儿童的内容，好像阅读、写作和口头交流是能够独立于具体读写内容而完善的形式技能。不幸的是，如我们所看到的，这种理论在经验上是错误的，照它办事已经对民族的读写能力造成了灾难性后果。对专家行为的研究表明，技能和专业知识高度相关，这种相关从一开始一直到最高的执行水平都成立。任何教育理念的真正检验是其有用性。赫希期望该词典是一个有用工具，希望没有人会乐意阻止文化读写能力作为一个终极的教育目标。文化读写能力对于有教养的人不是充分的成就而是必要的成就。文化常识是肤浅的，真正的教育是深刻的。但是，我们对阅读和学习的分析揭示这样一个悖论：概括而肤浅的知识是深层知识的最优路线，因为广阔知识能使我们有效地阅读和学习，它是我们继续阅读、学习和深化知识的最好保证。真正的读写能力总是敞开大门——不仅向深层知识和经济成功也向其他人和其他文化敞开大门。①

赫希在第三版前言指出，他和同伴从来没有动摇过这样的信念：《文化常识词典》背后的理论是正确的，因为它基于现有的语言学和认知心理学的发现。它的学术正确性为人所知并获得公众实践的共鸣是令人高兴的。公众也理解这些共享的意义对于在我们国家内部的交流，对于阅读是必不可少的。我们都知道，阅读是最重要的学术技能，但在我们学校里的善阅读者与不善阅读者之间存在巨大鸿沟。阅读技能不仅对儿童在学校的成功是关键，对于他在信息时代的一生成功机遇也是关键。这就是联邦政府和大多数州开始极大强调阅读的缘故。这既是一个好消息也是一个坏消息。说是好消息，因为成为一个好读者是如此极为重要；说是坏消息，因为制定和执行学校政策的人到目前为止尚未完全精通成为一个超越读出单词的好读者所需要的是什么。关于阅读理解的重要问题，他们的视界含混

---

① Eric Donald Hirsch, Jr., Joseph F. Kett and James Trefil, *The New Dictionary of Cultural Literacy*, 3rd ed. Boston: Houghton Mifflin, 2002, pp. xii, xvi.

而不清晰。赫希说，谈论阅读理解使我想起马克·吐温对天气的谈论：人人都谈论天气，但没有一个人就它做任何事情。阅读理解分数没有显著长进。美国的爱国主义是由共享知识、态度、忠诚与包括非排他性、宽容和对其他宗教和文化的尊敬在内的价值建造的。[①]

实际上，仔细想一想，批判性思维的技能培养和拥有文化常识并非天然矛盾，思考与记忆也不是全然对立。在学习过程中，这些因素的良好平衡才是正道。美国学生在阅读方面成绩不彰的原因非常复杂，将不能令人满意的成绩完全归咎于任何一个因素或者认为加强某个因素就会成绩如意，都是难以令人信服的。而且，强调批判性思维技能也并非是要甩掉具体内容知识、记忆等元素。

另一个对批判性思维更猛烈的批判来自马萨诸塞州波士顿学院哲学教授惠特克。他对批判性思维的批判可以说竭尽嬉笑怒骂之能事，将批判性思维比拟为霍桑（Nathaniel Hawthorne）《通天铁路》（1843）中的洞穴"巨人"：这个巨人的身材、相貌、体质和天性非常古怪，这些特征他自己也好，别人也好，从来都描述不清。……他看起来身材极不匀称，很像一团云雾，朦朦胧胧。他用奇怪的语言冲我们喊叫，我们不懂他的话，也不知道他的哭泣是激励还是恫吓。惠特克说，在当代学术领域中，尤其是哲学和英语学科，一个人很可能被与霍桑笔下的虚幻魔鬼很相似的洞穴新魔鬼绊住，它无疑坐在云雾中，也说着新奇古怪而又吓人的话语。像多数巨人一样，它宣称自己的血统非同一般。这个新巨人的洞口被杂乱的尸骨堵塞，其中不仅有旅行者的尸骨，还有整个智力传统的遗骸。这个巨大恶棍的名字叫批判性思维——一个对教授和学生说起来敬畏多于理解的名字。但是，由于我们与它共处一地，不能像霍桑那样只是坐在火车上瞥见它而已，因此，也许唯一避免进一步伤害的方法就是勇敢地正视它，让光照亮这个洞穴，揭示它顽劣而又伤人的混合特质。

惠特克是怎样完成这个高尚任务的呢？首先，他针对批判性思维运动的诸方面提出自己的反对意见。几家大型高等教育机构今天都把批判性思维当成必修核心课程的一部分或规定为测试项目，几十年来批判性思维甚

---

① Eric Donald Hirsch, Jr., Joseph F. Kett and James Trefil, *The New Dictionary of Cultural Literacy*, 3rd ed. Boston: Houghton Mifflin, 2002, pp. vii - viii.

至成为学校教育的吉祥物。但是，批判性思维不仅是个巨人，也是个大骗子。它骗人的把戏就是弥漫于它四周的浓重云雾，这云雾源于批判性思维定义的多样性。一些貌似传统主义者的人士追根溯源，把批判性思维等同于逻辑。不过，批判性思维理论的主要发展令人吃惊地把它推到了思想领域之外，让它进入了行动领域，许多流行定义强调其决策和判断的作用。批判性思维者喜欢把苏格拉底推崇为自己的智力祖先。但是，在这些喧哗和多种定义的背后暴露了批判性思维的真正本源：美国实用主义和心理学富有希望的结合。因此，当不对苏格拉底虔诚喧哗时，许多批判性思维者便把杜威当成了他们科学灵感的来源，尤其引证《我们如何思维》。成熟、个人成长、独立性、相关性——批判性思维似乎推行了那个时代倡导的所有教育目标，似乎成了回来驱除各种古老偏见的进步主义者圣·乔治。尽管批判性思维早在 20 世纪 80 年代就在中学大受欢迎，可是 1980—1990 年间从中学毕业、将要在大学就读的学生的读写和思考能力却在下降。紧随中学教育的步调，大学也开始在本科教学大纲中接纳批判性思维。广泛采纳的新“写作大纲”或“学科学习中的写作”训练项目，部分依赖传统做法去灌输批判性思维而不仅是训练好的写作习惯，批判性思维因此孕育了“批判性写作”和“批判性修辞”。人文学科教师的焦灼感使他们抓住批判性思维的治疗特质，最初用“非形式逻辑”包装起来。学习陈旧、古老的书本看来没有必要，这些知识也不能让你找着一份高薪工作；当你与柏拉图和莎士比亚对话时，你学会了批判性地思考，这是当今快节奏世界中的一项基本技能！至少它们能帮你在研究生入学考试和法学院入学考试中取得高分。

其次，惠特克谴责批判性思维运动忽视实质性知识，把方法看得高于内容。在批判性思维的影响下，越来越少的教授具有语言学、历史、哲学或文学方面的知识，使得注重“批判”更为不可避免。本来是实用主义美国人的批判性思维运动，因而与激进的欧洲大陆的“批判理论”或者与有些从业者称作的“批判教育学”结盟。这种联盟隐含的假设是，虽然一个人不能从柏拉图、莎士比亚的这些古书中学到任何实质性的知识，但他们能通过拆解和反驳它们而学会“批判性地思考”。当然，自洽的批判的教师认识到，完全跳过古书而用大众文化里的、他们自己的个人告白或学生自己作品中的证言来对学生的意识“去中心”，常常更快更保险。

有些高中英语老师在模仿这些教授时也发现，如果他们能充分求助批判性思维，他们最终能彻底放弃陈旧的标准，通过布置更多被假定更可能吸引学生“思维”的那些更新式的读物、更为接近学生自己经验的材料，找到通往受奖励的意识形态的便道。这样一来，某个不正常的人就可能没有机会变得恋慕“经典”。紧跟批判理论火热的脚步，给批判性思维注入新意义的最新事业是它的“多样性”。许多人无疑几乎把多样性尤其是种族差异性当成一种神学上的分类，多样性对批判性思维是重要和基本贡献。杜威发起的运动（对民主社会里每一个体的角色必不可少）现在已经意味着把个体当成种族群体认同和种族群体思想的承载者。还有许多追随者把批判性思维等同于非形式逻辑、问题解决或一种文化读写能力。但是，不管批判性思维的计谋、野心和自我错觉是什么，批判性思维运动的历史表明，它敏感又机灵。在70年的发展过程中，它一直能够容纳大量含义，其中一些意义与另一些意义直接相矛盾。批判性思维的特殊力量正是它的知识贫瘠——恰恰是思想空虚确保了其持久力。也就是说，批判性思维的实用主义意旨，即试图把思维变成工具，让大脑工作，把方法抬得高于实质或内容，以广泛分歧的、理智上可疑的但颇为实用的理由，给几代教师遗赠了一种易于暂时征用的工具。

再次，惠特克认为，批判性思维最深的损害很可能是在英语课，尤其是写作课。这些课程的老师喜欢宣称，学生早该表现出懂得“基础”——拼写、标点和语法，因为大学是从事分析文学和流畅写作的。这种宣称尽管很可能讨好学生，但它与一条“水应该往高处流”的法令有一样大的力量。从第一次世界大战以前的威廉·斯特伦克时代起，大学生就需要“基础”教学了。但是，在批判性思维的庇护下，作文老师现在可以自由地一脚踢开所谓的“规则方法”。他们的意思是，由于这些规则拥塞学生的心灵，因而干扰学生理解材料、组织自己的思想和彻底想清楚自己的表达。惠特克认为这是一个古怪的论证，它企图把这种表达的意义与其形式（例如字母、逗号或者分号的特定排列，主动语态或被动语态的使用）剥离开。这种方法否定了学生用守规矩的方式运用自己思想的能力，往往导致的结果是残缺句的迷思或流水句的意识流废话。它也无视学生必须阅读复杂诗歌或散文时不知道“规则”所面临的困难。但是，如同许多老师发现的，避免这种僵局的一种方法就是让学生阅读和评论其同伴写得差的作文。在“进步论者”的改革之前，文学或作文课的很大一部分用于朗读课文甚至演讲背会的短文。毕竟一个公民必须总要准备好在公共场合说话，大部分注意力要放在清晰的发音和波特（Ebenezer Porter）所说的“修辞阅读”上。日常语法阅读传达文本可理解的意义，而修辞阅读课表达文本的激情。每一种任务都不好完成；无论选择哪一种都需要自己先细读，甚至朗读。但是，被批判性思维熏陶过的学生觉得这种练习是一种烦扰。当你能够谈论某个东西，解剖、解构和摒弃它时，为什么还要朗读它或者演说背会的短文？结果可想而知，由于从未念诵课文里的语词，这些学生通常对课文的意思是什么几乎没有什么概念，课文的激情就更不用说了。被迫阅读时，他们的阅读即使能听得见也是蹒跚而单调的。因而批判性思维方法冷酷的主观性（把你自己、你的关切和思考、你的问题、你的意见凌驾于课文之上）不仅把学生和书本割裂开，而且也把学生彼此割裂开了。这样，批判性思维就把它的受害者交给了他的远房亲戚——失望巨人（the Giant Despair）。

最后，批判性思维给记忆设置了巨大障碍。它从一开始就把自己放在了反对“大量垃圾信息”的死记硬背的位置。现在所有学生被告知这种“信息”每年增加两倍、六倍或十倍，因此他们回避熟记任何东西——一首诗、一种理论、一个方程式，他们都能轻易地在许多书和网站上找到。毕竟，真正的“批判性思维者”一旦需要这些信息时会有办法找到的。但是，就像柏拉图《理想国》的那些有名的“高傲自大的年轻人”阅读一样，他们开心地撕扯所有古老和现存的一切，仅仅因为它们是旧的；越来越多的年轻人觉得批判性思维的魅力不可抵挡：他们把积累起来的智慧和文明之美当作如此多的“信息”，当需要时就被加工；他们撕碎这种好像是对他们思想进行掣肘的文明的规训和制度记忆。

惠特克的最终结论是：像从前的幽灵一样，批判性思维并不只是强行侵害了学术界或美国社会，它是被邀进门并让它安顿下来的。理由与它的符咒一样多，这些符咒极大地利用了自豪却又胆怯的民主灵魂。批判性思维的云雾意味着，甚至那些不太亲密注视它的人也能谈论它而不用担心被反驳。它也许诺，每个人不用学会大量规则、进行长年学习或记忆大量的材料，就都能成为一个“思想家”。“批判性”思维暗示通向某种决策之思考的富有成效的熟思，或者更直白地说，它是一种清理、撕碎、消除可能使我们感到渺小或困难的、会妨碍我们“把事情做好”的任何崇高的事物。因此，在所有这些符咒背后的批判性思维依然是一种祸因。具有讽刺意味的是，因为驱逐了诸如死记硬背和“基本技能”的训练，批判性思维让学生语塞、轻率，完全丧失了观念和有意义的表达。与相呼应的政治运动一起，它已经削弱和驱散了对保持文明重要的各种规训，已经挫败了学生成为文明人的倾向。它已经用充满奇怪、空洞措辞的烟雾、幽暗和空气充塞了心灵。①

这种大为不敬的讥讽理所当然遭到批判性思维学者的回击。纽约州立大学荣誉人文教授拉吉罗（Vincent Ryan Ruggiero）在给《学术问题》编辑的信中把惠特克的批判文章当成“批判性思维课程发现谬误的绝妙练习”，指出惠特克犯了一系列谬误：替罪羊（scapegoatin），即把现代教育所出的全部毛病都归咎于批判性思维；犯罪牵连——利用杜威的过激来不公正地玷污每一个拥护批判性思维的人；以先后为因果——认为由于批判性思维先于人文学科的衰退，文盲的增加，性教育的出现和多元化运动，因此必定是批判性思维引起了这一切；人身攻击——把批判性思维的倡导者称为“奴仆”“怪物”和“骗子”；推不出——论证如果一个智力“工具”被误用于“可疑的……事业”，因此它就不再会有正当合理的使用；虚假二分——不正确地暗示批判性思维教学与传统课程内容是互相排斥的；无根据的假设——错误地假定命题知识生成程序知识（即思维技能）。稻草人——误解阿德勒的观点而加以引证，没有批判性思维学者主张思维可以完全摆脱某种内容（最起码涉及一个主词和一个谓词），但惠特克大批特批脱离内容的批判性思维。同时，惠特克也可疑地挑选一些作者来挑战，避开了拉吉罗领导思维教学几十年的教科书尤其是他的《关于伦理议题的批判地思考》(1973)、《超越情感：批判性思维指南》（1975）和《思维艺术》(1984)。惠特克忽略了这些著作以及其他许多作者所采用的方法非常不同于他所指责的批判性思维的陈腔滥调。无论这是惠特克的不足还是有意忽略证据，都将削弱他的成见。拉吉罗从批判性思维运动在教育改革历史中的地位入手，提醒人们注意一些重要的事实。首先，批判性思维运动是对

① Albert Keith Whitaker, "Critical Thinking in the Tower Ivory", *Academic Questions*, Winter, 2002 – 2003, pp. 50 – 59.

20 世纪初心理计量学家之悲观情绪的一种反应。这些人要使教育者相信，大众缺乏智力潜能简直无可救药，因而应该告诉他们思考什么而非教他们如何思考。因而批判性思维不是旨在驱逐智力的严格性而是要恢复它。其次，在 20 世纪 70 年代晚期和 80 年代初兴起的批判性思维运动的主要支持者不是心理学家而是哲学家，他们关心形式逻辑已经变成过度理论化的，因而强调非形式逻辑（non-formal logic）。大学里其他学科的同人特别是那些力图恢复修辞学的意见之评估（这种评估曾一直是古典修辞学的一部分，但在 16 世纪主要是在拉谟斯的影响下被撤掉了）的写作教员也参与进来。最后，尽管在机构的使命宣言中越来越多地提及批判性思维，但批判性思维运动只获得较小的成功。虽然很多院校提供批判性思维课程，教师在其他课程中提供分析思想的实践，但这些努力的影响很少在全部大学课程中感觉得到，而在初高中课程中几乎从未贯穿。该运动没有达到较大成功是基于以下一些原因：第一，批判性思维不可能被教或大多数人缺乏学会批判性思维所需的智力这一持续的错误信念。第二，流行的、阻碍有目的的生产性思考的三重奏观念：真理是主观的而不是客观的，是创造的而不是发现的；情感是比理性更可靠的行为向导；有权提出一个意见保证一个人的意见是对的。第三，批判性思维运动中的学者没有认识到上述障碍的严重性，没有澄清该运动的预设、目的并加以辩护，没有把相关的运动比如创造性思维和基于问题的学习当成共同的事业。第四，许多教授和教师顽固拒绝放弃填塞头脑的教学方法，即使在每个学期都有证据表明失灵的情况下。由于学生的记忆只能维持到期末考试，所以教师常常被迫开始在第二学期重复第一学期所教的。他们通常叹息和抱怨，但对改正这个问题无计可施。批判性思维运动的目的就是要使每一教育层次的每一课程不仅是一种为考试而记住的信息汇集，更重要的是有向导地面对曾经唤起伟大思想家的那些智力挑战，直面发展智力技能与增加知识和学科的鉴赏。这个目的应该值得热情支持而不是谴责。①

艾莫利大学心理学系的利林菲尔德（Scott O. Lilienfeld）也认为惠特克的批判不全面，有时严重歪曲当代批判性思维运动的面貌。颇有讽刺意味的是，惠特克也成为批判性思维打算消除的某些逻辑错误的牺牲品。惠特

---

① Vincent Ryan Ruggiero, “To The editor”, *Academic Questions*, Fall, 2003, pp. 5 – 6.

克为自己的断言所提供的证据少得令人吃惊。比如，他指批判性思维运动与学生基本技能令人伤脑筋的下降有直接因果关系，其实犯了相关到因果的谬误。大多数科学教育者承认，批判性思维技能不可能在真空中教授，需要基本学科知识的坚实基础。在心理学教学和研究领域，对强调批判性思维技能的一些导论教科书的细读并没有给惠特克的主张提供支持。与其他导论教科书的唯一重要差异是这些教科书增补了用批判性思维工具讨论常规主题，以区别有良好支持的主张和差劲支持的主张。其中包括的工具有：区别相关和因果、辨识研究调查中的混淆和其他方法论缺陷、为不明确的发现生成竞争假说的技术。利林菲尔德同样发现惠特克犯了混淆一种方法的滥用与它的有效性或功效的逻辑错误（abusus non tolit usum）。批判性思维也与惠特克正确谴责的后现代主义以及相关的解构主义等知识运动明显不一致，科学的批判性思维的最大烙印就是以真的对应理论为前提，假设在一个主张反映外部实在的程度上它是真的。惠特克断言批判性思维中的“批判的”一词蕴含着一种消除或“拆除”倾向的主张反映了一种普遍的误解。对于科学中的现代批判性思维出现的语境，他没给读者提供多少，其实过去几十年对美国公众的调查表明，大多数甚至受过良好教育的个人都非批判地接受大量关于世界本质的超常的、科学上可疑的甚至明目张胆的伪科学主张。主要是一些杰出的科学家、科学作家和哲学家（比如卡尔·萨根、西德尼·胡克、艾萨克·阿西莫夫、保罗·库茨、马丁·加德纳等）对这些令人不安的社会动态做出了回应。1976 年建立的超常主张科学探究委员会（CSICOP）的主要目标就是促进“科学和科学探究，批判性思维，科学教育和在审查主要议题过程中运用理性”，该委员会出版《怀疑的探究者》杂志，发起“年轻怀疑论者”计划，旨在培养儿童和青少年的批判性思维，成员包括前费米实验室主任和诺贝尔奖得主利昂·莱德曼，圣达菲研究所诺贝尔奖得主默里·盖尔－曼，麻省理工学院语言学家史蒂芬·平克，得克萨斯大学物理学家史蒂芬·温伯格，哈佛大学的昆虫学家威尔逊，华盛顿大学心理学家伊丽莎白·洛夫特斯，天普大学数学家乔·艾伦。事实上，科学课程中很少指导深思地评估超常和其他成问题的主张，大多数科学教科书的重点几乎仅仅是已知为真的东西而不关注已知为假或可疑的东西，因此科学学生往往在学完课程之后，对如何辨别真实的与虚构的知识主张并没有一个清晰的理解。惠特克没有告诉读者旨在培养关于科学议题的批判性思维课程一直是在减少大学生相信只有极少科学证据的主张，包括相信鬼魂、占星术、超感官知觉等。这些发现与惠特克断言的批判性思维“挫败学生变成文明人的倾向”形成尖锐矛盾。惠特克给读者提供了怪诞的漫画而不是批判性思维的准确描写。[①]

惠特克在同期杂志上做了回应。不过，他又把大学培养“哈佛人”或“耶鲁人”“学者”或“艺术家”与培养批判性思维者似乎看作是不相容的：“我们想要一所大学的教育目标是‘批判性思维者’吗?”实际上，惠特克始终没有理解批判性思维是补充传统的3个R（阅读、写作和算术）的第4个R（推理），而不是取代它们。况且，在倡导批判性思维的学者当中，早就有一些人坚定主张批判性思维必须是依赖学科内容的，例如早先的梅可派克和当今的威林厄姆（Daniel T. Willingham）甚至不承认存在可以脱离学科内容的一般批判性思维能力，强调领域知识和实践是最关键的。[②]

第二节　对批判性思维模型的批判与改造

在赞成批判性思维的学者当中，有一些从不同于传统视角考虑问题的理论流派对常规批判性思维模型提出批判，要求对它进行改造或重建。最为突出的是女性主义视角和后现代视角的批判。

女性主义者看到，定义和描述批判性思维（批判性推理）的过程十分强调一个人的推理能力，作为一个变量的情感概念在批判性思维过程中并没有出现，尽管事实上亚里士多德和其他古典修辞家和哲学家强调要把情感作为任何说服活动中的一种证明形式。但是，当代西方社会和参与批判性思维教学的人常常把情感的特征当作是有效批判性思维的一个障碍。这种否定性评价在一些批判性思维和论辩教科书中可见一斑：把情感诉求归类为谬误或“伪推理”（pseudo-reasoning）。欧洲白种男性思维者在构建他们的概括、理论和概念架构时，很少或没有注意人类的女性另一半。按照西方史，对妇女的这一忽视并不奇怪，我们的合理性和逻辑的概念好

---

① Scott O. Lilienfeld, “To the Editor”, *Academic Questions*, Fall, 2003, pp. 6 –9.

② Daniel T. Willingham, “Critical Thinking: Why is it so Hard to Teach?”, *American Educator*, Summer, 2007, pp. 9 –19.

像是某种男性的而不是性别中立的东西。这个假设在对男性价值和女性价值的刻板印象中得以强化：女性是非常感性的，根本不隐藏情感，非常主观，极易受影响，极不喜欢数学和科学，非常没有逻辑，不能分开感觉与观念。按照某些研究，女性不喜欢数学和科学，而这两个学科都要求进行归纳推理和做出推论的能力，由此允许人们进一步推断，女性也可能不喜欢从事归纳过程和进行推论。这又意味着，妇女不是理性生物或不在意成为理性生物，也并没有被看作是这样的生物。最终，如果人们不介意做出推论跳跃的话，在先前刻板印象的基础上，推出妇女不是理性的。如此构想的女性特质与批判性思维的标准定义不一致，因为批判性思维者是“客观和公平的”“寻求理由和证据”的人，因而主流的社会感知是：妇女缺乏批判性思维技能和能力。《洛杉矶时报》（1987 年 9 月 9 日）的一篇文章也表明，女性倾向于至少一周哭泣一次，而男性平均一月一次。研究暗示，女性比男性哭泣更多有生理的和文化的理由，尤其是女性有日益增长的泌乳刺激素水平，也许男性和女性的泪腺在解剖上的差异影响女性升高的哭泣倾向。无论什么原因，哭泣被典型地看作是女性行为，一种作为推理个体的妇女可信性的抽象。国会女议员谢罗德（Patricia Schroeder）因为她极为情感性的演说宣布她决定不选总统而遭到批评，引起某些人质疑她是否有能力竞选更不用说掌控总统办公室了。在讨论关于妇女和语言的一项研究时，有人指出，已经发现除了说它不受亚里士多德逻辑支配而外，再难以描述女性的语言。在西方社会中，批判性思维以至交流都扎根于亚里士多德逻辑，基于上述观察，人们可能推论，按照我们的思维或语言用法，妇女不被构想为合乎逻辑的生物，而男人却是这样。不管怎样，这个社会把妇女看作是不太能批判地思考和交流的，而男人却能。然而，问题在于我们文化中包含的信念即“情感”对逻辑是个麻烦以及妇女要在这个（男人的）世界里生存就必须变得不那么感情用事。虽然某些研究提出妇女的思维不同于男人，但没有理由相信妇女不能批判地和逻辑地思考。[①]

女性主义者在重新解释批判性思维模型的过程中，首先戳穿妇女天生

---

① Joan L. Cashion and Lesley A. DiMare, “Integrating Feminist Theory into the Communication Curriculum: A Focus on Critical Thinking”, Boston, M. A.: The Annual Meeting of the Speech Communication Association, 1987.

无能逻辑地思考的神话。按照对大脑左右半球的研究，一般相信左脑控制语言、逻辑、演绎推理等功能，右脑控制视觉空间能力以及非线性的、整体的和创造性思维。根据对妇女的刻板印象，妇女应该是右脑占主导，而男人应是左脑占主导。但是，这些刻板的评估并没有得到研究的支持。有学者（1974）详尽研究了大约1500个性别差异研究报告，显示整个研究有相当少的一致的性别差异。在一些性别差异之中，他们没有发现被一致报告的东西，虽然男性在视觉空间能力、右脑功能上强一些，而女性在语言能力（左脑占主导）方面的表现优于男性。语言能力的证据表明，妇女可能在左半球有优势。比如，我们知道，女性学会语言比男性早，比男性在先说出第一个词，把语词组成短语，用词组组成句子。在言语天资测试中女性也优于男性。男性更可能经历与语言相关的障碍，比如失语、诵读困难和口吃。对中风病人的研究也发现，女性的左右半球较少偏侧，因而更为相互依赖地发挥作用。影响左脑的中风女性的语言能力恢复在范围和速度上都比男性好。基于诸如此类的发现，看来没有可靠的证据指示妇女天生无能批判地思考。但是，与此证据相矛盾的关于妇女的刻板印象现在依然持续着。因而，可以保险地说，妇女在批判性思维方面的不充分表现很大程度上归咎于历史的、社会的因素。在历史上，妇女不被允许思考，她们很难获得平等教育的机会，社会化过程也不鼓励妇女思考，没有机会锻炼心灵，思考被当作是与女性典范不一致的活动，经过社会化的女性变成了使用情感作为获得她们所欲之物的方法。①

卡申（Joan L. Cashion）等认为，我们必须改变批判性思维模型本身，需要重新构思批判性思维，导向一个批判性思维的新定义和新模型。放弃坚持男性的标准，重新阐释关于包括认知行为在内的人类行为的观念，允许我们承认女性和男性可能在行为方式上不同，但这种差异不一定意味着一种方法必定是规准的，另一种必然是低一等的。著名女性主义者吉利根（Carol Gilligan）提出与传统道德推理发展之理解的不同看法，批判科尔伯格完全基于男性数据资料形成的整个道德推理发展模型。吉利根主要提

① Joan L. Cashion and Lesley A. DiMare, "Integrating Feminist Theory into the Communication Curriculum: A Focus on Critical Thinking", Boston, M. A.: The Annual Meeting of the Speech Communication Association, 1987.

出三点批评：第一，他们根据男性的标准谈论女性心理发展，偏颇和不公正地把女性在心理发展上与男性的差异当作她们发展上的失败；第二，他们把发展与个体化、分离、权利以及自主性等同起来，忽视了依恋、关系、联系和爱在心理发展中的作用，强调“公正”的发展路径而忽略了“关怀”的发展路线；第三，他们忽视了对女性的自我和道德建构的研究。在吉利根看来，按照男性标准衡量的女性在“道德发展上似乎不足”的问题并不在于女性自身，而在于现有的“男性”理论模式的局限性和对生活真理的忽视。① 可以看出，伴随批判性思维运动出现的对“关怀”思维的重视吸收了吉利根的思想。

卡申等也建议类似模型，批判地重估批判性思维模型，特别倡导恢复情感在批判性思维模型中的合法地位。妇女也许需要被当作是一种不同的文化。应该把妇女的理性“方式”看作是不同的而不是低等的，就如“东方”或亚洲的思维方式逐渐被当作是不同的而非负面的推理方式。批判性思维研究领域要开始把妇女作为一种发展自己推理过程的文化来考察，改变有关妇女和情感的负面的社会主流看法，发展一种把男性和女性特质融进批判性思维过程的批判性思维模型。②

著名女性主义批判性思维研究者塞耶－培根同意西格尔的一个重要论点，即批判性思维对于维持民主制是重要的。但是，塞耶－培根在从实用主义、后现代主义、女性主义和弗莱雷的工作中找到她的视角之后，将焦点置于人际关系，因而有了与认识论取向的批判性思维理论家不同的看法。在她看来，批判性思维是一个共同体中的社会互动问题，可用“大家缝”（quilting bee）来比喻。来自不同文化带有独特个体视角的人们参与知识建构，做出各自的贡献。凭借越来越多的缝被人（认识者）及其声音，知识成长得越来越大。③

“声音”的概念是塞耶－培根思维中的一个女性主义者的关键概念。

---

① Carol Gilligan, *In a Different Voice: Psychological Theory and Women's Development*, Cambridge, M. A.: Harvard University Press, 1993, pp. 156, 159－161, 166－167, 170－173.

② Joan L. Cashion and Lesley A. DiMare, "Integrating Feminist Theory into the Communication Curriculum: A Focus on Critical Thinking", Boston, M. A.: The Annual Meeting of the Speech Communication Association, 1987.

③ Barbara J. Thayer-Bacon, *Transforming Critical Thinking: Thinking Constructively*, London: Teachers College Press, 2000, pp. 7－9.

它传达一种会话和身体亲密的含义。由独特心灵和自我构成的特殊视角，也披露了何时在倾听声音或使它听得到。想象一下用小块布缝缀的被罩，塞耶－培根的推理蕴含着，每一个体用她们独特的声音、她们的某些知识补丁对缝缀工作有所贡献，每一块补丁都有被缝被人的文化背景所决定的特殊的颜色和花样。假如被子即知识的构造要形成自己的形式，所有补丁也即所有声音都是需要的，尽管它们必须按照该共同体的活动予以安排。这意味着，个体必须加入并按照共同体约定的语言一起干事，否则的话一个人就成了被剩下的一块布片，不能为大家缝做出贡献，他的声音不会被听到。塞耶－培根指出在厘清批判性思维这个概念时，使用这个大家缝隐喻有一些好处。批判性思维的现象然后就被看作是一种包含人类身体的实践，人以心和身的一种不能分离方式的构成。①

存在不断要求大家缝的实际缝缀的身体活动，但这也非全部。很可能缝被人在谈论，也许在唱歌或讲故事。在某些大家缝活动中，人人都缝，但并不一定每个人在同一时间都在缝，也许人们轮流缝，别的人休息一下，或者帮助缝缀需要的材料供应，例如剪切更多的材料以供使用。在某些大家缝活动过程中，参与者也许压根就没有实际缝缀：他的才能被用在其他支持方式上，例如担当为每个人供应食物和饮品的厨师的角色；作为照看者与小孩一起玩耍，以让其他人能够工作……可能发现一个大家缝是沉闷而宁静的，几乎没有互动发生。但是，大多数大家缝肯定是人们可以用各种各样的方式为缝缀任务做出贡献的活动。它们毫无疑问也是这样一个地方：我们在谈论的认识者是有肉体（对缝缀经验有重大贡献）的人。② 塞耶－培根突出心和身不可被分离这一事实，但在历史上，心和身被分离为两个不同的实体，唯有前者被认为对批判性思维者有重要性。她也凸显了尺子、剪刀和直针的使用是一个创造性过程。还强调情感和直觉作为批判性思维的重要工具。③ 塞耶－培根发

① Eva Brodin, *Critical Thinking in Scholarship: Meanings, Conditions and Development*, Dissertation. Lund: Lund University Department of Education, 2007, p. 149.

② Barbara J. Thayer-Bacon, *Transforming Critical Thinking: Thinking Constructively*, London: Teachers College Press, 2000, p. 9.

③ Eva Brodin, *Critical Thinking in Scholarship: Meanings, Conditions and Development*, Dissertation. Lund: Lund University Department of Education, 2007, pp. 150 - 151.

现一些学者认为，男人按照原则和规则行动，而女人把她们的行动置于责任和关怀基础之上，她指出，这个性别差异其实并不恰当，因为妇女就像男人一样按原则而行事，但她们的原则被男人看作是价值不大的。包含极为疏远语境性（contextuality）的有原则的判断被认为是有效的和重要的，而基于保持关系之价值的有原则的判断被视为更弱，这完全基于错误的理由。① 因此，按照一种大家缝的批判性思维的概念解释，批判性思维其实在人与人之间的关系中得以发展，这也是女性主义者的特色。由于知识是个体之间构建的，知识不可能被当作是跨文化绝对的和有效的，而是高度依赖语境，依赖谁的声音在发出。或许最重要的是，知识不仅与心连接，也与身连接。由于不同的身体并不在同一环境中运动，因而知识不可避免地依赖身体经验，因此针对这个背景，批判性思维必定被转换为建设性思维。②

女性主义或女权主义致力于探索性别化的维度，相信妇女在历史上一直受压迫，被人类制度和社会关系不公平地对待。女性主义者把性别看作是社会地被建构的范畴，需要持续不断的批判。她们论证说，历史上父权社会中的男人一直把自己描绘得与女人大不相同，把妇女置于一种低一等的、次要的第二性。女性主义关心权力的形式和功能以及权力如何以不利于女性的方式被使用。罗丹的“思想者”表明批判性思维者的形象似乎是男性。而当我们考虑一个出名的批判性思维者和教学生成为批判性思维者的教师例子时，我们想到的是雅典集市上被一群年轻男性围绕的苏格拉底，他们在进行热烈的讨论。塞耶-培根认为，批判性思维与男性相联系并非偶然。批判性思维的男性特征根源可以追溯到其欧洲—西方哲学。古希腊是一个拥有特权的男性统治的社会，那些有闲暇和受过教育的人获得了批判地思考和深入思考哲学那类主题的机会。对于这类人，与心灵和理性的联系变得比与财富和闲暇的联系更多，而妇女变得与身体和情感相关联。柏拉图可能是心/身分裂的一个重要来源。按照他的知识理论，我们头脑清醒地知道的东西是早已知道

① Barbara J. Thayer-Bacon, *Transforming Critical Thinking: Thinking Constructively*, London: Teachers College Press, 2000, p. 85.

② Eva Brodin, *Critical Thinking in Scholarship: Meanings, Conditions and Development*, Dissertation. Lund: Lund University Department of Education, 2007, p. 152.

的，因为我们的灵魂是不朽的。但是，当我们的灵魂栖息于我们的身体时，我们忘记了我们所知的东西，因此我们耗尽自己的生命设法回忆我们的灵魂早已知道的东西。由此开始，在欧洲—西方哲学中，心与知识相联系，身体被看作是挡在我们知识之路上的某种障碍。我们的身体引起我们的遗忘。柏拉图不只提议在心与身之间的分离，他还把心与理性，情感与身体分别相关联。在他看来，我们需要学会驯服情感，设法保持对它的控制，以使它顺应而不是反对我们。妇女是如何变得与身体相联系因而与情感相联系，与心和批判地思维相分离的呢？妇女变得与身体相联系是因为她们在社会里的生殖角色。妇女要怀胎十月，然后哺育婴儿直到他们能吃固体食物，一般要经过6个月到两岁。妇女一生的三分之二时间受到她孕育的每个小孩的影响。对于妇女来说，要将她们的心与身分开不像对男人那么容易。唯有到了妇女能通过使用非常有效的出生控制对生殖过程采取控制的那一天，她们才变得不受其身体需要的控制，毫无疑问，因为她们能这样做，因而她们就变得更与自己的心和理性相联系。某些女性主义者论证这是件好事，因为它最终允许打破将妇女被排列在其思维能力低于男性的那种层级体系之低端。现在妇女能与男性平等地并肩工作，她们的想法被严肃对待，被尊敬处理。而另一些女性主义者论证这根本不是一件好事，因为妇女恰恰接受了男性的心优于身，理性优于情感的价值判断，取代了对二元论的质疑和批判。这些女性主义者论证，心/身、理性/情感的分裂是危险的，因为它们要求我们把我们自己与自己分裂开。她们论证，我们不能只是给这个完全以男性为中心的批判性思维观点“加上妇女并搅拌起来”；我们必须把我们自己重新描述为具有身心（bodyminds）并学会重视理性和情感。

塞耶－培根说，我的声音已加到对批判性思维的男性模型的批判之上。作为一个女性主义者，我已经论证了我们必须转换我们思考批判性思维的方式并重新描述它，以便它不再代表如此普遍渗透的男性形象。给罗丹的思想者加上乳房并不够，我们需要放弃孤独的、冥想的男性形象。塞耶－培根提出了一个与罗丹思想者不同的思想者的意象：大家缝（quilting party）。这个形象意味着，聚会中的一些人准备食物，一些在照看小孩，有的在演奏乐器，有的在用小块材料缝制一个被子。这里所说的缝被子的材料代表我们的观念，被子就是我们最终的产品，代表我们一起社会地建构的知识。当然，基于一种个体模式的工作甚至依靠个体的整个知识之被也是可能的，不过，通过一个大家缝我们还一起讨论我们的缝被子计划，继续重新协商这些以及帮助最终将个体片段缝在一起。如果材料代表我们的理念，完成的被子代表我们的知识，那么我们这些缝被子的人就是探究者，建构知识之被的认识者：年轻人和老年人，男人和女人，有各种性取向的、身体不吸引人的、身体能行的、各种身材、高矮、肤色、来自各种经济背景和世界各地文化的人。

在缝被子的过程中，我们使用一些重要的工具帮助我们，其中之一就是批判性思维。我们的批判性思维用于帮助评价我们的思想和概念，决定哪些较好地组合在一起，哪些是未发展的或过于截然不同和矛盾，需要被淘汰。我们的批判性思维工具能使我们判断和批判我们正在缝制的被子。批判性思维的作用就像缝被子过程中的一把尺子、剪刀和直针。它帮助我们衡量我们的概念、秩序，把它们变直，帮助我们把它们组合在一起，置于适当的位置，因而我们能检核它们的质量并确保它们互相协调。在缝制知识之被时，我们也使用直觉，在缝被子的隐喻中就是使用针和线代表我们的直觉，在材料上移动并将材料结合在一起。直觉帮助我们穿越理念与选择想要发展和使用的那些理念。反过来，批判性思维给我们提供评价理念的方法，直觉帮助我们生成理念并把理念放在一起。两个工具对于探究以及帮助我们生成美丽而有用的知识之被都是至关重要的。但是，即使我们有针、线、剪刀、直针和尺子而没有材料本身的关键要素即理念，我们依然不能制成被子。直觉和理性可以完成非常重要的生成和批判的工作，但它们依赖想象和情感的帮助，因为我们的情感和想象刺激和启发我们探究。在缝被子的隐喻中，情感和想象是由材料的质量、质地、颜色和纹样代表的，材料的亮色和纹理代表我们的情感，材料的设计和形态代表我们的想象。情感对于探究是重要的，因为它们使我们开始和保持完成构建知识的艰苦工作。[①]

我们的探究开始于一种需要感，某物激起我们行动。我们被怀疑或关

---

① Barbara J. Thayer-Bacon, *Transforming Critical Thinking: Thinking Constructively*, London: Teachers College Press, 2000, p. 148.

切打动，或被可能性的线索唤起，因而开始探究。我们的想象帮助我们打开新空间，因而我们能有所区别地看世界，帮助我们理解不同的现实，因而我们能感同身受那些与我们不同的人。我们的想象帮助我们把看似分隔的结合在一起生成新的秩序，帮助我们在看似没有模式的地方看出模式。这个被转换了的批判性思维叫作建设性思维（constructive thinking）。罗丹的思想者让我们聚焦于个体及其成就，比如他的考试分数、等级、研究论文，而大家缝的形象把我们的注意力吸引到参与知识之被的构建过程中的**民众**。我们被要求注意探究的过程，而不只是产品。透过一种建设性思维模型，我们也认识到逻辑的和问题解决的活动不是帮助学生成为好思考者的唯一活动。艺术的努力也帮助学生学会如何使用建设性思考所需要的工具：理性、情感、直觉和想象。女性主义具有一种批判的头脑和友爱之心，与传统批判性思维相反，一种代表女性主义的批判性思维理论是影响良好的模型。一种大家缝既是友好的同时也是批判的。① 塞耶－培根承认，这种挑战普遍本质和个体认知主体理念的批判性思维新描绘，取代了先验认识论视角，是一种把真理理解为得到担保的可断定性（warranted assertability）的语用视角，皈依一种多元的、历史上依情况而定的认识共同体的社会模型。这些共同体不断进化、分解和重组。我们在自己的认识共同体内，商议用来判断我们的公共证据的可修正标准。然而这并不是相对主义，因为绝对和相对的虚假二分被所有知识都是暂时的和某种视角的知识所代替。以一种更为谦虚的批判性思维观点来看，被问题化、改造和重新描述的批判性思维就转化为建设性思维。②

从当今主流批判性思维理论来看，女性主义对批判性思维的批判有一定道理。确实，批判性思维和创造性思维相互交织和渗透，很多批判性思

① Barbara J. Thayer-Bacon, "Feminism and Critical Thinking", Joe L. Kincheloe and Danny Weil (eds.), *Critical Thinking and Learning: An Encyclopedia for Parents and Teachers*, London: Greenwood Press, 2004, pp. 229－233.

② Barbara J. Thayer-Bacon, " Transforming and Redescribing Critical Thinking: Constructive Thinking, *Studies in Philosophy and Education*, Vol. 17, No. 2&3 (1998), pp. 123－148. 值得注意的是，女性主义的批判性思维观点的某些方面也引起论辩理论家的之间的论争。例如可参见 Michael Gilbert, "Feminism. Argumentation and Coalescence", *Informal Logic*, Vol. 16, No. 2 (1994), pp. 95－113；以及 Kathleen Miller, "A Feminist Defense of the Critical-Logical Model", *Informal Logic*, Vol. 17, No. 3 (1995), pp. 337－346。

维能力和倾向测试也没有发现性别方面的显著性差异。区别在于，主流批判性思维着眼于相对区分批判性思维与创造性思维（包括直觉、想象），以便界定清晰的批判性思维概念和学科边界，而情感方面的问题纳入批判性思维心理倾向或态度之下，早已不存在忽略情感因素的主流批判性思维模型。由此来看，主流批判性思维模型与女性主义的见解之间共识多于分歧。

还有以加拿大麦吉尔大学教育系金奇洛教授为代表的一批学者吸收建构主义、女性主义、批判理论和后现代理论的思想，对逻辑主义的批判性思维概念予以否定，认为它是笛卡尔主义的、实证主义的和欧洲中心主义的，主张“后形式主义”的和“复合的批判性思维”。金奇洛说：“我们深深地尊敬对逻辑、概念分析和认识论洞察的传统强调，但怀疑我们能走得更远。”我们不可能在一种社会文化的和政治的语境之外构想批判性思维。起源于17世纪笛卡尔所绘就的科学方法的西方科学，把宇宙的基础建筑构件看作是自在之物，但最近物理学、生物学、社会科学、人文科学和认知科学的很多研究表明，关系而不是自在之物是世界的建筑构件。处于世界之中就是处于关系之中。金奇洛要重新形成批判性思维的概念。早先北美的批判性思维运动注重发展学生的笛卡尔式的合理性，把批判性思维作为整个课程和教与学诸方面的基础。法兰克福学派会发现，这样一种视角有意识形态上的局限性，因为它没有分辨出意识形态的、支持现状的教育学维度，它的特征是教授意识形态一致性，有益学校的监管目标，不质疑压迫性社会规范方法。换句话说，许多批判性思维教学法未经质疑地把某种特殊的、欧洲中心的思维模式当作优于其他的模型加以推销。女性主义者扩展了这些批判，认为主流批判性思维传统以及法兰克福学派的立场常常是由男性构成和统治的领域，排除了女性和非白人的贡献。教育中的批判性思维是一种艺术形式，超越了笛卡尔在可利用的逻辑替代选项中进行合理选择的概念或皮亚杰形式运算的概念（追求认知活动的更高形式的个体遵循科学方法的线性程序）。这便是后形式思维（postformal thinking），一种认为皮亚杰基于笛卡尔主义的形式阶段并不代表人的认知能力之顶点的认知形式。后形式思维的主要特性之一是扩展所谓的“久经世故的思维”（sophisticated thinking）的边界，因为发现非白人种族、贫穷阶级和女性这些人被智能共同体

"拒绝入境"。[①] 这种后形式主义汲取了圣地亚哥实行主义学派（Santiago enactivist school）瓦雷拉（Francisco Varela）的思想。智能行为并不涉及遵循普遍规则的推理形式，而是一种使知识适应不同环境集的能力。在这个语境中，智能甚至伦理行动对于那些在批判性思维的形式水平上操作的人也许看起来在逻辑上是矛盾的。批判性思维必须被实行而不是被学术化。金奇洛承认，他们的批判性思维概念结合了瓦雷拉和弗莱雷（Paulo Freire）的观念，并比较和对照实行主义的概念与弗莱雷的批判实践。这个概念挑战批判性思维的实证主义定义（严格遵守科学方法程序生成客观的、可验证的和普遍的予料）。金奇洛说，我们的批判性思维观点质疑实证主义的批判性思维主张，即它能给我们的问题提供答案，给我们的难题提供解决办法，为我们消除焦虑提供终极真理，为评估我们的观念提供普遍的程序集。太多的批判性思维文献的确陷入欧洲中心的父权制的泥潭，导致了一种低估在这些狭隘界定之外的思想模式的倾向，应该努力探索出现于非欧人的或非父权制种群的新智能形式。这种狭隘的批判性思维模式助长一种文化傲慢，使提倡者看不到大量意义深远的道德、伦理、认知和教育学的洞见。在一个全球化的后殖民的世界里，我们必须超越单一文化的理性标准，变成智能的侦探，发现能使复合批判性思维（complex critical thinking）更富有弹性的认知形式。

金奇洛等人还把那种将批判性思维看作是难题解决过程的还原主义表述称为"非批判的批判性思维"（uncritical critical thinking）或批判性思维的非批判形式。他们否认西格尔这样的批判性思维家所持的一个立场：科学和合理性是普遍概念，不需要历史化或文化的语境化。批判性思维的理性主义形式被看作是价值无涉的和客观的，因而有助于主流规范、权力关系、价值和实践的普适化。非批判的批判性思维计划的倡导者没有历史的、哲学的、社会的和文化的研究之根基。但是，所有合理性和批判性思维的观点都由于使用宇宙论的、本体论的、认识论的和价值论的哲学预设，因而做出关于世界、人、知识的本质和价值的假设。复合的批判性思维者使用这些洞察来决定他们自己和其他分析家的批判性思维视野做出了怎样的假设。他们相信，教师

---

① Joe Kincheloe and Shirley R. Steinberg, "A Tentative Description of Post-Formal Thinking: The Critical Confrontation with Cognitive Theory", *Harvard Educational Review*, Vol. 63, No. 3 (1993), pp. 296 – 320.

和学生应该理解笛卡尔传统的局限性、排斥性和它常常服务的静态的社会利益。复合的批判性思维者将认识论的动态看作是理性主义传统的重大缺陷之一。我们所知之物总是系于把我们塑造成人的那种语境，不同的人会完全不同地构想和解释同一事件的意义。批判性思维和教育学的理性主义定义没有审查作为特定时空之文化产品的合理性，而复合的批判性思维者必须在其更大的历史语境内理解合理性。复合的批判性思维者感兴趣的是把对作为通过在各种各样的社会语境中的互动而实现的、社会地构建起来的实体的心灵（mind）的理解与对这个世界运作方式的社会的、文化的和政治的洞察结合起来，即把心灵理论和社会理论整合起来。批判性思维必定在这些复杂过程之间的关系之内运作，而这些关系正是复合批判性思维概念的一个关键维度。实在之网是由太多的需要控制的变量组成的，笛卡尔理性主义的简单性和知识生产的主流形式不满足复合的批判性思维者的需要。当然，反笛卡尔主义者的发展重新概念化批判性思维并不意味着简单拒斥所有经验科学，而是科学观点只被看作是关于这个实在复杂网络的一种视角。复合的批判性思维者逐步认识到，生活世界具有其不可控制变量的迷宫，非理性、非线性和整体和部分不可预见地相互作用，也开始看出实在的解释性维度。他们坚持，我们必须拥有且能够使用生成关于实在知识的多元方法。所有思维和行动都发生于历史的连续体之中，复合的批判性思维者的角色就是要把这个认识放到意识的优先地位。任何试图与生活世界打交道的批判性思维都必须处理语境动态。复合的批判性思维的方法认可这些语境因素并对它们加以说明。如果人们不能理解自己的语境嵌入，它们就不能够辨识其偏见和倾向的起源。金奇洛指出，我们的复合的批判性思维理论包含了解释学、女性主义和可错主义者的维度，是多元的和拼装的。这种认识论视角可以描写为批判的建构主义（critical constructivism），也可以用后形式主义刻画金奇洛的认知理论取向。①

---

① 金奇洛所刻画的后形式主义的基本特性是：1. 知识考古学：（1）知识的起源；（2）对思考的思考；（3）问真正的问题和探查难题。2. 模式：（1）探究深层模式与结构；（2）看出表面不同事物之间的关系；（3）揭示心灵与生态系统相互联结的水平。3. 过程：（1）解构；（2）把逻辑与情感相联结；（3）非线性的整体主义；（4）过程的认识论和本体论。4. 语境化：（1）注意背景；（2）理解特殊性与普遍化的微妙相互作用；（3）权力在塑造表征世界方式中的角色。Joe L. Kincheloe，"Into the Great Wide Open：Introducing Critical Thinking"，Danny K. Weil and Joe L. Kincheloe（eds.），*Critical Thinking and Learning：An Encyclopedia for Parents and Teachers*，Westport，C. T.：Greenwood Publishing Group，2004，pp. 1 –52.

复合的批判性思维质疑塑造人之意识的社会的、政治的、经济的、认识论的和语言的结构，质疑生成这些结构的历史语境，这将帮助人们探索学校教育的社会历史的和政治的维度，探索在课堂上建构的那种意义以及这些意义如何转变为学生的意识。理性主义的技术性思维在遇到复杂的、结构不良的生活世界问题时不能很好起作用。当学数学、化学、历史、语言或文学的学生必须处理以不同于他们所习惯的考试问题的格式提出的定义不良的问题时，许多人都失败了。没有教给他们落实智能，而是贮存知识和程序。复合的批判性思维者追求一种以准备好行动（readiness-for-action）为特征的智慧。认知科学40年的发展可以说是从认知主义到联结主义/建构主义，再到实行主义。心灵不可再被看作是一台计算机，一个机械的信息处理装置。实行主义号召我们看清楚心灵研究的复杂性，心灵被看作是社会建构的突生网络，在与生活世界的复杂化相互作用中达到其最高表现。学习者应该集中于我们的行动如何与创造它的世界联系起来。我们特殊的具体的历史环境帮助我们认识我们是谁，我们能变成什么。教师必须变成理解认知活动的多重维度和被不同时代的不同分析家所概念化的理性（reason）的学者。批判性思维必须既在理论上被理解也在特殊环境中被实行。那些试图理解具体的生活情境的老师和学生必须学会成为行动中的质疑者（questioners-in-action），审查该情境涉及的所有观点或视角。复合的批判性思维寻找塑造开发课程之过程的差异，帮助教师和教育领导者反思学校教育的目的和成为一个受过教育的人意味着什么，鼓励学生质疑西方和其他文化的价值，把那些指出西方价值中的虚伪和矛盾的学生看成是透彻思考的而不是不合意的年轻人。教师需要掌握的一个关键概念是，认知总是一种政治的和意识形态的行动，而不是一个个体的精神活动。复合的批判性思维者不被政治中立的警报所诱惑。人类智能以及批判性思维的核心特性之一是其使用并非显然的解决办法解决定义不良的问题，辨识多重问题的多重解决取决于人带给一个情境的相关价值。作为智能意识的批判性思维是由抽象和具体的思维模式的交集形成的。

复合的批判性思维也吸收批判理论的元素。法兰克福学派主要关切把政治的和心理的因素嫁接起来的精神分析的洞见，复合的批判性思维试图把精神分析重新引进批判领域，引入当代关于批判性思维的会话。这再次强调实行主义在分析和概念化批判性思维过程中的重要性。从精神分析的视角看，权力帮助塑造决定个体发展的倾向和认知能力类型的选择。贴上批判性思维标签的东西不仅受到社会的影响，它也部分地由一个人与权力的关系之本质在政治上铭刻和构建。

金奇洛等人想要做的是，把女性主义理论、后结构主义、后形式主义、复杂性理论、解释学和实行主义摆到批判的批判性思维概念桌面上。他们把关怀、同情和情感联系包括在有关批判性思维的讨论中。通过考虑这些元素，欧洲男性不仅能重新定义批判性思维也重新定义他们自己成为男人的方式。然后，批判性思维运动到本体论领域，因为它帮助我们重思我们是谁，成为人意味着什么。在这个本体论王国，对批判性的重思将我们带回到实行主义者的命令，放弃自我中心主义，注重打造与我们周遭世界的新联系。金奇洛认为批判性思维的再界定的核心是寻求不同的视角和新的理解方式，发展反省和行动的新模式，这种模式把意识形态分析、修辞学/语言学的洞察、社会文化政治研究与自我意识及其对日常生活的复杂关系组合起来。他相信，由于理论的拼装和认知实行主义者的原则，他们的批判性思维概念将不断改变批判性思维。①

面对后现代和女性主义等视角的批判，批判性思维学者也考虑吸取其有益的元素。批判性思维不能拘泥于打碎别人的信念，而应采用后现代苏格拉底方法，通过论诘共同体的交流建立一种扩大的知识网。教师激励学生把别人的真理加到自己的经验之上。后现代批判性思维方法依靠教师承认会话的内在价值，重视学生之间的会话，不使他们屈服于以既定的真理或多产性的标准为基础的评估。承认会话的内在价值包括认可人们之间的平等，这与因种族、宗教、性别歧视或智能等级而排除特定的他人的现代企图形成反差。这意味着，会话将不再允许基于对特殊理智传统或无能遵守探究规准的忽视来边缘化某些人。②

当然，主要发源于后现代和女性主义视角对批判性思维的批判不见得都有道理。比如，说批判性思维赞成社会主流群体的价值和实践，忽略传

① Joe L. Kincheloe, "Into the Great Wide Open: Introducing Critical Thinking", Danny K. Weil and Joe L. Kincheloe (eds.), *Critical thinking and Learning: An Encyclopedia for Parents and Teachers*, Westport, C. T.: Greenwood Publishing Group, 2004, pp. 1 – 52.

② Clinton Collins, "Using Critical Thinking in Postmodern Ways: Elbow's Methodological Believing", *Inquiry: Critical Thinking across the Disciplines*, Vol. 19, No. 4 (2000), pp. 35 – 40.

统上没有权力的群体的价值和实践；批判性思维赋予理性的、线性的思维比直觉更多的特权；批判性思维是好斗的和对抗性的而非合作的；批判性思维忽视或不重视情感；批判性思维看重抽象而贬低活生生的经验和具体的特殊；批判性思维是个人主义者的，给个人自治赋予了高于共同体和关系的特权；批判性思维预设客观性，因而不承认一个个体的境遇；等等。贝林和西格尔指出，对批判性思维理论与实践的某些特殊方面的批判，有一些合理因素，揭露了批判性思维理论和实践中未曾充分强调的问题、元素或忽略，提供了有用的矫正。但是，另一些批判却是误解或者根据不充分的修正。比如，责难传统批判性思维模式忽视或者没有注意情感其实就是不实之词。许多批判性思维理论家（贝林、西格尔、保罗、恩尼斯等）明确承认批判性思维中情感的角色。再如，对批判性思维是好斗的和对抗，不重视共同掌权和合作的责备。事实上，许多理论家承认批判性思维能以一种共同掌权的、合作的方式实施，也论证过这样的实践可能更好促进批判性思维者的目标。尽管普遍赞成自治是批判性思维者的核心价值，但这并不排除承认联合的和公共的探究之角色。还有，对批判性思维者赋予合理的、线性的、演绎的思考高于直觉的特权的批判也值得进一步考察。当然，理性思考的线性的、演绎的推理方程式是有问题的。演绎推理仅仅是理性思维的一个狭小子集，理性思维还至少包括归纳的、概率的、类比的和回溯的（“最佳说明的推论”）推理。此外，批判性思维的确有生成的、想象的成分。但是，就决定信什么或做什么而言，批判性思维者理论家确实赞成（以较广阔方式构想的）理性思维胜过直觉这种手段，挑战这个立场不能不说是一种过于激进的批判。一个更为深刻的批判是：主流批判性思维模式是社会主流群体的，排除了传统上没有权力和地位的（如妇女和少数民族）群体，富有偏见的特权模式，即批判性思维是一种意识形态，它的原则和标准是武断的，因而促进批判性思维实际是一种文化霸权行为。这一批判提出了批判性思维事业以及它所主张的普遍性是否具有有效性的问题。贝林和西格尔认为，这一激进的批判的问题更为严重。说批判性原则和标准是武断的，其实基于对批判性原则和标准之本质的误解。这些原则不单是群体利益的产品，而是扎根于理性探究传统，与目标（预见和说明自然现象、挖掘和理解过去、发展和评价艺术作品等）紧密联系，并不是群体—专属的，况且自矫正是定义理性探究的特性之一，因此标准本身能够而且常常针对遭到的批评和作为思维者的目标被修改。传统本身是动态的、可修整的和多样的，包括不同的或竞争的潮流。因此，探究的批判模式提供了这样一种认识：按照新证据、论证、问题以及在探究期间所发现的局限，按照来自传统之内竞争潮流的批评和来自其他传统和框架的洞见，传统本身有改变的可能性和现实性。但是，任何从事质疑、批评和探究的企图都预设合理性，承认理由的力量。批判依赖合理性，包括合理性本身的批判；任何提出的替代选择都将最终不得不基于批判性思维原则和标准予以评价。①

第三节　批判性思维倡导者阵营内部的异议

在倡导批判性思维的阵营之内，关于采用怎样的批判性思维模型也有意见分歧。一些学者主张批判性思维的逻辑模型，另一些反对这个模型；一些人主要强调批判性思维在学校教育中的功能，另一些则要求将其扩展到更大的范围；有人主张一般的批判性思维能力，而其他人否认这种一般能力的存在，坚持批判性思维只能属于具体学科领域。甚至像理查德·罗蒂等人认为，批判性思维对大学水平之下的教育并不是一个合适的目标。②

此类批判首先体现在对逻辑取向的批判性思维教学的批判上。早在20世纪80年代就已出现对非形式逻辑路向的批判性思维教学方式的一些批评。按照库菲斯的总结，这种批评至少有4个方面。第一，非形式逻辑路向的批判性思维课程教授的是技能，而不是对思维进行挑战。这样的技能教学鼓励学生诡辩，让他们能够运用诡辩手段使他们现有的偏见合理化。这种课程没有阐述人们推理中的基本弱点，他们固执于已有信念的倾向。强调分析技能也许改善学生证明自己现有信念的能力，但没有极大改善他们客观地估量证据的倾向。应该不断要求学生对每一重要视角和每一个他们严肃对待的基本信念或结论进行正反论证，来培养对议题的对话式

① Sharon Bailin and Harvey Siegle, "Critical Thinking", Nigel Blake, Paul Smeyers, Richard D. Smith, Paul Standish (eds.), *The Blackwell Guide to the Philosophy of Education*, Malden, M. A.: Blackwell Publishing, 2003, pp. 181 – 193.

② William Hare, "Critical Thinking as an Aim of Education", Roger Marples (ed.), *Aim of Education*, New York: Routledge, 2002, pp. 85 – 99.

思维。第二，这种批判性思维课程误表达了思维。强调分析的归约主义，漠视了审美的或冥想的（contemplative）思维等，只剩下“批判的”思维是思想的唯一形式。有人甚至怀疑这样的课程是否在教批判性思维。这种课程所教的论证分析，只是一种逻辑学家的技艺，可能没有处理批判性思维的问题。比如，强调“证明的语境”，而忽略了“发现的语境”。第三，此类批判性思维课程可能有一些否定性的后果。该课程传达这样的观点：即使是最好的论证也能被批评；截头去尾的论证分析意味着语境、发展和微妙之处在论证中是不重要的。当学生只是批评，而不对生成不同替代负有责任时，他们并没有学会推理，学到的只是分析别人的推理。由于是为分析做好准备，他们研究众所周知的、固定的形式目标或被抽离语境的论证，因而这样的课程没有传达论辩是一种对话的信息，而在对话中，好论证能被显示，劣论证能被揭露，观点能被挑战，对真的探求能推进。最后，早期批判性思维课程的价值存在矛盾的经验证据。[①]

从批判性思维运动发展阶段来看，以逻辑为支柱的第一波批判性思维主要遭到来自两个方向的批评。第一个批评认为，哲学家的观念限于相对狭窄的和技术性的推理和逻辑，而忽视了“逻辑”一词相关用法的庞大家族。如果人们把“逻辑结构”看作是事实上普遍存在于所有人的思考、情感和行为的话，那么，即使是非形式逻辑学家的框架和作品，大多数都给人留下普遍狭窄和专业化的印象。结果导致理想和实践之间的冲突，即用相当狭窄的和专业的方式来满足广大而雄心勃勃的目标（比如在加利福尼亚 338 号令中陈述的目标）。当然，形式逻辑（符号逻辑）课程很难使学生将符号机械操作能力转变成日常思考的实用工具；非形式逻辑虽然向强调改善思维的正确方向迈出了一步，取代极为抽象和不自然的符号形式的“论证”，但在培育深入的内化方面却是贫乏的，而且学生将学到的论证理论迁移到其他课程（如社会学、心理学、生物学等）的学习中这个问题也没有解决。所以，一旦批判性思维课程结束，大多数学生又回归到低阶的、残存的技能（主要是死记硬背和填鸭式的用功）状态中。隐含在非形式逻

---

① Joanne Kurfiss, *Critical Thinking*: *Theory*, *Research*, *Practice*, *and Possibilities*. *ASHE-ERIC Higher Education Report*, No. 2, Washington, D. C.: Association for the Study of Higher Education, 1988, pp. 21 –23.

辑研究中的逻辑概念太狭窄，不能为批判性思维从非形式逻辑课程（不管设计得多么好）迁移到更为广阔的课程提供基础，也不能迁移到日常生活和思考广泛的复杂问题中。[①] 第二个批评认为，第一波批判性思维中的逻辑主义将好思维归约为逻辑思维，忽视了其他思维形式与思维的情感维度比如想象、直觉、洞察和隐喻思维的能力，批判性思维只有被想象、直觉、洞察补充时，才在实践上是有用的。[②] 过分强调还原主义方法可能导致与批判性思维课程目标对立的结果。这种逻辑取向的批判性思维在方法论上倾向于鼓励绝对论，在心理上它的排外规则取向助长被动性，在实践上它对非分析方法的霸道拒斥引起不宽容。这三个结果导向对理智的和社会的从众性迷信，伴随一种对怪癖的恐惧。尽管很显然需要继续文本批评和论证评估方面的训练，但几乎专一地集中于批判性分析需要通过向学生揭示非还原主义的和更为开放的学习策略和方法论来加以平衡，由此让他们牢记这样的事实：没有唯一"正确的"获取知识和洞见的方法。[③] 批判性思维传统模型错误地把合理性和逻辑等同起来，过分注重分析技能，以牺牲发现模式的独特作用为代价。合理性必然既包括分析的过程也包括想象的过程，一种合理性课程将最大限度地训练二者。怀特海（1979）曾说，学习是想象性推测与艰苦分析的密切结合。对创造性和直觉作用的忽视，助长学生机械地生搬硬套文本分析、问题解决和发现问题的方法。过分强调直截了当的、逻辑的"证明演算"的作用而降低直觉的"发现的模式"的重要性，造成了"斯波克谬误"。[④] 传统批判性思维模型的选择可能适合于斯波克，

---

① Richard W. Paul, "The Critical Thinking Movement: 1970 - 1997" (http://www.criticalthinking.org/articles/documenting-history.cfm 2014 - 02 - 23).

② Kerry S. Walters (ed.), *Rethinking Reason: New Perspectives in Critical Thinking*, New York: State University of New York Press, 1994, pp. 2, 11.

③ Kerry S. Walters, "Critical Thinking and the Danger of Intellectual Conformity", *Innovative Higher Education*, Vol. 11, No. 2 (1987), pp. 94 - 102.

④ 斯波克（Spock）是电视连续剧《星际迷航》中的一个人物。其典型的性格特征是绝对和生来忠诚逻辑。从容不迫的斯波克常常说："推测？船长，推测不合乎逻辑。""斯波克谬误"指这样一个认识论和方法论的假设：只有逻辑思维是理性的，因而是正当合理的思维。这个语境中的"逻辑思维"与还原主义的以证明演算（calculus of justification）为特征的分析和问题解决技术是同义语。"斯波克谬误"的错误在于忽视作为发现模式之必要条件（想象、直觉、洞察）的基本认知功能。Kerry S. Walters, "Critical Thinking and the Spock Fallacy", *Innovative Higher Education*, Vol. 15, No. 1 (1990), pp. 17 - 28。

但对人类是有危险的。沃尔特斯还以刘易斯·卡罗尔（Lewis Carroll）[①] 作为“既在分析技能又在想象技能上卓越”的代表。大多数人倾向于专注一组技能总是以牺牲另一些技能为代价，因而走向一维的思维模式，或者偏爱非批判的主观思维，或者偏爱呆板的逻辑思维。但卡罗尔反对所有简单化的吸引人的单边诱惑。两组认知操作频繁地在他的著作中相互交织，相互补充。两部童话著作欣然反映了他在指号学和数学方面的分析的兴趣，而在符号逻辑著作中同样充满富有想象的非传统的难题和论证。总之，他能使逻辑思维的分析性操作与创造性想象的组合性操作和谐起来。卡罗尔的认知两面兼具标志着他是一个好的思维者，是加德纳（1983）意义上的多维功能的理性思维和行为的人格化。[②]

第二个批判着眼于扩展批判性思维的作用范围，要求把批判性思维从教学领域扩大至“批判性存在”（critical being）。巴奈特（Ron Barnett）说，假如有一个定义高等教育之“高等”的关键概念的话，那就是批判性思维（critical thought）。[③] 他倡导一种旨在发展学生在知识（批判的理由）、自我（批判的自我反省）和世界（批判的行动）这三个领域的批判性（criticality）能力的“为批判性存在的课程”的概念，认为大学不仅要严肃对待批判性存在，也要反省、重制和改变自己。[④] 巴奈特的路向不是关于发展思维的特殊技能的或认知过程的探究，而是更概括的社会—哲学路向。在其名著《高等教育：一种批判性事业》（1997）一开头，巴奈特把自己的“批判性存在”描述为包括思维、自我反省和行动的概念。“批判的人（critical person）不只是批判性思维者（critical thinker）。他们能够批判地迎战世界和自己以及知识。”他提醒说，拥有工具议程、仅仅服务于特殊目标或与功能相关的科目（学科能力）的“批判性思维产业”（即机械的“学习技能”路向），忽视了批判高等教育本身的整个事业和语境。批判性可以

---

① 刘易斯·卡罗尔［原名查尔斯·路特维奇·道奇森（Charles Lutwidge Dodgson）］，英国数学家、逻辑学家、童话作家。代表作有《爱丽丝漫游奇境》（1865）与《爱丽丝镜中奇遇》（1871）等。

② Kerry S. Walters, "Critical Thinking, Logicism, and the Eclipse of Imagining", *Journal of Creative Behavior*, Vol. 26, No. 2 (1992), pp. 130 – 144.

③ Ron Barnett, *A Will to Learn: Being a Student in an Age of Uncertainty*, Maidenhead: Open University Press, 2007, p. 151.

④ Ron Barnett, *Higher Education: A Critical Business*, Milton Keynes: Open University Press, 1997, pp. 102 – 103, 115.

按照水平和领域来理解。就水平方面而言，我们从质疑的技能开始，通过意识到学科之内的推理标准而进步，通过接受新的视角努力达到进行批判的更广的能力。从领域来看，批判性由知识、自我和世界构成。迄今为止，我们的大学相当狭隘地集中于知识领域，停留在技能水平上，而不是靠近批判。把批判性思维看作是靠个体的认知技能发展是不充分的，是“没有批判之刃的思维”。[①] 巴奈特根本不管梅可派克和恩尼斯等人的争论，认为是否学生早已具有可以开发的某种天生的批判性思维能力，他们是否需要在一个学科语境内工作以发展这一能力，诸如此类的问题都是错误的问题。注重这些问题导致关于是否存在教育者能使学生产生单一的思维技能集，或者是否这些技能是学科专属的争论。通过对后现代主义与普遍理性主义（尤其是哈贝马斯）的研究，巴奈特得出结论：至少有可能用一种对批判性的真正承诺、开放思想来批判，既根据源自某个所属学科的话语之内的批判性标准的使用，也根据别的学科领域发展的标准，因而我们可以“在批判性思维上既是当地人又是世界人”。这是一个与自我（意志、真实性和情感）相联系的概念，使我们身处高等教育的人远远超越理智的路向，拥抱一种批判性存在的解放远景：“在高等教育中过批判性生活，形成一种批判性精神。”[②] 需要把现代大学（后精英大学）理解为能通过“批判性大学的重建”给共同体提供新的认知资源的一种组织。这样一个组织将以“在结局不确定的地方开放会话”为特征，不是在学者之间，而是在管理者和所有其他员工之间的开放会话。这既是一种挑战也会遇到抵抗，“因为成本收益的回报会不好”，但是，“管理的角色必须被重新概念化为扩大开放学术共同体的可能性”。[③] 巴奈特把自己的批判性大学的愿景看作是引起“最完全意义上的一个学习社会”的工具，在其中学生被鼓励批判世界中的认识和行动方式，而不是狭隘地聚焦于技能和“起作用”。对于这样一个大学有三个必要条件：第一，必须给学生披露多样性的话语，在他们的学习计划中不光是智力的话语，也包括实践的和经验的话语；第二，必须向他们披露（他们的）智力领域的更广泛的理解、质疑和潜在影响，通过超出学校，

---

① Ron Barnett, *Higher Education: A Critical Business*, Milton Keynes: Open University Press, 1997, pp. 1, 17.

② Ibid., pp. 33 – 34.

③ Ibid., p. 59.

接触全社会作为学习事业的一部分来进行；第三，它要求学生致力于这一生活形式，乐意从他人视角来看自己的世界，乐意冒批判的风险，这召唤一种学生表现出的英雄气质。当然，一种为批判性生活的高等教育将“对于学生、他们的老师或对更广大的社会不是舒服的”，不过，当高等教育变成一种固定其市场地位的买卖时，它必定也带走其关于认真的批判性的修辞学，成为绷紧其吸引力的工具和表演，所以，为批判性思维存在的高等教育成为一种必要的对立面，一种将创造的和转化的因素注入社会的手段。[①] 总之，巴奈特要求超越批判性思维领域大多数文献中盛行的个体的、基于技能的或学科专属的理念。

第三个批判从反思主流批判性思维教学模型入手，强调批判性思维的领域特殊性。认知心理学家威林厄姆指出，在经过二十多年的嗟叹、劝勉和改善不彰之后，现在该是提出一个基本问题的时候了：批判性思维真的能被教吗？认知研究几十年指向一个令人失望的答案：不见得。那些设法教授批判性思维的人假定批判性思维是一种犹如骑自行车一样的技能，如同其他技能，一旦你学会就能应用于任何情境。但是，认知科学的研究表明，思维并不是这类技能。思维的过程与思考内容（领域知识）缠结交错。假如你让学生频繁地记起“从多重视角考虑一个问题”的话，他将学会他应该这样做，但是，如果他对一个问题所知甚少，就不能从多重视角来思考该问题。我们能教学生有关他们应该如何思考的箴言，但没有背景知识和实践的话，他们很可能不能执行他们所记住的忠告。批判性思维并不是在任何时间任何语境下都能发展的一组技能，他是这样一类思考：3 岁孩童可能从事而训练有素的科学家可能缺少，它非常依赖领域知识和实践。因此，批判性思维体现为一系列具体的以不同主题为特征的形式，比如“像一个科学家思维”或“像一个历史学家思维”。在威林厄姆看来，由于只看到不同问题的表层结构，而没有穿透其深层结构，因而在解决问题时遇到困难。而主题恰恰提供了作为问题描述之一部分的深层结构。威林厄姆对批判性思维计划方案的评价是：大量的时间，较小的收益。甚至批评说，证据显示，这样的计划主要改善学生在该计划中练过的那类问题上的思维，

---

① Ron Barnett, *Higher Education: A Critical Business*, Milton Keynes: Open University Press, 1997, pp. 167 – 170.

而不是其他类型问题上的思维。开发有效教授学生在各种情景中批判地思考的方案是令人生疑的。而且，对这些方案如何运作的研究也有一些方法论上的问题。威林厄姆指出特别有代表性的四个局限：第一，对学生的评估在实施方案之后只有一次，因而不知道是否任何观察到的效果是持久的；第二，没有控制组，因而不清楚是否所获是该思维方案产生的效果，还是由于学校教育的其他方面或者课堂外的体验；第三，控制组没有一个对照干预，因而任何发现的正效应也许可归因于教师对新事物的热衷，而非该方案本身；第四，没有测量是否学生能将自己的新思维能力迁移到与该方案所使用的材料不相同的那些材料上。另外，只有一小部分研究经过同行评审（即由独立专家公平地评估）。威林厄姆以福尔摩斯为例说明在推进批判性思维的过程中广阔而深入的知识的力量。他的最终结论是，批判性思维以及科学思维和其他基于领域的思维不是一种技能，不存在不顾语境而能获取和展开的一组批判性思维技能；一旦学会元认知策略就使得批判性思维更为可能；批判地思考的能力（实际是元认知策略要求的）依赖领域知识和实践。对于教师而言，现状并非不可救药，但人们不应该低估教授学生批判地思考的困难性。与此相应的教学策略应该是：特殊的批判性思维方案没有必要；批判地思考应该在学科主题的语境中教；批判性思维并非只给高年级学生教，人人都能批判地思维；学生的体验给复杂概念提供了入场券，当学生没有太多主题知识时，通过利用学生的经验引入一个概念较有助益；要使教授批判性思维的策略明确起来并付诸实践。①

威林厄姆对批判性思维教学效果的批判在某种程度上也得到其他批判性思维专家的附和。例如，恩尼斯最近在批判性思维的总结性论文中也指责批判性思维教学效果差劲：我们的教育系统教授批判性思维的成绩，正像我的学生时代（20 世纪 30—50 年代）一样差。中学和大学的批判性思维仍处于不成熟状态。② 另外，主张一般批判性思维技能培养或教学的人也已达成共识：思维及其方法不能脱离具体内容，大家都同意方法与内容的紧密结合。黑尔曾批评理查德·罗蒂认为“在大学水平之前，批判性

① Daniel T. Willingham, “Critical Thinking: Why Is It So hard to Teach?”, *American Educator*, Summer, 2007, pp. 8 – 19.

② Robert H. Ennis, “Critical Thinking: Reflection and Perspective—Part Ⅱ”, *Inquiry: Critical Thinking across the Disciplines*, Vol. 26, No. 2 (2011), pp. 5 – 19.

思维并不是一个合适的目标”的断言，指出这个论证的主要问题是，它假设内容的熟悉必定先于培育批判性思维的任何尝试。它忽视了这样一个关键：一种批判性思维态度可以带进表达内容的方式之中。正如奎因顿（Anthony Quinton）所说，教师需要学会给他们断定的命题贴上一个批判性问题的标记。帕斯摩尔（John Passmore）也指出，敏感的教师把批判性反省的机会穿插于内容的教学。[①] 彼得斯曾模仿康德写过一句名言：“没有批判的内容是盲目的，没有内容的批判是空洞的。”对现有内容的评价、修正和使其适应新发现，都要以批判性程序为手段，成为教师和学习者必须忠诚的非个人的公共标准已写进这些程序。[②] 与威林厄姆不同，恩尼斯最近提醒批判性思维教学的另一个侧面：一些学科领域专家的意见迫使人们倾向于常常把批判性思维从课程表里撤下来，这种压力注重学科知识的获取，而不强调教学生在学科之内和学科之外进行批判性思维。这些压力的一部分源于这样的事实：与某一学科中的批判性思维相比，该学科内容知识的确认和测试更容易；一部分源于这样的事实，即仅仅强调学科内容知识的获取是美国教育的传统；还有一部分原因是，人们像一个学科专家一样常常把批判性思维看作是与拥有事实性和概念性的学科内容知识别无二致。恩尼斯举例证明这一点：他曾考虑编一本跨学科批判性思维的书，邀请一位历史学同事写一篇旨在教学生像一个批判地思考的历史学家那样思维的历史学批判性思维教学文章，可是他写就的文章却是教别人接受并记住他作为一位历史学家批判性地思考的结果。[③] 他自己践行了批判

---

① William Hare, “Critical Thinking as an Aim of Education”, Roger Marples. (ed.), *Aim of Education*, New York: Routledge, 2002, pp. 85 –99.

② R. S. Peters, “Education as Initiation”, R. D. Archambault (ed.), *Philosophical Analysis and Education*, London: Routledge & Kegan Paul, 1965, p. 104.

③ 阿德勒早就针对专门的批判性思维计划方案警告过这一点。我们不应该开发批判性思维计划来达成我们都同意的教育目标，而应设法做到在每一所教课程的思维中训练学生，而且应该由懂得如何思考的教师来教。当然，这样的训练会注意形式逻辑课程里所教的思维规律和规则，但逻辑课程的训练并不是有效的训练，只因为学生可能背诵他们学过的逻辑课程。总之，如果所有的教学要求学生思考所教的东西，那么这本身就是足够了。没有这样做的教学只不过是说教或灌输。没有涉及思维的学习只不过是事实的记忆而不是理解，结果只能是形成意见，而非拥有真知和理解。培养深思的公民和学习者即能够就他们所做的每件事上很好地和批判地思考的人，不需要批判性思维教学计划。Mortimer J. Adler, “‘Critical Thinking Programs’: Why They won’t Work”, *Educational Digest*, Vol. 52, No. 7 (1987), pp. 9 –12.

性思维，但他给目标读者提供的是他的批判性思维的结果——他的结论和叙述。这并不是教批判性思维。恩尼斯指出，背景知识、对一个领域或主题的体验以及对情境的理解，这些学科内容知识对批判性思维都至关重要。仅有学科内容知识或批判性思维原则和能力，都不充分，二者都需要。①

不过，威林厄姆得出批判性思维不是一种技能的结论有点仓促了。马尔尼克斯认为，首先威林厄姆对批判性思维的理解完全不顾已被承认的关于批判性思维的大量智慧，尤其是在他所主张的批判性思维是领域专属的方面。斯克里文和保罗（2008）说过，按其典范形式，批判性思维基于超越主题分类的普遍理智价值。把握证据关系的能力恰恰是跨领域可转移的那种技能。沃恩（Lewis Vaughn）也曾指出，批判性思维有极为广泛的应用。用来评估一个学科中的信念的原则和程序可用于评价其他许多领域中的信念。好的批判性思维在每个地方都是同样的。其次，批判性思维不是一种技能的结论不足以令人信服而且是误导的。当然，作为思维者，我们需要在某些数据资料的基础上执行我们的技能，但是这并不能推出批判性思维技能本身是领域专属的。而且，如果学生是一个熟练的批判性思维者，即使他缺乏相关领域知识就某个问题来形成知情的意见，但他起码应该能辨识和形成有关问题，以获得必要信息对那个问题进行合理的思考。拥有供我们之用的信息是一方面，为了达到合理和经过证明的结论而知道用这些信息做什么是另一方面，二者是不同的。前者是领域知识，后者是批判性思维。事实上，掌握问题的深层结构需要把握各类陈述之间存在的证据关系，因而促进对深层结构的理解要求批判地推理的能力，而不是威林厄姆认为的领域专属的内容知识。威林厄姆因为我们有时不能批判地思考而断言不能把批判性思维当作是一种技能，可是一个人拥有一个技能并不意味着他能总是以其最完满的潜能来应用它。他可能犯错误，或者环境条件阻碍他利用该技能的能力。这并不意味着他没有获得一个技能。拥有技能总是一个程度的问题，关键是要明白学习技能的拥有不等于对它的精通或对它的拥有达到了

---

① Robert H. Ennis, "Critical Thinking: Reflection and Perspective—Part Ⅱ", *Inquiry: Critical Thinking across the Disciplines*, Vol. 26, No. 2 (2011), pp. 5 - 19.

最佳程度。[①]

还有一些在课堂上践行批判性思维的教师对一些偏颇现象提出了特别具体的批评。比如，在艺术鉴赏中，完全集中于批判性思维可能丢弃了文本所具有的激怒、引起兴奋、激出泪水或欢笑的非凡力量。我们在美国文学课程上也许看到学校的照片和别的图像，它们都是服务于批判性思维事业的，但也希望注意到在理性旁边给冥想、强烈情感、非讽刺的笑声甚至眼泪留有空间，应该帮助学生成为不仅是批判的聪敏读者，也是有欣赏力的甚至充满激情的读者。[②] 医学批判性思维专家科迪也指出一种值得警惕的现象：许多护理学作者干的是“伪批判性思维”，他们乐意将时髦术语吸收到他们的著作中，而内容却没有实质改变。[③] 克莱因批评情报分析的批判性思维教学方案主要集中于减少错误，建议用增强洞察的取向来加以平衡。[④]

---

① Jennifer Wilson Mulnix，“Thinking Critically about Critical Thinking”，*Educational Philosophy and Theory*，Vol. 44，No. 5（2012），pp. 464 – 479.

② Miriam Marty Clark，“Beyond Critical Thinking”，*Pedagogy*，Vol. 9，No. 2（2009），pp. 325 – 330.

③ William K. Cody，“Critical Thinking and Nursing Science：Judgment or Vision？”，*Nursing Science Quarterly*，Vol. 15，No. 3（2002），pp. 184 – 189.

④ Gary Klein，“Critical Thoughts about Critical Thinking”，*Theoretical Issues in Ergonomics Science*，Vol. 12，No. 3（2011），pp. 210 – 224.

主要参考文献

一　英文文献

Adler, Mortimer J., *The Paideia Proposal: An Educational Manifesto*, New York: Macmillan, 1982.

Adler, Mortimer J., "'Critical Thinking' Programs: Why They Won't Work", *Education Digest*, Vol. 52, No. 7 (1987).

Allen, R. R. and Robert K. Rot, *The Nature of Critical Thinking. Report from the Concepts in Verbal Argument Project*, Madison: Wisconsin Research and Development Center for Cognitive Learning, The University of Wisconsin, 1969.

Allen, R. R., Jerry D. Feezel and Fred J. Kauffeld, *A Taxonomy of Concepts and Critical Abilities Related to the Evaluation of Verbal Arguments*, Madison: Wisconsin Research and Development Center for Cognitive Learning, The University of Wisconsin, 1967.

America's Competitive Challenge: The Need for a National Response, Business-Higher Education Forum, 1983.

Anderson, H. R. (ed.), *Teaching Critical Thinking in The Social Studies*, Washington: The National Council for the Social Studies, 1942.

An Imperiled Generation: Saving Urban Schools, Princeton, N. J.: The Carnegie Foundationfor the Advancement of Teaching, 1988.

Arum, R. and Josipa Roksa, *Academically Adrift*, Chicago: University of Chicago Press, 2011.

Arendt, H., "Thinking and Moral Considerations", *Social Research*,

Vol. 38, No. 3 (1971).

Astin, Alexander W., *Assessment for Excellence: The Philosophy and Practice of Assessment and Evaluation in Higher Education*, Phoenix: Oryx Press, 1993.

Bacon, F., *The Works of Francis Bacon: Philosophical Works*, James Spedding, Robert Leslie Ellis, Douglas Denon Heath (eds.), London: Longmans, 1857.

Bailin, S., Roland Case, Jerrold R. Coombs and Leroi B. Daniels, "Conceptualizing Critical Thinking", *Journal of Curriculum Studies*, Vol. 31, No. 3 (1999).

Bailin, S., "Critical Thinking and Science Education", *Science & Education*, Vol. 11, No. 4 (2002).

Bailin, S. and Harvey Siegle, "Critical Thinking", Nigel Blake, Paul Smeyers, Richard D. Smith, and Paul Standish (eds.), *The Blackwell Guide to the Philosophy of Education*, Malden, MA: Blackwell Publishing, 2003.

Barnett, R., *A Will to Learn: Being a Student in an Age of Uncertainty*, Maidenhead: Open University Press, 2007.

Basford, L. and Oliver Slevin, *Theory and Practice of Nursing: An Integrated Approach to Caring Practice*, Cheltenham, Glos: Nelson Thornes, 2003.

Bass, J. C., *An Analysis of Critical Thinking in A College General Zoology Class*, Dissertation. Norman, Oklahoma: The University of Oklahoma Graduate College, 1959.

Beatty, J., "Thinking and Moral Considerations: Socrates and Arendt's Eichmann", *The Journal of Value Inquiry*, Vol. 10, No. 4 (1976).

Benjamin, R., Stephen Klein, Jeffrey Steedle, Doris Zahner, Scott Elliot and Julie Patterson, *The Case for Critical-Thinking Skills and Performance Assessment*, New York: Council for Aid to Education, 2013.

Benson, Hugh H., "Socratic Method", Donald R. Morrison (ed.), *The Cambridge Companion to Socrates*, Cambridge: Cambridge University Press, 2011.

Ben-Zvi, D. and Joan B. Garfield, *The Challenge of Developing Statistical Llit-*

eracy, Reasoning, and Thinking, New York: Springer, 2004.

Bernstein, David A., "A Negotiation Model for Teaching Critical Thinking", *Teaching of Psychology*, Vol. 22, No. 1 (1995).

Betts, George H., *The Mind and Its Education*, Charleston, SC: BiblioBazaar, LLC., 2009.

Beyer, Barry K., " Improving Thinking Skills: Defining the Problem", *The Phi Delta Kappan*, Vol. 65, No. 7 (1984).

Beyer, Barry K. and Margaret O. Tipper, " Thinking-Skills Movement Has Brighter Future Than Many Earlier Reforms", *Education Week*, Vol. 4, No. 9 (1984).

Birnbacher, D., "The Socratic Method in Teaching Medical Ethics: Potentials and Limitations", *Medicine, Health Care and Philosophy*, Vol. 2 (1999).

Black, B., "Critical Thinking—A Definition and Taxonomy for Cambridge Assessment: Supporting Validity Arguments about Critical Thinking Assessments Administered by Cambridge Assessment", *34th International Association of Educational Assessment Annual Conference*, Cambridge, 2008.

Black, Jill M., Steven R. Furney and Helen M. Graf, *Philosophical Foundations of Health Education*, San Francisco, C. A.: John Wiley and Sons, 2009.

Blackwood, Paul E., *How Children Learn to Think*, U. S. Dept. of Health, Education, and Welfare, Office of Education, 1951, 1958.

Blair, J. Anthony, "Informal Logic's Influence on Philosophy Instruction", *Informal Logic*, Vol. 26, No. 3 (2006).

Blair, J. Anthony, "Who Teaches K – 12 Critical Thinking?" Jan Sobocan and Leo Groarke (eds.), *Critical Thinking Education and Assessment: Can Higher Order Thinking be Tested?* London: Althouse Press, 2009.

Bloom, B., Max D. Engelhart, Edward J. Furst, Walker H. Hill and David R. Krathwohl, *Taxonomy of Educational Objectives: The Classification of Educational Goals. Handbook* 1 *Cognitive Domain*, New York: David McKay Company, 1956.

Bok, Derek C., *Our Underachieving Colleges: A Candid Look at How much*

Students Learn and Why They should be Learning more, Princeton, N. J. : Princeton University Press, 2005, 2008.

Bolten, H. , "Managers Develop Moral Accountability: The Impact of Socratic Dialogue", *Reason in Practice*, Vol. 1, No. 3 (2001) .

Bomstad, Linda and Perry Weddle, "Editors' Introduction", *Argumentation*, Vol. 3, No. 2 (1989) .

Bonner, Stanley F. , *Education in Ancient Rome: From the Elder Cato to the Younger Pliny*, Berkeley: University of California Press, 1977.

Boraas, J. , *Teaching to Think*, New York: The Macmillan Company, 1922.

Bowden, J. and Ference Marton, *The University of Learning: Beyond Quality and Competence*, London: Kogan Page, 1998.

Boyer, Ernest L. , *High School: A Report on Secondary Education*, The Carnegie Foundation for the Advancement of Teaching, 1983.

Bressler, M. , "Mass Persuasion and The Analysis of Language: A Critical Evaluation", *The Journal of Educational Sociology*, Vol. 33, No. 1 (1959) .

Brandt, R. , "On Teaching Thinking Skills: A Conversation with B. Othanel Smith", *Education Leadership*, Vol. 45, No. 2 (1987) .

Brint, S. , Kristopher Proctor, Scott Patrick Murphy, Lori Turk-Bicakci and Robert A. , "Hanneman. General Education Models: Continuity and Change in the U. S. Undergraduate Curriculum, 1975 – 2000", *The Journal of Higher Education*, Vol. 80, No. 6 (2009) .

Brodin, E. , *Critical Thinking in Scholarship: Meanings, Conditions and Development*, Doctoral Dissertation. Lund: Lund University Department of Education, 2007.

Brooke-Rose, C. , *A Rhetoric of the Unreal: Studies in Narrative and Structure, Especially of the Fantastic*, Cambridge: Cambridge University Press, 1983.

Brookfield, Stephen D. , *Developing Critical Thinkers: Challenging Adults to Explore Alternative Ways of Thinking and Acting*, Buckingham: Open University Press, 1987.

Brookfield, Stephen D. , "Critical Thinking in Adulthood", Daniel Fasko,

Jr. (ed.), *Critical Thinking and Reasoning*: *Current Research*, *Theory*, *and Practice*, Cresskill, N. J.: Hampton Press, Inc., 2003.

Budmen, Karl O., " What Do You Think, Teacher? .... Critical Thinking a Partnership in Learning", *Peabody Journal of Education*, Vol. 45, No. 1 (1967).

Butler, Heather A., "Halpern Critical Thinking Assessment Predicts Real-World Outcomes of Critical Thinking", *Applied Cognitive Psychology*, Vol. 26, No. 5 (2012).

Burbules, Nicholas C., "Rationality and Reasonableness: A Discussion of Hawey Siegel's *Relativism Refuted* and *Educating Reason*", *Educational Theory*, Vol. 41, No. 2 (1991).

Burbules, Nicholas C., "Book Review-Cultivating Humanity: A Classical Defense of Reform in Liberal Education by Martha C. Nussbaum", *Harvard Educational Review*, Vol. 69, No. 4 (1999).

Burton, William H., Roland B. Kimball and Richard L. Wing, *Education for Effective Thinking*: *An Introductory Text*, New York: Appleton-Century-Crofts, Inc., 1960.

California State University Issued Executive Order 338, *General Education-Breadth Requirements*, Long Reach, California: The California State University and Colleges Office of the Chancellor, 1980.

Cannella, Gaile S., "Early Childhood Education", Joe L. Kincheloe and Danny Weil (eds.), *Critical Thinking and Learning*, London: Greenwood Press, 2004.

Cashion, Joan L. and Lesley A. DiMare, "Integrating Feminist Theory into the Communication Curriculum: A Focus on Critical Thinking", The Annual Meeting of the Speech Communication Association, Boston, 1987.

Chaffee, J., *Thinking Critically*, 2nd ed. Boston: Houghton Mifflin, 1988.

Chance, P., *Thinking in the Classroom*: *A Survey of Programs*, New York: Teachers College, Columbia University, 1986.

Chesters, Sarah D., *The Socratic Classroom*: *Reflective Thinking Through Collaborative Inquiry*, Rotterdam: Sense Publishers, 2012.

Clark, J. H. and A. W. Biddle, "Introduction: Critical Thinking across the Curriculum", J. H. Clark and A. W. Biddle (eds.), *Teaching Critical Thinking*, Englewood Cliffs, N. J.: Prentice-Hall Inc., 1993.

Clark, Miriam M., "Beyond Critical Thinking", *Pedagogy*, Vol. 9, No. 2 (2009).

Clement, John J., "Introduction to Research in Cognitive Process Instruction", Jack Lochhead and John Clement (eds.), *Cognitive Process Instruction: Research on Teaching Thinking Skills*, Hillsdale, N. J.: Lawrence Erlbaum Associates, 1979.

Coleman, William T. and Cecily Cannon Selby, et al., *Educating Americans for the 21st Century: A Plan of Action for Improving Mathematics, Science and Technology Education for All American Elementary and Secondary Students so that Their Achievement is the Best in the World by 1995*, Washington, D. C.: National Science Board Commission on Precollege Education in Mathematics, Science and Technology, 1983.

Cody, William K., "Critical Thinking and Nursing Science: Judgment or vision?", *Nursing Science Quarterly*, Vol. 15, No. 3 (2002).

Collins, C., "Using Critical Thinking in Postmodern Ways: Elbow's Methodological Believing", *Inquiry: Critical Thinking Across the Disciplines*, Val. 19, No. 4 (2000).

Committee on Elementary Education of the New York Council of Superintendents, *The Cardinal Objectives in Elementary Schools*, Albany: The University of the State of New York, 1929.

Cooper, S. and Rosemary Patton, *Writing Logically, Thinking Critically*, New York: Pearson/Longman, 2007.

Copeland, M., *Socratic Circles: Fostering Critical and Creative Thinking in Middle and High School*, Portland, Maine: Stenhouse Publishers, 2005.

Cosgrove, R., *Improving Teaching and Learning of Critical Thinking Across the Curriculum at a Large Research University: An Empirical Study Using Qualitative Methods*, Dissertation. University of Cambridge, Darwin College, 2012.

Crawford, A., E. Wendy Saul, Samuel R. Mathews and Jim Makinster, *Teaching and Learning Strategies for the Thinking Classroom*, New York: The International Debate Education Association, 2005.

Critchley, B., "Critical Thinking in Business Education", *Investigations in University Teaching and Learning*, Vol. 7, No. 2 (2011).

Daft, Richard L., *The Leadership Experience*, Mason, Ohio: Cengage Learning, 2007.

D'Angelo, E., "The Teaching of Critical Thinking Through Literature", *Elementary English*, Vol. 47, No. 5 (1970).

D'Angelo, E., "Critical Thinking in Reading", *Elementary English*, Vol. 48, No. 8 (1971).

D'Angelo, E., *The Teaching of Critical Thinking*, Amsterdam: B. R. Gruner, 1971.

Davey, S., "Review: *Ethics and Socratic Dialogue in Civil Society*", *Analytic Teaching*, Vol. 26, No. 1 (2006).

DeBoer, John J., "Teaching Critical Reading", *Education Digest*, Vol. 12, No. 3 (1946).

Dewey, J., "An Analysis of Reflective Thought", *Journal of Philosophy*, Vol. 19, No. 2 (1922).

Dewey, J., *The Early Works of John Dewey, 1882 – 1898: Psychology*. 1887, London: SIU Press, 1967.

Dewey, J., *The Middle Works of John Dewey, 1899 – 1924: 1902 – 1903, Essays on Logical Theory*, Jo Ann Boydston (ed.), London: SIU Press, 1983.

Dewey, J., *The Early Works of John Dewey, 1882 – 1898: Essays and Outlines of a Critical Theory of Ethics, 1889 – 1892*, Jo Ann Boydston (ed.), London: SIU Press, 1969.

Dewey, J., *The Early Works of John Dewey, 1882 – 1989: Early Essays, 1895 – 1989*, London: Jo Ann Boydston (ed.), London: SIU Press, 1972.

Dewey, J., *The Middle Works of John Dewey, 1899 – 1924: Journal Articles*,

Book Reviews, and Miscellany published in the 1899 – 1901 Period, and the School and Society, and the Educational Situation, Jo Ann Boydston (ed.), London: SIU Press, 1976.

Dewey, J., *The Middle Works of John Dewey, 1899 – 1924: Journal Articles, Book Reviews, and Miscellany in the 1903 – 1906 Period*, Jo Ann Boydston (ed.), London: SIU Press, 1977.

Dewey, J., *The Middle Works, 1899 – 1924: Journal Articles and Book Reviews in the 1907 – 1909 Period, and the Pragmatic Movement of Contemporary Thought and Moral Principles in Education. 1907 – 1909*, Jo Ann Boydston (ed.), London: SIU Press, 1977.

Dewey, J., *The Middle Works of John Dewey, 1899 – 1924: Journal Articles, Book Reviews, Miscellany in the 1910 – 1911 Period, and How We Think*, Jo Ann Boydston (ed.), London: SIU Press, 1978.

Dewey, J., *The Middle Works of John Dewey, 1899 – 1924: Essays, Books Reviews, Encyclopedia Articles in the 1912 – 1914 Period, and Interest and Effort in Education*, Jo Ann Boydston (ed.), London: SIU Press, 1979.

Dewey, J., *The Middle Works of John Dewey, 1899 – 1924: Democracy and Education. 1961*, London: Jo Ann Boydston (ed.), SIU Press, 1980.

Dewey, J., *John Dewey Later Works, 1925 – 1953. 1942 – 1948. Essays, Reviews, and Miscellany*, Jo Ann Boydston (ed.), London: SIU Press, 1989.

Dewey, J., *The Later Works of John Dewey, Volume 11, 1925 – 1953: 1935 – 1937, Essays and Liberalism and Social Action*, Jo Ann Boydston (ed.), London: SIU Press, 1987.

Dewey, J., *The Later Works of John Dewey. 1925 – 1953: 1933. Essays and How We Think, Revised Edition*, Jo Ann Boydston (ed.), London: SIU Press, 1987.

Dewey, J., *How We Think*, Boston: D. C. Heath, 1910.

Dewey, J., *How We Think. A Restatement of the Relation of Reflective Thinking to the Educative Process*, Buffalo, N. Y.: Prometheus Books, 1933.

Dewey, J., *How We Think*, Charleston, S. C.: BiblioBazaar, LLC., 2009.

Division of Elementary Education, The State Education Department, *Children Learn in Kindergarten*, Albany: University of the State of New York, 1958.

Dressel, Paul L. and Lewis B. Mayhew, *General Education: Explorations in evaluation*, Washington: American Council on Education, 1954.

Duoc, Truong Q. and Christoph Metzger, "Quality of Business Graduates in Vietnamese Institutions: Multiple perspectives", *Journal of Management Development*, Vol. 26, No. 7 (2007).

Dyer, L., *Critical Thinking for Business Students*, Concord, Ontario: Captus Press, 2006.

Education Policy Commission, *The Purposes of Education in American Democracy*, Nortbwest, Washington, D. C.: National Education Association of the United States and the American Association of School Adminiatrators, 1938.

Elder, L. and Richard W. Paul, *25 Days to Better Thinking and Better Living: A Guide for Improving Every Aspect of Your Life*, Upper Saddle River, New Jersey: Pearson Education, Inc., 2006.

Ellett, Frederich S. Jr. and Allan Pitman, "Testing Critical Thinking in a Pluralistic Democracy", Jan Sobocan and Leo Groarke (eds.), *Critical Thinking Education and Assessment: Can Higher Order Thinking be Tested?* London: Althouse Press, 2009.

Ennis, Robert H., "Assumption-Finding", B. Othanel Smith and Robert H. Ennis (eds.), *Language and Concepts in Education*, Chicago: Rand McNally, 1961.

Ennis, Robert H., "Needed: Research in Critical Thinking", *Educational Leadership*, Vol. 21, No. 1 (1963).

Ennis, Robert H., "Operational Definitions", *American Educational Research Journal*, Vol. 1, No. 3 (1964).

Ennis, Robert H., *Critical Thinking Readiness in Grades 1 – 12: Phase I. Deductive Reasoning in Adolescence*, *Project No.* 1680, School of Education, Cornell University, May 15, 1962 to September 15, 1964.

Ennis, Robert H., *Deductive Logic in Adolescence* (*Cooperative Research Project No.* 1680), *ERIC # ED* 0381, Ithaca, N. Y.: New York State College of

Agriculture at Cornell University, 1964.

Ennis, Robert H. , "A Definition of Critical Thinking", *The Reading Teacher*, Vol. 17, No. 8 (1964).

Ennis, Robert H. , Problems in Testing Informal Logic Critical Tilinking Reasoning Ability. *Informal Logic*. Vol. 6. No. 1 (1984).

Ennis, Robert H. , "A Logical Basis for Measuring Critical Thinking Skills", *Educational Leadership*, Vol. 43, No. 2 (1985).

Ennis, Robert H. , "A Taxonomy of Critical Thinking Dispositions and Abilities", J. Baron & R. Sternberg (eds.), *Teaching Thinking Skills: Theory and Practice*, New York: W. H. Freeman and Company, 1987.

Ennis, Robert H. , "Critical thinking: A streamlined conception", *Teaching Philosophy*, Vol. 14, No. 1 (1991).

Ennis, Robert H. , "A Concept of Critical Thinking: A Proposed Basis for Research in the Teaching and Evaluation of Critical Thinking Ability", *Inquiry: Critical Thinking Across the Disciplines*, Vol. 15, No. 2 (1995).

Ennis, Robert H. , *Critical Thinking*, Upper Saddle River, N. J. : Prentice Hall, 1996.

Ennis, Robert H. , "Argument Appraisal Strategy: A comprehensive approach", *Informal Logic*, Vol. 21, No. 2. (2001).

Ennis, Robert H. , " Critical Thinking Assessment", Daniel Fasko, Jr (ed.), *Critical Thinking and Reasoning: Current research, theory, and practice*, Cresskill, N. J. : Hampton Press, Inc. , 2003.

Robert H. E. , "Conflicting Views on Teaching Critical Reasoning", Richard A. Talaska (ed.), *Critical Reasoning in Contemporary Culture*, Albany: State University of New York Press, 1992.

Ennis, Robert H. , "Nationwide Testing of Critical Thinking for Higher Education: Vigilance Required", *Teaching Philosophy*, Vol. 31, No. 1 (2008).

Ennis, Robert H. , " Investigating and Assessing Multiple-Choice Critical Thinking Tests", Jan Sobocan and Leo Groarke (eds.), *Critical Thinking Education and Assessment: Can Higher Order Thinking be Tested?* London: Althouse Press, 2009.

Ennis, Robert H., "Critical Thinking: Reflection and Perspective—Part I", *Inquiry: Critical Thinking across the Disciplines*, Vol. 26, No. 1 (2011).

Ennis, Robert H., "Critical Thinking: Reflection and Perspective—Part Ⅱ", *Inquiry: Critical Thinking across the Disciplines*, Vol. 26, No. 2 (2011).

Ennis, Robert H., "Critical Thinking Across the Curriculum: The Wisdom CTAC Program", *Inquiry: Critical Thinking across the Disciplines*, Vol. 28, No. 2 (2013).

Erwin, D. and Steven L. Wise. A scholar-practitioner model for assessment. In T. Banta and Associates (eds.). *Building a Scholarship of Assessment.* San Francisco: Jossey-Bass Publishers. 2002.

Esterle, J. and Dan Clurman (ed.), *Conversations with Critical Thinkers*, The Whitman Institute, 1993.

Facione, Peter A., Critical Thinking: A Statement of Expert Consensus for Purposes of Educational Assessment and Instruction (executive summary), *The Delphi Report*, Millbrae, C. A.: California Academic Press, 1990.

Facione, Peter A., N. C. Facione and C. A. Giancarlo, "The Motivation to Think in Working and Learning", E. Jones (ed.), *Preparing Competent College Graduates: Setting New and Higher Expectations for Student Learning*, San Francisco, C. A.: Jossey-Bass Publishers, 1997.

Facione, Peter A., Noreen C. Facione and Carol Ann F. Giancarlo, *Inventory Manual: The California Critical Thinking Disposition Inventory*, Millbrae, C. A.: California Academic Press, 2001.

Facione, Peter A., Noreen C. Facione, Stephen W. Blohm, Kevin Howard and Carol Ann F. Giancarlo, *Test Manual: The California Critical Thinking Skills Test*, 2002 Revised Edition. Millbrae, C. A.: California Academic Press, 2002.

Facione Peter A. and Noreen C. Facione, *Holistic Critical Thinking Scoring Rubric*, Millbrae, C. A.: California Academic Press, 1994.

Facione, Peter A. and Noreen C. Facione, "Critical Thinking for Life: Valuing, Measuring, and Training Critical Thinking in All Its Forms", *Inquiry: Critical Thinking Across the Disciplines*, Vol. 28, No. 1 (2013).

Follman, J. , "Teaching of Critical Thinking/Thinking-Promises! Promises!", *Informal Logic*, Vol. 9, No. 2&3 (1987).

Fasko, D. (ed.), *Critical Thinking and Reasoning: Current Research, Theory, and Practice*, Cresskill, N. J. : Hampton Press, Inc. , 2003.

Fawcett, Harold P. , *The Nature of Proof. Thirteenth Yearbook of National Council of Teachers of Mathematics*, New York: Bureau of Publications, Teachers College, Columbia University, 1938.

Fawkes, D. , et al. , "Examining the Exam: A Critical Look at the Watson-Glaser Critical Thinking Appraisal Exam", *Inquiry: Critical Thinking Across the Disciplines*, Vol. 20, No. 4 (2001).

Fawkes, D. , Bill O'Meara, Dave Weber and Dan Flage, "Examining the Exam: A Critical Look at The California Critical Thinking Skills Test", *Science & Education*, Vol. 14, No. 2 (2005).

Field, L. , *Industry Speaks! Skill Requirements of Leading Australian Workplaces*, Canberra: Department of Education, Science & Training, 2001.

Finocchiaro, Maurice A. , *Galileo on the World Systems: A New Abridged Translation and Guide*, London: University of California Press, 1997.

Finocchiaro, Maurice A. , *Arguments about Arguments: Systematic, Critical, and Historical Essays in Logical Theory*, New York: Cambridge University Press, 2005.

Fisher, A. , *Critical Thinking: An Introduction*, Cambridge: Cambridge University Press, 2001.

Fisher, A. and Michael Scriven, *Critical Thinking: Its Definition and Assessment*, Point Reyes, C. A. : Edgepress, 1997.

Flavell, John H. , "Metacognition and Cognitive Monitoring: A New Area of Cognitive-developmental Inquiry", *American Psychologist*, Vol. 34, No. 10 (1979).

Fliegel, R. and John Holland, "Quantifying Learning in Critical Thinking", *The Journal of General Education*, Vol. 62, No. 2&3 (2013).

Follman, J. , Re-Examination of The Early Psychometric History of Critical Thinking. *Inquiry: Critical Thinking across The Disciplines.* Vol. 9, No. 4

(1992).

Ford, A. , *The Origins of Criticism: Literary Culture and Poetic Theory in Classical Greece*, Princeton: Princeton University Press, 2002.

Forest, James J. F. and Kevin Kinser, *Higher Education in The United States: An encyclopedia*, Santa Barbara: ABC-CLIO Publishers, 2002.

Freeman, James B. , *Acceptable Premises: An Epistemic Approach to an Informal Logic Problem*, Cambridge: Cambridge University Press, 2005.

Gallo, J. , *Polemic: Critical or Uncritical Essays from the English Institute*, New York: Routledge, 2004.

Gallup, A. , "The Gallup Poll Of Teachers' Attitudes Toward the Public Schools Part 2", *Phi Delta Kappan*, Vol. 66, No. 5 (1985).

Gardner, David P. , et al. , *A Nation at Risk: The Imperative for Educational Reform. An Open Letter to the American People. A Report to the Nation and the Secretary of Education*, Washington, D. C. : National Commission on Excellence in Education. Government Printing Office, 1983.

Garrett, E. , "Becoming Lawyers: The Role of the Socratic Method in Modern Law Schools", *The Green Bag*, Vol. 1, No. 2 (1998).

Gannaway, G. , *Transforming Mind: A Critical Cognitive Activity*, Westport: Greenwood Publishing Group, 1994.

Garrison, D. R. , "Critical Thinking and Self-Directed Learning in Adult Education: An Analysis of Responsibility and Control Issues", *Adult Education Quarterly*, Vol. 42, No. 3 (1992).

Geisler, Norman L. , *Inerrancy*, Grand Rapids: Zondervan, 1980.

Gellin, A. , "The Effect of Undergraduate Student Involvement on Critical Thinking: A Meta-Analysis of the Literature, 1991 – 2000", *Journal of College Student Development*, Vol. 44, No. 6 (2003).

General Education in a Free Society: A Report of the Harvard Committee, Cambridge: Harvard University Press, 1950.

George, H. Hyram, "An Experiment in Developing Critical Thinking in Children", *Journal of Experimental Education*, Vol. 26, No. 2 (1957).

Giancarlo-Gittens, Carol A. , "Assessing Critical Thinking Dispositions in an

Era of High-Stakes Standardized Testing", Jan Sobocan and Leo Groarke (eds.), *Critical Thinking Education and Assessment: Can Higher Order Thinking be Tested*? London: Althouse Press, 2009.

Gilbert, John K., *Science Education*, London: Taylor & Francis, 2006.

Gilbert, M., "Feminism, Argumentation and Coalescence", *Informal Logic*, Vol. 16, No. 2 (1994).

Gilligan, C., *In a Different Voice: Psychological Theory and Women's Development*, Cambridge, M. A.: Harvard University Press, 1993.

Glaser, Edward M., *An Experiment in the Development of Critical Thinking. Contributions to Education*, No. 843, New York: Bureau of Publications, Teachers College, Columbia University, 1937.

Glaser, Edward M., *An Experiment in the Development of Critical Thinking*, NewYork: Advanced School of Education at Teacher's College, Columbia University,1941.

Gotesky, R., "The Lecture and Critical Thinking", *Education Forum*, Vol. 30, No. 2 (1966).

Gove, Philip B. (Editor in Chief), *Webster's New Dictionary of Synonyms*, Springfield, M. A.: Merriam-Webster Inc., 1984.

Govier, T., "Critical Thinking as Argument Analysis?", *Argumentation*, Vol. 3, No. 2 (1989).

Grennan, W., *Informanl Logic: Issues and Techniques*, Montreal & Kingston: McGill-Queen's University Press, 1997.

Griessler, E. and Beate Littig, "Participatory Technology Assessment of Xenotransplantation: Experimenting with the Neo-Socratic Dialogue", *Practical Philosophy*, Vol. 6, No. 2 (2003).

Groarke, L., "What's Wrong with the *California Critical Thinking Skills Test*? *CT Testing and Accountability*", Jan Sobocan and Leo Groarke (eds.), *Critical Thinking Education and Assessment: Can Higher Order Thinking be Tested*? London: Althouse Press, 2009.

Gronke, H., "Socratic Dialogue or Para-Socratic Dialogue? Socratic-Oriented Dialogue as the Third Way of a Responsible Consulting and Counselling Practice", Jens Peter Brune and Dieter Krohn (eds.), *Socratic Dialogue and Ethics*. London: LIT Verlag Münster, 2005.

Gronke, H. and Jürgen Häußner, "Socratic Coaching in Business and Management Consulting Practice", *Practical Philosophy*, Vol. 8, No. 1 (2006).

Groves, Ernest R., *An Introduction to Sociology*, New York: Read Books,, 2007.

Guilford, Joy P., "The Structure of Intellect", *Psychological Bulletin*, Vol. 53 (1956).

Gutzwiller, Kathryn J., *A Guide to Hellenistic Literature*, Oxford: Wiley-Blackwell, 2007.

Skaggs, K., "Adolescence", Joe L. Kincheloe and Danny Weil (eds.), *Critical Thinking and Learning*, London: Greenwood Press, 2004.

Hackley, Christopher E., *Doing Research Projects in Marketing, Management and Consumer Research*, London: Routledge, 2003.

Hale, Enoch S., *Project Demonstrating Excellence: A Critical Analysis of Richard Paul's Substantive Trans-disciplinary Conception of Critical Thinking*, Dissertation. Union Institute & University, 2008.

Halonen, Jane S., "Demystifying Critical Thinking", *Teaching of Psychology*, Vol. 22, No. 1 (1995).

Halpern, Diane F., "Teaching Critical Thinking for Transfer across Domains: Dispositions, Skills, Structure Training, and Metacognitive Monitoring", *American Psychologist*, Vol. 53, No. 4 (1998).

Halpern, Diane F., "Teaching Critical Thinking: Helping College Students Develop the Skills and Dispositions of a Critical Thinker", *New Directions for Teaching and Learning*, Vol. 1999, No. 80 (1999).

Halpern, Diane F., "The Nature and Nurture of Critical Thinking", Robert J. Sternberg, Henry L. Roediger and Diane F. Halpern (eds.), *Critical Thinking in Psychology*, New York: Cambridge University Press, 2007.

Halpern, Diane F., *Thought and Knowledge: An introduction to critical thinking*, 4th ed. Mahwah, N.J.: Erlbaum, 2003.

Hare, W., "Critical Thinking as An Aim of Education", Roger Marples (ed.), *Aim of Education*, New York: Routledge, 2002.

Hartman, K. and Thomas Stewart, *Investing in Your College Education: Learning Strategies With Readings*, Boston: Cengage Learning, 2009.

Hassan, Karma E. and Ghida Madhum, "Validating the Watson Glaser Critical Thinking Appraisal", *Higher Education*, Vol. 54, No. 3 (2007).

Hatchwe, Donald L., "Why Critical Thinking Should Be Combined With Written Composition", *Informal Logic*, Vol. 19, Nos. 2&3 (1999).

Hatcher, Donald L., "Stand-Alone Versus Integrated Critical Thinking Courses", *The Journal of General Education*, Vol. 55, Nos. 3&4 (2006).

Hatcher, Donald L., "The Institutional Assessment of Critical Thinking: A Fifteen-Year Perspective", Jan Sobocan and Leo Groarke (eds.), *Critical Thinking Education and Assessment: Can Higher Order Thinking be Tested?* London: Althouse Press, 2009.

Hatcher, Donald L., "Which Test? Whose Scores? Comparing Standardized Critical Thinking Tests", *New Directions for Institutional Research*, Vol. 2011, No. 149 (2011).

Hanief, M., *The Dynamics of Criticism in T. S. Eliot*, New Delhi: Atlantic Publishers & Distributors, 2000.

Heffernan, W., "Not Socrates, But Protagoras: The Sophistic Basis of Legal Education", *Buffalo Law Review*, Vol. 29, No. 3 (1980).

Higher education for American Democracy, Vol. 1. *Establishing the Goal. A Report of The President's Commission on Higher Educaiton*, Washington: U. S. Goverment Printing Office, 1947.

Hirsch, Eric D., *Cultural Literacy: What Every American Needs to Know*, Boston: Houghton Mifflin, 1987.

Hirsch, Eric D., Joseph F. Kett and James Trefil, *The New Dictionary of Cultural Literacy*, 3rd ed. Boston: Houghton Mifflin, 2002.

Hoaglund, J., "Critical Thinking: A Socratic Model", *Argumentation*, Vol. 7, No. 3 (1993).

Hoaglund, J., "Ennis on the Concept of Critical Thinking", *Inquiry: Critical*

Thinking Across the Disciplines, Vol. 15, No. 2 (1995).

Holowchak, M., *Critical Reasoning and Science: Looking at Science with an Investigative Eye*, Lanham, Maryland: University Press of America, 2007.

How Should Colleges Prepare Students to Succeed in Today's Global Economy? Based On Surveys among Employers and Recent College Graduates, Peter D. Hart Research Associates, Inc., 2006.

Howe Ⅱ, P. Harold, "Education Moves to Center Stage: An Overview of Recent Studies", *Phi Delta Kappan*, Vol. 65, No. 3 (1984).

Huczynski, A., *Influencing within Organizations*, London: Routledge, 2004.

Inbody, T., *The Faith of the Christian Church: An Introduction to Theology*, Grand Rapids, Michigan: William B. Eerdmans Publishing Company, 2005.

Integrity in the College Curriculum: A Report to the Academic Community, Washington, D. C.: Association of American Colleges, 1985.

Involvement in Learning: Realizing the Potential of American Higher Education. Final Report of the Study Group on the Conditions of Excellence in American Higher Education, Washington, D. C.: National Institute of Education, 1984.

Jenicek, M. and David L. Hitchcock, *Evidence-Based Practice: Logic and Critical Thinking in Medicine*, Chicago: AMA Press, 2005.

Johnson, Ralph H. and J. Anthony Blair, *Logical Self-Defense*, Toronto: McGraw-Hill Ryerson, 1977.

Johnson, Ralph H., "Critical Reasoning and Informal Logic", Richard A. Talaska (ed.), *Critical Reasoning in Contemporary Culture*, New York: State University of New York Press, 1992.

Johnson, Ralph H., *Manifest Rationality: A Pragrmatic Theory of Argument*, Mahwah, New Jersey: Lawrence Erlbaum Associates, Inc., 2000.

Johnson, Ralph H., "Manifest Rationality Reconsidered: Reply to my Fellow Symposiaste", *Argumentation*, Vol. 16, No. 3 (2002).

Johnson, Ralph H., "The Dialectical Tier Revisited", Frans H. van Eemeren (et al., eds.), *Anyone Who Has a View: Theoretical contributions to the study of argumentation*, Dordrecht: Kluwer Academic, 2003.

Johnson, Ralph H., "The Implications of the Dialectical Tier for Critical Thinking", Jan Sobocan and Leo Groarke (eds.), *Critical Thinking Education and Assessment: Can Higher Order Thinking be Tested?* London: Althouse Press, 2009.

Johnson, Ralph H. and J. Anthony Blair, "Teaching the Dog's Breakfast: Some Dangers and How to Deal with Them", *Newsletter on Teaching Philosophy*, Vol. 9, No. 1 (2009).

Jones, Elizabeth A., et al., *National Assessment of College Student Learning: Identifying College Graduates' Essential Skills in Writing, Speech and Listening, and Critical Thinking. Final project report*, National Center on Postsecondary Teaching, Learning, and Assessment, The Pennsylvania State University, 1995.

Kadir, M. A. A., "Critical Thinking: A Family Resemblance in Conceptions", *Journal of Education and Human Development*, Vol. 1, No. 2 (2007).

Karp, W., "Why Johnny Can't Think: The Politics of Bad Schooling", *Harper's*, June, 1986, pp. 69 – 73.

Karp, J., *How to Survive Your PhD: The Insider's Guide to Avoiding Mistakes, Choosing the Right Program, Working with Professors, and Just How a Person Actually Writes a 200-Page Paper*, Naperville, I. L.: Sourcebooks, Inc., 2009.

Kataoka-Yahiro, M. and Collen Saylor, "A Critical Thinking Model for Nursing Judgment", *Journal Nursing Education*, Vol. 33, No. 8 (1994).

Keyser, Cassius J., *Thinking about Thinking*, New York: E. P. Dutton & Keyser, 1926.

Kincheloe, J. L. and Shirley R. Steinberg, "A Tentative Description of Post-Formal Thinking: The Critical Confrontation with Cognitive Theory", *Harvard Educational Review*, Vol. 63, No. 3 (1993).

Kincheloe, Joe L. and Danny Weil (eds.), *Critical Thinking and Learning: An Encyclopedia for Parents and Teachers*, London: Greenwood Press, 2004.

Kincheloe, Joe L., "The New Childhood and Critical Thinking", Joe L. Kincheloe and Danny Weil (eds.), *Critical Thinking and Learning: An Encyclopedia for Parents and Teachers*, London: Greenwood Press, 2004.

Kincheloe, Joe L., "Into the Great Wide Open: Introducing Critical Thinking", Danny K. Weil and Joe L. Kincheloe (eds.), *Critical Thinking and Learning: An Encyclopedia for Parents and Teachers*, Westport, C. T.: Greenwood Publishing Group, 2004.

Kline, Susan L., "Influence Opportunities and The Development of Argumentation Competencies in Childhood", *Argumentation*, Vol. 12, No. 3 (1998).

Kuhn, D., "A Developmental Model of Critical Thinking", *Educational Researcher*, Vol. 28, No. 2 (1999).

Kuniko, A., Asai Atsushi, Kobayashi Yasunori, Hoshiko Kuniko, and Bito Seiji, "A Neo-Socratic Dialogue for Developing a Mutual Understanding of Rights and Responsibilities in the Healthcare System", *Contemporary and Applied Philosophy*, Vol. 2 (2010).

Kurfiss, J., *Critical Thinking: Theory Research, Practice, and Possibilities*, ASHE-ERIC Higher Education Report. No. 2. Washington, D. C.: Association for the Study of Higher Education, 1988.

Lai, Emily R., *Critical Thinking: A Literature Review*. Pearson's Research Report Series. San Francisco, C. A.: Pearson Education, Inc., 2011.

LeBon, T., "Interview with Jos Delnoij", *Practical Philosophy*, Vol. 2, No. 3 (1999).

Lehmann, Irvin J., Stanley O. Ikenberry and Paul L. Dressel, *Critical thinking, Attitudes, and Values in Higher Education: A Preliminary Report*, Washington, D. C.: Distributed by ERIC Clearinghouse, 1959.

Lehmann, Irvin J., Stanley O. Ikenberry and Paul L. Dressel, *Changes in Critical Thinking Ability, Attitudes, and Values Associated With College Attendance: Final Report of Cooperative Research Project*, Washington, D. C.: Distributed by ERIC Clearinghouse, 1963.

Lennedy, M., Michelle B. Fisher and Robert H. Ennis, "Critical Thinking:

Literature Review and Needed Research", Lorna Idol and Beau Fly Jones (eds.), *Educational Values and Cognitive Instruction: Implications for reform*, Hillsdale, N. J.: Lawrence Erlbaum, 1991.

Levinson, S. and Steven Mailloux, *Interpreting Law and Literature: A hermeneutic reader*, Evanston: Northwestern University Press, 1988.

Lewes, George H., *The Biographical History of Philosophy: From Its Origin in Greece Down to the Present Day*. Vol. 1, New York: D. Appleton and Company, 1863.

Lewis, J., "Irrelevancy of the Socratic Method Today", *Improving College and University Teaching*, Vol. 16, No. 3 (1968).

Lilienfeld, Scott O., "To The editor", *Academic Questions*, Fall, 2003.

Lipman, M., "Critical Thinking—What can it be?" *Educational Leadership*, Vol. 46, No. 1 (1988).

Lipman, M., "Recommendations on The Problem of Adaptation to Different Cultures", *Philosophy for Children*, *Meeting of Experts*, 26 – 27 March 1998, Paris: UNESCO, 1998.

Lipman, M., *Thinking in Education*, Cambridge: Cambridge University Press, 2003.

Littig, B., "The Neo-Socratic Dialogue: A Method of Teaching the Ethics of Sustainable Development", Chris Galea (ed.), *Teaching Business Sustainability: From Theory to Practice*, Sheffield: Greenleaf Publishing, 2004.

Lloyd, M. and Nan Bahr, "Thinking Critically about Critical Thinking in Higher Education", *International Journal for the Scholarship of Teaching and Learning*, Vol. 4, No. 2 (2010), Article 9, (http://digitalcommons.georgiasouthern.edu/ij-sotl/vol4/iss2/9).

Lunenburg, Fred C., "Introduction: Current Educational Reform Movement—History, Progress to Date, and the Future", *Education and Urban Society*, Vol. 25, No. 1 (1992).

Madsen, A., "The National Debate Tournament", *Argumentation and Advocacy*, Vol. 33, No. 2 (1996).

Marcuse, H., *One-dimensional Man: Studies in the ideology of advanced in-*

dustrial society, London: Routledge, 2002.

Martinez, Michael E., "What Is Metacognition?", *Phi Delta Kappan*, Vol. 87, No. 9 (2006).

Mayfield, M., *Thinking for Yourself: Developing Critical Thinking Skills Through Reading and Writing*, 9th ed. Boston, M. A.: Wadsworth, 2014.

McCuen-Metherell, Jo R. and Anthony Winkler, *From Idea to Essay: A Rhetoric, Reader, and Handbook*, Mason, Ohio: Cengage Learning, 2008.

McCowan, T., *Rethinking Citizenship Education: A Curriculum for Participatory Democracy*, London: Continuum, 2009.

McGregor, D., *Developing Thinking: Developing Learning: A Guide to Thinking Skills in Education*, Maidenhead, Berkshire: Open University Press, 2007.

McGuinness, C. and John Nisbet, "Teaching thinking in Europe", *British Journal of Educational Psychology*, Vol. 61, No. 2 (1991).

McMillan, James H., "Enhancing College Students' Critical Thinking: A Review of Studies", *Research in Higher Education*, Vol. 26, No. 1 (1987).

McPeck, John E., "Critical Thinking and Subject Specificity: A Reply to Ennis", *Educational Researcher*, Vol. 19, No. 4 (1990).

McPeck, John E., *Critical Thinking and Education*, Oxford: Martin Robertson, 1981.

McPeck, John E., *Teaching Critical Thinking: Dialogue and dialectic*, New York: Routledge, 1990.

Ministerial Council on Education, Employment, Training and Youth Affairs, *Educational Goals for Young Australians*, Carlton South, Australia: Curriculum Corporation, 2008.

Miller, Gary E., *The Meaning of General Education: The Emergence of a Curriculum Paradigm.* New York: Teachers College Press, 1988.

Miller, K., "A Feminist Defense of the Critical-Logical Model", *Informal Logic*, Vol. 17, No. 3 (1995).

Mintz, A., "From Grade School to Law School: Socrates' Legacy in Education", Sara Ahbel-Rappe and Rachana Kamtekar (eds.), *A Companion to*

Socrates, Oxford: Blackwell Publishing Ltd., 2006.

Mokau, Josina M., *Reasoning and Communication: Thinking Critically about Arguments*, Belmont: Wadsworth, Inc., 1990.

Moon, Jennifer A., *Critical Thinking: An Exploration of Theory and Practice*, London: Routledge, 2008.

Morrissette, Patrick J., *Self Supervision: A Primer for Counselors and Helping Professionals*, New York: Psychology Press, 2002.

Morse, Horace T. and George H. McCune, *Selected Items for the Testing of Study Skills and Critical Thinking, the National Council for the Social Studies*, 1940, 1949, 1957, 1971.

Mulnix, Jennifer W., "Thinking Critically about Critical Thinking", *Educational Philosophy and Theory*, Vol. 44, No. 5 (2012).

National Committee on Science Education Standards and Assessment, National Research Council, *National Science Education Standards*, Washington, D. C.: National Academy Press, 1996.

Nelson, L., The Socratic Method. In Leonard Nelson. *Socratic Method and Critical Philosophy. Selected Essays by Leonard Nelson*, New York: Dover, 1965.

Newman, John H., *The Idea of A University*, New Haven, C. T.: Yale University Press, 1996 (Original work published 1899).

Nicholas, Mark C. and Chalmer E. Labig Jr., "Faculty Approaches to Assessing Critical Thinking in the Humanities and the Natural and Social Sciences: Implications for General Education", *The Journal of General Education*, Vol. 62, No. 4 (2013).

Norman, Donald A. (ed.), *Perspectives on Cognitive Science*, Norwood, N. J.: Ablex Pub. Corp, 1981.

Nosich, G., *Learning to Think Things Through: A Guide to Critical Thinking across the Curriculum*, Upper Saddle River, N. J.: Pearson-Prentice Hall, 2009.

Nussbaum, Martha C., *Cultivating Humanity: A Classical Defense of Reform in Liberal Education*, Cambridge, Massachusetts: Harvard University Press,

1997.

O'Hear, A., *Current Issues in Philosophy of Mind*, Cambridge: Cambridge University Press, 1998.

Ortiz, Claudia M. A., *Does Philosophy Improve Critical Thinking Skills*? MA paper. Department of Philosophy, The University of Melbourne, 2007.

Parmar, P. P. and Javed Khan, *Encyclopaedic Dictionary of Computer and Library Science*, New Delhi: Anmol Publications PVT. LTD, 2003.

Pascarella, Ernest T. and Patrick T. Terenzini, *How College Affects Students: Findings and Insights from Twenty Years of Research*, San Francisco, C. A.: Jossey Bass, 1991.

Pascarella, Ernest T. and Patrick T. Terenzini, *How College Affects Students A Third Decade of Research*, San Francisco, C. A.: Jossey-Bass, 2005.

Patrick, John J., *Critical Thinking in the Social Studies*, ERIC Digest, No. 30. Bloomington, IN: ERIC Clearinghouse for Social Studies/Social Science Education, 1986.

Paul, Richard W., "Think! Now Schools Are Teaching How", *U. S. News & World Report*, January 14, 1985.

Paul, Richard W., "Critical Thinking in North America: A New Theory of Knowledge, Learning and Literacy", *Agumentation*, Vol. 3, No. 2 (1989).

Paul, Richard W., et al., *Critical Thinking Handbook: 6 th -9 th Grades*, Rohnert Park, C. A.: Foundation for Critical Thinking, 1989.

Paul, Richard W., et al., *Critical Thinking Handbook: K - 3*, Rohnert Park, C. A.: Foundation for Critical Thinking, 1990.

Paul, Richard W., et al., *Critical Thinking Handbook: 4 th - 6 th Grades*, Rohnert Park, C. A.: Foundation for Critical Thinking, 1990.

Paul, Richard W., *Critical Thinking: What Every Person needs to Survive in a Rapidly Changing World*, Tomales, C. A.: Foundation for Critical Thinking, 1993.

Paul, Richard W., *Critical Thinking: How to Prepare Students for a Rapidly Changing World.* Rohnert Park, C. A.: Center for Critical Thinking and Moral Critique. 1995.

Paul, Richard W. , Linda Elder and Ted Bartell. *California Teacher Preparation for Instruction in Critical Thinking: Research Findings and Policy Recommendations*, Sacramento, C. A. : California Commission on Teacher Credentialing, 1997.

Paul, Richard W. and Linda Elder, *The Thinker's Guide to the Nature and Functions of Critical & Creative Thinking*, Tomales, C. A. : The Foundation for Critical Thinking, 2004.

Paul, Richard W. and Linda Elder, *The Thinker's Guide to Fallacies: The Art of Mental Trickery and Manipulation*, Tomales, C. A. : The Foundation for Critical Thinking, 2006.

Paul, Richard W. and Linda Elder, *The Miniature Guide to Critical Thinking for Children*, Rohnert Park, C. A. : Foundation for Critical Thinking, 2007.

Paul, Richard W. , Linda Elder, *The Miniature Guide to Critical Concepts and Tools*, Rohnert Park, C. A. : Foundation for Critical Thinking, 2007.

Paul, Richard W. and Linda Elder, "Critical Thinking: The Nature of Critical and Creative Thought", *Journal of Developmental Education*, Vol. 30, No. 2 (2006).

Paul, Richard W. and Linda Elder, "Critical Thinking: The Art of Socratic Questioning", *Journal of Developmental Education*, Vol. 31, No. 1 (2007).

Paul, Richard W. and Linda Elder, "Critical Thinking: The Art of Socratic Questioning, Part Ⅱ", *Journal of Developmental Education*, Vol. 31, No. 2 (2007).

Paul, Richard W. and Linda Elder, "Critical Thinking: The Art of Socratic Questioning, Part Ⅲ", *Journal of Developmental Education*, Vol. 31, No. 3 (2008).

Paul, Richard W. , "Reflections on the Nature of Critical Thinking, Its History, Politics, and Barriers, and on Its Status across the College/University Curriculum Part Ⅱ", *Inquiry: Critical Thinking across the Disciplines*, Vol. 27, No. 1 (2012).

Perkins, D. , "What is Understanding?", Martha StoneWiske (ed.),

Teaching for Understanding: *Linking research with practice*, San Francisco: Jossey-Bass Publishers, 1998.

Peters, R. S., "Education as Initiation", R. D. Archambault (ed.), *Philosophical Analysis and Education*, London: Routledge & Kegan Paul, 1965.

Phillips, C., *Socrates Café*: *A fresh Taste of Philosophy*, Cambridge: The Lutterworth Press, 2001.

Pinto, Robert C., "Evaluating Inferences: The Nature and Role of Warrants", David Hitchcock and B. Verheij (eds.), *Arguing on the Toulmin Model*: *New Essays in Argument Analysis and Evaluation*, Dordrech: Springer, 2006.

Possin, K., "A Serious Flaw in the Collegiate Learning Assessment [CLA] Test", *Informal Logic*, Vol. 33, No. 3 (2013).

Possin, K., "A Field Guide to Critical-Thinking Assessment", *Teaching Philosophy*, Vol. 31, No. 3 (2008).

Presseisen, Barbara Z., *Critical Thinking and Thinking Skills*: *State of the Art Definitions and Practice in Public Schools*, Wasgington, D. C.: Office of Educational Research and Improvement, 1986.

Ravi, K. R., *Thinking about Thinking*, Mumbai: Jaico Publishing House, 2006.

Reed, C. and Glenn Rowe, "Translating Toulmin Diagrams: Theory Neutrality in Argument Representation", *Argumentation*, Vol. 19, No. 3 (2005).

Reich, R., "Confusion about The Socratic Method: Socratic Paradoxes and Contemporary Invocations of Socrates", S. Tozer (ed.), *Philosophy of Education* 1998, Urbana, I. L.: Philosophy of Education Society, 1999.

Reinstein, A. and Gerald H. Lander, "Developing Critical Thinking in College Programs", *Research in Higher Education Journal*, Vol. 11, (2008).

Reitz, Joan M., *Dictionary for Library and Information Science*, Westport, C. T.: Libraries Unlimited, 2004.

"Report on The Windsor Symposium", *Informal Logic Newsletter*, Vol. 1, No. 1 (1978).

Riddell, T., "Critical Assumptions: Thinking Critically About Critical Thinking", *Journal of Nursing Education*, Vol. 46, No. 3 (2007).

Rodgers, C., "Defining Reflection: Another Look at John Dewey and Reflective Thinking", *Teacher College Record*, Vol. 104, No. 4 (2002).

Rodriguez, F., *Do College Students Learn to Critically Evaluate Claims? A Cross-Sectional Study of Freshmen and Senior Psychology Majors*, Dissertation. The University of Michigan, 2011.

Romanish, B., "Critical Thinking and the Curriculum: ACritique", *The Educational Forum*, Vol. 51, No. 1 (1986).

Ronald Reagan: 1983. *v.* 1, Washington: Office of the Federal Register, National Archives and Records Service, General Services Administration, 1984.

Ronald Reagan 1988 – 89 (in two books). *v.* 2, Washington: United States Government Printing Office, 1991.

Rothstein, R., T. Wilder and R. Jacobsen, "Balance in The Balance", *Educational Leadership*, Vol. 52, No. 8 (2007).

Rubenfeld, M. Gaie and Barbara Scheffer, *Critical Thinking Tactics for Nurses: Achieving the IOM competencies*, Sudbury, M. A.: Jones & Bartlett Publishers, 2010.

Rudinow, J. and Vincent E. Barry, *Invitation to Critical Thinking*, 6th ed. Belmont: Cengage Learning, 2007.

Ruff, Lauren G., *The Development of Critical Thinking Skills and Dispositions in First-Year College Students: Infusing Critical Thinking Instruction into a First-year Transitions Course*, Dissertation. University of Maryland, 2005.

Ruggiero, Vincent R., "Neglected Issues in the Field of Critical Thinking", Daniel Fasko, Jr. (ed.), *Critical Thinking and Reasoning: Current Research, Theory, and Practice*, Cresskill, N. J.: Hampton Press, Inc., 2003.

Ruggiero, Vincent R., "To The editor", *Academic Questions*, Fall, 2003, pp. 5 – 6.

Russell, David H., "Higher Mental Processes", Chester W. Harris (ed.), *Encyclopedia of Educational Research*, Third Edition. New York: The Mac-

Millan Company, 1960.

Russell, David H. , *Children's Thinking*, Boston: Ginn and Company, 1956.

Schaeffer, Nathan C. , *Thinking and Learning to Think*, Philadelphia: J. B. Lippincott Company, 1900.

Schrader, Constance A. , *A Sense of Dance: Exploring Your Movement Potential*, Champaign, I. L. : Human Kinetics, 2005.

Schraw, G. , Kent J. Crippen and Kendall Hartley, "Promoting Self-Regulation in Science Education: Metacognition as Part of a Broader Perspective on Learning", *Research in Science Education*, Vol. 36, No. 1&2 (2006).

Schultz, Rich B. , "Critical Thinking Skills and Information Literacy: Tools Future Geoscientists Must Possess", *The Professional Geologist*, Vol. 45, No. 2 (2008).

Scott, Gary A. (ed.), *Does Socrates Have A Method?: Rethinking the Elenchus in Plato's Dialogues and Beyond*, University Park, P. A. : Pennsylvania State Press, 2002.

Scriven, M. , *Resonging*, New York: McGraw-Hill, 1976.

Seel, Norbert M. (ed.), *Encyclopedia of the Sciences of Learning*, New York: Springer, 2012.

Sevilla, Consuelo G. , et al. , *General Psychology: With values development lessons*, Manila: Rex Bookstore, Inc. , 2006.

Shamir, A. , "Peer Tutor, Metacognitive Processes and Multimedia Problem-based Learning: The effect of mediation training on critical thinking", *Journal of Science of Educational Technology*, Vol. 17, No. 4 (2008).

Shankle, R. , *The Rule of God: Shepherd / Bishop Rule*, Marshall: The Apostolic Campaign, 2002.

Shermis, S. Samuel, "School Haven't Taught Either Reasoning or Problem-Solving Skills", *Education Week*, Vol. 4, No. 5 (1984).

Siegel, H. , *Educating Reason: Retionality, Critical Thinking and Education*, New Yourk: Routledge, 1988.

Siegel, H. , "Informal Logic and the Nature of Critical Thinking", John E. McPeck, *Teaching Critical Thinking: Dialogue and Dialectic*, New York:

Routledge, 1990.

Sizer, Theodore R., *Horace's Compromise: The Dilemma of the American High School : with a New Preface*, New York: Mariner Books, 2004.

Skaggs, K., "Adolescence", Joe L. Kincheloe and Danny Weil (eds.), *Critical Thinking and Learning*, London: Greenwood Press, 2004.

Slaughter, A., "America's Edge: Power in the Networked Century", *Foreign Affairs*, Vol. 88, No. 1 (2009).

Smallwood, P., *Reconstructing Criticism: Pope's essay on criticism and the logic of definition*, Cranbury: Bucknell University Press, 2003.

Smith, B. Othanel, "The Improvement of Critical Thinking", *Progressive Education*, Vol. 30 (1953).

Smith, E. R. and R. W. Tyler (eds.), *Appraising and Recording Student Progress. Adventures in American Education.* Vol. Ⅲ, New York: Harper & Brothers, 1942.

Smith, Paul C., "Assessing Writing and Statistical Competence in Probability and Statistics", *Teaching of Psychology*, Vol. 22, No. 1 (1995).

Simmons, John S., "Reasoning Through Reading", Mildred Dawson (ed.), *Developing Comrehension including Critical Reading.*

Newark: International ReadingAssociation, 1968.

Sobocan, J. and Leo Groarke (eds.), *Critical Thinking Education and Assessment: Can Higher Order Thinking be Tested?* London: Althouse Press, 2009.

Sobocan, J. and Leo Groarke, "Introduction", Jan Sobocan and Leo Groarke (eds.), *Critical Thinking Education and Assessment: Can Higher Order Thinking be Tested?* London: Althouse Press, 2009.

Sofo, F., Cinzia Colapinto, Michelle Sofo and Salvatore Ammirato, *Adaptive Decision Making and Intellectual Styles*, New York: Springer, 2013.

Splitter, Laurance J. and Ann Margaret Sharp, *Teaching for Better Thinking: The Classroom Community of Inquiry*, Australian Council for Educational Research, 1995.

Stein, B., Ada Haynes, Michael Redding, Theresa Ennis, and Misty Cecil,

"Assessing Critical Thinking in STEM and Beyond", M. Iskander (ed.), *Innovations in E-learning, Instruction Technology, Assessment, and Engineering Education*, Dordrecht: Springer, 2007.

Steinberg, Shirley R. and Joe L. Kincheloe, *Students as Researchers: Creating Classrooms That Matter.* London: Routledge, 1998.

Stevens, Anne H., "The Philosophy of General Education and Its Contradictions: The Influence of Hutchins", *The Journal of General Education*, Vol. 50, No. 3 (2001).

Streib, James T., *History and Analysis of Critical Thinking*, Dissertation. The University of Memphis, 1992.

Sumner, William G., *Folkways: A Study of the Sociological Importance of Usages, Manners, Customs, Mores, and Morals*, Boston: Ginn, 1907.

Suraj, V. K., *Encyclopaedic Dictionary of Library and Information Science*, New Delhi: Gyan Publishing House, 2005.

Swartz, Robert J., "Restructuring Curriculum For Critical Thinking", *Educational Leadership*, Vol. 43, No. 8 (1986).

Swartz, Robert J., Stephen David Fischer and Sandra Parks, *Infusing the Teaching of Critical Thinking and Creative Thinking into Secondary Science: A Lesson Design Handbook*, Pacific Grove, C. A.: Critical Thinking Books & Software, 1998.

Swartz, Robert J., "Infusing Critical and Creative Thinking into Instruction in High School Classrooms", Daniel Fasko, Jr. (ed.), *Critical Thinking and Reasoning: Current Research, Theory, and Practice*, Cresskill, N. J.: Hampton Press, Inc., 2003.

Swift, Leonard F., "Explanation", B. Othanel Smith and Robert H. Ennis (eds.), *Language and Concepts in Education*, Chicago: Rand McNally, 1961.

Taleff, Michael J., *Critical Thinking for Addiction Professionals*, New York: Springer, 2006.

Thayer-Bacon, Barbara J., *Transforming Critical Thinking: Thinking Constructively*, London: Teachers College Press, 2000.

Thayer-Bacon, Barbara J., "Feminism and Critical Thinking", Joe L. Kincheloe and Danny Weil (eds.), *Critical Thinking and Learning: An Encyclopedia for Parents and Teachers*, London: Greenwood Press, 2004.

Thayer-Bacon, Barbara J., "Transforming and Redescribing Critical Thinking: Constructive Thinking", *Studies in Philosophy and Education*, Vol. 17, No. 2 & 3 (1998).

The Association of American Colleges And Universities, *It Takes More Than a Major: Employer Priorities for College Learning and Student Success*, Washington, D. C.: Hart Research Associates, 2013.

The Nation Responds: Recent Efforts to Improve Education, Washington, D. C.: Department of Education, 1984.

The Quality Assurance Agency for Higher Education, *The framework for higher education qualifications in England, Wales and Northern Ireland.* 2008, London: QAA, 2008.

Thomas, Alan B., *Controversies in Management: Issues, Debates, Answers*, London: Routledge, 2003.

Thompson, Lindsay J., *The Moral Compass: Leadership for a Free World*, Charlotte, N. C.: Information Age Publishing, Inc., 2009.

Tishman, S., *Teaching Critical and Creative Thinking: An Introduction to Programs and Practices*, Quincy, Massachusetts: Massachusetts Department of Education, 1986. *Tomorrow's Teachers: A Report of The Holmes Group*, East Lansing, M. I.: Holmes Group, Inc., 1986.

Toulmin, Stephen E., R. Rieke and A. Janik, *An Introduction to Reasoning*, New York: Macmillan, 1979.

Trends and Emerging Practices in General Education based on A Survey among Members of the Association of American Colleges and Universities, Washington, D. C.: Hart Research Associates, 2009.

Tsui, L., "Reproducing Social Inequalities through Higher Education: Critical Thinking as Valued Capital", *The Journal of Negro Education*, Vol. 72, No. 3 (2003).

University of California Commission on General Education in the Twenty-first

Century, *General Education in the Twenty-first Century*, Berkeley: Center for Studies in Higher Education, 2007.

Van Eemeren, Fans H., Rob Grootendorst and Francisca Snoeck Henkemans, *Foundamentals of Argumentation Theory: A Handbook of Historical Backgrounds and Contemporary Developments*, New Jersey: Lawrence Erlbaum Associates, Inc., 1996.

Van Eemeren, Fans H., and Bart Garssen, "Putting Pragma-Dialectics into Practice", Jan Sobocan and Leo Groarke (eds.), *Critical Thinking Education and Assessment: Can Higher Order Thinking be Tested?* London: Althouse Press, 2009.

Van, Gelder, T. "Teaching Critical Thinking: Some lessons from cognitive science", *College Teaching*, Vol. 53, No. 1 (2005), pp. 41 – 48.

Van Rossem, K., "What is A Socratic Dialogue?", *Filosofie*, Vol. 16, No. 1 (2006).

Vlastos, G. (ed.), *The Philosophy of Socrates*, Notre Dame, Ind: University of Notre Dame Press, 1971.

Vlastos, G., *Socratic Studies*, Myles Burnyeat (ed.), Cambridge: Cambridge University Press, 1994.

Watson, Goodwin B., *The Measurement of Fairmindedness*, Contributions to Education, No. 176. New York: Bureau of Publications, Teachers College, Columbia University, 1925.

Watson, Goodwin B. and Edward M. Glaser, *Watson-Glaser Critical Thinking Appraisal. Form Am*, Yonkers, New York: World Book Company, 1952.

Watson, Goodwin B. and Edward M. Glaser, *Watson-Glazer Critical Thinking Appraisal Manual*, New York: Harcourt Brace & Company, 1964.

Watson, Goodwin B. & Edward M. Glaser, *Watson-Glaser Critical Thinking Appraisal*, *Form S manual*, San Antonio, T. X.: The Psychological Corporation, 1994.

Watson, Goodwin B. & Edward M. Glaser, *Watson-Glaser Critical Thinking Appraisal ® Short Form Manual*, San Francisco, C. A.: Pearson Education, Inc., 2008.

What Teachers Should Know and be Able to Do, Arlington, V. A.: National Board for Professional Teaching Standards, 1989.

Wals, Arjen E. J and Bob Jickling, " 'Sustainability' in Higher Education: From Doublethink and Newspeak to Critical Thinking and Meaningful Learning", *International Journal of Sustainability in Higher Education*, Vol. 3, No. 3 (2002).

Walsh, D. and Richard W. Paul, *The Goal of Critical Thinking: from Educational Ideal to Educational Reality*, Washington, D. C.: American Federation of Teachers, Educational Issues Department, 1986.

Walters, Kerry S., "Critical Thinking and the Danger of Intellectual Conformity", *Innovative Higher Education*, Vol. 11, No. 2 (1987).

Walters, Kerry S., "How Critical Is Critical Thinking? ", *The Clearing House*, Vol. 64, No. 1 (1990).

Walters, Kerry S., "Critical Thinking and the Spock Fallacy", *Innovative Higher Education*, Vol. 15, No. 1 (1990).

Walters, Kerry S., "Critical Thinking, Logicism, and the Eclipse of Imagining", *Journal of Creative Behavior*, Vol. 26, No. 2 (1992).

Walters, Kerry S. (ed.), *Re-thinking Reason: New perspectives in critical thinking*, Albany, New York: State University of New York Press, 1994.

Walters, Kerry S., "Introduction: Beyond Logicism in Critical Thinking", Kerry S. Walters (ed.), *Re-Thinking Reason: New Perspectives in Critical Thinking*, Albany, New York: State University of New York Press, 1994.

Walton, Douglas N., Chris Reed and Fabrizio Macagno, *Argumentation Schemes*, Cambridge: Cambridge University Press, 2008.

Walton, Douglas N., *Dialog Theory for Critical Argumentation*, Amsterdam: John Benjamins Publishing Company, 2007.

Warburton, N., *Philosophy: The Basics*, London: Routledge, 2004.

Watson, G. and Edward M. Glaser, *Watson-Glaser Critical Thinking Appraisal Manual*, Kent, O. H.: The Psychological Corporation, 1991.

Watson-Glaser™ Critical Thinking Appraisal User-Guide and Technical Manual: UK Supervised and Unsupervised Versions, 2012, Pearson Education

Ltd. , 2012.

Weil, D. , "Socratic Questioning: Helping Students Figure Out What They Don't Know", Joe L. Kincheloe and Danny K. Weil (eds.), *Critical Thinking and Learning: An Encyclopedia for Parents and Teachers*, London: Greenwood Press, 2004.

Weisinger, H. , *The Power of Positive Criticism*, New York: AMACOM Div American Mgmt Assn, 2000.

Wellington, C. Burleigh and Jean Wellington, *Teaching for Critical Thinking: with Emphasis Secondary Education*, New York: McGraw-Hill Book Company, Inc. , 1960.

Wenglinsky, H. , "Facts or Critical Thinking Skills? What NAEP results say", *Educational Leandership*, Vol. 62, No. 1 (2004).

Westbrook, D. , Helen Kennerley and Joan Kirk, *An Introduction to Cognitive Behaviour Therapy: Skills and Applications*, London: Sage Publications, 2011.

Whitaker, Albert K. , "Critical Thinking in the Tower Ivory", *Academic Questions*, Winter 2002 – 03.

Whitley, Michael D. , *Bright Minds, Poor Grades: Understanding and Movtivating Your Underachieving Child*, New York: Penguin, 2001.

Williams, R. , *Keywords: A Vocabulary of Culture and Society*, Oxford: Oxford University Press, 1985.

Williams-Boyd, P. , "Middle Schools: Curiosity and critical thinking", Joe L. Kincheloe and Danny Weil (eds.), *Critical Thinking and Learning: An Encyclopedia for Parents and Teachers*, London: Greenwood Press, 2004.

Willingham, Daniel T. , "Critical Thinking: Why is it so Hard to Teach?", American Educator, Summer, 2007.

Wood, Benjamin D. and F. S. Beers, "Knowledge versus Thinking?", Teachers College Record, Vol. 37 (1939).

Wortel, E. and Desiree Verweij, "Inquiry, Criticism and Reasonableness: Socratic Dialogue as a Research Method?", *Practical Philosophy*, Vol. 9, No. 2 (2008).

Wrightstone, J. Wayne, Appraisal of Newer Elementary School Practices, New York: Teachers College, Columbia University, 1938.

Yang, Ya-Ting C., "A Catalyst for Teaching Critical Thinking in A Large University Class in Taiwan: Asynchronous Online Discussions with the Facilitation of Teaching Assistants", *Education Tech Research Dev*, Vol. 56 (2008).

Yeh, Yu-Chu, "Integrating e-learning into the Direct-instruction Model to Enhance the Effectiveness of Critical-thinking Instruction", *Instructional Science*, Vol. 37 (2009).

二 中文文献

安延:《法国基础教育改革指导性文件——共同基础法令出台》,《世界教育信息》2006 年第 11 期。

[法] 奥斯卡·博列尼菲尔、龚艳:《哲学践行:从理论走向实践的哲学运动——奥斯卡·博列尼菲尔访谈录》,《南京大学学报》2013 年第 3 期。

[古希腊] 柏拉图:《柏拉图全集》第 1 卷,王晓朝译,人民出版社 2002 年版。

[古希腊] 柏拉图:《柏拉图全集》第 2 卷,王晓朝译,人民出版社 2002 年版。

[美] W. L. 贝内特:《关于美国教育改革的报告》,载吕达、周满生主编《当代外国教育改革著名文献(美国卷·第一册)》,人民教育出版社 2004 年版。

[美] 彼得·费西万等:《作为普遍人类现象的批判性思维——中国和美国的视角》,武宏志译,《北京大学学报》2009 年第 1 期。

陈兆福:《一词之译七旬半世纪(之一)》,《博览群书》2001 年第 5 期。

[英] 戴维·梅林:《理解柏拉图》,喻阳译,辽宁教育出版社、牛津大学出版社 2000 年版。

[美] 丹尼尔·卡尼曼:《思考,快与慢》,胡晓姣、李爱民、何梦莹译,中信出版社 2012 年版。

邓鹏:《把哲学的金钥匙交给孩子——李普曼及儿童哲学》,《教育发展研究》1999 年第 12 期。

方展画、吴岩:《李普曼以对话为核心的儿童哲学课程及其启示》,《教育研究》2005 年第 5 期。

胡适:《杜威先生与中国》,《胡适文存（卷一）》,黄山书社 1996 年版。

[美] 卡内基教学促进基金会 E. L. 波伊尔:《学院——美国本科生教育的经验》,载吕达、周满生主编《当代外国教育改革著名文献（美国卷·第一册）》,人民教育出版社 2004 年版。

[美] 卡内基教育和经济论坛“教育作为一种专门职业”工作组:《国家为培养 21 世纪的教师做准备》,载吕达、周满生主编《当代外国教育改革著名文献（美国卷·第一册）》,人民教育出版社 2004 年版。

[德] 康德:《康德著作全集（第 9 卷）:逻辑学、自然地理学、教育学》,李秋零主编,中国人民大学出版社 2010 年版。

[美] 理查德·保罗、琳达·埃尔德:《批判性思维:思维、写作、沟通、应变、解决问题的根本技巧》,乔苒、徐笑春译,新星出版社 2006 年版。

[美] 理查德·莱文:《亚洲大学的崛起》,《清华大学教育研究》2010 年第 2 期。

李俊杰、周秀龙:《美国 P4C 教学法实验研究》,《教育研究与实验》2000 年第 2 期。

[英] 罗伯特·费舍尔:《教儿童学会思考》,蒋立珠译,北京师范大学出版社 2007 年版。

[英] 罗素:《西方哲学史》第 1 卷,何兆武、李约瑟译,商务印书馆 1982 年版。

苗力田主编:《亚里士多德全集》第 5 卷,中国人民大学出版社 1997 年版。

苗力田主编:《亚里士多德全集》第 7 卷,中国人民大学出版社 1993 年版。

[英] 尼古拉斯·布宁、余纪元编著:《西方哲学英汉对照辞典》,人民出版社 2001 年版。

[美] Robert J. Sternberg and Louise Spear-Swerling:《思维教学——培养聪明的学习者》,赵海燕译,中国轻工业出版社 2001 年版。

邵燕楠：《苏格拉底与六岁孩童——儿童哲学课程管窥》，《外国教育研究》2002 年第 9 期。

［英］泰勒、［奥］龚珀茨：《苏格拉底传》，赵继铨、李真译，商务印书馆 1999 年版。

王文槿译：《第四次 APEC 教育部长会议联合声明》，《中国职业技术教育》2008 年第 25 期。

武宏志：《四国大学哲学系的逻辑课程》，《延安大学高等教育研究》1999 年第 1、2 期。

武宏志、周建武主编：《批判性思维——论证逻辑视角》，中国人民大学出版社 2010 年版。

武宏志：《论批判性思维教学中的逻辑主义》，《延安大学学报》2006 年第 1 期。

武宏志、周建武、唐坚：《非形式逻辑导论》，人民出版社 2009 年版。

徐湘荷：《李普曼的儿童哲学计划》，《上海教育科研》2005 年第 1 期。

闫瑾：《德国大学的素质教育》，《中国高等教育》2006 年第 3—4 期。

赵中建主译：《全球教育发展的历史轨迹：联合国教科文组织国际教育大会 60 年建议书》，教育科学出版社 1999 年版。

后　记

本书是陕西省高水平大学学科建设之特色项目“批判性思维与非形式逻辑”（2012SXTS09）的第二个研究成果。我们之前的批判性思维研究系列论文构成本书若干章节的基础：

武宏志：《批判性思维与逻辑教育教学》，《延安大学学报》2003 年第 1 期

武宏志：《论批判性思维教学中的逻辑主义》，《延安大学学报》2006 年第 1 期

武宏志：《批判性思维：语义辨析与概念网络》，《延安大学学报》2011 年第 1 期

武宏志：《批判性思维：多视角定义及其共识》，《延安大学学报》2012 年第 1 期

武宏志：《批判性思维：一种通识教育中的逻辑教学》，《延安大学学报》2013 年第 1 期

武宏志：《批判性思维的苏格拉底模型》，《延安大学学报》2014 年第 1 期

武宏志：《美国的批判性思维运动及其教益》，《华中科技大学学报》2014 年第 4 期

张志敏：《语篇的批判性分析》，《延安大学学报》2003 年第 5 期

张志敏：《儿童批判性思维培养的两种模式》，《延安大学学报》2013 年第 1 期

武晓蓓：《批判性思维——21 世纪的重要技能》，《延安大学学报》2011 年第 5 期

武晓蓓：《批判性思维：全球高等教育的目标》，《佳木斯大学学报》

2011 年第 6 期

全书写作具体分工情况是：武宏志撰写第一章、第二章；武晓蓓撰写第三章、第九章；武宏志、武晓蓓撰写第四章、第五章；张志敏撰写第六章；武宏志、周建武撰写第七章；武晓蓓、张志敏撰写第八章。

批判性思维教学和研究在我国方兴未艾。虽然近十年来有一些批判性思维译著、研究论文和教科书发表，但总体来看，国内学界对西方批判性思维的研究动态不甚了解，全社会对批判性思维关注不够，大中小学各层次教育组织对批判性思维的意义认识不足，尤其是教育领导机构看重创造性思维（至少表面上），但完全忽视了与创造性思维密不可分的批判性思维。本书的一个重要意图就是，通过详细描述西方批判性思维运动的诸方面来警示国人：我们在批判性思维学习、研究和践行上与全球领先国家的鸿沟比我们所能想象的还要大，甚至远远落后许多亚、非第三世界国家。这种落后所造成的影响将是巨大而深远的，不得不让每个想在不远的将来兑现“中国梦”的中国人深思。

本书在写作过程中得到华东师范大学哲学系博士生、延安大学政法学院蔡广超老师的帮助，特此致谢。

作　者

2014 年 6 月 6 日于延安大学